大学章程与高校治理

——基于A省普通高校章程建设情况调查

石旭斋 著

UNIVERSITY STATUTES AND UNIVERSITY GOVERNANCE
Based on the Investigation of the Colleges and Universities in A Province

社会科学文献出版社
SOCIAL SCIENCES ACADEMIC PRESS (CHINA)

目 录
CONTENTS

第一章　调查背景、方法及对象 ……………………………… 001
　　一　调查背景 ………………………………………………… 001
　　二　调查方法 ………………………………………………… 002
　　三　调查对象 ………………………………………………… 003

第二章　大学内部治理状况总体评价 ………………………… 015
　　一　大学章程建设情况 …………………………………… 015
　　二　学校坚持党委领导下的校长负责制落实及效果 … 058
　　三　学校落实依法治校情况 ……………………………… 083

第三章　学术权力的地位和作用发挥 ………………………… 114
　　一　学校落实教育部《高等学校学术委员会规程》情况 ……… 114
　　二　学校学术委员会人员组成是否符合相关要求 ……… 134
　　三　学校学术委员会运转情况 …………………………… 157

第四章　民主管理的实施与保障 ……………………………… 180
　　一　教职员工参与学校民主管理权利保障 ……………… 180
　　二　学生参与学校民主管理权利保障 …………………… 244

第五章　师生员工权益保障 …………………………………… 284
　　一　教师校内申诉机构设置及制度建设 ………………… 284
　　二　学生申诉处理委员会设立与运行 …………………… 307

第六章　大学内部治理优化路径 ……………………………………… 367

　一　加强大学章程建设，健全现代大学制度……………………… 367

　二　有效加强民主管理，充分维护学生合法权益………………… 372

第七章　大学外部治理改革成效及目标任务 ……………………… 411

　一　教育领域"放管服"改革落实情况评价 …………………… 412

　二　社会参与机制的构建与运行………………………………… 432

　三　落实和保障高校依法自主办学权利的期待与要求………… 474

　四　推进管办评分离，切实履行监管职责方面的意见和建议… 514

结　语 ……………………………………………………………… 551

　一　关于大学治理状况的几个判断……………………………… 551

　二　关于"后大学章程时代"大学治理改革的意见和建议 ……… 559

第一章 调查背景、方法及对象

一 调查背景

在法治国家建设实践不断推进的过程中，教育法治的进程也在不断加快，其中"大学章程"建设非常具有标志性。2010 年颁布实施的《国家中长期教育改革和发展规划纲要（2010—2020 年）》指出，高等学校应制定章程并以此为依据来管理学校。2011 年教育部颁布施行《高等学校章程制定暂行办法》，对章程的制定、核准等一一做出详细规定。2012 年 11 月，教育部印发《全面推进依法治校实施纲要》，其中明确提出，到 2015 年我国全面形成"一校一章程"的格局。2013 年 9 月，教育部印发《中央部委所属高等学校章程建设行动计划（2013—2015 年）》，要求 2015 年底之前所有高校完成章程的制定和核准工作。2016 年教育部印发的《依法治教实施纲要（2016—2020 年）》进一步强调，依法治校是依法治教的重要内容，也是推进法治社会建设，构建多层次、多形式法治创建活动的重要组成部分。明确提出要在全面完成高等学校章程制定与核准工作基础上，健全章程核准后的执行和监督评价机制建设，督促学校以章程为统领，完善内部治理结构和规章制度，到 2020 年全面实现学校依据章程自主办学。

大学章程是学校依照法定程序制定实施的基本管理制度，既是处理政府部门与学校之间权责关系的重要规范，也是处理学校内部党委、行政、教职员工、学生等多方之间权利义务关系的重要规范，是依法治教、依法治校的基本依据，是确保高校依法独立自主办学的重要制度。从中外大学章程的历史演进过程来看，在不同的历史阶段，大学章程对高等教育的发展都起到了积极的促进作用。然而，大学章程的作用发挥及价值实现，不仅需要外部教育管理体制的支持、整体法治环境的保障，还需要学校内部治理结构的支撑、相关现代大学制度的配套，从深层次意义上来说，需要有与之相适应的现代法治精神与自由民主氛围来提供思想文化支持。在2015年底实现"一校一章程"目标后，各个高校基本解决了"有法可依"问题，但并不能由此得出在高等教育领域已经实现依法治教和依法治校的结论。特别是对于"到2020年，全面实现学校依据章程自主办学"的政策要求能否如期实现，我们认为，还是需要对"后大学章程时代"的大学治理进行实证调查和理性判断。

为科学总结大学章程建设主要成就及存在问题，准确分析影响和制约章程建设的主要因素，着眼教育现代化改革发展目标任务，有效推进章程建设、积极优化大学治理结构，A省教育厅人文社科重大项目"'后大学章程时代'的大学治理问题研究"（SK2017ZD35）项目组，围绕大学章程建设情况就A省普通高校大学治理问题组织了一次问卷调查。

二　调查方法

调查问卷分"'后大学章程时代'大学治理问题调查问卷（教职员工卷）"（以下简称"教职员工卷"）和"'后大学章程时代'大学治理问题调查问卷（学生卷）"（以下简称"学生卷"）。教职员工卷主要面向校级领导干部、学校中层管理干部（以下简称"中层管理干部"）、校领导及学校中层管理人员以外的其他管理服务人员（以下简称"其他管理服务人员"）、学校高级职称教学科研人员（以下简称"高级职称教学科研人员"）、学校中级职称及以下教学科研人员（以下简称"中级职称及以下教学科研人员"）；学生卷面向全日制在校生。本次调查借助"问卷网"平台进行，在省教育厅政策法规处全力支持下面向全省普通高校师生展开。除个别问题为填空作答形式的主观开放性问题外，其余均为选择题形式（含单项选择、多项选择）的客观题。2018年9月18日发布，10月22日关闭。

教职员工卷一共有26个问题，其中3个问题分别考察受访教职员工所在学校类型、职务类型、地址（用于区分是不是省内高校教职员工）。其余问题在内容上主要涉及大学内部治理和外部治理两大方面：其一，考察受访教职员工对于学校内部治理情况的认知与评价（包括章程建设、坚持党委领导下的校长负责制、依法治校、教授治学、民主管理、教师权益保障等），并了解其对于"后大学章程时代"现代大学制度建设等的意见建议；其二，考察受访教职员工对于近年教育领域"放管服"改革及其成效、社会参与学校管理与监督机制运行等的评价，对于外部治理机制改革中的学校依法自主办学权利落实与保障、党委政府推进管办评分离并切实履行监管职责方面工作改进的意见建议等。

学生卷一共有 14 个问题，其中 3 个问题分别考察受访学生所在学校类型、年级、地址（用于区分是不是省内高校学生）。其余问题在内容上可以分为两大部分：其一，考察受访学生对于学校与学生密切相关的内部治理问题的认知与评价（包括章程建设、依法治校、民主管理、学生权益保障等）；其二，考察受访学生对于学校严格依法治校、加强民主管理、维护学生合法权益方面的意见和建议。

教职员工卷有效问卷共 6553 份，其中 A 省高校有效问卷 6536 份；学生卷有效问卷共 120103 份，其中 A 省高校有效问卷 119647 份。本研究报告基于 A 省省内高校 6536 份教职员工卷有效问卷和 119647 份学生卷有效问卷进行统计分析。

三 调查对象

（一）教职员工

教职员工卷 A 省省内有效问卷 6536 份，受访教职员工基本信息具体见表 1-1、图 1-1 至图 1-3。

表 1-1 受访教职员工学校类型和职务交叉统计情况

单位：人，%

学校类型		职务					
		校级领导干部	中层管理干部	其他管理服务人员	高级职称教学科研人员	中级职称及以下教学科研人员	总计
部属院校	人数	23	16	34	12	80	165
	占学校类型的百分比	13.9	9.7	20.6	7.3	48.5	100.0
	占职务的百分比	14.4	2.0	3.0	1.3	2.2	2.5
	占总计的百分比	0.4	0.2	0.5	0.2	1.2	2.5

续表

学校类型		职务					
		校级领导干部	中层管理干部	其他管理服务人员	高级职称教学科研人员	中级职称及以下教学科研人员	总计
"双一流"建设高校及地方高水平大学建设立项高校	人数	24	173	160	94	286	737
	占学校类型的百分比	3.3	23.5	21.7	12.8	38.8	100.0
	占职务的百分比	15.0	22.0	14.2	10.4	8.0	11.3
	占总计的百分比	0.4	2.6	2.4	1.4	4.4	11.3
其他省属普通本科院校	人数	43	278	426	432	1379	2558
	占学校类型的百分比	1.7	10.9	16.7	16.9	53.9	100.0
	占职务的百分比	26.9	35.3	37.8	47.9	38.7	39.1
	占总计的百分比	0.7	4.3	6.5	6.6	21.1	39.1
高职高专	人数	70	321	507	363	1815	3076
	占学校类型的百分比	2.3	10.4	16.5	11.8	59.0	100.0
	占职务的百分比	43.8	40.7	45.0	40.3	51.0	47.1
	占总计的百分比	1.1	4.9	7.8	5.6	27.8	47.1
总计	人数	160	788	1127	901	3560	6536
	占人数总计的百分比	2.4	12.1	17.2	13.8	54.5	100.0
	占职务的百分比	100.0	100.0	100.0	100.0	100.0	100.0

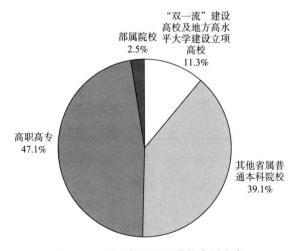

图1-1 受访教职员工学校类型分布

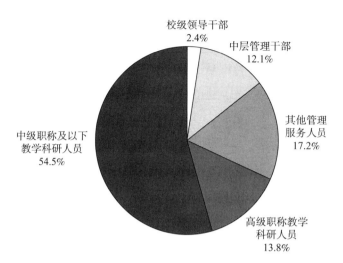

图 1 - 2　受访教职员工职务类型分布

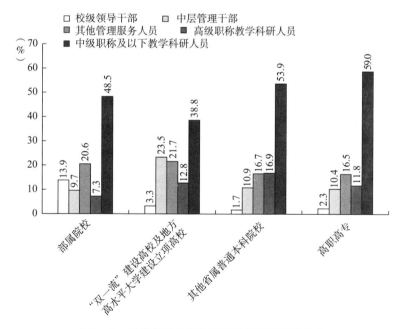

图 1 - 3　受访教职员工各学校类型不同职务分布

（二）学生

学生卷 A 省省内有效问卷 119647 份，受访学生基本信息具体见表 1 - 2、表 1 - 3、表 1 - 4，图 1 - 4 至图 1 - 9。

表 1 - 2　受访学生学校类型和年级类型交叉统计情况

单位：人，%

学校类型		年级类型				
		大一新生	大二及以上高年级学生	一年级研究生	高年级研究生	总计
部属院校	人数	2886	3441	18	21	6366
	占学校类型的百分比	45.3	54.1	0.3	0.3	100.0
	占年级类型的百分比	5.9	4.9	5.2	9.3	5.3
	占总计的百分比	2.4	2.9	0	0	5.3
"双一流"建设高校及地方高水平大学建设立项高校	人数	5680	8320	92	65	14157
	占学校类型的百分比	40.1	58.8	0.6	0.5	100.0
	占年级类型的百分比	11.6	11.9	26.8	28.8	11.8
	占总计的百分比	4.7	7.0	0.1	0.1	11.8
其他省属普通本科院校	人数	17690	35126	213	122	53151
	占学校类型的百分比	33.3	66.1	0.4	0.2	100.0
	占年级类型的百分比	36.0	50.2	62.1	54.0	44.4
	占总计的百分比	14.8	29.4	0.2	0.1	44.4
高职高专	人数	22849	23086	20	18	45973
	占学校类型的百分比	49.7	50.2	0	0	100.0
	占年级类型的百分比	46.5	33.0	5.8	8.0	38.4
	占总计的百分比	19.1	19.3	0	0	38.4
总计	人数	49105	69973	343	226	119647
	占人数总计的百分比	41.0	58.5	0.3	0.2	100.0
	占年级类型的百分比	100.0	100.0	100.0	100.0	100.0

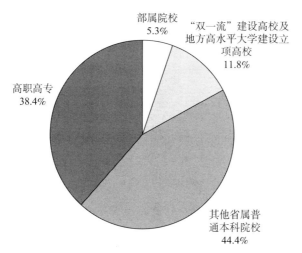

图 1-4 受访学生学校类型分布

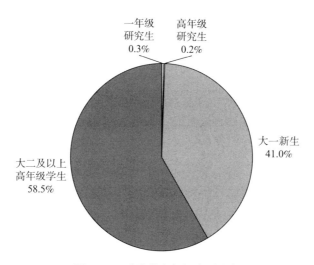

图 1-5 受访学生年级类型分布

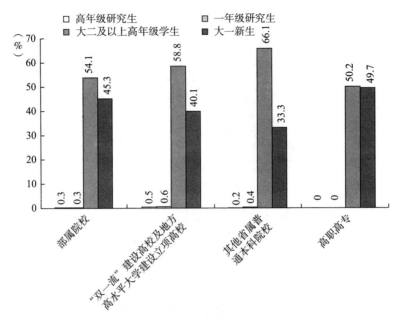

图 1-6　受访学生各学校类型不同年级类型分布

表 1-3　受访学生学校类型和是否担任学生干部交叉统计情况

单位：人，%

学校类型		是否担任学校或者院系团学组织中相关学生干部		
		否	是	总计
部属院校	人数	3954	2412	6366
	占学校类型的百分比	62.1	37.9	100.0
	占是否担任学校或者院系团学组织中相关学生干部的百分比	4.9	6.1	5.3
	占总计的百分比	3.3	2.0	5.3
"双一流"建设高校及地方高水平大学建设立项高校	人数	8978	5179	14157
	占学校类型的百分比	63.4	36.6	100.0
	占是否担任学校或者院系团学组织中相关学生干部的百分比	11.2	13.1	11.8
	占总计的百分比	7.5	4.3	11.8

学校类型		是否担任学校或者院系团学组织中相关学生干部		
		否	是	总计
其他省属普通本科院校	人数	36496	16655	53151
	占学校类型的百分比	68.7	31.3	100.0
	占是否担任学校或者院系团学组织中相关学生干部的百分比	45.6	42.0	44.4
	占总计的百分比	30.5	13.9	44.4
高职高专	人数	30600	15373	45973
	占学校类型的百分比	66.6	33.4	100.0
	占是否担任学校或者院系团学组织中相关学生干部的百分比	38.2	38.8	38.4
	占总计的百分比	25.6	12.8	38.4
总计	人数	80028	39619	119647
	占人数总计的百分比	66.9	33.1	100.0
	占是否担任学校或者院系团学组织中相关学生干部的百分比	100.0	100.0	100.0

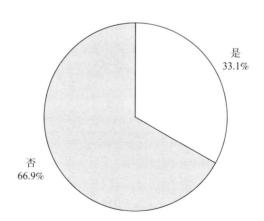

是
33.1%

否
66.9%

图 1-7　受访学生担任学生干部情况

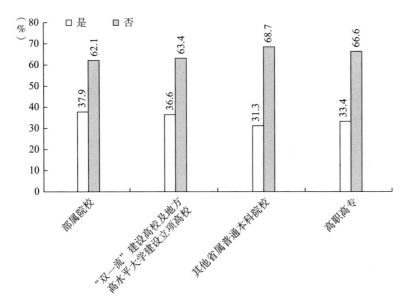

图1-8 受访学生各学校类型中担任学生干部情况

表1-4 受访学生年级类型和是否担任学生干部交叉统计情况

单位：人，%

年级类型		是否担任学校或者院系团学组织中相关学生干部		
		否	是	总计
大一新生	人数	32004	17101	49105
	占年级类型的百分比	65.2	34.8	100.0
	占是否担任学校或者院系团学组织中相关学生干部的百分比	40.0	43.2	41.0
	占总计的百分比	26.7	14.3	41.0
大二及以上高年级学生	人数	47690	22283	69973
	占年级类型的百分比	68.2	31.8	100.0
	占是否担任学校或者院系团学组织中相关学生干部的百分比	59.6	56.2	58.5
	占总计的百分比	39.9	18.6	58.5

年级类型		是否担任学校或者院系团学组织中相关学生干部		
		否	是	总计
一年级研究生	人数	208	135	343
	占年级类型的百分比	60.6	39.4	100.0
	占是否担任学校或者院系团学组织中相关学生干部的百分比	0.3	0.3	0.3
	占总计的百分比	0.2	0.1	0.3
高年级研究生	人数	126	100	226
	占年级类型的百分比	55.8	44.2	100.0
	占是否担任学校或者院系团学组织中相关学生干部的百分比	0.2	0.3	0.2
	占总计的百分比	0.1	0.1	0.2
总计	人数	80028	39619	119647
	占人数总计的百分比	66.9	33.1	100.0
	占是否担任学校或者院系团学组织中相关学生干部的百分比	100.0	100.0	100.0

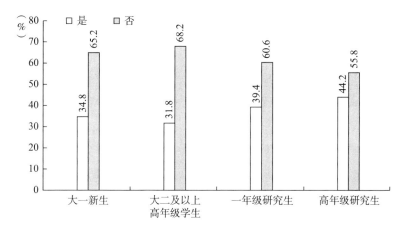

图1-9 受访学生各年级类型中担任学生干部情况

问卷调查数据处理是借助专业统计工具进行的，但基于调查实际需要特别说明以下几点情况。

第一，学校类型划分以及由此在问卷调查过程中可能发生的误差。本次调查因为是面向全省所有普通高校，为了在分析过程中更具针对性，我们对院校进行了类型划分，即区分为部属院校、"双一流"建设高校及地方高水平大学建设立项高校、其他省属普通本科院校、高职高专四种。但实际上该省的部属院校不仅数量少（2 所），而且都是"双一流"建设高校。

地方高水平大学建设立项高校，全省一共有 16 所，而且分为地方特色高水平大学、地方应用型高水平大学两个层次，学生对其学校的定位划分不一定准确。所以，相关数据难免存在将部属院校与"双一流"建设高校混淆、地方高水平大学建设立项高校与其他省属普通本科院校混淆的可能。另外，部属院校数量过少，而且自我界定为部属院校教职员工的只有 165 人，为此涉及部属院校教职员工的细分统计只有一定的参照意义，难以反映部属院校教职员工的全部实际情况。

第二，受访校级领导干部人数总量偏少及其细分统计意义限制。根据统计，受访校级领导干部人数为 160，其中部属院校 23 人、"双一流"建设高校及地方高水平大学建设立项高校 24 人、其他省属普通本科院校 43 人、高职高专 70 人。由于人数总量不大，在相关细分评判和选择中可能出现部分选项人数偏少的情况（尤其是针对部属院校、"双一流"建设高校及地方高水平大学建设立项高校校级领导干部的相关细分统计情况时），因而凡涉及校级领导干部的统计分析也只具有相对参照意义，并不一定能够完全反映受访高校所有校级领导干部的相关认知与评价等实际情况。

第三，受访部属院校教职员工人数总量偏少及其细分统计意义限制。根据统计，受访部属院校教职员工人数为 165，其中校级领导干部 23 人、中层管理干部 16 人、其他管理服务人员 34 人、高级职称教学科研人员 12 人、中级职称及以下教学科研人员 80 人。所以特别是涉及部属院校校级领导干部、中层管理干部、其他管理服务人员、高级职称教学科研人员的相关细分统计时，由于人数偏少（尤其是其中的中层管理干部、高级职称教学科研人员），相关分析也只具有一定的参照意义，并不一定能够完全反映部属院校有关职务教职员工的相关认知与评价等实际情况。

第四，受访研究生人数总量偏少及其细分统计意义限制。根据统计，受访学生中一年级研究生人数为 343，高年级研究生人数为 226，特别是高年级研究生人数总量偏少，难以完全反映受访高校所有研究生的相关认知和评价等实际情况，尤其是涉及高年级研究生的相关细分统计及其分析，也只具有一定的参照意义。

第五，少数受访教职员工不能明确认知学校已经制定实施大学章程的基本判断及其数据分析意义限定。受访教职员工中，对学校是否已经制定实施大学章程表示否定并对学校章程实施情况进行总体评价的一共有152人，选择"非常满意""满意""基本满意""不满意"四个选项的人数分别是16、36、52、48；对学校是否已经制定实施大学章程表示"不清楚，也没关心过"并对学校章程实施情况进行总体评价的受访教职员工一共有964人，选择"非常满意""满意""基本满意""不满意"四个选项的人数分别是103、238、497、126。这两个群体中，对学校章程实施情况总体评价选择"非常满意"及"满意"选项的人员，可能更多是出于一种非理性的"宽容"态度做选择、评判，而选择"基本满意"和"不满意"选项的人员也有可能是出于非理性、情绪性甚至带有一定偏见来进行选择和评判的。问卷设计时考虑到学校教职员工理应对学校章程实施情况有一个具体评价，所以没有像学生卷那样提供"不清楚，不好评价"选项，这在客观上可能使一部分对学校是否已经制定实施大学章程选择"否"或者"不清楚，也没关心过"的受访教职员工，在对学校章程实施情况进行总体评价时处于非理性的随意状态。另外，因为受访高校实际上都已经制定实施大学章程，而且这两个群体人员不是很多，所以与这两个群体人员相关的统计和分析，特别是其中对学校是否已经制定实施大学章程表示否定并对学校章程实施情况进行总体评价的受访教职员工（共152人）的有关交叉统计分析，只作为一种分析视角进行参照和比较。

第六，部分受访学生不能明确认知学校已经制定实施大学章程的基本判断及其数据分析意义限定。受访学生中，对学校是否已经制定实施大学章程表示否定并对学校章程实施情况进行总体评价的一共有967人，选择"非常满意""满意""基本满意""不满意""不清楚，不好评价"五个选项的人数分别为114、177、353、179、144；对学校是否已经制定实施大学章程表示"不清楚，没听说过"并对学校章程实施情况进行总体评价的受访学生一共有26912人，选择"非常满意""满意""基本满意""不满意""不清楚，不好评价"五个选项的人数分别为1268、3048、6108、1026、15462。这两个群体中，对学校章程实施情况总体评价选择"非常满意"及"满意"选项的人员，同样也可能更多是出于一种非理性的"宽容"态度做选择、评判的，而选择"基本满意"和"不满意"选项的人员也同样有可能是出于非理性、情绪性甚至带有一定偏见进行选择和评判的。同样考虑到受访高校实际上都已经制定实施大学章程，所以与这两个群体人员相关的统计和分析，特别是其中对学校是否已经制定实施大学章程表示否定并在对学校章程实施情况进行总体评价时选择"非常满意""满意""基本满意""不满意"四个选项受访学生（共 823 人）的有关交叉统计分析，同样只作为一种分析视角进行参照和比较。

此外，在数据处理过程中小数点后原则上只保留一位数，百分比的总计、累计可能出现 0.1 ~ 0.2 的误差。

本次调查结果筛选的有效问卷总量不少，其中除了存在上述不足外，可能还存在极少受访人员在问卷作答过程中不够理性，以致个别事实性判断存在错误的缺陷。比如，受访学生中有 38 人自我确认为高职高专院校研究生，这是不符合客观事实的。这些情况作为问卷调查过程中的瑕疵，我们尽量在具体分析过程中加以排除。

第二章　大学内部治理状况总体评价

关于大学内部治理状况的总体评价，主要立足于受访教职员工和学生分别对学校章程建设情况、学校坚持党委领导下的校长负责制落实及效果、学校落实依法治校情况三个方面的认知与评判。其中受访人员对学校落实依法治校情况的评价，除考察其对学校落实依法治校情况的总体评价以外，还重点考察了他们对学校落实教育部《普通高等学校学生管理规定》情况的评价。由于篇幅所限本章不对这一部分数据的统计与分析做具体说明，但其分析结果可以进一步支持受访人员对学校落实依法治校情况总体评价的相关结论与判断。

一　大学章程建设情况

（一）是否知晓学校已经制定实施大学章程

1. 教职员工知晓情况考察

分别有 14.7%、2.3% 的受访教职员工对本校是否已经制定实施大学章程表示"不清楚，也没关心过"和"否"（见图 2-1）。鉴于实际上各校已经制定实施大学章程，这只能解释为有 17.0% 的受访教职员工对本校是否已经制定实施大学章程表示"否"或"不清楚，也没关心过"。这一状况在部属院校、其他省属普通本科院校、高职高专中非常相似，三类院校分别有 20.6%、15.8%、20.6% 的受访教职员工对本校是否已经制定实施大学章程表示"否"或"不清楚，也没关心过"（见图 2-2），其中部属院校、高职高专受访人员中表示"否"或"不清楚，也没关心过"人员占比高达 1/5。

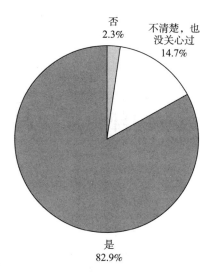

**图2-1　受访教职员工对学校是否已经制定
实施大学章程的总体认知情况**

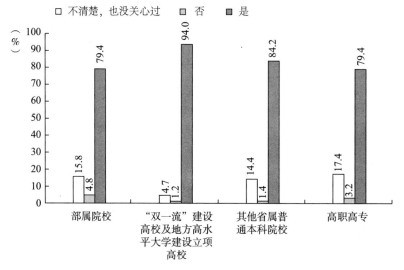

**图2-2　不同类型学校受访教职员工对学校是否已经
制定实施大学章程的认知情况**

就各职务类型受访教职员工认知情况而言，明确认知人员占比即选中"是"选项的有效百分比，从高到低依次是中层管理干部（93.9%）、校级领导干部（86.9%）、高级职称教学科研人员（84.8%）、其他管理服务人员（83.6%）、中级职称及以下教学科研人员（79.6%）（见图2-3）。中层管理干部对学校是否已经制定实施大学章程的明确认知的比例最高，其中只有 6.1% 的受访人员表示"否"或"不清楚，也没关心过"。而校级领导干部、高级职称教学科研人员、其他管理服务人员、中级职称及以下教学科研人员，都有较高比例的人员对此表示"否"或"不清楚，也没关心过"，他们选择"否"和"不清楚，也没关心过"两选项的有效百分比累计值分别为 13.2% 、15.3% 、16.4% 、20.3% 。

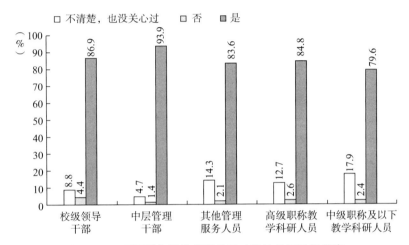

**图 2 - 3　不同职务受访教职员工对学校是否已经制定
实施大学章程的认知情况**

部属院校受访教职员工中选择"是"选项的有效百分比从高到低依次是校级领导干部（87.0%）、高级职称教学科研人员（83.3%）、其他管理服务人员（79.4%）、中级职称及以下教学科研人员（77.5%）、中层管理干部（75.0%）（见图 2 - 4）。尽管其中校级领导干部选择"是"选项的有效百分比最高，但也有 13.0% 的校级领导干部表示"否"或"不清楚，也没关心过"，其余职务人员表示"否"或"不清楚，也没关心过"的占比更高，中层管理干部的占比甚至高达 25.0% 。所以，部属院校受访人员中有明显过高比例的人员对学校是否已经制定实施大学章程表示"否"或"不清楚，也没关心过"。

"双一流"建设高校及地方高水平大学建设立项高校受访教职员工中选择"是"选项的有效百分比从高到低依次是中层管理干部（98.8%）、其他管理服务人员（96.3%）、高级职称教学科研人员（92.6%）、校级领导干部（91.7%）、中级职称及以下教学科研人员（90.6%）（见图 2 - 5）。总

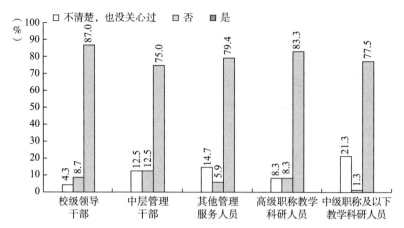

图 2-4　部属院校不同职务受访教职员工对学校是否已经制定实施大学章程的认知情况

体上，"双一流"建设高校及地方高水平大学建设立项高校受访教职员工明确认知学校已经制定实施大学章程的有效百分比较高，普遍在 90.6% 及以上，其中中层管理干部、其他管理服务人员选择"是"选项的有效百分比接近 100.0%。

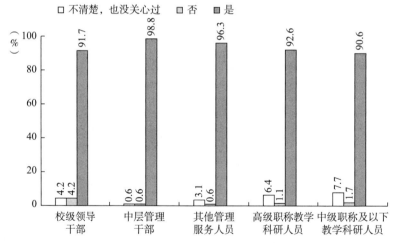

图 2-5　"双一流"建设高校及地方高水平大学建设立项高校不同职务受访教职员工对学校是否已经制定实施大学章程的认知情况

其他省属普通本科院校受访教职员工中选择"是"选项的有效百分比从高到低依次是中层管理干部（95.7%）、校级领导干部（93.0%）、其他管理服务人员（86.9%）、高级职称教学科研人员（84.7%）、中级职称及以下教学科研人员（80.6%）（见图2-6）。总体上，选择"是"选项的有效百分比相对偏低。行政管理服务人员的明确认知人员占比高于教学科研人员，但受访校级领导干部中仍有7.0%的人员表示"否"或"不清楚，也没关心过"。

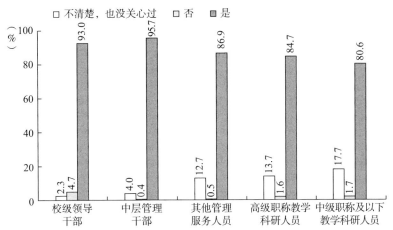

图2-6　其他省属普通本科院校不同职务受访教职员工对学校是否已经制定实施大学章程的认知情况

高职高专受访教职员工中选择"是"选项的有效百分比总体上相对较低，从高到低依次是中层管理干部（90.7%）、高级职称教学科研人员（82.9%）、校级领导干部（81.4%）、中级职称及以下教学科研人员（77.3%）、其他管理服务人员（77.1%）（见图2-7）。虽然中层管理干部

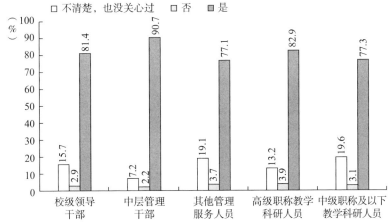

图2-7　高职高专不同职务受访教职员工对学校是否已经制定实施大学章程的认知情况

该选项的有效百分比最高，但也有近 1/10 的受访人员表示"否"或"不清楚，也没关心过"，而校级领导干部中竟然有 18.6% 的受访人员表示"否"或"不清楚，也没关心过"，其他管理服务人员、中级职称及以下教学科研人员中也均有接近 1/4 的受访人员表示"否"或"不清楚，也没关心过"。

校级领导干部选择"是"选项的有效百分比从高到低的学校类型依次是其他省属普通本科院校（93.0%）、"双一流"建设高校及地方高水平大学建设立项高校（91.7%）、部属院校（87.0%）、高职高专（81.4%）（见图 2-8）。如果按照理想标准来要求，校级领导干部尤其是部属院校和高职高专的校级领导干部对于学校是否已经制定实施大学章程的明确认知比例显然过低。

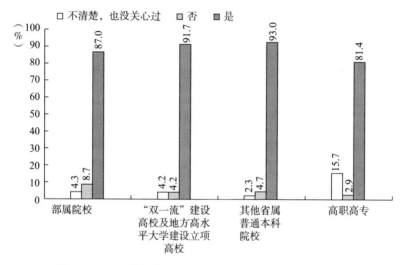

图 2-8　不同学校类型校级领导干部对学校是否已经制定实施大学章程的认知情况

中层管理干部选择"是"选项的有效百分比从高到低的学校类型依次是"双一流"建设高校及地方高水平大学建设立项高校（98.8%）、其他省属普通本科院校（95.7%）、高职高专（90.7%）、部属院校（75.0%）（见图 2-9）。高职高专以及部属院校的中层管理干部该选项的有效百分比偏低，特别是部属院校的受访中层管理干部中竟然有 1/4 选择了"否"或者"不清楚，也没关心过"。

其他管理服务人员选择"是"选项的有效百分比从高到低的学校类型依次是"双一流"建设高校及地方高水平大学建设立项高校（96.3%）、其

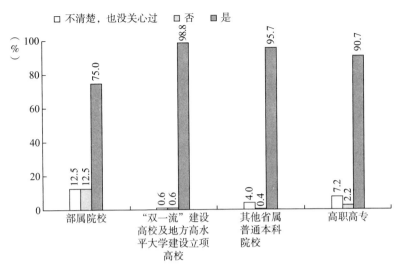

图 2-9 不同学校类型中层管理干部对学校是否已经制定
实施大学章程的认知情况

他省属普通本科院校（86.9%）、部属院校（79.4%）、高职高专（77.1%）（见图 2-10）。除"双一流"建设高校及地方高水平大学建设立项高校外，其他三个类型院校，尤其是部属院校和高职高专的其他管理服务人员，该选项的有效百分比明显过低。

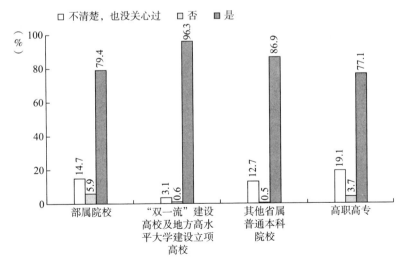

图 2-10 不同学校类型其他管理服务人员对学校是否已经
制定实施大学章程的认知情况

　　高级职称教学科研人员选择"是"选项的有效百分比从高到低的学校类型依次是"双一流"建设高校及地方高水平大学建设立项高校（92.6%）、其他省属普通本科院校（84.7%）、部属院校（83.3%）、高职高专（82.9%）（见图2-11）。除"双一流"建设高校及地方高水平大学建设立项高校外，其他三个类型院校的高级职称教学科研人员该选项的有效百分比相对较低。

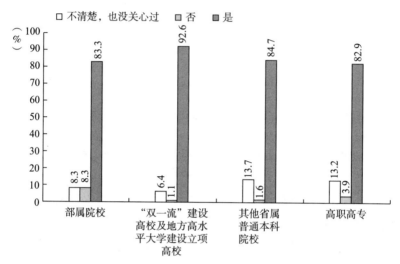

图2-11　不同学校类型高级职称教学科研人员对学校是否已经制定实施大学章程的认知情况

　　中级职称及以下教学科研人员选择"是"选项的有效百分比从高到低的学校类型依次是"双一流"建设高校及地方高水平大学建设立项高校（90.6%）、其他省属普通本科院校（80.6%）、部属院校（77.5%）、高职高专（77.3%）（见图2-12）。该选项的有效百分比普遍较低，除"双一流"建设高校及地方高水平大学建设立项高校外，其他三个类型院校的中级职称及以下教学科研人员该选项的有效百分比相对更低。

　　总体而言，对于学校是否已经制定实施大学章程，四种不同类型学校中"双一流"建设高校及地方高水平大学建设立项高校受访教职员工的明确认知人员占比最高（94.0%），而部属院校以及高职高专相对较低（均为79.4%）；五种职务受访教职员工中，中层管理干部的明确认知人员占比相对最高（93.9%），中级职称及以下教学科研人员最低（79.6%）。不同类型学校的不同职务受访教职员工的认知情况也有差距，其中明确认知人员占比最高的是"双一流"建设高校及地方高水平大学建设立项高校的中层

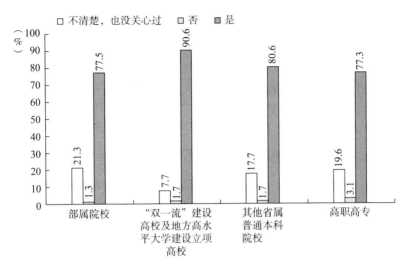

**图 2 - 12　不同学校类型中级职称及以下教学科研人员对学校
是否已经制定实施大学章程的认知情况**

管理干部（98.8%），最低的是部属院校的中层管理干部（75.0%）。

需要注意的是，明确否定学校已经制定实施大学章程人员占比，不仅总体上达到 2.3%，而且在个别群体中甚至更高，比如，部属院校的中层管理干部这一有效百分比为 12.5%。对学校是否已经制定实施大学章程表示"不清楚，也没关心过"的占比更高，总体占比为 14.7%，中级职称及以下教学科研人员这一占比为 17.9%，其中部属院校的中级职称及以下教学科研人员的这一占比则高达 21.3%，高职高专的中级职称及以下教学科研人员、其他管理服务人员、校级领导干部这一占比也分别高达 19.6%、19.1%、15.7%。

所以，在事实上各高校均已制定实施大学章程的情况下，仍有接近两成的受访教职员工对此表示"否"或"不清楚，也没关心过"，而在某些特定群体中这一比例更高。这说明在大学章程建设过程中，不仅在章程制定期间广大教职员工的参与不够充分，而且在章程核准实施后，相关宣传教育也显然不足。

2. 学生知晓情况考察

就受访学生对学校是否已经制定实施大学章程认知情况而言，有 22.5% 的受访学生选择"不清楚，没听说过"，0.8% 的受访学生选择"否"（见图 2 - 13），同样因为各校实际上已经制定实施大学章程，对此我们也只能解释为接近1/4的受访学生对学校是否已经制定实施大学章程表示"否"或"不清楚，没听说过"。具体从不同类型学校的情况看，对学校是否已经制定实施大学章程选择"是"选项的有效百分比从高到低依次是"双一流"建设高校及地方高水平大学建设立项高校（87.4%）、部属院校（79.8%）、高职高专（75.0%）、其他省属普通本科院校（74.9%）（见图2-14），即

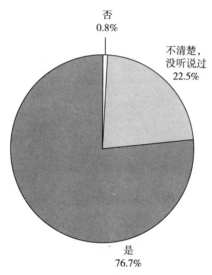

图 2-13　受访学生对学校是否已经制定
实施大学章程的总体认知情况

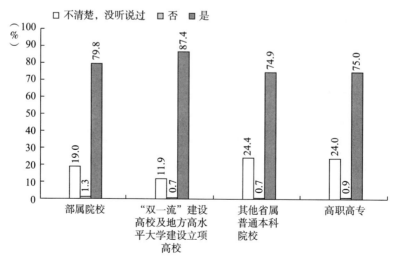

图 2-14　不同类型学校受访学生对学校是否已经制定
实施大学章程的认知情况

高职高专和其他省属普通本科院校均有 1/4 受访学生对学校是否已经制定实施大学章程表示"否"或"不清楚，没听说过"，而部属院校也达到 1/5。

受访学生中，担任学校或者院系团学组织中相关学生干部的学生，对学校已经制定实施大学章程表示明确认知的有效百分比显然高于非学生干部（见图 2 - 15，分别为 82.0%、74.1%），但是也有 17.9% 的受访学生干部对学校是否已经制定实施大学章程表示"否"或"不清楚，没听说过"。

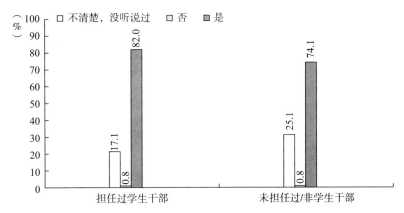

图 2 - 15　受访学生中是否担任学生干部对学校是否已经制定实施大学章程的认知情况

就不同年级类型受访学生而言，对学校是否已经制定实施大学章程，选择"是"选项的有效百分比从高到低依次是大一新生（81.4%）、一年级研究生（78.1%）、大二及以上高年级学生（73.5%）、高年级研究生（63.7%）（见图 2 - 16）。对学校是否已经制定实施大学章程表示明确认知的有效百分比最高的受访大一新生中，仍有近 1/5 的学生表示"否"或"不清楚，没听说过"，而受访高年级研究生不能明确认知学校已经制定实施大学章程的占比更高，接近四成。

部属院校受访学生对学校是否已经制定实施大学章程选择"是"选项的有效百分比从高到低依次是大一新生（84.4%）、大二及以上高年级学生（76.0%）、一年级研究生（66.7%）、高年级研究生（66.7%）（见图 2 - 17）。其中研究生因受访学生人数偏少，其统计数据参考意义有限。总体上，除大一新生在该选项上的有效百分比稍高外，其余均普遍偏低。大二及以上高年级学生中有近 1/4 对学校是否已经制定实施大学章程表示"否"或"不清楚，没听说过"。

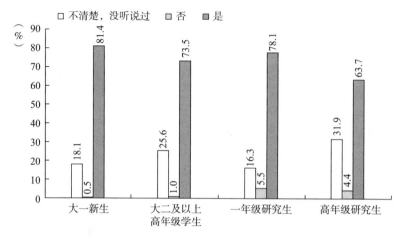

图 2 – 16 不同年级类型受访学生对学校是否已经制定实施
大学章程的认知情况

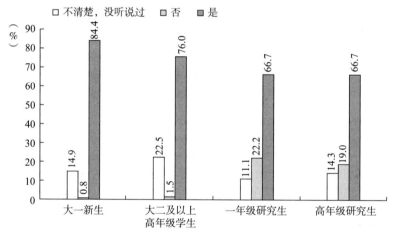

图 2 – 17 部属院校不同年级类型受访学生对学校是否已经
制定实施大学章程的认知情况

"双一流"建设高校及地方高水平大学建设立项高校受访学生对学校是否已经制定实施大学章程选择"是"选项的有效百分比从高到低依次是大一新生（88.7%）、大二及以上高年级学生（86.8%）、一年级研究生（83.7%）、高年级研究生（70.8%）（见图 2 – 18）。各年级类型受访学生中均有 1/10 到 3/10 对学校是否已经制定实施大学章程表示"否"或"不清楚，没听说过"。本科生各年级类型之间差距不大，并且选择"是"选项的有效百分比普遍高于研究生，而高年级研究生该选项的有效百分比较低。

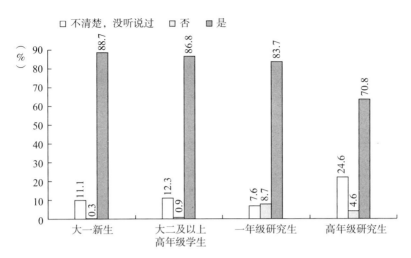

图 2 - 18 "双一流"建设高校及地方高水平大学建设立项高校不同年级
类型受访学生对学校是否已经制定实施大学章程的认知情况

其他省属普通本科院校受访学生对学校是否已经制定实施大学章程选择"是"选项的有效百分比从高到低依次是大一新生（83.0%）、一年级研究生（77.9%）、大二及以上高年级学生（70.9%）、高年级研究生（62.3%）（见图 2 - 19）。

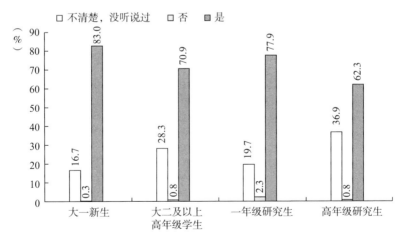

图 2 - 19 其他省属普通本科院校不同年级类型受访学生对学校
是否已经制定实施大学章程的认知情况

高职高专实际上没有研究生教育，尽管有个别受访学生自称为高职高专的研究生，但应视为无效数据。无论是大一新生还是大二及以上高年级学生，受访学生中选择"是"选项的有效百分比都不高，分别为77.9%、72.2%（见图2-20）。

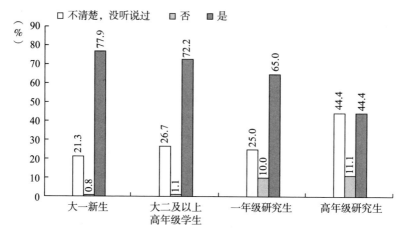

图2-20　高职高专不同年级类型受访学生对学校是否已经制定实施大学章程的认知情况

总体而言，对学校是否已经制定实施大学章程，受访学生中明确认知人员占比总体不高，仅为76.7%。"双一流"建设高校及地方高水平大学建设立项高校情况较好，接近九成，部属院校近八成，高职高专、其他省属普通本科院校占比较低，仅75%左右；大一新生较高，达到八成，高年级研究生较低，占到六成多一点。在不同类型学校的不同年级类型学生中，占比最高的是"双一流"建设高校及地方高水平大学建设立项高校大一新生（88.7%），最低的是其他省属普通本科院校高年级研究生（62.3%，排除个别自称高职高专研究生的数据）。整体上，各年级类型该选项的有效百分比差距明显，一般都是大一新生较高，其余较低，而研究生普遍低于本科生。这也从另一角度说明，学校面向在校学生的学校章程宣传与教育明显存在不足。

（二）如何评价学校章程实施情况

1. 教职员工评价情况考察

受访教职员工对学校章程实施情况满意率达到96.0%，但其中选择"基本满意"和"不满意"两个选项的占比超过25%（见图2-21）。从不同学校类型来看，对学校章程实施情况持较高满意度（"非常满意""满意"

两选项有效百分比之和，下同）的从高到低依次是"双一流"建设高校及地方高水平大学建设立项高校（82.5%）、部属院校（76.4%）、高职高专（72.1%）、其他省属普通本科院校（66.7%）（见图2-22）。

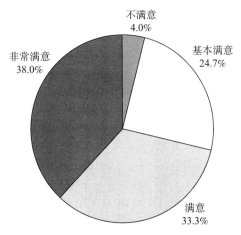

图 2-21　受访教职员工对学校章程实施情况的总体评价

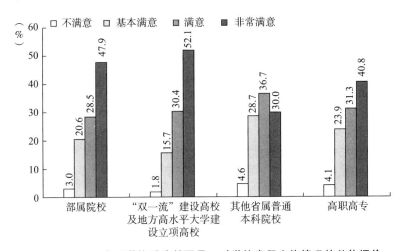

图 2-22　不同类型学校受访教职员工对学校章程实施情况的总体评价

就各职务类型受访教职员工的总体评价情况而言，较高满意度从高到低依次是校级领导干部（80.0%）、中层管理干部（79.7%）、其他管理服务人员（75.8%）、中级职称及以下教学科研人员（69.5%）、高级职称教学科研人员（63.9%）。而"不满意"选项的有效百分比从高到低依次是校级领导干部（8.1%）、高级职称教学科研人员（7.1%）、中级职称及以下教学科研人员（3.8%）、其他管理服务人员（2.8%）、中层管理干部（2.2%）（见图2-23）。总体上，行政管理服务人员的较高满意度高于教学科研人员，较高满意度最低的是高级职称教学科研人员。

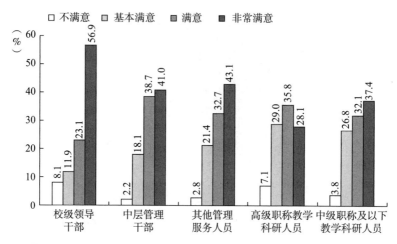

图2-23 不同职务受访教职员工对学校章程实施情况的总体评价

从各类型学校的各职务类型受访教职员工对学校章程实施情况的满意度分布情况看，各自与上述各职务类型受访教职员工满意度总体统计情况有相似性但又各有不同。

部属院校尽管中层管理干部、其他管理服务人员对于学校章程实施情况总体评价一致（二者"非常满意""满意"两个选项的百分比均为50.0%），而且满意度总体上高于其他受访教职员工，但是校级领导干部的"非常满意"选项的有效百分比最高（78.3%），同时，校级领导干部的"基本满意""不满意"的有效百分比均为4.3%，其中"基本满意"的有效百分比高于中层管理干部和其他管理服务人员，"不满意"的有效百分比在所有受访教职员工中最高（见图2-24）。教学科研人员的满意度普遍低于行政管理服务人员，其中高级职称教学科研人员较高满意度最低。整体而言，部属院校中教学科研人员以及部分校级领导干部对学校章程实施情况总体评价偏低。

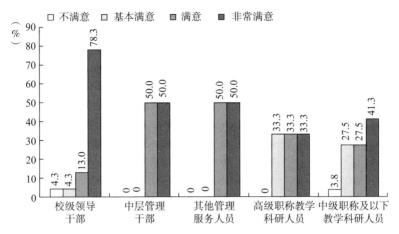

图 2 - 24 部属院校不同职务受访教职员工对学校章程实施
情况的总体评价

在"双一流"建设高校及地方高水平大学建设立项高校各级行政管理
服务人员对学校章程实施情况总体评价中，校级领导干部选择"非常满意"
选项的有效百分比最高（58.3%），"非常满意""满意"两选项的有效百
分比之和与中层管理干部、其他管理服务人员非常接近（分别为87.5%、
85.5%、86.9%），但是其"不满意"选项的有效百分比在五种职务类型人
员中最高（见图2-25）。同样，行政管理服务人员满意度总体上高于教学
科研人员，高级职称教学科研人员较高满意度最低。

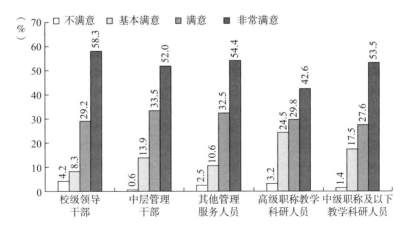

图 2 - 25 "双一流"建设高校及地方高水平大学建设立项高校不同
职务受访教职员工对学校章程实施情况的总体评价

其他省属普通本科院校各职务类型受访教职员工的满意度分布状态总体上与"双一流"建设高校及地方高水平大学建设立项高校相似，但有两点差异：一是校级领导干部选择"非常满意"选项的有效百分比相对较高（65.1%），同时其"基本满意"和"不满意"两选项的有效百分比也相对更高（均为9.3%）（见图2-26）；二是各个群体的满意度总体上低于"双一流"建设高校及地方高水平大学建设立项高校。

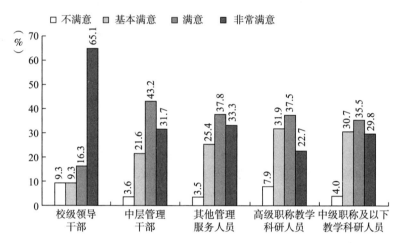

图2-26　其他省属普通本科院校不同职务受访教职员工
对学校章程实施情况的总体评价

高职高专不同职务受访教职员工的满意度分布状态与其他省属普通本科院校有相似性：行政管理服务人员满意度高于教学科研人员；高级职称教学科研人员满意度相对较低；校级领导干部选择"不满意"选项的有效百分比最高（见图2-27）。但是，校级领导干部选择"非常满意"选项的有效百分比与高级职称教学科研人员以外的其他三个受访群体非常接近，其满意度总体上低于学校中层管理干部以及其他管理服务人员。所以，高职高专的校级领导干部和高级职称教学科研人员对学校章程实施情况满意度最低。

全体受访教职员工对学校是否已经制定实施大学章程认知情况与其对学校章程实施情况总体评价明显正相关。一方面，明确认知学校已经制定实施大学章程的人员对学校章程实施情况的满意度明显高于另外两个群体（见图2-28）。对"学校是否已经制定实施大学章程"选择"是"选项，

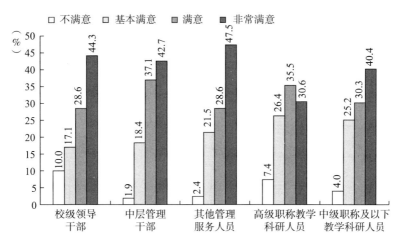

**图 2 - 27　高职高专不同职务受访教职员工对学校章程
实施情况的总体评价**

即对学校已经制定实施大学章程表示明确认知的受访教职员工中，大约有
四成受访人员对学校章程实施情况表示充分肯定，八成受访人员对学校章
程实施情况总体满意，但也有两成受访人员对此持基本满意甚至不满意态
度。另一方面，对学校章程实施情况满意度越高的群体，其中对学校已经
制定实施大学章程表示明确认知的人员占比也越高（见图 2 - 29）。

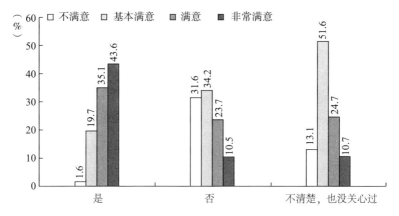

**图 2 - 28　对学校是否已经制定实施大学章程三种不同认知情况的
受访教职员工对学校章程实施情况的总体评价**

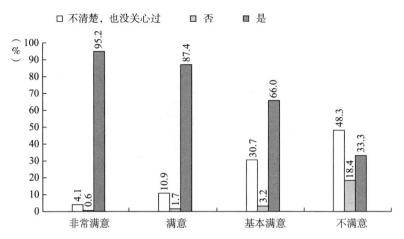

图 2-29　对学校章程实施情况总体评价持不同意见的受访教职员工
对学校是否已经制定实施大学章程的认知情况

各类型学校受访教职员工对学校是否已经制定实施大学章程认知情况与其对学校章程实施情况总体评价同样明显正相关。部属院校呈现上述一般特征，同时总体上对学校章程实施情况的满意度更高（见图 2-30、图 2-31），明确认知学校已经制定实施大学章程的受访教职员工中选择"非常满意""满意"两选项的有效百分比分别高达 55.7%、27.5%（分别只有 14.5%、2.3% 的受访教职员工持"基本满意"和"不满意"态度）。"双一流"建设高校及地方高水平大学建设立项高校总体特征（见图 2-32、图 2-33）也类似部属院校，但受访教职员工对于学校章程实施情况的满意度整体上低于部属院校，而高于其他省属普通本科院校以及高职高专。其中明确认知学校已经制定实施大学章程的受访教职员工中选择"非常满意""满意"两选项的有效百分比分别为 54.7%、30.7%，即过半人员持高度肯定态度，而持"满意"及以上态度的也超过了八成。其他省属普通本科院校总体特征（见图 2-34、图 2-35）也与前面两个类型院校相似，但其受访教职员工对学校章程实施情况的满意度比之要低，明确认知学校已经制定实施大学章程的受访教职员工中选择"非常满意"选项的有效百分比只有 34.1%。高职高专总体情况（见图 2-36、图 2-37）接近于其他省属普通本科院校。

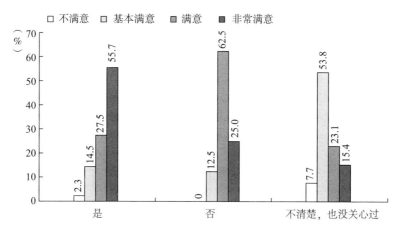

图 2 - 30　对学校是否已经制定实施大学章程三种不同认知情况的
部属院校受访教职员工对学校章程实施情况的总体评价

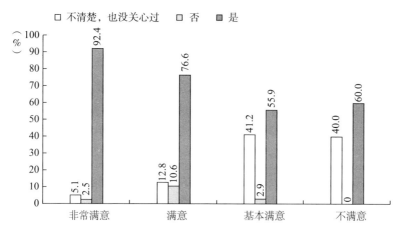

图 2 - 31　对学校章程实施情况总体评价持不同意见的部属院校受访
教职员工对学校是否已经制定实施大学章程的认知情况

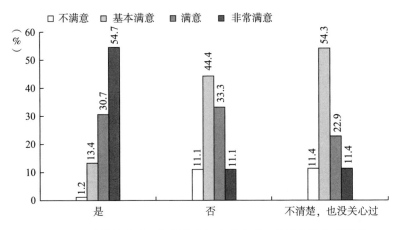

图 2 - 32 对学校是否已经制定实施大学章程三种不同认知情况的
"双一流"建设高校及地方高水平大学建设立项高校
受访教职员工对学校章程实施情况的总体评价

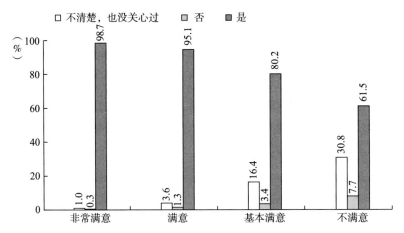

图 2 - 33 对学校章程实施情况总体评价持不同意见的"双一流"
建设高校及地方高水平大学建设立项高校受访教职
员工对学校是否已经制定实施大学章程的认知情况

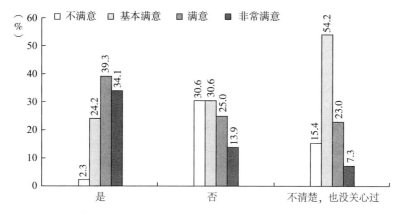

图 2 - 34　对学校是否已经制定实施大学章程三种不同认知情况的其他省属普通本科院校受访教职员工对学校章程实施情况的总体评价

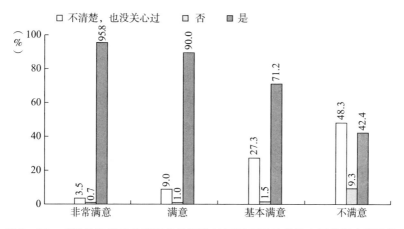

图 2 - 35　对学校章程实施情况总体评价持不同意见的其他省属普通本科院校受访教职员工对学校是否已经制定实施大学章程的认知情况

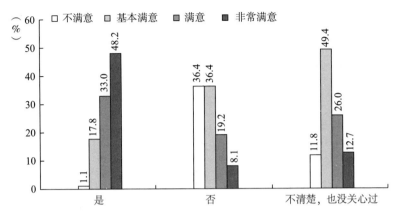

图 2-36　对学校是否已经制定实施大学章程三种不同认知情况的高职高专受访教职员工对学校章程实施情况的总体评价

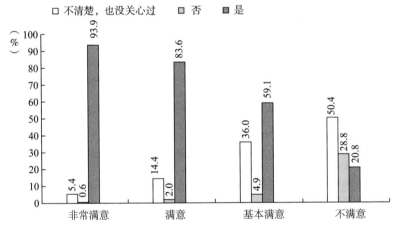

图 2-37　对学校章程实施情况总体评价持不同意见的高职高专受访教职员工对学校是否已经制定实施大学章程的认知情况

各职务类型受访人员对学校是否已经制定实施大学章程的认知情况与对学校章程实施情况总体评价均正相关：明确认知学校已经制定实施大学章程人员，对学校章程实施情况满意度高于另外两个群体；对学校章程实施情况总体评价越高的群体，其中明确认知学校已经制定实施大学章程人员占比也越高。

校级领导干部中对学校是否已经制定实施大学章程表示明确认知的受访人员，对学校章程实施情况总体评价选择"非常满意"和"满意"两选项的有效百分比分别为 62.6%、23.0%，而"基本满意"和"不满意"两选项的有效百分比分别为 10.8%、3.6%。另外，从对学校章程实施情况总体评价的四个不同选项看受访人员对学校是否已经制定实施大学章程认知情况，"不满意"选项中也有 38.5% 的受访人员表示明确知晓学校已经制定实施大学章程（其他三个选项中该比例也都非常高）（见图 2 – 38、图 2 – 39）。这进一步说明，在各校实际上已经制定实施大学章程的情况下，不仅仍有一定数量的校级领导干部对此表示"否"或"不清楚，也没关心过"，而且总体上校级领导干部对学校章程实施情况的总体评价不够理想。校级领导干部对于学校章程实施情况的评价有其特别的参照意义。

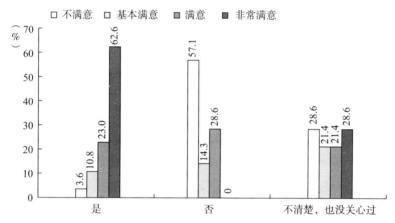

图 2 – 38　对学校是否已经制定实施大学章程三种不同认知情况的校级领导干部对学校章程实施情况的总体评价

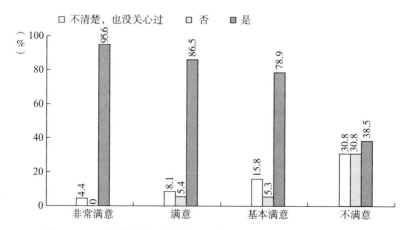

图 2 – 39　对学校章程实施情况总体评价持不同意见的校级领导干部对学校是否已经制定实施大学章程的认知情况

中层管理干部中对学校是否已经制定实施大学章程表示明确认知的受访人员，对学校章程实施情况总体评价选择"非常满意""满意"两选项的有效百分比分别为42.4%、39.5%，即其中八成多的人员表示了充分肯定，但其中"非常满意"选项的占比只有四成多一点（见图2-40、图2-41）。

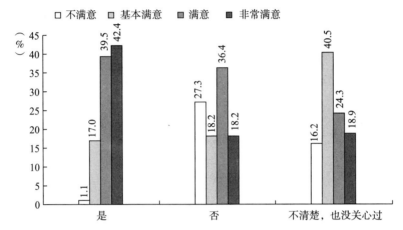

图2-40　对学校是否已经制定实施大学章程三种不同认知情况的中层管理干部对学校章程实施情况的总体评价

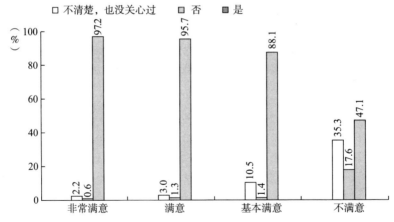

图2-41　对学校章程实施情况总体评价持不同意见的中层管理干部对学校是否已经制定实施大学章程的认知情况

其他管理服务人员对学校章程实施情况的总体评价类似于中层管理干部，但其满意度要高于后者。其中明确认知学校已经制定实施大学章程的受访人员，对学校章程实施情况总体评价选择"非常满意"选项的有效百分比达到49.0%。尽管其他管理服务人员对学校章程实施情况总体评价要好于中层管理干部，但仍然有一部分受访人员对学校是否已经制定实施大学章程表示"否"或"不清楚，也没关心过"，而且也有一定比例人员对学校章程实施情况持"基本满意"甚至"不满意"态度。而从对学校章程实施情况总体评价的四个不同选项中受访人员对学校是否已经制定实施大学章程的认知情况看，"不满意"选项中也有34.4%的人员是明知学校已经制定实施大学章程的（见图2－42、图2－43）。另外，由于其他管理服务人员对于学校章程建设状况的理解与认知显然不及中层管理干部，即使统计数据表明其他管理服务人员对学校章程实施情况总体评价好于中层管理干部，也不足以推翻中层管理干部的相关评价。

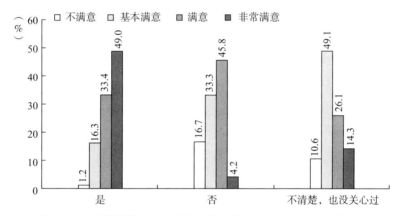

图2－42　对学校是否已经制定实施大学章程三种不同认知情况的
其他管理服务人员对学校章程实施情况的总体评价

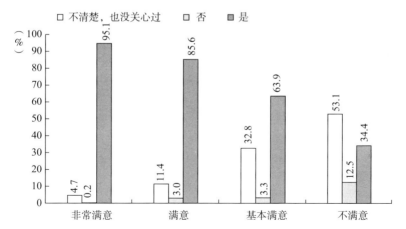

图2－43　对学校章程实施情况总体评价持不同意见的其他管理服务
人员对学校是否已经制定实施大学章程的认知情况

高级职称教学科研人员是五个职务类型群体中对学校章程实施情况满意度最低的一个。其中明确认知学校已经制定实施大学章程的人员，对学校章程实施情况总体评价选择"非常满意"和"满意"两个选项的有效百分比分别只有32.7%、39.5%，"基本满意"和"不满意"两个选项的有效百分比分别为24.3%、3.4%；对学校是否已经制定实施大学章程表示"不清楚，也没关心过"的人员，对学校章程实施情况总体评价选择"非常满意"和"满意"两个选项的有效百分比分别为1.8%、15.8%，即不到两成人员持较高的满意度，"基本满意"选项的有效百分比高达57.0%，而"不满意"选项的有效百分比也高达25.4%。而从对学校章程实施情况总体评价分别选择四个不同选项的受访人员对学校是否已经制定实施大学章程的认知情况看，其中选择"不满意"选项的人员中明确认知学校已经制定实施大学章程的人员占比为40.6%（见图2-44、图2-45）。高级职称教学科研人员作为学校教学科研事务最有发言权的一个群体，对学校章程实施情况总体评价也有其特定的权威性，甚至于现代大学制度建设而言，他们对学校章程实施情况的满意度具有"晴雨表"的意义。

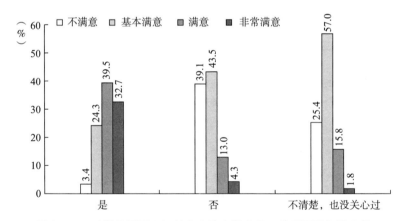

图2-44 对学校是否已经制定实施大学章程三种不同认知情况的高级职称教学科研人员对学校章程实施情况的总体评价

中级职称及以下教学科研人员对学校章程实施情况的满意度高于高级职称教学科研人员，低于所有行政管理服务人员。其中明确认知学校已经制定实施大学章程的人员，对学校章程实施情况总体评价选择"非常满意"和"满意"两个选项的有效百分比分别为44.2%、33.8%，选择"基本满

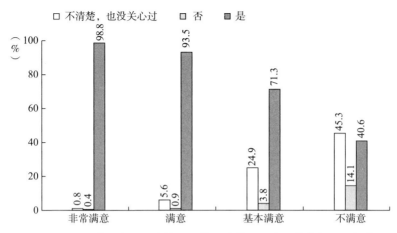

图 2 - 45　对学校章程实施情况总体评价持不同意见的高级职称教学科研人员对学校是否已经制定实施大学章程的认知情况

意"和"不满意"两个选项的有效百分比分别为 20.7%、1.3%。从对学校章程实施情况总体评价分别选择四个不同选项的受访人员对学校是否已经制定实施大学章程的认知情况看，其中选择"不满意"选项的人员中明确认知学校已经制定实施大学章程的人员占比为 27.4%（见图 2 - 46、图 2 - 47）。由于中级职称及以下教学科研人员一般入职时间不长，在学校工作和生活过程中拥有相对较少的话语权，而且他们对高等教育规律的理解和认识还普遍有待提升，所以他们对学校章程实施情况的总体评价从理论上来讲满意度应该更高。

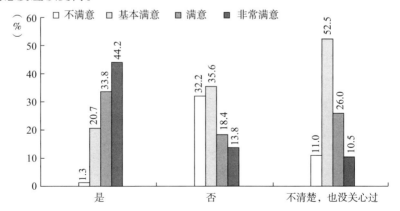

图 2 - 46　对学校是否已经制定实施大学章程三种不同认知情况的中级职称及以下教学科研人员对学校章程实施情况的总体评价

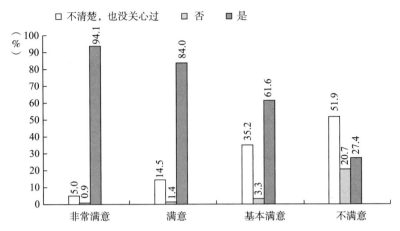

**图 2 - 47 对学校章程实施情况总体评价持不同意见的中级职称及以下
教学科研人员对学校是否已经制定实施大学章程的认知情况**

对学校已经制定实施大学章程表示明确认知的受访教职员工，总体上对学校章程实施情况的满意度高于表示"否"和"不清楚，也没关心过"的两个群体，五种职务类型人员中分别有 1.1% ～ 3.6% 的受访人员持"不满意"态度，10.8% ～ 24.3% 的受访人员持"基本满意"态度（见图2 - 48）。不同职务受访人员的满意度分布状态与前两个群体整体上具有一致性：行政管理服务人员对于学校章程实施情况满意度总体上高于教学科研人员；高级职称教学科研人员满意度最低。即使从相对更具显性意义的校级领导干部、中层管理干部以及高级职称教学科研人员来看，他们选择"基本满意"和"不满意"选项的有效百分比之和也分别高达 14.4%、18.1%、27.7%。

对学校是否已经制定实施大学章程表示否定的各职务类型受访教职员工，尽管也都各有一定的"非常满意"选项的有效百分比，但普遍很低，而"不满意""基本满意"两选项的有效百分比则相对较高（见图2 - 49）（否定学校已经制定实施大学章程的部分受访人员，对学校章程实施情况的总体评价应该更多是基于自身对学校章程建设情况的整体感受，同样具有一定的参照意义）。"一低两高"的有效百分比分布状态，足以说明虽然本身不应该但事实上就是不知道学校已经制定实施大学章程的这部分受访教职员工对学校章程实施情况持比较负面的态度，特别是其中校级领导干部、高级职称教学科研人员的"不满意"占比明显偏高。

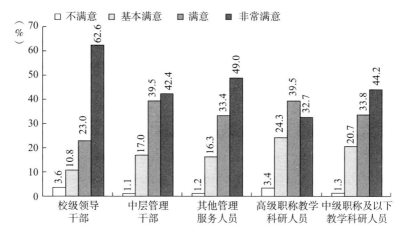

图 2 - 48 对学校是否已经制定实施大学章程表示明确认知的不同
职务类型受访教职员工对学校章程实施情况的总体评价

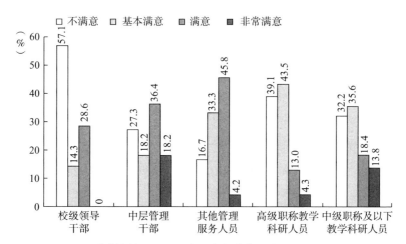

图 2 - 49 对学校是否已经制定实施大学章程表示否定的不同职务
类型受访教职员工对学校章程实施情况的总体评价

对学校是否已经制定实施大学章程选择"不清楚，也没关心过"选项
的各职务类型受访教职员工，尽管各自对学校章程实施情况的总体评价都
有一定的"非常满意"和"满意"两个选项的有效百分比，但是鉴于事实
上学校已经制定实施大学章程，而受访人员却对此表示"不清楚，也没关
心过"，足以说明他们要么对大学章程建设及其意义和价值的了解与认知非
常有限（比如其中选择"非常满意"和"满意"两选项的受访人员），要
么对学校建设和发展状况更多持相对"漠然"的态度（比如其中选择"基

本满意"选项的受访人员,该选项的有效百分比普遍较高,分别为 21.4%、40.5%、49.1%、57.0%、52.5%),甚或"失望"的态度(比如其中选择"不满意"选项的受访人员,该选项的有效百分比也相对较高,分别为28.6%、16.2%、10.6%、25.4%、11.0%)(见图 2-50)。

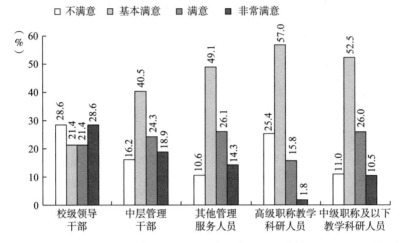

图 2-50 对学校是否已经制定实施大学章程表示"不清楚,也没关心过"的不同职务类型受访教职员工对学校章程实施情况的总体评价

总体而言,受访教职员工对学校章程实施情况的满意度表现为绝对值较高,但其中较高满意度算不上很高(71.3%)。"双一流"建设高校及地方高水平大学建设立项高校、部属院校受访人员的较高满意度高于其他省属普通本科院校以及高职高专(分别为 82.5%、76.4%、66.7%、72.1%)。行政管理服务人员较高满意度高于教学科研人员,校级领导干部选择"非常满意"选项的有效百分比最高(56.9%),高级职称教学科研人员选择"非常满意"选项的有效百分比最低(28.1%),二者"非常满意"及"满意"选项的有效百分比之和也分别最高(80.0%)、最低(63.9%)。所以,我们不能简单通过全体受访人员的满意度评价数据判断学校章程实施情况,就受访高校实际而言,学校章程实施情况不足以让我们表示充分肯定,仍有较大改进和提高空间。实际上,在某些特定群体中,对学校章程实施情况总体评价的"非常满意""满意"选项的有效百分比可能更高或者更低。比如,部属院校的校级领导干部选择"非常满意"选项的有效百分比最高(78.3%),但其受访人数偏少,该统计值不足以充分说明问题。部属院校的中层管理干部、其他管理服务人员"非常满意""满意"两个选项的有效百分比均为 50.0%，这两个群体都属较高满意度群体范围；但与此同时，部属院校的高级职称教学科研人员"非常满意""满意"选项的有效百分比均为 33.3%，如此鲜明的对比，不仅可以进一步证明我们对学校章程实施情况满意度的考察必须多角度、多层面，还可以在一定程度上具体反映作为行政权力主体的行政管理人员与作为学术权力主体的高级职称教学科研人员之间普遍存在的特殊"张力"。

统计数据也表明，受访教职员工对学校是否已经制定实施大学章程的认知情况与对学校章程实施情况的总体评价显著正相关。首先，就明确认知学校已经制定实施大学章程的人员对学校章程实施情况的总体评价来看，一方面，这个群体的满意度显著高于对学校是否已经制定实施大学章程表示"否"和"不清楚，也没关心过"的两个群体；另一方面，这个群体对学校章程实施情况的满意度也只是相对较高，全体明确认知学校已经制定实施大学章程的人员"非常满意""满意"选项的有效百分比分别为 43.6%、35.1%。其次，就对学校是否已经制定实施大学章程表示"否"和"不清楚，也没关心过"的两个群体对学校章程实施情况的总体评价来看，他们的满意度不仅普遍远低于明确认知学校已经制定实施大学章程的人员，而且在某些特定群体中，相关选项的有效百分比非常低。对学校是否已经制定实施大学章程表示"不清楚，也没关心过"的人员，对学校章程实施情况总体评价的"非常满意""满意"两选项的有效百分比分别只有 10.7%、24.7%，"不满意"选项的有效百分比高达 13.1%，而其中的高级职称教学科研人员"非常满意""满意"两选项的有效百分比分别只有 1.8%、15.8%，"不满意"选项的有效百分比更是高达 25.4%。这足以说明，进一步加强学校章程及相关制度的宣传和教育，对于提升广大教职员工对学校章程实施情况的满意度具有直接推动作用。

另外还需要特别注意的是，部分对学校章程实施情况的总体评价选择"非常满意"的受访人员，居然对学校是否已经制定实施大学章程表示"否"或者"不清楚，也没关心过"。对此可以理解为，部分教职员工对学校是否制定实施大学章程以及章程实施情况究竟如何持无所谓态度，但对学校各方面情况满意度较高。而这些不知道甚或不关心学校是否已经制定实施大学章程的教职员工，无论是否满意学校章程实施等情况，都需要增强和提高对大学章程促进学校现代大学制度建设、学校治理结构与机制优化等积极作用的理解与认知，学校需要对他们加强学校章程建设等情况的宣传，特别要注意充分听取和吸收他们对学校章程建设的有关意见和建议。

2. 学生评价情况考察

受访学生对学校章程实施情况的总体评价中，六成多的受访学生总体上持较高满意度（见图2-51）。"双一流"建设高校及地方高水平大学建设立项高校学生的满意度高于部属院校；其他省属普通本科院校与高职高专学生的满意度非常接近而且都低于另外两类院校。四个类型学校受访学生中均有一定比例的学生选择"不清楚，不好评价"选项，都有1/5到2/5的受访学生对学校章程实施情况表示基本满意甚至不满意或者不清楚（见图2-52）。

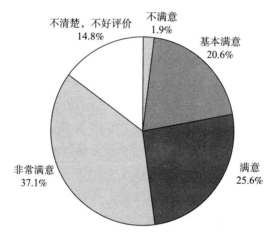

图2-51 受访学生对学校章程实施情况的总体评价

明确认知学校已经制定实施大学章程的受访学生，对学校章程实施情况的满意度明显高于另外两个群体的学生（见图2-53）；对学校章程实施情况满意度越高，其中明确认知学校已经制定实施大学章程的学生占比也越高（见图2-54）。而各类型学校相比较，存在一定的满意度差距

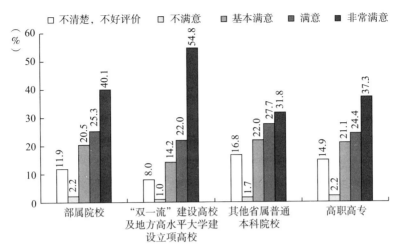

图 2 - 52 不同类型学校受访学生对学校章程实施情况的总体评价

（见图 2 - 55 至图 2 - 62）。仅就各类型学校中明确认知学校已经制定实施大学章程的学生对学校章程实施情况选择"非常满意"选项的有效百分比进行比较，从高到低依次是"双一流"建设高校及地方高水平大学建设立项高校（61.6%）、部属院校（48.8%）、高职高专（47.9%）、其他省属普通本科院校（41.1%），这一顺序与前述院校整体比较结果完全一致。

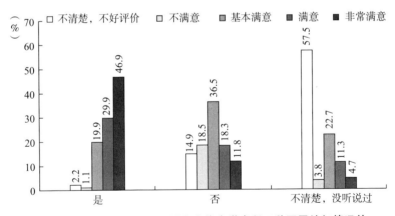

图 2 - 53 对学校是否已经制定实施大学章程三种不同认知情况的
受访学生对学校章程实施情况的总体评价

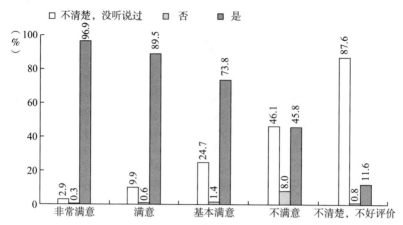

图 2 - 54　对学校章程实施情况总体评价持不同意见的受访学生
对学校是否已经制定实施大学章程的认知情况

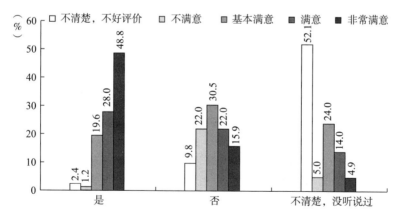

图 2 - 55　对学校是否已经制定实施大学章程三种不同认知情况的
部属院校受访学生对学校章程实施情况的总体评价

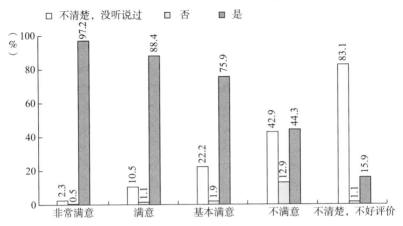

图 2 - 56　对学校章程实施情况总体评价持不同意见的部属院校受访学生对学校是否已经制定实施大学章程的认知情况

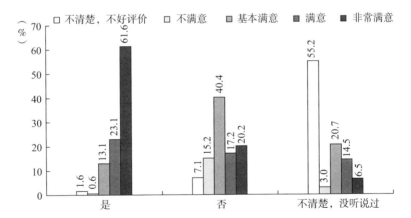

图 2 - 57　对学校是否已经制定实施大学章程三种不同认知情况的"双一流"建设高校及地方高水平大学建设立项高校受访学生对学校章程实施情况的总体评价

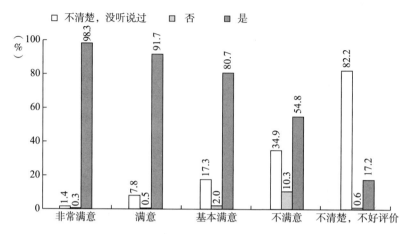

图2－58　对学校章程实施情况总体评价持不同意见的"双一流"建设高校及地方高水平大学建设立项高校受访学生对学校是否已经制定实施大学章程的认知情况

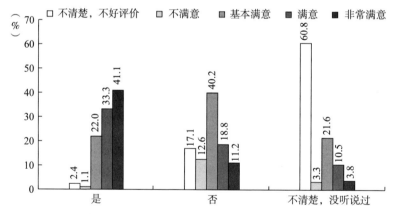

图2－59　对学校是否已经制定实施大学章程三种不同认知情况的其他省属普通本科院校受访学生对学校章程实施情况的总体评价

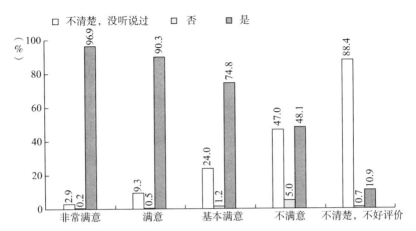

图 2 - 60　对学校章程实施情况总体评价持不同意见的其他省属普通本科
院校受访学生对学校是否已经制定实施大学章程的认知情况

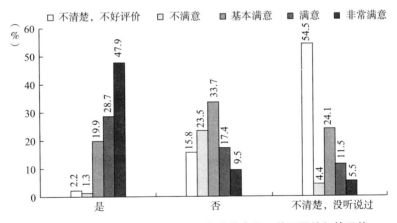

图 2 - 61　对学校是否已经制定实施大学章程三种不同认知情况的
高职高专受访学生对学校章程实施情况的总体评价

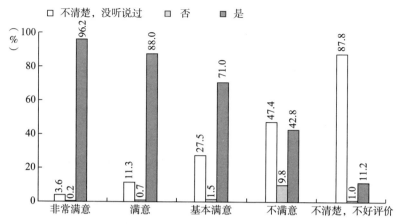

图 2-62 对学校章程实施情况总体评价持不同意见的高职高专受访
学生对学校是否已经制定实施大学章程的认知情况

明确认知学校已经制定实施大学章程的受访学生，对学校章程实施情况的满意度明显高于另外两个群体的学生。对学校是否已经制定实施大学章程表示明确认知的受访学生中有近八成对学校章程实施情况给予了较高评价。

各年级类型受访学生五种不同满意度评价有效百分比的分布状态高度一致，本科生两个年级类型学生均呈现"非常满意""满意""基本满意""不清楚，不好评价""不满意"的有效百分比从高到低分布，而一年级研究生"不清楚，不好评价"选项的有效百分比比"基本满意"的略高，高年级研究生"满意"和"基本满意"两选项的有效百分比非常接近而且后者略高，"不清楚，不好评价"选项的有效百分比又比"基本满意"的略高，所以四个群体的分布状态相比差距非常有限。各个年级类型学生中均有相对较高比例的学生对学校章程实施情况给予较高评价，但其中"非常满意"的占比均未过半，而各年级类型学生表示"基本满意"的有效百分比由低到高分别为12.0%、16.5%、19.0%、23.6%，受访学生表示"不清楚，不好评价"的有效百分比由低到高分别为11.3%、12.8%、17.1%、20.8%（见图2-63）。

不同年级类型之间相比较而言，除大一新生和一年级研究生"非常满意"选项的有效百分比相对较高，大二及以上高年级学生"基本满意"选项的有效百分比相对较高，且高年级研究生"不满意"和"不清楚，不好评

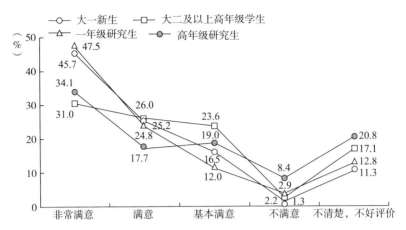

图 2 – 63 不同年级类型受访学生对学校章程实施情况的总体评价

价"两选项的有效百分比均相对较高外，其余选项的有效百分比都比较接近。

总体上，各个年级类型学生对学校章程实施情况的满意度均有待进一步提升。高年级学生相对低年级学生对学校章程实施情况更有评价能力，其统计值相对更加可靠，而大二及以上高年级学生、高年级研究生对学校章程实施情况总体评价均不算高，这也进一步说明学生对学校章程实施情况满意度仍有提升的空间。

担任学校或者院系团学组织中相关学生干部的受访学生对学校章程实施情况总体评价选择"非常满意""满意"，即持较高满意度的有近七成（见图 2 – 64）。相较于全体受访学生对学校章程实施情况总体评价，学生干

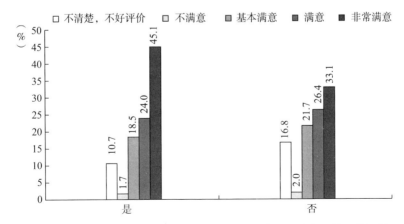

图 2 – 64 受访学生中是否担任学生干部对学校章程实施情况的总体评价

部显然更多持较高肯定态度。这也在情理之中，因为担任学生干部的学生对学校章程实施情况更加熟悉和了解。

与此同时，无论是否担任学生干部，他们对学校章程实施情况的满意度与其对学校是否已经制定实施大学章程的认知情况都呈现明显的正相关关系，只是担任学生干部的受访学生对学校章程实施情况的满意度均略高于非学生干部（见图 2 - 65 至图 2 - 67）。其中，明确认知学校已经制定实施大学章程的学生干部对学校章程实施情况的满意度最高，"非常满意""满意"两选项的有效百分比分别为 53.6%、26.6%，即绝大部分持较高满意度。

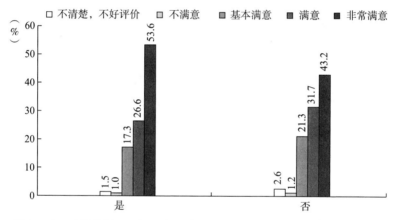

图 2 - 65 对学校是否已经制定实施大学章程表示明确认知的受访学生中
是否担任学生干部对学校章程实施情况的总体评价

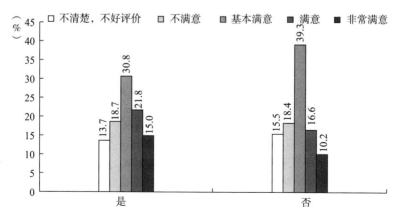

图 2 - 66 对学校是否已经制定实施大学章程表示否定的受访学生中
是否担任学生干部对学校章程实施情况的总体评价

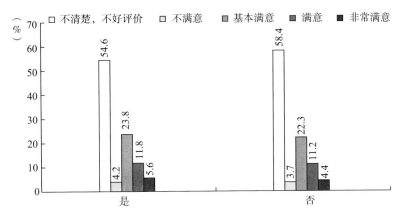

图 2－67　对学校是否已经制定实施大学章程表示"不清楚，没听说过"的
受访学生中是否担任学生干部对学校章程实施情况的总体评价

　　总体而言，不仅有较高比例的受访学生对学校是否已经制定实施大学章程表示"否"或者"不清楚，没听说过"，而且也有较高比例的受访学生对学校章程实施情况表示"基本满意""不满意""不清楚，不好评价"。四个类型院校的学生中，除"双一流"建设高校及地方高水平大学建设立项高校的受访学生对学校章程实施情况较高满意度占比超过七成外，其余三个类型院校学生较高满意度的人员占比均在六成左右，而且都有一到两成的受访学生表示"不满意""不清楚，不好评价"。从不同年级类型受访学生对学校章程实施情况的满意度分布情况看，突出问题表现为各年级类型学生中表示"不满意""不清楚，不好评价"的学生占比都有一到三成，特别是高年级学生的满意度低于低年级学生。这说明，各年级类型学生对学校章程建设的认知水平普遍需要提高，而受访高校也可能普遍缺乏对在校生进行大学章程建设情况的宣传与教育。

　　同时，受访学生对学校是否已经制定实施大学章程的认知情况与对学校章程实施情况的满意度有直接的相关性，其中明确认知学校已经制定实施大学章程的受访学生，持较高满意度的超过 3/4，持"基本满意"态度的占 1/5，而对学校是否已经制定实施大学章程表示"否"和"不清楚，没听说过"的受访学生，持较高满意度的分别占 30.1%、16.0%，持"基本满意"态度的分别占 36.5% 和 22.7%，表示"不满意""不清楚，不好评价"的则分别占 33.4%、61.3%，显然这三个群体学生对学校章程实施情况的总体评价差距很大。另外，四个类型院校中对学校章程实施情况表示"不满意""不清楚，不好评价"的学生中，明确认知学校已经制定实施大学章程的学生占比都很低。具体从是否担任学生干部的两类受访学生分析各自对学校是否已经制定实施大学章程的认知情况与其对学校章程实施情况的满意度之间的关系，发现学生干部与非学生干部之间的差距不大（总体上学生干部的满意度稍高于非学生干部），但同样可以说明学生对学校是否已经制定实施大学章程的认知情况与其对学校章程实施情况总体评价正相关。所以，高校章程建设过程中学校需要着力加强面向学生的教育与宣传，特别要注意全面增强广大学生对学校章程建设的具体认知，并努力使广大学生在具体了解学校章程建设情况的基础上提高对学校管理与服务的认可度。

二　学校坚持党委领导下的校长负责制落实及效果

考虑到学生对高等学校领导体制的认识和了解非常有限，所以对学校坚持党委领导下的校长负责制落实及效果的考察，仅面向教职员工。

受访教职员工对学校坚持党委领导下的校长负责制落实及效果的看法，"非常满意""满意""基本满意""不满意"四种选项的有效百分比分别是42.8%、34.6%、19.6%、3.0%（见图2－68），制度落实及效果评价的较高满意度占比接近八成。从不同类型学校受访教职员工的满意度情况看，"非常满意"选项的有效百分比从高到低依次是"双一流"建设高校及地方高水平大学建设立项高校（57.3%）、部属院校（49.1%）、高职高专（44.7%）、其他省属普通本科院校（36.0%）（见图2－69）；"非常满意"和"满意"两选项的有效百分比之和从高到低依次是"双一流"建设高校及地方高水平大学建设立项高校（87.0%）、部属院校（78.8%）、高职高专（77.4%）、其他省属普通本科院校（74.6%）。两项数据的高校排序完全一致，即对学校坚持党委领导下的校长负责制落实及效果的满意度从高到低依次是"双一流"建设高校及地方高水平大学建设立项高校、部属院校、高职高专、其他省属普通本科院校。

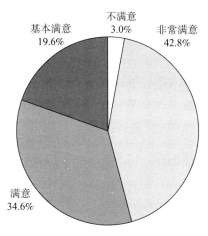

图 2 - 68 受访教职员工对学校坚持党委领导下的校长负责制落实及效果的看法

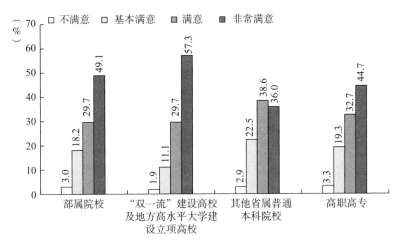

图 2 - 69 不同类型学校受访教职员工对学校坚持党委领导下的校长负责制落实及效果的看法

　　不同职务受访教职员工对学校坚持党委领导下的校长负责制落实及效果的评价情况，与其对学校章程实施情况总体评价非常相似：行政管理服务人员满意度高于教学科研人员，高级职称教学科研人员满意度最低。"非常满意"选项的有效百分比从高到低依次是校级领导干部（64.4%）、中层管理干部（48.5%）、其他管理服务人员（46.9%）、中级职称及以下教学科研人员（41.9%）、高级职称教学科研人员（32.5%）（见图 2 – 70）；"非常满意"和"满意"两选项的有效百分比之和从高到低依次是中层管理干部（84.7%）、其他管理服务人员（80.7%）、校级领导干部（79.4%）、中级职称及以下教学科研人员（76.2%）、高级职称教学科研人员（71.5%）。需要注意的是，"不满意"选项的有效百分比校级领导干部（6.9%）与高级职称教学科研人员（4.9%）相对较高。

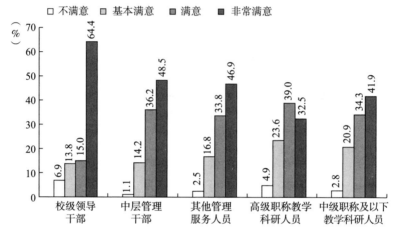

**图 2 – 70　不同职务受访教职员工对学校坚持党委
领导下的校长负责制落实及效果的看法**

　　总体上看，各类型学校的不同职务受访教职员工"非常满意"选项的有效百分比分布状态也都相当一致（见图 2 – 71 至图 2 – 76）：行政管理服务人员满意度高于教学科研人员，高级职称教学科研人员满意度最低；"非常满意"和"满意"两选项的有效百分比之和，除部属院校高级职称教学科研人员稍高于中级职称及以下教学科研人员、"双一流"建设高校及地方高水平大学建设立项高校中级职称及以下教学科研人员高于校级领导干部、高职高专校级领导干部最低外，其余数据结构状态与前述"非常满意"的有效百分比分布状态一致，依然是行政管理服务人员满意度高于教学科研人员，高级职称教学科研人员满意度相对较低。

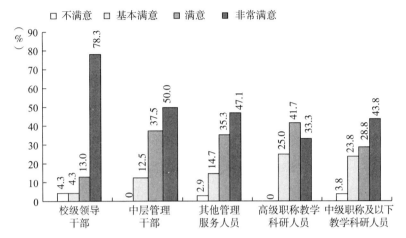

图 2-71　部属院校不同职务受访教职员工对学校坚持党委
领导下的校长负责制落实及效果的看法

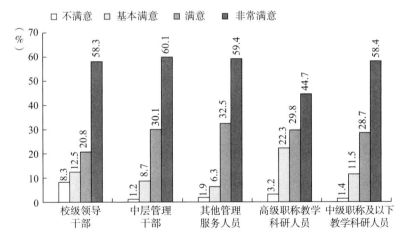

图 2-72　"双一流"建设高校及地方高水平大学建设立项
高校不同职务受访教职员工对学校坚持党委
领导下的校长负责制落实及效果的看法

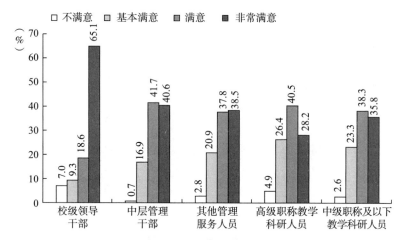

图 2 - 73　其他省属普通本科院校不同职务受访教职员工对学校坚持党委领导下的校长负责制落实及效果的看法

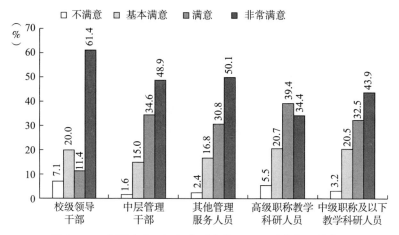

图 2 - 74　高职高专不同职务受访教职员工对学校坚持党委领导下的校长负责制落实及效果的看法

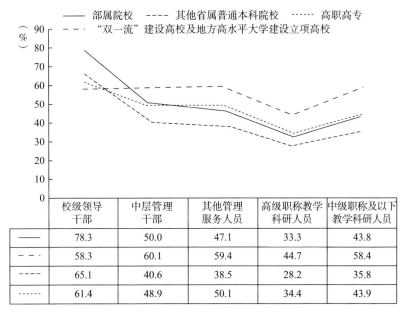

	校级领导干部	中层管理干部	其他管理服务人员	高级职称教学科研人员	中级职称及以下教学科研人员
——	78.3	50.0	47.1	33.3	43.8
– – ·	58.3	60.1	59.4	44.7	58.4
– – – –	65.1	40.6	38.5	28.2	35.8
– – – – –	61.4	48.9	50.1	34.4	43.9

图 2 - 75　对学校坚持党委领导下的校长负责制落实及效果表示"非常满意"的受访教职员工的学校和职务类型结构对比

无论是就全体受访教职员工而言，还是就不同类型学校的受访教职员工而言，对学校是否已经制定实施大学章程的认知情况与其对学校坚持党委领导下的校长负责制落实及效果评价都正相关：一方面，明确认知学校已经制定实施大学章程的人员，对学校坚持党委领导下的校长负责制落实及效果的满意度明显高于另外两个群体的受访人员（见图 2 - 77、图2 - 79、图 2 - 81、图 2 - 83、图 2 - 85）；另一方面，对学校坚持党委领导下的校长负责制落实及效果的满意度越高的群体，其中明确认知学校已经制定实施大学章程人员的占比就越高（见图 2 - 78、图 2 - 80、图 2 - 82、图 2 - 84、图 2 - 86）。

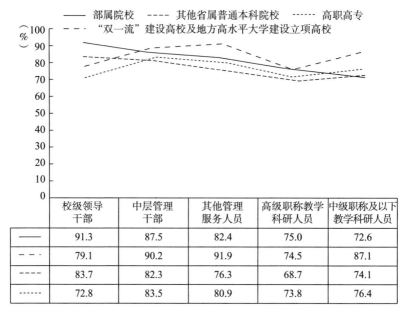

	校级领导干部	中层管理干部	其他管理服务人员	高级职称教学科研人员	中级职称及以下教学科研人员
——	91.3	87.5	82.4	75.0	72.6
— · —	79.1	90.2	91.9	74.5	87.1
- - - -	83.7	82.3	76.3	68.7	74.1
······	72.8	83.5	80.9	73.8	76.4

图 2 - 76　对学校坚持党委领导下的校长负责制实施和效果表示"非常满意"和"满意"的受访教职员工的学校和职务类型结构对比

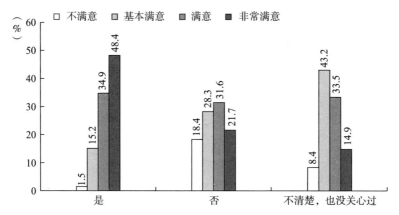

图 2 - 77　对学校是否已经制定实施大学章程三种不同认知情况的受访教职员工对学校坚持党委领导下的校长负责制落实及效果的看法

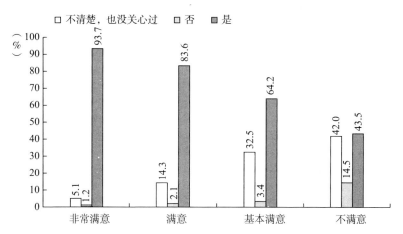

图 2 - 78 对学校坚持党委领导下的校长负责制落实及效果持不同意见的
受访教职员工对学校是否已经制定实施大学章程的认知情况

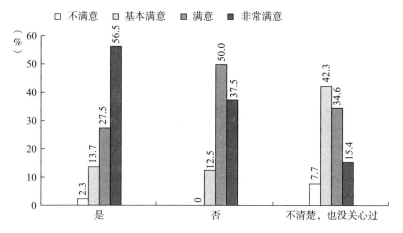

图 2 - 79 对学校是否已经制定实施大学章程三种不同认知
情况的部属院校受访教职员工对学校坚持党委
领导下的校长负责制落实及效果的看法

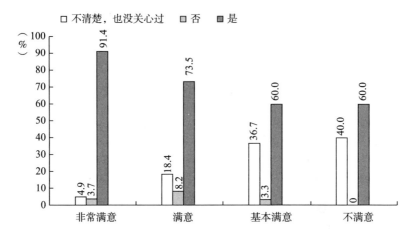

图 2 – 80　对学校坚持党委领导下的校长负责制落实及效果持
不同意见的部属院校受访教职员工对学校是否
已经制定实施大学章程的认知情况

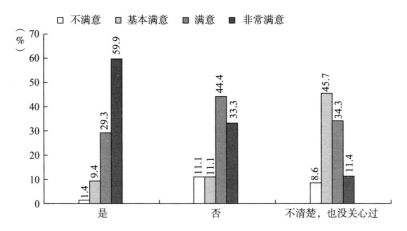

图 2 – 81　对学校是否已经制定实施大学章程三种不同认知情况的"双一流"
建设高校及地方高水平大学建设立项高校受访教职员工
对学校坚持党委领导下的校长负责制落实及效果的看法

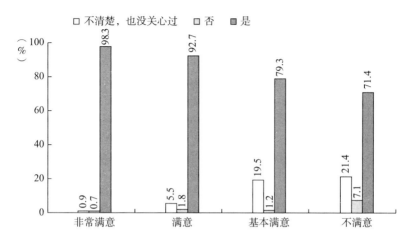

图 2－82 对学校坚持党委领导下的校长负责制落实及效果持不同意见的
"双一流"建设高校及地方高水平大学建设立项高校受访教职
员工对学校是否已经制定实施大学章程的认知情况

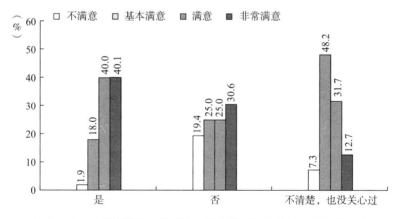

图 2－83 对学校是否已经制定实施大学章程三种不同认知情况的
其他省属普通本科院校受访教职员工对学校坚持
党委领导下的校长负责制落实及效果的看法

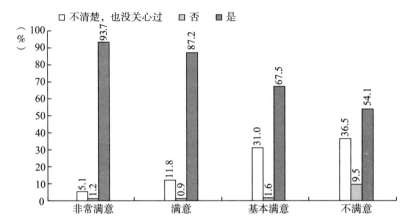

图 2 – 84　对学校坚持党委领导下的校长负责制落实及效果持
不同意见的其他省属普通本科院校受访教职员工
对学校是否已经制定实施大学章程的认知情况

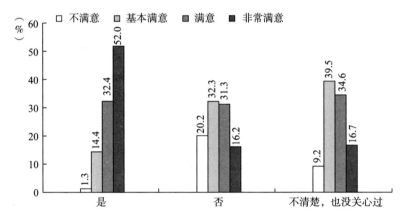

图 2 – 85　对学校是否已经制定实施大学章程三种不同认知情况的
高职高专受访教职员工对学校坚持党委领导下的
校长负责制落实及效果的看法

对学校是否已经制定实施大学章程表示明确认知的受访教职员工对学校坚持党委领导下的校长负责制落实及效果的看法，"非常满意"选项的有效百分比从高到低依次是校级领导干部、其他管理服务人员、中层管理干部、中级职称及以下教学科研人员、高级职称教学科研人员（见图 2 – 87）；"非常满意"和"满意"两选项的有效百分比之和从高到低依次是其他管理服务人员、中层管理干部、校级领导干部、中级职称及以下教学科研人员、

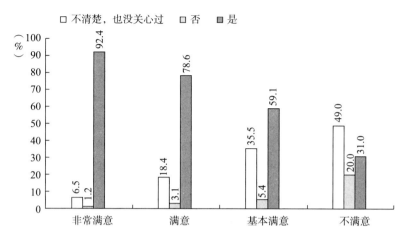

图 2 – 86　对学校坚持党委领导下的校长负责制落实及效果
持不同意见的高职高专受访教职员工对学校是否
已经制定实施大学章程的认知情况

高级职称教学科研人员（见图 2 – 88）。另外两个群体，即分别对学校是否
已经制定实施大学章程表示"否"和"不清楚，也没关心过"的人员中，
五个职务类型的受访教职员工对学校坚持党委领导下的校长负责制落实及
效果的满意度分布状态见图 2 – 89 至图 2 – 92。

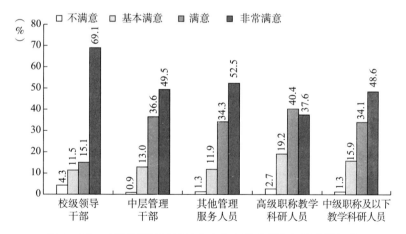

图 2 – 87　对学校是否已经制定实施大学章程表示明确认知的
不同职务类型受访教职员工对学校坚持党委
领导下的校长负责制落实及效果的看法

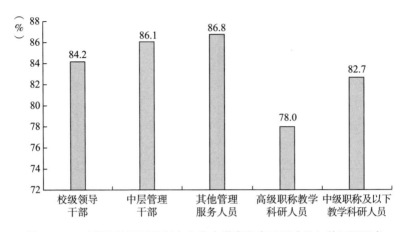

图 2-88　对学校是否已经制定实施大学章程表示明确认知的不同职务
类型受访教职员工对学校坚持党委领导下的校长负责制
落实及效果表示"非常满意"和"满意"的人员占比

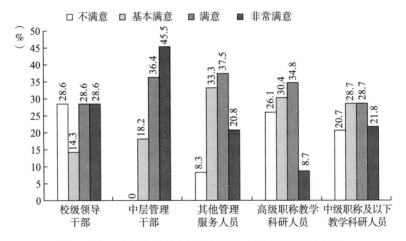

图 2-89　对学校是否已经制定实施大学章程表示否定的
不同职务类型受访教职员工对学校坚持党委
领导下的校长负责制落实及效果的看法

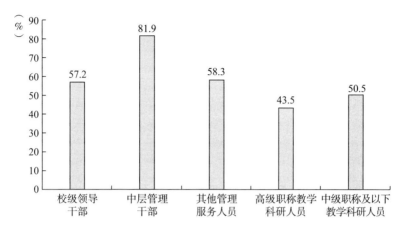

图 2-90 对学校是否已经制定实施大学章程表示否定的不同职务
类型受访教职员工对学校坚持党委领导下的校长负责制
落实及效果表示"非常满意"和"满意"的人员占比

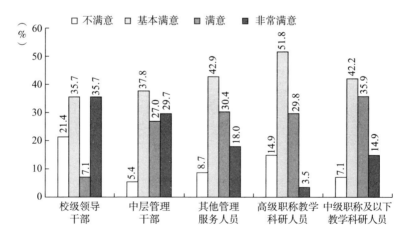

图 2-91 对学校是否已经制定实施大学章程表示"不清楚,也没
关心过"的不同职务类型受访教职员工对学校坚持
党委领导下的校长负责制落实及效果的看法

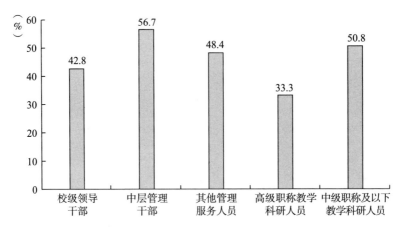

图 2-92 对学校是否已经制定实施大学章程表示"不清楚，也没关心过"
的不同职务类型受访教职员工对学校坚持党委领导下的校长
负责制落实及效果表示"非常满意"和"满意"的人员占比

就各职务类型的受访教职员工而言，明确认知学校已经制定实施大学
章程的人员，对学校坚持党委领导下的校长负责制落实及效果的满意度均
显著高于另外两个群体；同时，对学校坚持党委领导下的校长负责制落实
及效果的满意度越高，其中明确认知学校已经制定实施大学章程的人员占
比也相应越高。就不同职务类型的教职员工的情况来看，行政管理服务人
员的满意度要高于教学科研人员，高级职称教学科研人员的满意度最低
（见图 2-93 至图 2-102）。

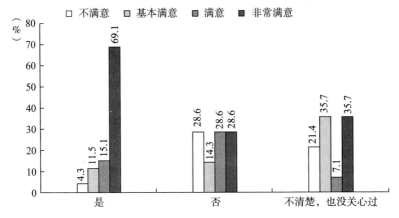

图 2-93 对学校是否已经制定实施大学章程三种不同认知
情况的校级领导干部对学校坚持党委领导下的
校长负责制落实及效果的看法

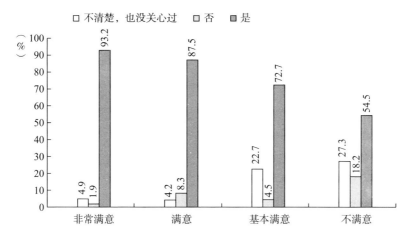

图 2 - 94 对学校坚持党委领导下的校长负责制落实及效果
持不同意见的校级领导干部对学校是否已经制定
实施大学章程的认知情况

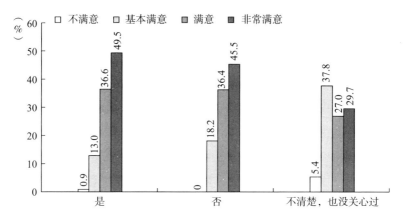

图 2 - 95 对学校是否已经制定实施大学章程三种不同认知
情况的中层管理干部对学校坚持党委领导下的
校长负责制落实及效果的看法

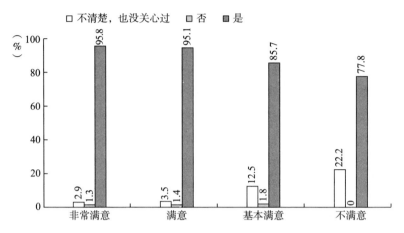

图2-96 对学校坚持党委领导下的校长负责制落实及效果
持不同意见的中层管理干部对学校是否已经制定
实施大学章程的认知情况

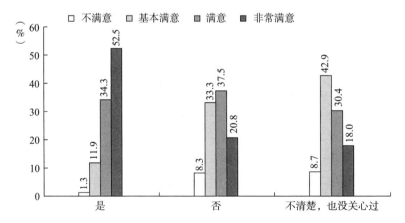

图2-97 对学校是否已经制定实施大学章程三种不同认知
情况的其他管理服务人员对学校坚持党委领导
下的校长负责制落实及效果的看法

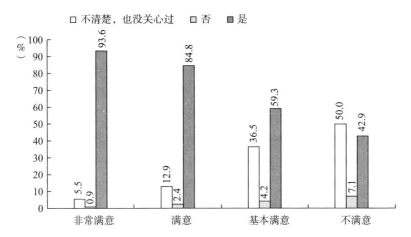

图 2-98　对学校坚持党委领导下的校长负责制落实及效果
持不同意见的其他管理服务人员对学校是否已经
制定实施大学章程的认知情况

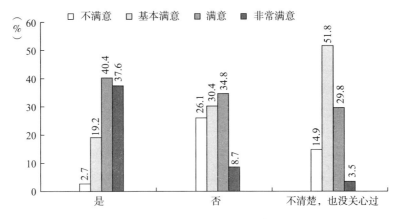

图 2-99　对学校是否已经制定实施大学章程三种不同认知
情况的高级职称教学科研人员对学校坚持党委
领导下的校长负责制落实及效果的看法

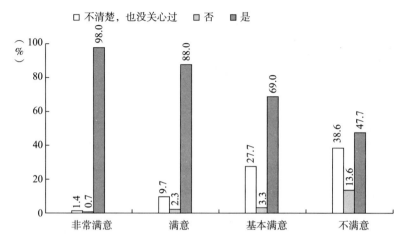

图 2 - 100 对学校坚持党委领导下的校长负责制落实及效果
持不同意见的高级职称教学科研人员对学校是否
已经制定实施大学章程的认知情况

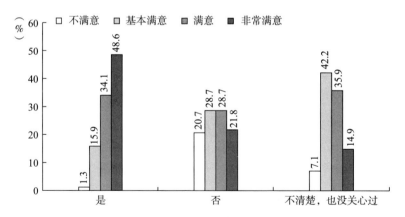

图 2 - 101 对学校是否已经制定实施大学章程三种不同认知
情况的中级职称及以下教学科研人员对学校坚持
党委领导下的校长负责制落实及效果的看法

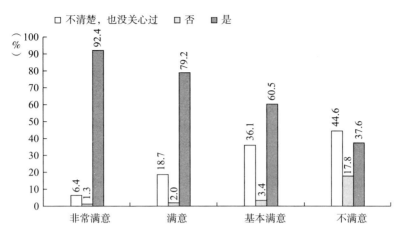

图 2 - 102　对学校坚持党委领导下的校长负责制落实及效果
持不同意见的中级职称及以下教学科研人员对
学校是否已经制定实施大学章程的认知情况

无论是就全体受访教职员工而言，还是分别就其中对学校是否已经制定实施大学章程不同认知情况的三个群体而言，受访教职员工对学校章程实施情况的总体评价与其对学校坚持党委领导下的校长负责制落实及效果评价均呈现正相关性。总体上看，受访教职员工对学校是否已经制定实施大学章程的认知情况、对学校章程实施情况的总体评价及对学校坚持党委领导下的校长负责制落实及效果评价，三者同样也显著正相关：对学校章程实施情况的满意度越高，相应地对学校坚持党委领导下的校长负责制落实及效果也给予较高满意度评价，反之亦然；同时，明确认知学校已经制定实施大学章程的人员，对学校章程实施情况的满意度及对学校坚持党委领导下的校长负责制落实及效果的满意度，均高于另外两个群体。其中明确认知学校已经制定实施大学章程并对学校章程实施情况表示"非常满意"的受访教职员工，对学校坚持党委领导下的校长负责制落实及效果表示"非常满意"的有效百分比高达 94.2%；而明确认知学校已经制定实施大学章程并对学校坚持党委领导下的校长负责制落实及效果表示"非常满意"的受访教职员工，对学校章程实施情况总体评价选择"非常满意"选项的有效百分比也高达 84.9%（见图 2 - 103 至图 2 - 110）。

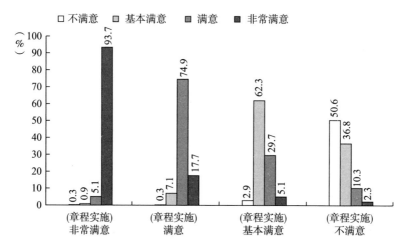

图 2 – 103　对学校章程实施情况总体评价持不同意见的受访教职员工
对学校坚持党委领导下的校长负责制落实及效果的看法

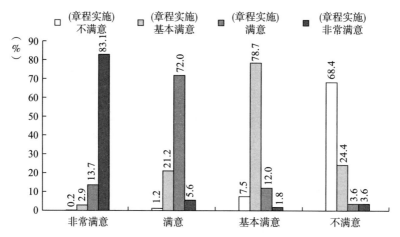

图 2 – 104　对学校坚持党委领导下的校长负责制落实及效果持不同
意见的受访教职员工对学校章程实施情况的总体评价

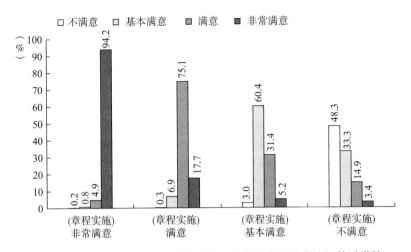

图 2-105　对学校是否已经制定实施大学章程表示明确认知并对学校
章程实施情况总体评价持不同意见的受访教职员工对学校
坚持党委领导下的校长负责制落实及效果的看法

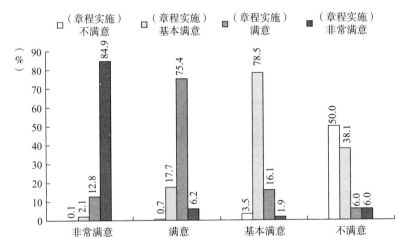

图 2-106　对学校是否已经制定实施大学章程表示明确认知并对学校
坚持党委领导下的校长负责制落实及效果持不同意见的
受访教职员工对学校章程实施情况的总体评价

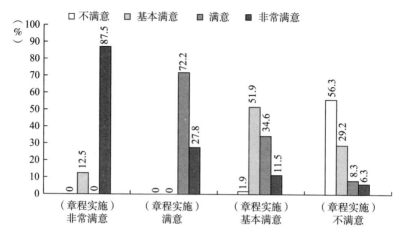

图 2 – 107　对学校是否已经制定实施大学章程表示否定并对学校章程
实施情况总体评价持不同意见的受访教职员工对学校坚持
党委领导下的校长负责制落实及效果的看法

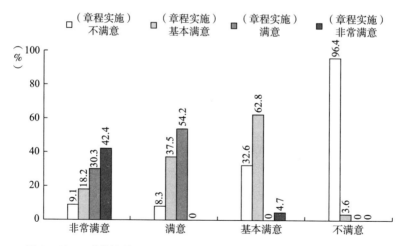

图 2 – 108　对学校是否已经制定实施大学章程表示否定并对学校坚持
党委领导下的校长负责制落实及效果持不同意见的
受访教职员工对学校章程实施情况的总体评价

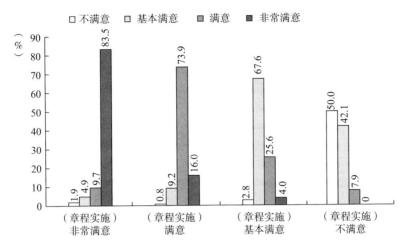

图2-109 对学校是否已经制定实施大学章程表示"不清楚,也没关心过"
并对学校章程实施情况总体评价持不同意见的受访教职员工对
学校坚持党委领导下的校长负责制落实及效果的看法

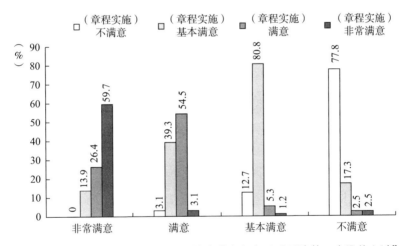

图2-110 对学校是否已经制定实施大学章程表示"不清楚,也没关心过"
并对学校坚持党委领导下的校长负责制落实及效果持不同
意见的受访教职员工对学校章程实施情况的总体评价

总体而言,受访教职员工对学校坚持党委领导下的校长负责制落实及效果的较高满意度较高,但也有两成受访人员对此持"基本满意"或者"不满意"态度。"双一流"建设高校及地方高水平大学建设立项高校、部属院校受访教职员工满意度相对较高,其他省属普通本科院校最低。行政管理服务人员的满意度高于教学科研人员,其中行政管理服务人员职级越高满意度越高，而高级职称教学科研人员满意度最低。同时，受访教职员工对学校是否已经制定实施大学章程的认知情况与其对学校章程实施情况的总体评价、对学校坚持党委领导下的校长负责制落实及效果评价正相关。

考虑到受访教职员工中不仅有一定比例的受访人员对学校章程实施情况持基本满意甚至不满意态度，而且也有一定比例的受访人员对学校坚持党委领导下的校长负责制落实及效果持基本满意甚至不满意态度，学校需要在全面加强章程建设、着力保障章程实施的同时，进一步严格落实党委领导下的校长负责制。从一定意义上讲，对学校坚持党委领导下的校长负责制落实及效果最有发言权的应该是校级领导干部，因为他们基本上都是该制度具体施行过程中的"当事人"。但从考评角度来说，中层管理干部对学校坚持党委领导下的校长负责制落实及效果的评价具有重要意义，因为作为学校诸多重要决策的参与者、旁观者，其判断应该比较客观。而从高等教育建设和发展自身规律及其实践要求角度来说，高级职称教学科研人员对学校坚持党委领导下的校长负责制落实及效果的评价更应受到认真对待，因为他们作为学术权力的重要主体和主要代表，本身就是高等学校内部治理结构体系中与以校党委、校行政为重要主体的政治、行政权力相对立统一的另外一极。统计数据表明，对学校坚持党委领导下的校长负责制落实及效果的评价，校级领导干部整体上的满意度低于中层管理干部以及其他管理服务人员，而且其"不满意"选项的有效百分比最高；高级职称教学科研人员则是满意度最低的一个职务类型。所以，综合这几个职务类型人员的满意度情况看，受访高校在坚持党委领导下的校长负责制的落实方面还需要进一步严格规范，以求得广大教职员工更加普遍、更加积极的认可。另外，鉴于受访教职员工中不仅有相当比例的人员对学校坚持党委领导下的校长负责制落实及效果评价较低，同时也有一定比例的人员对学校章程建设情况缺乏足够认可（表示"否"或者"不清楚，也没关心过"），还有较高比例的受访人员对学校章程实施情况的满意度较低，而且三者之间交叉面较大，学校不仅需要全面加强大学章程建设、着力保障章程实施，而且要更加严格地坚持党委领导下的校长负责制，努力实现这两方面工作的相互促进、相互支持。

三　学校落实依法治校情况

（一）教职员工评价情况考察

受访教职员工总体上对学校落实依法治校情况满意度较高（见图 2 -111）。从不同类型学校受访教职员工的评价情况看，对学校落实依法治校情况的满意度从高到低依次是"双一流"建设高校及地方高水平大学建设立项高校、部属院校、高职高专、其他省属普通本科院校（见图 2 - 112）。

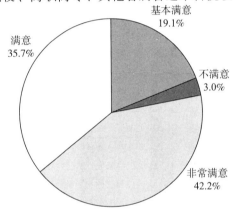

图 2 - 111　受访教职员工对学校落实依法治校情况的评价

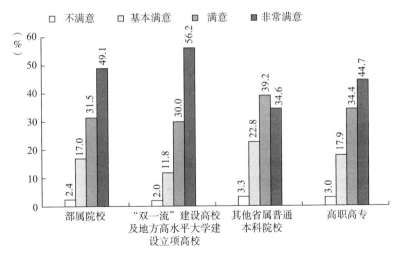

图 2 - 112　不同类型学校受访教职员工对学校落实依法治校情况的评价

　　就不同职务受访教职员工对学校落实依法治校情况的总体评价而言，对学校落实依法治校情况评价选择"非常满意"选项的有效百分比从高到低依次是校级领导干部、其他管理服务人员、中层管理干部、中级职称及以下教学科研人员、高级职称教学科研人员；"非常满意"与"满意"两选项的有效百分比之和从高到低依次是中层管理干部、其他管理服务人员、校级领导干部、中级职称及以下教学科研人员、高级职称教学科研人员（见图 2 - 113）。总体上，仍然是行政管理服务人员的满意度高于教学科研人员，高级职称教学科研人员的满意度最低，这一结构性特点也基本上普遍存在于各种类型学校（见图 2 - 114 至图 2 - 117）。

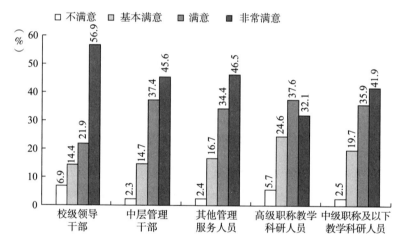

图 2 - 113　不同职务受访教职员工对学校落实依法治校情况的评价

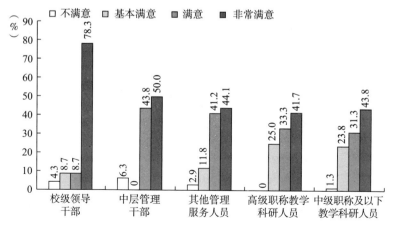

图 2 - 114　部属院校不同职务受访教职员工对学校落实依法治校情况的评价

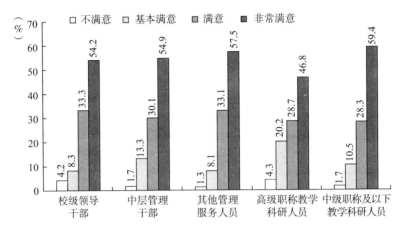

**图 2 - 115　"双一流"建设高校及地方高水平大学建设立项高校不同
职务受访教职员工对学校落实依法治校情况的评价**

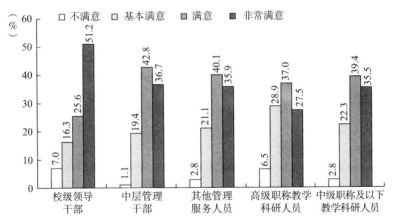

**图 2 - 116　其他省属普通本科院校不同职务受访教职员工
对学校落实依法治校情况的评价**

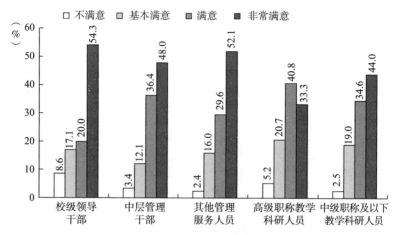

图 2-117 高职高专不同职务受访教职员工对学校落实依法治校情况的评价

全体受访教职员工对学校是否已经制定实施大学章程的认知情况与对学校落实依法治校情况的评价正相关：一方面，明确认知学校已经制定实施大学章程的受访教职员工，对学校落实依法治校情况的满意度明显高于另外两个群体（见图 2-118）；另一方面，受访教职员工对学校落实依法治校情况评价越高，其中明确认知学校已经制定实施大学章程人员的占比也越高（见图 2-119）。

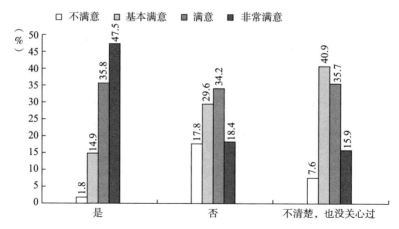

图 2-118 对学校是否已经制定实施大学章程三种不同认知情况的受访教职员工对学校落实依法治校情况的评价

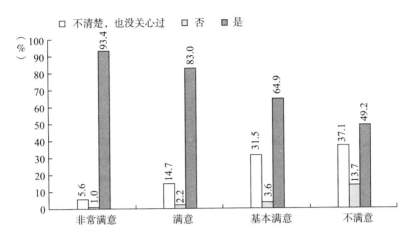

图 2-119 对学校落实依法治校情况评价持不同意见的受访教职
员工对学校是否已经制定实施大学章程的认知情况

就不同类型学校受访教职员工而言，他们对学校是否已经制定实施大学章程的认知情况与对学校落实依法治校情况评价同样正相关：明确认知学校已经制定实施大学章程的受访教职员工，对学校落实依法治校情况的满意度明显高于另外两个群体；受访教职员工对学校落实依法治校情况的评价越高，其中明确认知学校已经制定实施大学章程人员的占比也越高。四种不同类型学校之间只是存在一定程度的满意度差距，仅就其中明确认知学校已经制定实施大学章程并对学校落实依法治校情况选择"非常满意"选项教职人员的有效百分比进行比较，从高到低依次是"双一流"建设高校及地方高水平大学建设立项高校（58.7%）、部属院校（56.5%）、高职高专（51.8%）、其他省属普通本科院校（38.5%）（见图 2-120 至图 2-127）。

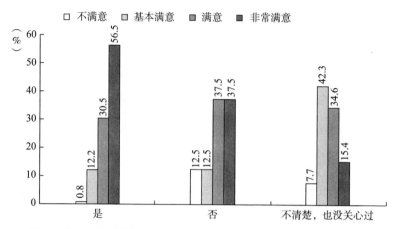

图 2 - 120　对学校是否已经制定实施大学章程三种不同认知情况的
部属院校受访教职员工对学校落实依法治校情况的评价

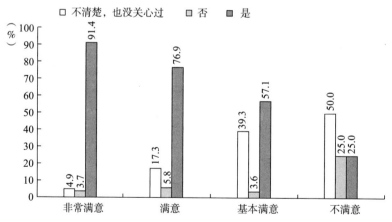

图 2 - 121　对学校落实依法治校情况评价持不同意见的部属院校受访
教职员工对学校是否已经制定实施大学章程的认知情况

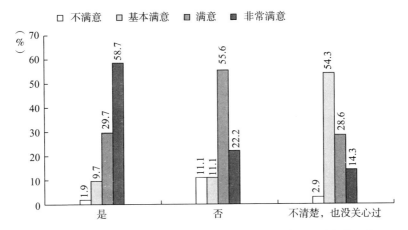

图 2 - 122 对学校是否已经制定实施大学章程三种不同认知情况的
"双一流"建设高校及地方高水平大学建设立项高校
受访教职员工对学校落实依法治校情况的评价

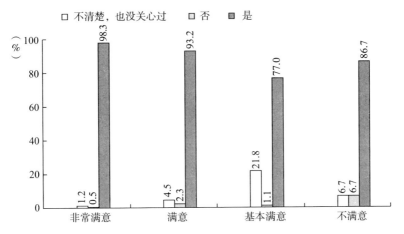

图 2 - 123 对学校落实依法治校情况评价持不同意见的"双一流"
建设高校及地方高水平大学建设立项高校受访教职员
工对学校是否已经制定实施大学章程的认知情况

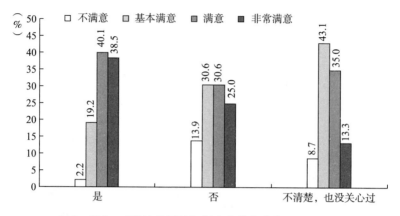

图 2 - 124 对学校是否已经制定实施大学章程三种不同认知情况的其他省属普通本科院校受访教职员工对学校落实依法治校情况的评价

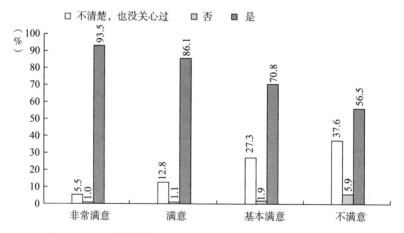

图 2 - 125 对学校落实依法治校情况评价持不同意见的其他省属普通本科院校受访教职员工对学校是否已经制定实施大学章程的认知情况

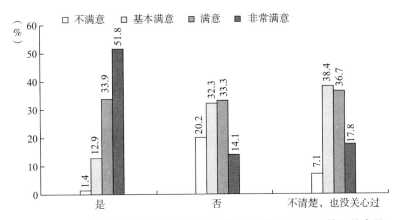

图 2 - 126　对学校是否已经制定实施大学章程三种不同认知情况的高职
高专受访教职员工对学校落实依法治校情况的评价

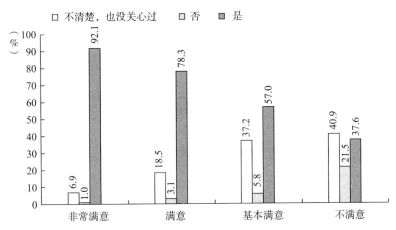

图 2 - 127　对学校落实依法治校情况评价持不同意见的高职高专受访
教职员工对学校是否已经制定实施大学章程的认知情况

　　不同职务受访教职员工对学校是否已经制定实施大学章程的认知情况
与对学校落实依法治校情况评价显著正相关：明确认知学校已经制定实施
大学章程的受访教职员工，对学校落实依法治校情况的满意度也相应较高；
对学校落实依法治校情况评价较高的受访教职员工中，明确认知学校已经
制定实施大学章程人员的占比也较高。

　　校级领导干部对学校是否已经制定实施大学章程的认知情况与对学校
落实依法治校情况的评价显著正相关。需要注意的是，其中不仅有一部分
受访校级领导干部竟然对学校是否已经制定实施大学章程表示否定或者

"不清楚，也没关心过"，而且对此表示明确认知的受访人员中，对学校落实依法治校情况持较高满意度的也只有八成多一点，其中表示"非常满意"的也只有六成多一点（见图2-128、图2-129）。

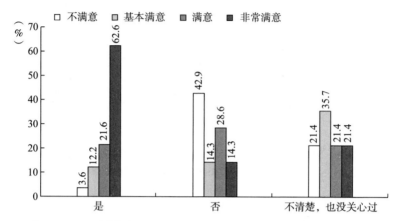

图2-128　对学校是否已经制定实施大学章程三种不同认知情况的校级领导干部对学校落实依法治校情况的评价

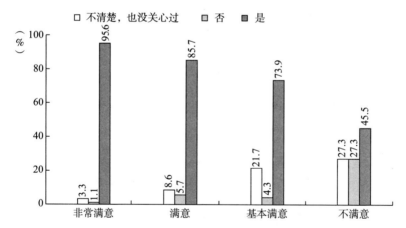

图2-129　对学校落实依法治校情况评价持不同意见的校级领导干部对学校是否已经制定实施大学章程的认知情况

中层管理干部总体情况与校级领导干部相似，但是从对学校是否已经制定实施大学章程不同认知情况的三个群体各自对学校落实依法治校情况的评价来看，尽管其对学校是否已经制定实施大学章程的认知情况与其对学校落实依法治校情况的评价存在正相关关系，但相关性并不突出：就学校是否已经制定实施大学章程分别表示"是"和"否"的两个群体来看，

他们各自对学校落实依法治校情况的较高满意度非常接近，只是后者的
"不满意"有效百分比明显高于前者；而对学校是否已经制定实施大学章程
表示"不清楚，也没关心过"的受访中层管理干部，对学校落实依法治校
情况的满意度低于明确否定学校已经制定实施大学章程的那一部分受访中
层管理干部。至于从对学校落实依法治校情况的评价分别选择"非常满意"
"满意""基本满意""不满意"四个选项的中层管理干部各自对学校是否
已经制定实施大学章程的认知情况来看，两者之间的正相关性同样不太突
出（见图2-130、图2-131）。

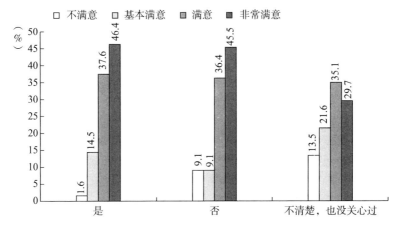

图2-130　对学校是否已经制定实施大学章程三种不同认知情况的
中层管理干部对学校落实依法治校情况的评价

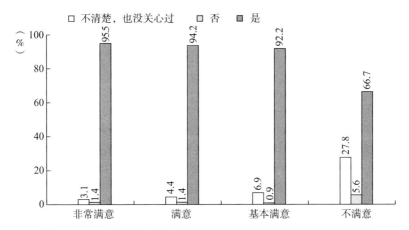

图2-131　对学校落实依法治校情况评价持不同意见的中层管理
干部对学校是否已经制定实施大学章程的认知情况

其他管理服务人员、高级职称教学科研人员、中级职称及以下教学科研人员三个职务群体，对学校是否已经制定实施大学章程的认知情况，与其对学校落实依法治校情况的评价也都同样显著正相关（见图2－132至图2－137），两个方面的数据统计均能支持这一结论，而且相关数据对比均较为典型。

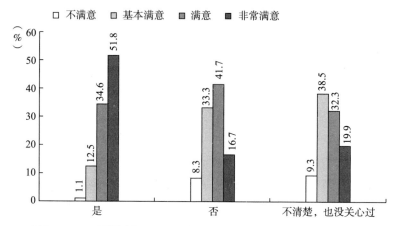

图2－132　对学校是否已经制定实施大学章程三种不同认知情况的
其他管理服务人员对学校落实依法治校情况的评价

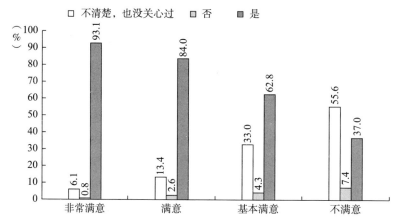

图2－133　对学校落实依法治校情况评价持不同意见的其他管理服务
人员对学校是否已经制定实施大学章程的认知情况

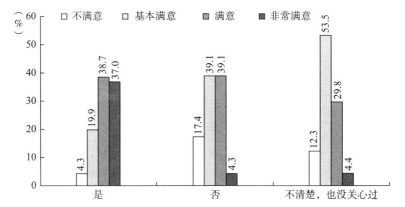

图 2 - 134 对学校是否已经制定实施大学章程三种不同认知情况的
高级职称教学科研人员对学校落实依法治校情况的评价

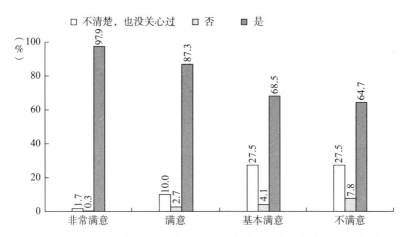

图 2 - 135 对学校落实依法治校情况评价持不同意见的高级职称教学
科研人员对学校是否已经制定实施大学章程的认知情况

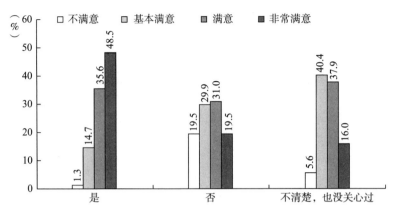

图 2 - 136 对学校是否已经制定实施大学章程三种不同认知情况的中级职称及以下教学科研人员对学校落实依法治校情况的评价

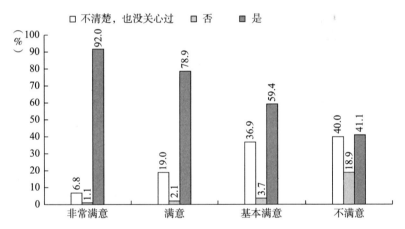

图 2 - 137 对学校落实依法治校情况评价持不同意见的中级职称及以下教学科研人员对学校是否已经制定实施大学章程的认知情况

整体而言，不同职务之间存在一定的满意度差距。仅就其中明确认知学校已经制定实施大学章程的人员对学校章程实施情况的总体评价选择"非常满意"选项的有效百分比进行比较，从高到低依次是校级领导干部（62.6%）、其他管理服务人员（51.8%）、中级职称及以下教学科研人员（48.5%）、中层管理干部（46.4%）、高级职称教学科研人员（37.0%），这一顺序与前述不同职务类型人员的整体比较结果基本一致，行政管理服务人员满意度总体上高于教学科研人员，高级职称教学科研人员满意度最低。

全体受访教职员工对学校章程实施情况的总体评价，与其对学校落实依法治校情况的评价显著正相关：一方面，受访教职员工对学校章程实施情况满意度越高，相应地对学校落实依法治校情况满意度也越高（见图2－138）；另一方面，受访教职员工对学校落实依法治校情况满意度越高，相应地对学校章程实施情况满意度也越高（见图2－139）。

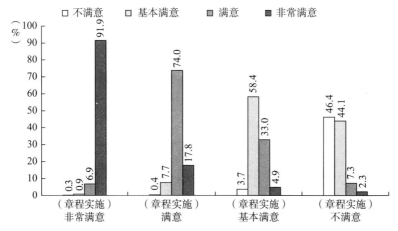

图2－138　对学校章程实施情况总体评价持不同意见的受访教职
员工对学校落实依法治校情况的评价

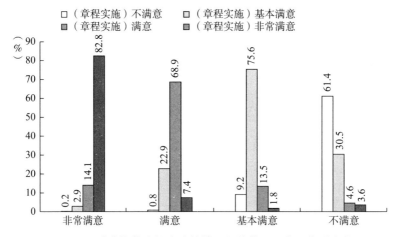

图2－139　对学校落实依法治校情况评价持不同意见的受访教职
员工对学校章程实施情况的总体评价

对学校是否已经制定实施大学章程认知情况不同的三个群体，各自对学校章程实施情况的总体评价与其对学校落实依法治校情况的评价同样显著正相关（见图2－140至图2－145）。这三个群体之间，在两个方面的满意度上有一定差距，主要是其中明确认知学校已经制定实施大学章程的人员，对学校章程实施情况和对学校落实依法治校情况两个方面的满意度均高于另外两个群体，整体上也稍高于全体受访人员总体统计的相关值。

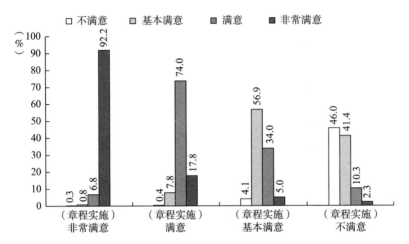

图 2-140　对学校是否已经制定实施大学章程表示明确认知
并对学校章程实施情况总体评价持不同意见的
受访教职员工对学校落实依法治校情况的评价

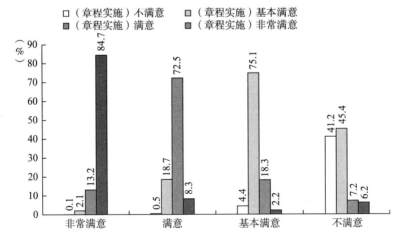

图 2-141　对学校是否已经制定实施大学章程表示明确认知
并对学校落实依法治校情况评价持不同意见的
受访教职员工对学校章程实施情况的总体评价

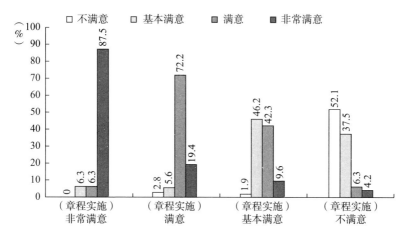

图 2－142 对学校是否已经制定实施大学章程表示否定并对
学校章程实施情况总体评价持不同意见的受访
教职员工对学校落实依法治校情况的评价

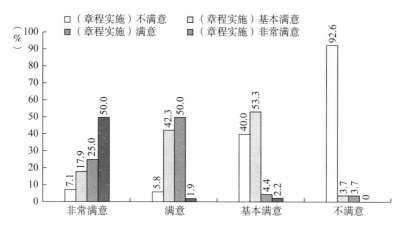

图 2－143 对学校是否已经制定实施大学章程表示否定并对
学校落实依法治校情况评价持不同意见的受访
教职员工对学校章程实施情况的总体评价

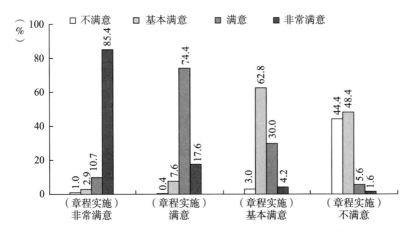

图 2 - 144　对学校是否已经制定实施大学章程表示"不清楚，也没
关心过"并对学校章程实施情况总体评价持不同意见的
受访教职员工对学校落实依法治校情况的评价

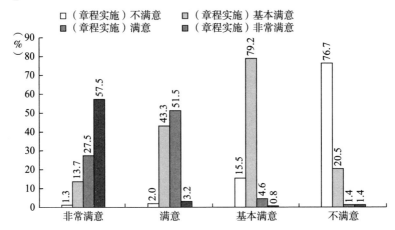

图 2 - 145　对学校是否已经制定实施大学章程表示"不清楚，也没
关心过"并对学校落实依法治校情况评价持不同意见的
受访教职员工对学校章程实施情况的总体评价

　　总之，受访教职员工对学校是否已经制定实施大学章程的认知情况与
对学校章程实施的总体评价、对学校落实依法治校情况的评价正相关：对
学校章程实施情况的总体评价较高的受访教职员工，相应地也对学校落实
依法治校情况给予较高评价，反之亦然；其中明确认知学校已经制定实施
大学章程并对学校章程实施情况给予"非常满意"评价的受访教职员工，

对学校落实依法治校情况给予"非常满意"评价的有效百分比高达 92.2%；而明确认知学校已经制定实施大学章程并对学校落实依法治校情况表示"非常满意"的受访教职员工，对学校章程实施情况总体评价选择"非常满意"选项的有效百分比也高达 84.7%。

总体而言，虽然受访教职员工对学校落实依法治校情况持较高满意度的人员占比接近八成，但其中持"非常满意"态度的只有四成多。"双一流"建设高校及地方高水平大学建设立项高校、部属院校的受访教职员工满意度高于其他省属普通本科院校、高职高专的受访教职员工。行政管理服务人员满意度高于教学科研人员，其中高级职称教学科研人员满意度最低。受访教职员工对学校是否已经制定实施大学章程的认知情况与对学校章程实施的总体评价、对学校落实依法治校情况的评价正相关。无论从全体受访教职员工整体统计意义上看，还是分别从不同类型学校、不同职务受访教职员工的细分统计意义上看，所有类型的高校的所有职务人员普遍存在一定比例的受访人员对学校落实依法治校情况持"基本满意"甚或"不满意"态度，而且这一比重在特定群体中相对较高，比如，对学校是否已经制定实施大学章程表示"不清楚，也没关心过"并对学校章程实施情况持"不满意"态度的人员中，对学校落实依法治校情况的评价选择"基本满意""不满意"选项的有效百分比分别为 48.4%、44.4%；而明确认知学校已经制定实施大学章程但对学校章程实施情况持"不满意"态度的人员中，对学校落实依法治校情况评价选择"基本满意""不满意"选项的有效百分比也分别高达 41.4%、46.0%。同样地，对学校落实依法治校情况评价持消极甚至负面态度的人员中，对学校章程实施情况总体评价持消极甚至负面态度的人员占比也较高。比如，否定学校已经制定实施大学章程并对学校落实依法治校情况持"不满意"态度的人员中，对学校章程实施情况也持"不满意"态度的人员占比高达 92.6%。所以，高校在全面加强章程建设、推进章程实施过程中，需要有效落实依法治校，并努力实现两者的协调共进。

（二）学生评价情况考察

受访学生对学校落实依法治校情况总体上满意度较高（见图 2 - 146），较高满意度受访人员达到 3/4，其中持"非常满意"态度的超过四成，明确表示"不满意"的受访学生占比极低。从不同年级类型受访学生评价情况看,大一新生和一年级研究生的满意度相对较高且比较接近,其中"非常满意"选项占比均在50%左右,"满意"选项占比均略超三成。大二及以上高年级学生满意度相对大一新生要低不少;高年级研究生满意度也相对较低(见图2-147)。

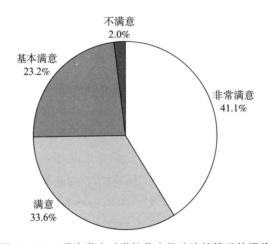

图2-146 受访学生对学校落实依法治校情况的评价

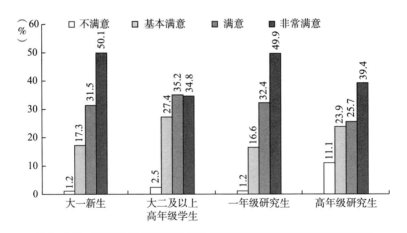

图2-147 不同年级类型受访学生对学校落实依法治校情况的评价

受访学生中学生干部对学校落实依法治校情况的满意度要明显高于非学生干部(见图2-148)。

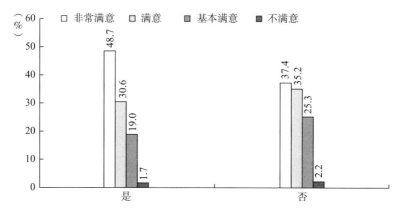

图2-148 受访学生中是否担任学生干部对学校落实依法治校情况的评价

受访学生对学校是否已经制定实施大学章程的认知情况与其对学校落实依法治校情况的评价正相关:一方面,明确认知学校已经制定实施大学章程的受访学生,总体上对学校落实依法治校情况满意度明显高于就学校是否已经制定实施大学章程分别选择"否""不清楚,没听说过"的另外两个学生群体(见图2-149);另一方面,对学校落实依法治校情况表示"非常满意""满意""基本满意""不满意"的四个学生群体中,明确认知学校已经制定实施大学章程的人员占比依次降低的分布状态有效支持了两者之间的正相关关系(见图2-150)。

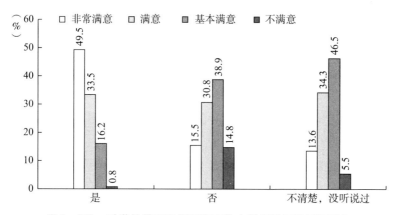

图2-149 对学校是否已经制定实施大学章程三种不同认知
情况的受访学生对学校落实依法治校情况的评价

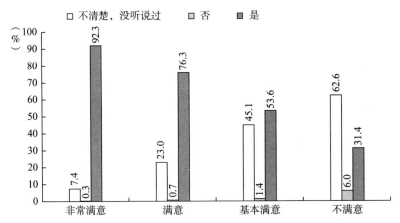

图 2 - 150　对学校落实依法治校情况评价持不同意见的受访学生
对学校是否已经制定实施大学章程的认知情况

不同类型学校受访学生情况也能从上述两方面支持受访学生对学校是否已经制定实施大学章程的认知情况与其对学校落实依法治校情况评价正相关这一判断。只是不同类型学校受访学生对学校落实依法治校情况的满意度以及四种不同满意度选项中各自明确认知学校已经制定实施大学章程的学生占比存在一定的差距。整体而言，"双一流"建设高校及地方高水平大学建设立项高校对学校是否已经制定实施大学章程三种不同认知情况的受访学生对学校落实依法治校情况的满意度与四种不同满意度选项中各自明确认知学校已经制定实施大学章程的学生占比相对较高，其次是部属院校，而其他省属普通本科院校与高职高专比较接近（见图 2 - 151 至图 2 - 158）。

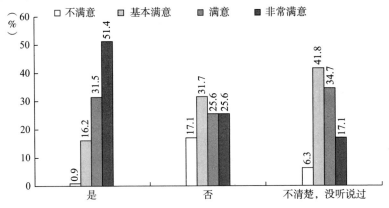

图 2 - 151　对学校是否已经制定实施大学章程三种不同认知情况的
部属院校受访学生对学校落实依法治校情况的评价

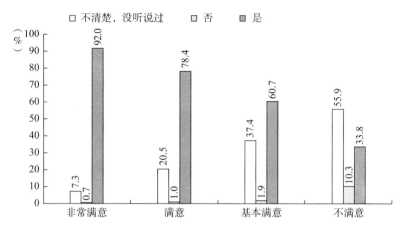

图 2 - 152　对学校落实依法治校情况评价持不同意见的部属院校受访
学生对学校是否已经制定实施大学章程的认知情况

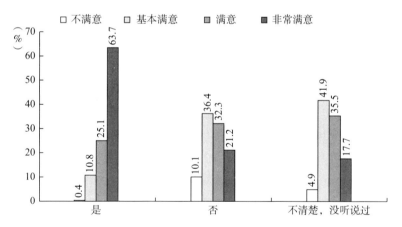

图 2 - 153　对学校是否已经制定实施大学章程三种不同认知情况的
"双一流"建设高校及地方高水平大学建设立项高校的
受访学生对学校落实依法治校情况的评价

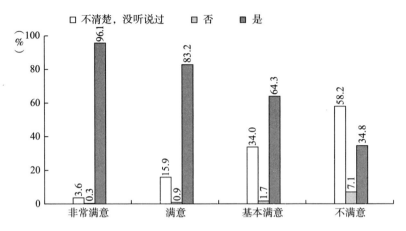

图 2 - 154　对学校落实依法治校情况评价持不同意见的"双一流"
建设高校及地方高水平大学建设立项高校受访学生
对学校是否已经制定实施大学章程的认知情况

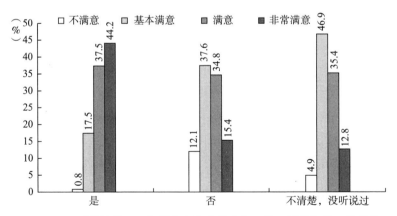

图 2 - 155　对学校是否已经制定实施大学章程三种不同认知情况的其他
省属普通本科院校受访学生对学校落实依法治校情况的评价

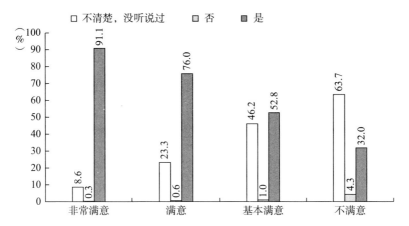

图 2 – 156 对学校落实依法治校情况评价持不同意见的其他
省属普通本科院校受访学生对学校是否已经
制定实施大学章程的认知情况

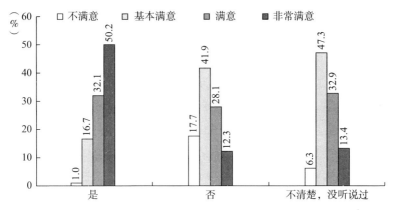

图 2 – 157 对学校是否已经制定实施大学章程三种不同认知情况的
高职高专受访学生对学校落实依法治校情况的评价

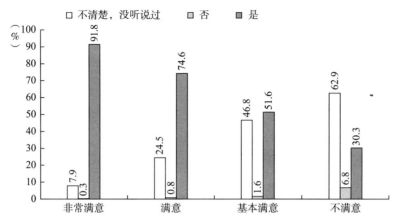

图 2 - 158　对学校落实依法治校情况评价持不同意见的高职高专受访
学生对学校是否已经制定实施大学章程的认知情况

与受访教职员工一样，受访学生对学校章程实施情况总体评价与其对学校落实依法治校情况评价正相关：对学校章程实施情况满意度越高，相应地对学校落实依法治校情况满意度也越高（见图 2 - 159），反之亦然（见图 2 - 160）。对学校章程实施情况表示"不清楚，不好评价"的学生群体，可能基于比较"随和"乃至有些"随意"的态度，对学校落实依法治校情况的满意度较高（稍低于对学校章程实施情况表示"满意"的学生群体相关值），其余四个学生群体对学校章程实施情况总体评价与其对学校落实依法治校情况评价高度正相关。另外，对学校落实依法治校情况评价分别选择"非常满意""满意""基本满意""不满意"的四个学生群体，各自对学校章程实施情况总体评价中"非常满意"和"满意"两选项的有效百分比的分布情况也表明两者高度正相关。

对学校是否已经制定大学章程不同认知情况的三个学生群体，各自对学校章程实施情况总体评价与其对学校落实依法治校情况评价也都正相关：对学校章程实施情况满意度越高，相应地对学校落实依法治校情况满意度也越高，反之亦然。具体而言，对学校是否已经制定实施大学章程表示明确认知的学生，在上述两方面的有效百分比分布状态与全体学生统计数据呈现的状态完全一致，但在这两方面的较高满意度整体上高于对学校是否已经制定实施大学章程分别选择"否"和"不清楚，没听说过"的两个学生群体（见图 2 - 161 至图 2 - 166）。

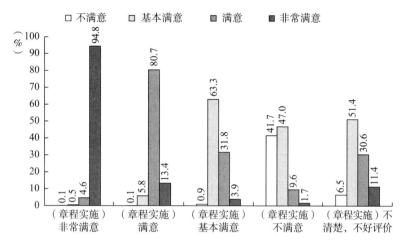

图 2－159　对学校章程实施情况总体评价持不同意见的受访
学生对学校落实依法治校情况的评价

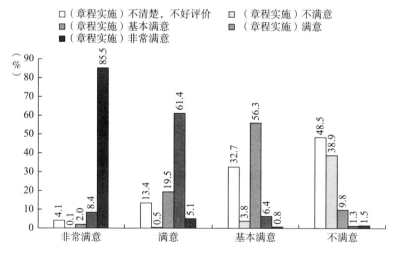

图 2－160　对学校落实依法治校情况评价持不同意见的受访学生
对学校章程实施情况的总体评价

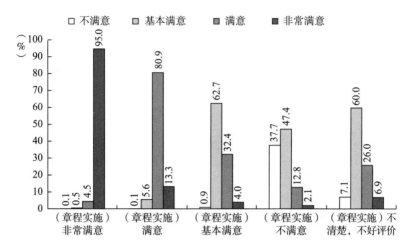

图 2-161　对学校是否已经制定实施大学章程表示明确认知
并对学校章程实施情况总体评价持不同意见的
受访学生对学校落实依法治校情况的评价

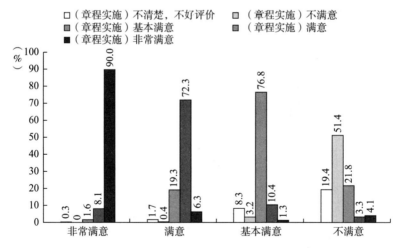

图 2-162　对学校是否已经制定实施大学章程表示明确认知
并对学校落实依法治校情况评价持不同意见的
受访学生对学校章程实施情况的总体评价

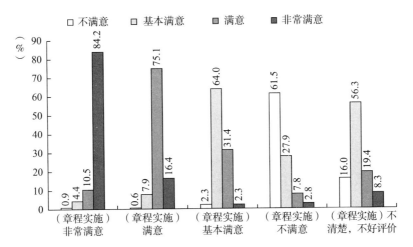

图 2-163　对学校是否已经制定实施大学章程表示否定并
对学校章程实施情况总体评价持不同意见的
受访学生对学校落实依法治校情况的评价

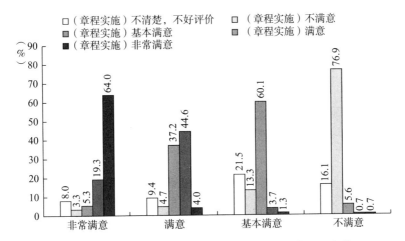

图 2-164　对学校是否已经制定实施大学章程表示否定并
对学校落实依法治校情况评价持不同意见的
受访学生对学校章程实施情况的总体评价

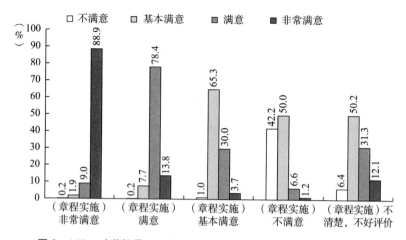

图 2-165 对学校是否已经制定实施大学章程表示"不清楚,没
听说过"并对学校章程实施情况总体评价持不同
意见的受访学生对学校落实依法治校情况的评价

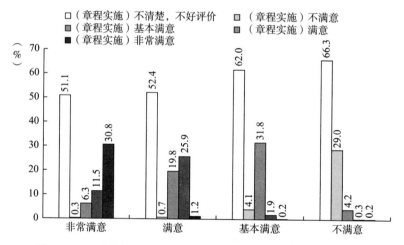

图 2-166 对学校是否已经制定实施大学章程表示"不清楚,没
听说过"并对学校落实依法治校情况评价持不同
意见的受访学生对学校章程实施情况的总体评价

同样地,受访学生对学校是否已经制定实施大学章程认知情况、对学校章程实施情况总体评价及对学校落实依法治校情况评价三者正相关:对学校章程实施情况总体评价越高,相应地对学校落实依法治校情况的评价也越高,反之亦然;而对学校是否已经制定实施大学章程表示明确认知的学生,在这两个方面的满意度均高于另外两个学生群体,其中明确认知学

校已经制定实施大学章程并对学校章程实施情况给予"非常满意"评价的学生，对学校落实依法治校情况给予"非常满意"评价的有效百分比高达95.0%，而明确认知学校已经制定实施大学章程并对学校落实依法治校情况表示"非常满意"的受访学生，对学校章程实施情况总体评价选择"非常满意"的有效百分比也高达90.0%。

　　总体而言，受访学生对学校落实依法治校情况的评价与受访教职员工的评价情况具有相似性。持较高满意度的学生占比也接近八成，其中持"非常满意"态度的学生占四成。受访学生对学校是否已经制定实施大学章程认知情况、对学校章程实施情况总体评价及对学校落实依法治校情况评价同样正相关。但是，无论从全体受访学生整体统计结果看，还是分别从不同年级类型、是否担任学生干部、不同学校类型等方面的细分统计结果来看，在各类型学校的各年级类型学生中，无论是否担任学生干部，都普遍存在一定比例的受访学生对学校落实依法治校情况持"基本满意"甚或"不满意"态度，而且这一占比在特定群体中相对较高。比如，对学校是否已经制定实施大学章程表示"不清楚，没听说过"并对学校章程实施情况持"不满意"态度的人员中，对学校落实依法治校情况评价选择"基本满意""不满意"选项的有效百分比分别为50.0%、42.2%；而明确认知学校已经制定实施大学章程但对学校章程实施情况持"不满意"态度人员中，对学校落实依法治校情况评价选择"基本满意""不满意"选项的有效百分比也分别高达47.4%、37.7%。同样地，对学校落实依法治校情况评价持消极甚至负面态度的学生中，对学校章程实施情况总体评价持消极甚至负面态度的人员占比也较高。比如，否定学校已经制定实施大学章程并对学校落实依法治校情况持"不满意"态度的人员中，对学校章程实施情况也持"不满意"态度的学生占比高达76.9%。所以，为了进一步提升学生对学校落实依法治校情况的满意度，需要进一步加强章程建设及其在学生中的宣传与教育。而且同样可以得出结论：高校在全面加强章程建设、推进章程实施过程中，应当有效落实依法治校，并努力实现两者的协调共进。

第三章　学术权力的地位和作用发挥

能否充分尊重学术权力在学校教学科研活动中的地位并有效发挥其作用，既是对一所高校"教授治学"的制度与机制进行具体考察的核心主题，也是判断和衡量一所高校现代大学制度建设质量和水平高低的重要标尺。本次调查将学术权力的地位和作用发挥情况作为高校内部治理体制机制考察的重要一环，具体从三个层面对各类型高校受访教职员工进行评测：总体评价学校落实教育部《高等学校学术委员会规程》的情况；具体评价学校学术委员会人员组成是否符合相关要求；具体评价学校学术委员会的具体运转情况。

一　学校落实教育部《高等学校学术委员会规程》情况

受访教职员工对学校落实教育部《高等学校学术委员会规程》情况的满意度较高，其中较高满意度接近八成（见图3-1）。就不同类型学校受访教职员工评价情况而言，较高满意度从高到低依次是"双一流"建设高校及地方高水平大学建设立项高校、部属院校、高职高专、其他省属普通本科院校（见图3-2）。

就不同职务受访教职员工评价情况而言，表示"非常满意"的从高到低依次是校级领导干部、其他管理服务人员、中层管理干部、中级职称及以下教学科研人员、高级职称教学科研人员（见图3-3）。进一步从各类型学校不同职务受访教职员工评价情况来看，一方面，能够进一步支持上述"就不同类型学校受访教职员工评价情况而言，较高满意度从高到低依次是'双一流'建设高校及地方高水平大学建设立项高校、部属院校、高职高

114

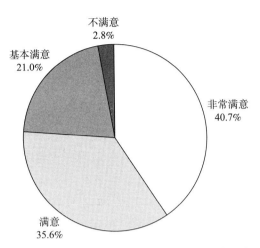

图 3-1　受访教职员工对学校落实《高等学校
学术委员会规程》情况的评价

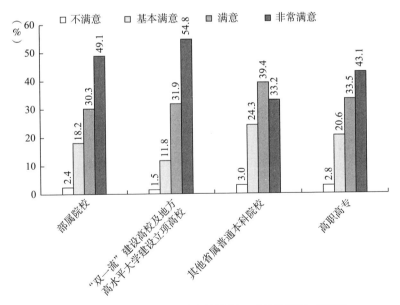

图 3-2　不同类型学校受访教职员工对学校落实《高等
学校学术委员会规程》情况的评价

专、其他省属普通本科院校"的判断；另一方面，各类型学校的不同职务类型教职员工的满意度存在结构性差异，即其与基于全部数据对不同职务类型受访教职员工满意度进行统计所得出的相关数据值及结构状态都有一定的差别：部属院校中，较高满意度从高到低依次是其他管理服务人员、中层管理干部、校级领导干部、中级职称及以下教学科研人员、高级职称教学科研人员；"双一流"建设高校及地方高水平大学建设立项高校中，较高满意度从高到低依次是其他管理服务人员、中级职称及以下教学科研人员、中层管理干部、校级领导干部、高级职称教学科研人员；其他省属普通本科院校中，较高满意度从高到低依次是校级领导干部、中层管理干部、其他管理服务人员、中级职称及以下教学科研人员、高级职称教学科研人员；高职高专中，较高满意度从高到低依次是中层管理干部、其他管理服务人员、中级职称及以下教学科研人员、校级领导干部、高级职称教学科研人员。总体上看，高职高专的不同职务教职员工满意度分布状态与总体统计所呈现状态基本一致，其他省属普通本科院校与部属院校相近，而"双一流"建设高校及地方高水平大学建设立项高校不仅整体上满意度较高，而且不同职务教职员工满意度分布状态基本相同。各类型学校中不同职务受访教职员工对学校落实教育部《高等学校学术委员会规程》情况评价的共性特征是，行政管理服务人员满意度大多高于教学科研人员，高级职称教学科研人员满意度最低（见图3-4至图3-7）。

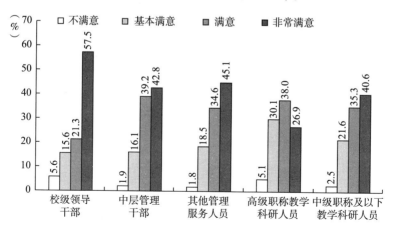

**图3-3 不同职务受访教职员工对学校落实《高等
学校学术委员会规程》情况的评价**

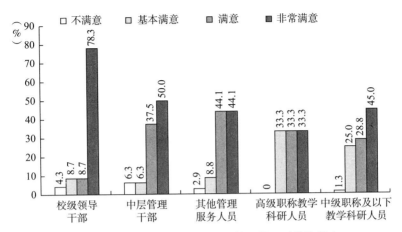

**图 3－4　部属院校不同职务受访教职员工对学校落实
《高等学校学术委员会规程》情况的评价**

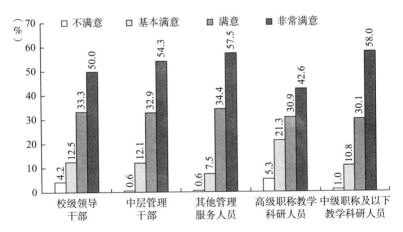

**图 3－5　"双一流"建设高校及地方高水平大学建设
立项高校不同职务受访教职员工对学校落实
《高等学校学术委员会规程》情况的评价**

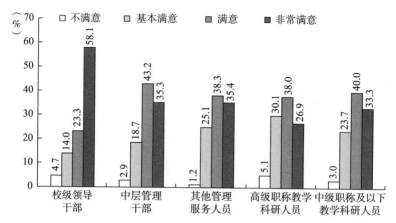

图3-6 其他省属普通本科院校不同职务受访教职员工对学校
落实《高等学校学术委员会规程》情况的评价

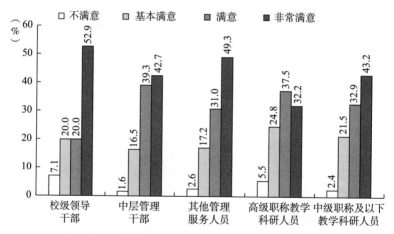

图3-7 高职高专不同职务受访教职员工对学校落实
《高等学校学术委员会规程》情况的评价

全体受访教职员工对学校是否已经制定实施大学章程的认知情况，与其对学校落实教育部《高等学校学术委员会规程》情况评价显著正相关：一方面，明确认知学校已经制定实施大学章程的受访人员满意度明显高于另外两个群体，而且较高满意度超过八成（见图3-8）；另一方面，受访教职员工对学校落实教育部《高等学校学术委员会规程》情况满意度越高，其中明确认知学校已经制定实施大学章程人员的占比也相对越高（见图3-9）。

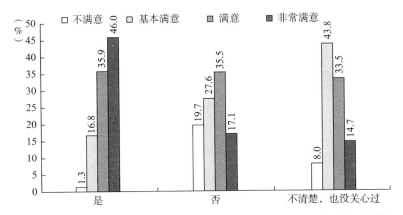

图 3 - 8　对学校是否已经制定实施大学章程三种不同认知情况的受访教
职员工对学校落实《高等学校学术委员会规程》情况的评价

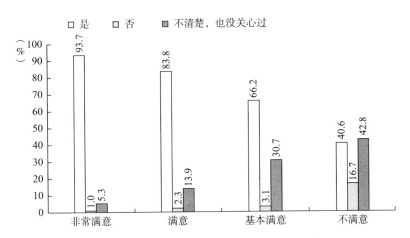

图 3 - 9　对学校落实《高等学校学术委员会规程》情况
评价持不同意见的受访教职员工对学校是否
已经制定实施大学章程的认知情况

　　各类型学校受访教职员工对学校是否已经制定实施大学章程的认知情
况，与其对学校落实教育部《高等学校学术委员会规程》情况评价相关性
特征同总体统计及分析结果一致，只是不同院校之间存在一定的满意度差
距，而这也与前述该项评价的院校类型比较结论相一致：对学校是否已经
制定实施大学章程表示明确认知的受访教职员工，对学校落实教育部《高
等学校学术委员会规程》情况持较高满意度的有效百分比从高到低依次是
"双一流"建设高校及地方高水平大学建设立项高校、部属院校、高职高
专、其他省属普通本科院校（见图 3 - 10 至图 3 - 17）。

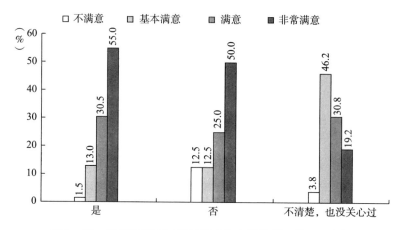

图 3 - 10　对学校是否已经制定实施大学章程三种不同认知情况的部属院校受访教职员工对学校落实《高等学校学术委员会规程》情况的评价

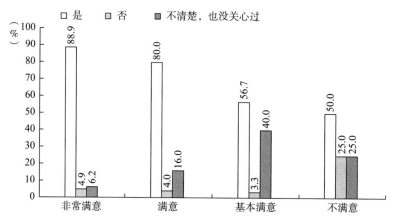

图 3 - 11　对学校落实《高等学校学术委员会规程》情况评价持不同意见的部属院校受访教职员工对学校是否已经制定实施大学章程的认知情况

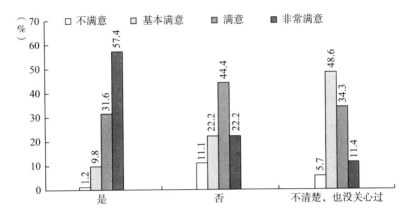

图 3 - 12 对学校是否已经制定实施大学章程三种不同认知情况的"双一流"
建设高校及地方高水平大学建设立项高校受访教职员工
对学校落实《高等学校学术委员会规程》情况的评价

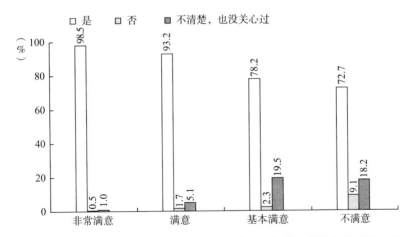

图 3 - 13 对学校落实《高等学校学术委员会规程》情况评价持不同意见的
"双一流"建设高校及地方高水平大学建设立项高校受访教职
员工对学校是否已经制定实施大学章程的认知情况

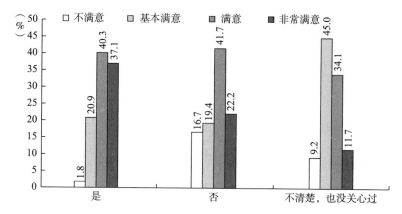

图 3 - 14 对学校是否已经制定实施大学章程三种不同认知情况的
其他省属普通本科院校受访教职员工对学校落实
《高等学校学术委员会规程》情况的评价

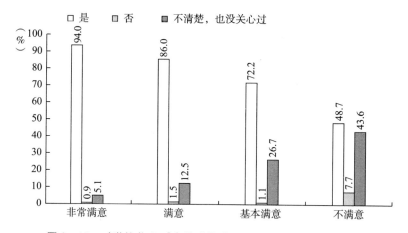

图 3 - 15 对学校落实《高等学校学术委员会规程》情况评价
持不同意见的其他省属普通本科院校受访教职员工
对学校是否已经制定实施大学章程的认知情况

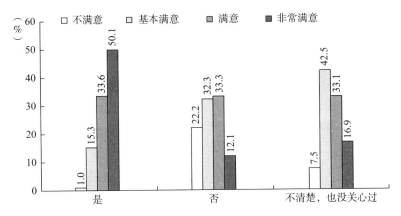

图 3-16　对学校是否已经制定实施大学章程三种不同认知
情况的高职高专受访教职员工对学校落实
《高等学校学术委员会规程》情况的评价

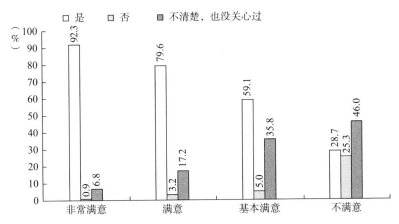

图 3-17　对学校落实《高等学校学术委员会规程》情况
评价持不同意见的高职高专受访教职员工对学校
是否已经制定实施大学章程的认知情况

　　不同职务类型受访教职员工对学校是否已经制定实施大学章程的认知
情况，与其对学校落实教育部《高等学校学术委员会规程》情况评价均显
著正相关：明确认知学校已经制定实施大学章程的受访人员，对学校落实
教育部《高等学校学术委员会规程》情况满意度明显高于另外两个群体；
而受访教职员工对学校落实教育部《高等学校学术委员会规程》情况满意
度越高，其中明确认知学校已经制定实施大学章程的人员占比也相对越高
（见图 3-18 至图 3-27）。

就不同职务类型教职员工之间相比较而言，仅就各职务类型教职员工中明确认知学校已经制定实施大学章程人员满意度进行比较，表示"非常满意"的有效百分比从高到低依次是校级领导干部、其他管理服务人员、中级职称及以下教学科研人员、中层管理干部、高级职称教学科研人员（见图3-18、图3-20、图3-22、图3-24、图3-26），这与前述不同职务类型人员对学校落实教育部《高等学校学术委员会规程》情况满意度整体比较结果基本一致。

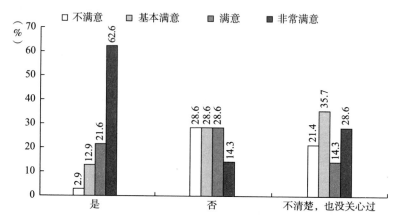

图3-18 对学校是否已经制定实施大学章程三种不同认知情况的校级领导
干部对学校落实《高等学校学术委员会规程》情况的评价

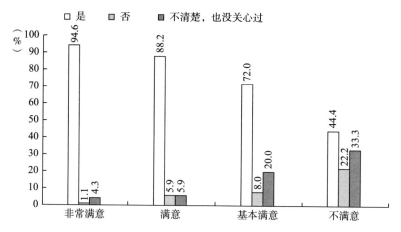

图3-19 对学校落实《高等学校学术委员会规程》情况
评价持不同意见的校级领导干部对学校是否
已经制定实施大学章程的认知情况

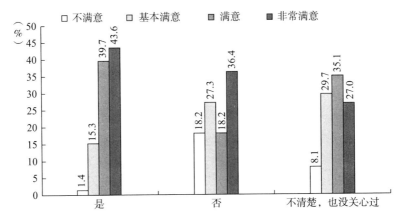

图 3-20　对学校是否已经制定实施大学章程三种不同认知
情况的中层管理干部对学校落实《高等学校
学术委员会规程》情况的评价

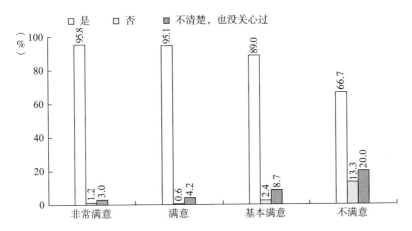

图 3-21　对学校落实《高等学校学术委员会规程》情况
评价持不同意见的中层管理干部对学校是否
已经制定实施大学章程的认知情况

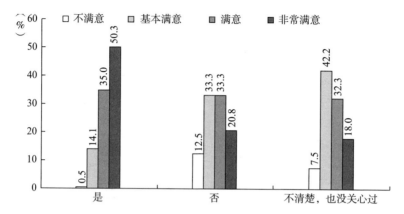

图 3 - 22 　对学校是否已经制定实施大学章程三种不同认知
情况的其他管理服务人员对学校落实《高等
学校学术委员会规程》情况的评价

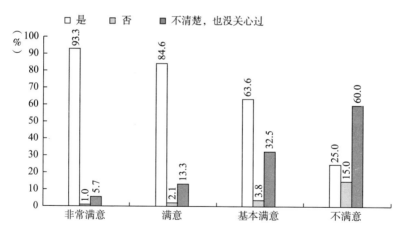

图 3 - 23 　对学校落实《高等学校学术委员会规程》情况
评价持不同意见的其他管理服务人员对学校
是否已经制定实施大学章程的认知情况

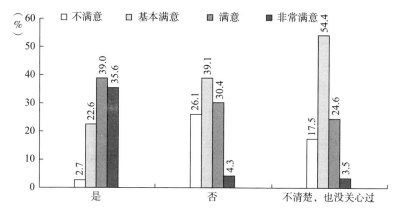

图 3－24　对学校是否已经制定实施大学章程三种不同认知
情况的高级职称教学科研人员对学校落实
《高等学校学术委员会规程》情况的评价

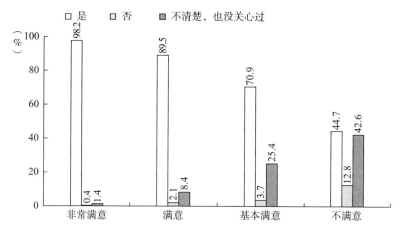

图 3－25　对学校落实《高等学校学术委员会规程》情况评价
持不同意见的高级职称教学科研人员对学校
是否已经制定实施大学章程的认知情况

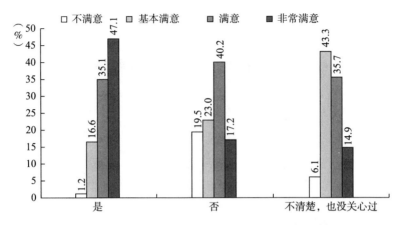

图 3 - 26　对学校是否已经制定实施大学章程三种不同认知
情况的中级职称及以下教学科研人员对学校落实
《高等学校学术委员会规程》情况的评价

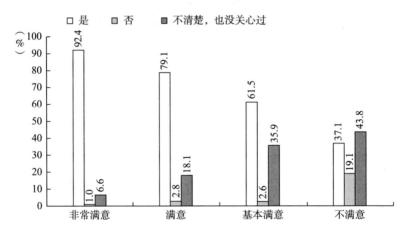

图 3 - 27　对学校落实《高等学校学术委员会规程》情况评价
持不同意见的中级职称及以下教学科研人员对
学校是否已经制定实施大学章程的认知情况

　　全体受访教职员工对学校章程实施情况的总体评价，与其对学校落实教育部《高等学校学术委员会规程》情况评价显著正相关：受访教职员工对学校章程实施情况满意度越高，相应地对学校落实教育部《高等学校学术委员会规程》情况满意度也越高（见图 3 - 28），反之亦然（见图 3 - 29）。

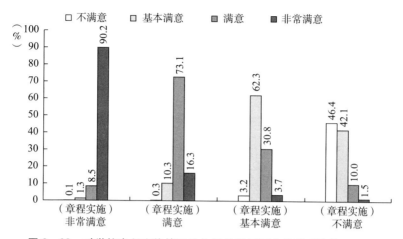

图3-28 对学校章程实施情况总体评价持不同意见的受访教职员工对学校落实《高等学校学术委员会规程》情况的评价

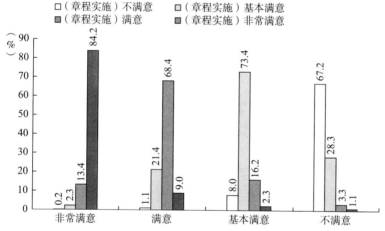

图3-29 对学校落实《高等学校学术委员会规程》情况评价持不同意见的受访教职员工对学校章程实施情况的总体评价

对学校是否已经制定实施大学章程不同认知情况的三个受访教职员工群体，各自对学校章程实施情况的总体评价与对学校落实教育部《高等学校学术委员会规程》情况的评价也都正相关，而且明确认知学校已经制定实施大学章程的受访人员两方面的满意度均高于另外两个群体。总体上看，受访教职员工对学校是否已经制定实施大学章程的认知情况、对学校章程实施情况总体评价，及对学校落实教育部《高等学校学术委员会规程》情况评价显著正相关（见图3-30至图3-35）。

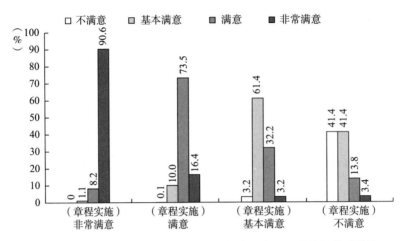

图 3 – 30　对学校是否已经制定实施大学章程表示明确认知并对学校
章程实施情况总体评价持不同意见的受访教职员工对
学校落实《高等学校学术委员会规程》情况的评价

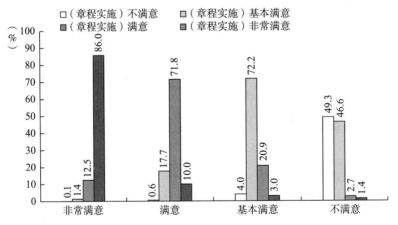

图 3 – 31　对学校是否已经制定实施大学章程表示明确认知并对学校
落实《高等学校学术委员会规程》情况评价持不同意见的
受访教职员工对学校章程实施情况的总体评价

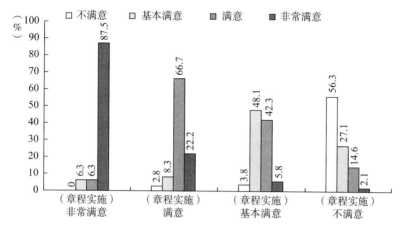

图 3 − 32　对学校是否已经制定实施大学章程表示否定并对学校
章程实施情况总体评价持不同意见的受访教职员工对
学校落实《高等学校学术委员会规程》情况的评价

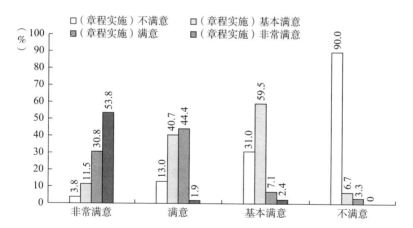

图 3 − 33　对学校是否已经制定实施大学章程表示否定并对学校落实
《高等学校学术委员会规程》情况评价持不同意见的
受访教职员工对学校章程实施情况的总体评价

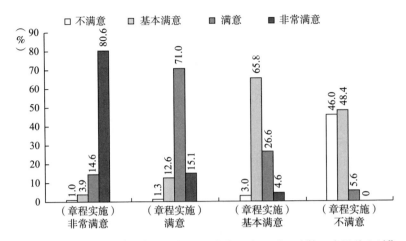

图 3 - 34 对学校是否已经制定实施大学章程表示"不清楚，也没关心过"
并对学校章程实施情况总体评价持不同意见的受访教职员工对
学校落实《高等学校学术委员会规程》情况的评价

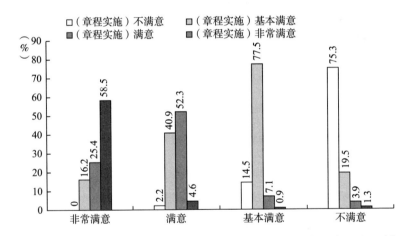

图 3 - 35 对学校是否已经制定实施大学章程表示"不清楚，也没关心过"
并对学校落实《高等学校学术委员会规程》情况评价持不同
意见的受访教职员工对学校章程实施情况的总体评价

总体而言，受访教职员工对学校落实教育部《高等学校学术委员会规程》情况的较高满意度达 3/4，其中"非常满意"选项的有效百分比为40.7%。"双一流"建设高校及地方高水平大学建设立项高校、部属院校受访教职员工满意度高于高职高专、其他省属普通本科院校，其他省属普通本科院校受访教职员工满意度最低（"非常满意""满意"选项的有效百分比分别为 33.2%、39.4%）。行政管理服务人员满意度高于教学科研人员，高级职称教学科研人员满意度最低（"非常满意""满意"选项的有效百分比分别为 26.9%、38.0%）。受访教职工对学校是否已经制定实施大学章程的认知情况、对学校章程实施情况总体评价，及对学校落实教育部《高等学校学术委员会规程》情况评价正相关。

需要注意的是，各类学校各种职务类型受访人员中，均有一定比例的人员分别选择了"基本满意"和"不满意"两个选项，其中校级领导干部和高级职称教学科研人员选择"不满意"选项的有效百分比分别为 5.6%、5.1%。鉴于学校高级职称教学科研人员是高校学术权力的集中体现者和主要代表，他们的满意度评价应该最有标志性意义。另外，有些特定群体的消极乃至负面评价占比相对更高，比如，明确认知学校已经制定实施大学章程但对学校章程实施情况持"基本满意"态度的受访人员，对学校落实教育部《高等学校学术委员会规程》情况评价选择"基本满意""不满意"选项的有效百分比分别为 61.4%、3.2%；明确认知学校已经制定实施大学章程但对学校章程实施情况持"不满意"态度的受访人员，对学校落实教育部《高等学校学术委员会规程》情况评价选择"基本满意""不满意"选项的有效百分比均为 41.4%。另外，特别是某些对学校落实教育部《高等学校学术委员会规程》情况评价比较消极甚至负面的受访人员，对学校章程实施情况总体评价也相应非常消极甚至负面，比如，明确认知学校已经制定实施大学章程，并对学校落实教育部《高等学校学术委员会规程》情况评价选择"基本满意"的受访人员，对学校章程实施情况总体评价选择"基本满意"选项的有效百分比高达 72.2%；而明确认知学校已经制定实施大学章程，并对学校落实教育部《高等学校学术委员会规程》情况评价选择"不满意"的受访人员，对学校章程实施情况总体评价选择"基本满意""不满意"选项的有效百分比分别高达 46.6%、49.3%。

可见，各个类型高校落实教育部《高等学校学术委员会规程》情况的满意度评价普遍需要进一步提高，学校应当在全面推进章程建设、保障章程实施的过程中，贯彻落实教育部《高等学校学术委员会规程》等规章制度，努力实现两者的积极互动、协调共进。

二　学校学术委员会人员组成是否符合相关要求

需要特别说明的是，对"学校学术委员会人员组成是否符合教育部《高等学校学术委员会规程》相关要求"这一问题，基于"学校"的独立个体进行考察才是最为科学的，这里基于受访教职员工的统计分析，无论是整体上的数据统计，还是分别从不同类型学校、不同职务类型受访教职员工或不同类型学校的不同职务受访教职员工等角度进行的分类统计，结果都只具有整体参照意义，其结论不能适用于本次调查所涉所有高校，即使是同一类型高校，情况也可能不同。所以本部分统计分析及其结论，只是表明本次调研所涉高校中至少有部分高校存在某些方面的不足或者问题。

受访教职员工对学校学术委员会人员组成是否符合教育部《高等学校学术委员会规程》相关要求这一问题的评判总体上认可度较高（见图 3 - 36）。从不同类型学校受访教职员工的评判情况看，认可度从高到低依次是"双一流"建设高校及地方高水平大学建设立项高校、部属院校、高职高专、其他省属普通本科院校（见图 3 - 37）。

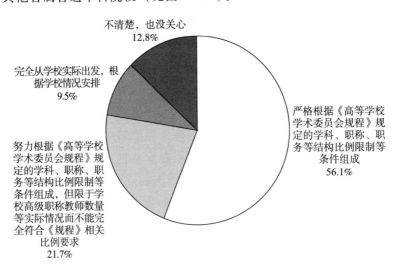

图 3 - 36　受访教职员工对学校学术委员会人员组成是否符合教育部《高等学校学术委员会规程》相关要求的评判

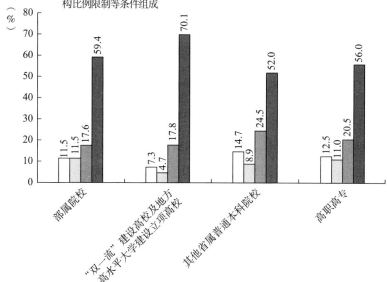

图 3 – 37 不同类型学校受访教职员工对学校学术委员会人员组成是否符合教育部《高等学校学术委员会规程》相关要求的评判

从不同职务受访教职员工评价情况看，统计数据也同样体现出前述有关评价项目中不同职务受访教职员工满意度高低分布的某些特点，比如行政管理服务人员的认可度高于教学科研人员，高级职称教学科研人员的认可度最低。不同职务受访教职员工"严格根据《高等学校学术委员会规程》规定的学科、职称、职务等结构比例限制等条件组成"选项的有效百分比从高到低依次是中层管理干部（61.3%）、校级领导干部（60.6%）、其他管理服务人员（58.0%）、中级职称及以下教学科研人员（56.1%）、高级职称教学科研人员（48.5%），即有近一半的高级职称教学科研人员以及接近六成的其他职务受访人员对这一选项持肯定态度；"努力根据《高等学校学术委员会规程》规定的学科、职称、职务等结构比例限制等条件组成，但限于学校高级职称教师数量等实际情况而不能完全符合《规程》相关比例要求"选项的有效百分比从高到低依次是校级领导干部（26.9%）、中层管理干部（24.4%）、高级职称教学科研人员（23.3%）、其他管理服务人员（22.3%）、中级职称及以下教学科研人员（20.3%）（见图3 - 38），即各职务类型受访教职员工中大约有1/5到1/4的人员对这一选项持肯定态度。

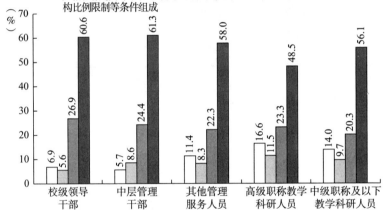

图3 - 38　不同职务受访教职员工对学校学术委员会人员组成是否符合教育部《高等学校学术委员会规程》相关要求的评判

　　具体从各个类型高校中不同职务受访教职员工对学校学术委员会人员组成是否符合教育部《高等学校学术委员会规程》相关要求的认可度情况看，总体而言，各类型高校的有效百分比分布状态及其反映的认可度情况与上述整体情况比较一致，而且也更加具体地体现了对前述不同类型学校进行整体比较后所得出的结论：认可度从高到低依次是"双一流"建设高校及地方高水平大学建设立项高校、部属院校、高职高专、其他省属普通本科院校，只有个别群体排序有细微不同（见图3 - 39至图3 - 42）。

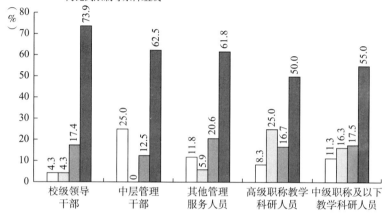

图 3 - 39　部属院校不同职务受访教职员工对学校学术委员会人员组成是否
符合教育部《高等学校学术委员会规程》相关要求的评判

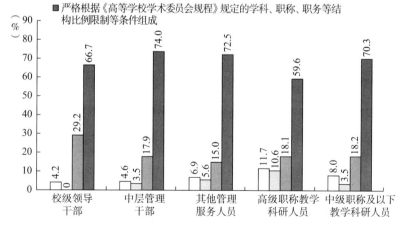

图 3 - 40　"双一流"建设高校及地方高水平大学建设立项高校不同职务
受访教职员工对学校学术委员会人员组成是否符合教育部
《高等学校学术委员会规程》相关要求的评判

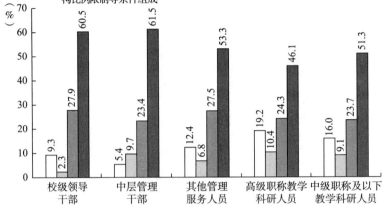

图 3 – 41 其他省属普通本科院校不同职务受访教职员工对学校学术委员会人员组成是否符合教育部《高等学校学术委员会规程》相关要求的评判

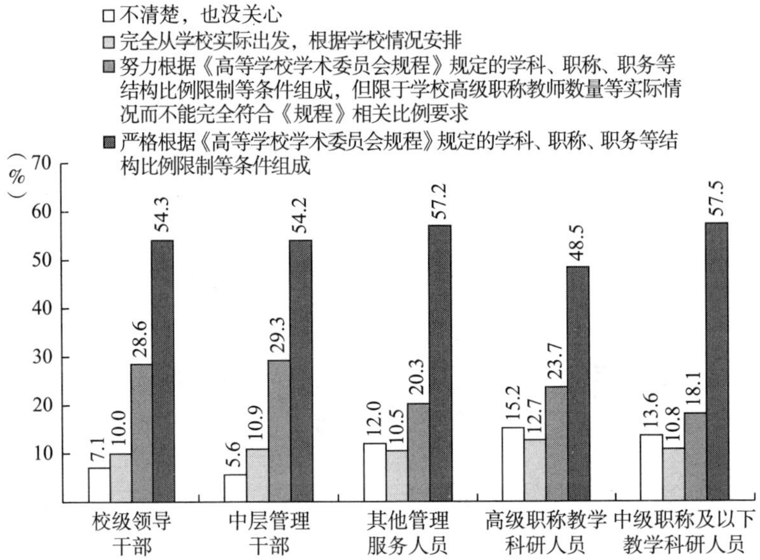

图 3 – 42 高职高专不同职务受访教职员工对学校学术委员会人员组成是否符合教育部《高等学校学术委员会规程》相关要求的评判

　　受访教职员工对学校是否已经制定实施大学章程的认知情况，与其对学校学术委员会人员组成是否符合教育部《高等学校学术委员会规程》相关要求的评判显著正相关：明确认知学校已经制定实施大学章程的人员对学校学术委员会人员组成是否符合教育部《高等学校学术委员会规程》相关要求的认可度高于另外两个群体（见图 3 – 43）；反过来，受访教职员工对学校学术委员会人员组成是否符合教育部《高等学校学术委员会规程》相关要求的认可度越高，其中明确认知学校已经制定实施大学章程的人员占比也越高（见图 3 – 44）。综合这两方面的有效百分比分布状态，特别考虑到各个高校一般都要在学校章程中就本校学术委员会人员组成及主要职责等做出规定，所以受访教职员工中明确认知学校已经制定实施大学章程的人员，对"学校学术委员会人员组成是否符合教育部《高等学校学术委员会规程》相关要求"这一问题的回答应该相对更加可靠，基于明确认知学校已经制定实施大学章程人员的评判，可以得出以下结论：选择"严格根据《高等学校学术委员会规程》规定的学科、职称、职务等结构比例限

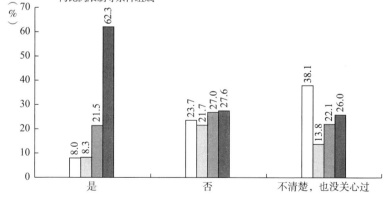

图 3 – 43　对学校是否已经制定实施大学章程三种不同认知情况的受访
教职员工对学校学术委员会人员组成是否符合教育部
《高等学校学术委员会规程》相关要求的评判

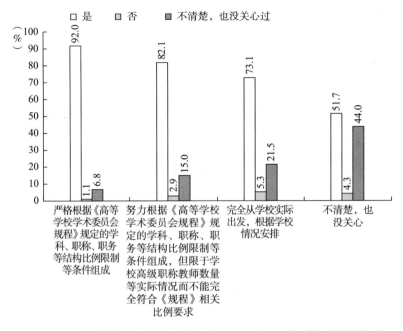

图 3 - 44　对学校学术委员会人员组成是否符合教育部《高等学校学术委员会规程》相关要求评判持不同意见的受访教职员工对学校是否已经制定实施大学章程的认知情况

制等条件组成"这一选项的占到六成多；选择"努力根据《高等学校学术委员会规程》规定的学科、职称、职务等结构比例限制等条件组成，但限于学校高级职称教师数量等实际情况而不能完全符合《规程》相关比例要求"的占到两成多；选择"完全从学校实际出发，根据学校情况安排"的大约占到一成。

另外，按照同样的逻辑，重点从各类型高校中明确认知学校已经制定实施大学章程受访教职员工的评判情况进行判断，认可度从高到低依次是"双一流"建设高校及地方高水平大学建设立项高校、部属院校、高职高专、其他省属普通本科院校（见图 3 - 45 至图 3 - 52），这与前述院校比较结果完全一致。

具体从不同职务受访教职员工相关情况来看，各职务类型受访教职员工对学校是否已经制定实施大学章程的认知情况，与其对学校学术委员会人员组成是否符合教育部《高等学校学术委员会规程》相关要求的评判

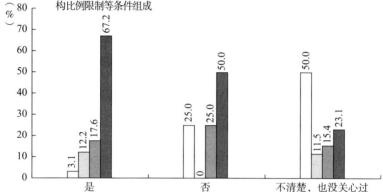

图 3 - 45 对学校是否已经制定实施大学章程三种不同认知情况的部属
院校受访教职员工对学校学术委员会人员组成是否符合
教育部《高等学校学术委员会规程》相关要求的评判

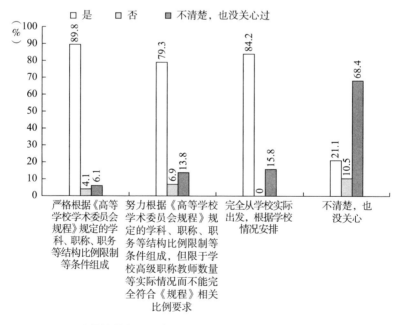

图 3 - 46 对学校学术委员会人员组成是否符合教育部《高等学校学术
委员会规程》相关要求评判持不同意见的部属院校受访教职
员工对学校是否已经制定实施大学章程的认知情况

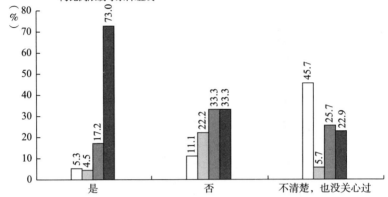

图 3 – 47　对学校是否已经制定实施大学章程三种不同认知情况的"双一流"建设高校及地方高水平大学建设立项高校受访教职员工对学校学术委员会人员组成是否符合教育部《高等学校学术委员会规程》相关要求的评判

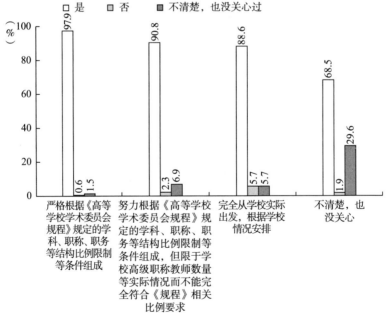

图 3 – 48　对学校学术委员会人员组成是否符合教育部《高等学校学术委员会规程》相关要求评判持不同意见的"双一流"建设高校及地方高水平大学建设立项高校受访教职员工对学校是否已经制定实施大学章程的认知情况

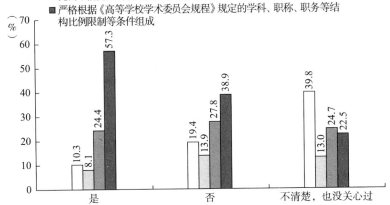

□ 不清楚，也没关心
□ 完全从学校实际出发，根据学校情况安排
■ 努力根据《高等学校学术委员会规程》规定的学科、职称、职务等
  结构比例限制等条件组成，但限于学校高级职称教师数量等实际情
  况而不能完全符合《规程》相关比例要求
■ 严格根据《高等学校学术委员会规程》规定的学科、职称、职务等结
  构比例限制等条件组成

图 3 - 49 对学校是否已经制定实施大学章程三种不同认知情况的其他省属
普通本科院校受访教职员工对学校学术委员会人员组成是否
符合教育部《高等学校学术委员会规程》相关要求的评判

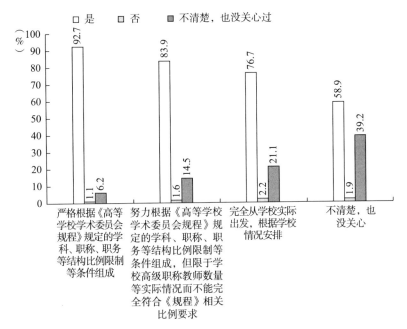

□ 是 □ 否 ■ 不清楚，也没关心过

图 3 - 50 对学校学术委员会人员组成是否符合教育部《高等学校学术委员会
规程》相关要求评判持不同意见的其他省属普通本科院校受
访教职员工对学校是否已经制定实施大学章程的认知情况

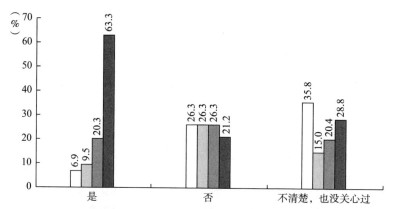

图 3 - 51 对学校是否已经制定实施大学章程三种不同认知情况的高职
高专受访教职员工对学校学术委员会人员组成是否符合
教育部《高等学校学术委员会规程》相关要求的评判

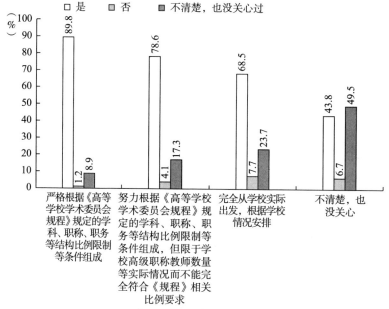

图 3 - 52 对学校学术委员会人员组成是否符合教育部《高等学校学术
委员会规程》相关要求评判持不同意见的高职高专受访教职
员工对学校是否已经制定实施大学章程的认知情况

显著正相关；行政管理服务人员的认可度高于教学科研人员，高级职称教学科研人员认可度最低；各职务类型受访教职员工中，均有一定比例的人员对"学校学术委员会人员组成是否符合教育部《高等学校学术委员会规程》相关要求"这一问题选择"不清楚，也没关心"；对学校学术委员会人员组成是否符合教育部《高等学校学术委员会规程》相关要求这一问题的回答，分别选择"严格根据《高等学校学术委员会规程》规定的学科、职称、职务等结构比例限制等条件组成""努力根据《高等学校学术委员会规程》规定的学科、职称、职务等结构比例限制等条件组成，但限于学校高级职称教师数量等实际情况而不能完全符合《规程》相关比例要求""完全从学校实际出发，根据学校情况安排""不清楚，也没关心"等选项的四个群体中，各个职务类型受访人员中明确认知学校已经制定实施大学章程的人员占比普遍较高，这在选择前三个选项的受访人员中表现得尤为明显，除选择"完全从学校实际出发，根据学校情况安排"选项人员的中级职称及以下教学科研人员中明确认知学校已经制定实施大学章程的人员占比（68.6%）相对较低外，其余均在 75% 以上（见图 3 - 53 至图 3 - 62）。

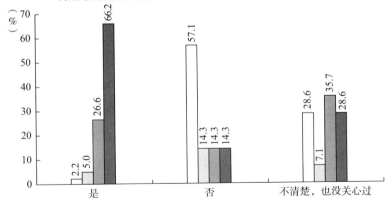

图 3 - 53　对学校是否已经制定实施大学章程三种不同认知情况的
校级领导干部对学校学术委员会人员组成是否符合
教育部《高等学校学术委员会规程》相关要求的评判

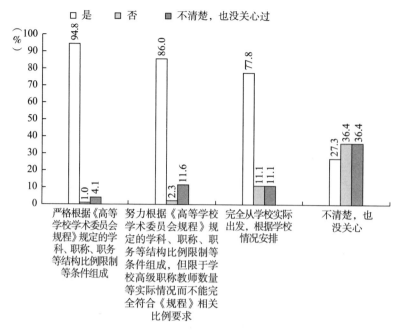

图 3-54 对学校学术委员会人员组成是否符合教育部《高等学校学术
委员会规程》相关要求评判持不同意见的校级领导
干部对学校是否已经制定实施大学章程的认知情况

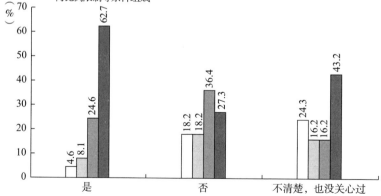

图 3-55 对学校是否已经制定实施大学章程三种不同认知情况的
中层管理干部对学校学术委员会人员组成是否符合
教育部《高等学校学术委员会规程》相关要求的评判

146

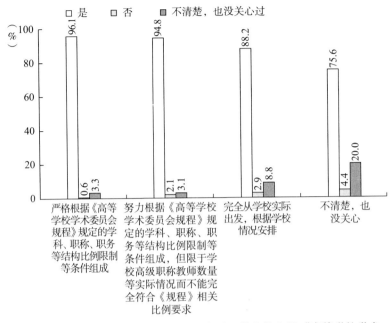

图 3 - 56　对学校学术委员会人员组成是否符合教育部《高等学校学术委员会规程》相关要求评判持不同意见的中层管理干部对学校是否已经制定实施大学章程的认知情况

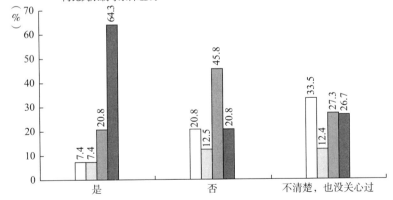

图 3 - 57　对学校是否已经制定实施大学章程三种不同认知情况的其他管理服务人员对学校学术委员会人员组成是否符合教育部《高等学校学术委员会规程》相关要求的评判

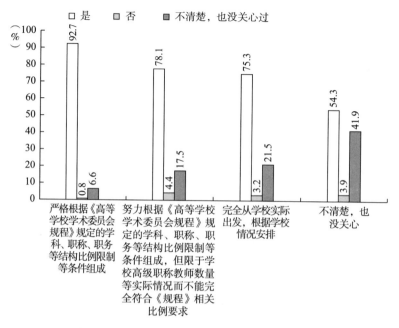

图 3-58 对学校学术委员会人员组成是否符合教育部《高等学校学术
委员会规程》相关要求评判持不同意见的其他管理服务
人员对学校是否已经制定实施大学章程的认知情况

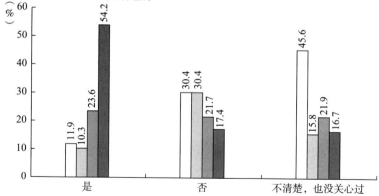

图 3-59 对学校是否已经制定实施大学章程三种不同认知情况的高级
职称教学科研人员对学校学术委员会人员组成是否符合
教育部《高等学校学术委员会规程》相关要求的评判

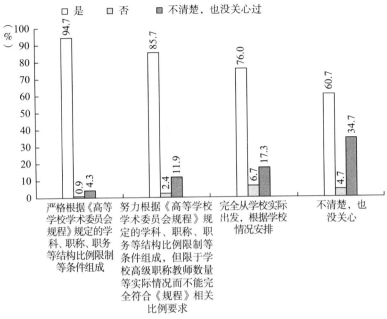

图 3-60 对学校学术委员会人员组成是否符合教育部《高等学校学术委员会规程》相关要求评判持不同意见的高级职称教学科研人员对学校是否已经制定实施大学章程的认知情况

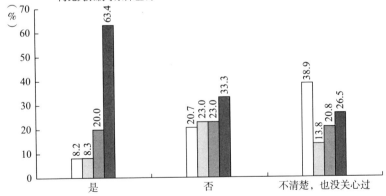

图 3-61 对学校是否已经制定实施大学章程三种不同认知情况的中级职称及以下教学科研人员对学校学术委员会人员组成是否符合教育部《高等学校学术委员会规程》相关要求的评判

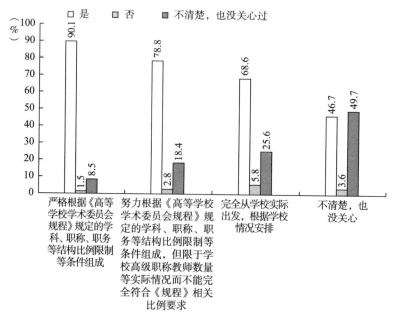

图 3 - 62　对学校学术委员会人员组成是否符合教育部《高等学校学术委员会规程》相关要求评判持不同意见的中级职称及以下教学科研人员对学校是否已经制定实施大学章程的认知情况

从上述交叉统计数据看，不同职务类型受访教职员工中明确认知学校已经制定实施大学章程的人员分别选择"学校学术委员会人员组成是否符合教育部《高等学校学术委员会规程》相关要求"四个选项的有效百分比分布状态说明"严格根据《高等学校学术委员会规程》规定的学科、职称、职务等结构比例限制等条件组成"这一选项大约受到六成受访人员的肯定，"努力根据《高等学校学术委员会规程》规定的学科、职称、职务等结构比例限制等条件组成，但限于学校高级职称教师数量等实际情况而不能完全符合《规程》相关比例要求"大约受到两成受访人员的肯定。

受访教职员工对学校章程实施情况满意度越高，相应地对学校学术委员会人员组成是否符合教育部《高等学校学术委员会规程》相关要求的认可度也越高（见图 3 - 63），反之亦然（见图 3 - 64）。一方面，随着对学校章程实施情况满意度的逐步降低，相应地对学校学术委员会人员组成是否符合教育部《高等学校学术委员会规程》相关要求的认可度也逐渐降低，同时，对这一问题表示"不清楚，也没关心"的人员占比也渐次升高。另

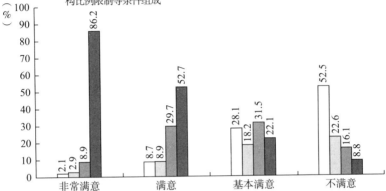

图 3 − 63　对学校章程实施情况总体评价持不同意见的受访教职员工对学校学术委员会人员组成是否符合教育部《高等学校学术委员会规程》相关要求的评判

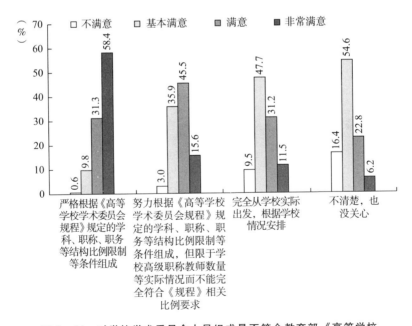

图 3 − 64　对学校学术委员会人员组成是否符合教育部《高等学校学术委员会规程》相关要求评判持不同意见的受访教职员工对学校章程实施情况的总体评价

一方面，随着对学校学术委员会人员组成是否符合教育部《高等学校学术委员会规程》相关要求认可度的渐次降低，相应地对学校章程实施情况满意度也逐渐降低，同时，其中选择"不满意"的人员占比渐次升高。

从对学校是否已经制定实施大学章程不同认知情况的三个受访人员群体各自的评价及认可情况看，一方面，三个群体各自的满意度及认可度分布状态与上述总体情况完全一致；另一方面，明确认知学校已经制定实施大学章程的受访人员，对章程实施情况的满意度，以及对学校学术委员会人员组成是否符合教育部《高等学校学术委员会规程》相关要求的认可度，除对学校章程实施情况表示"非常满意"的受访教职员工选择"严格根据《高等学校学术委员会规程》规定的学科、职称、职务等结构比例限制等条件组成"的有效百分比略低于对学校是否已经制定实施大学章程表示否定的受访教职员工外，均高于另外两个群体（见图 3–65 至图 3–70）。总体上，受访教职员工对学校是否已经制定实施大学章程的认知情况、对学校章程实施情况的总体评价，及对学校学术委员会人员组成是否符合教育部《高等学校学术委员会规程》相关要求的评判，同样显著正相关。

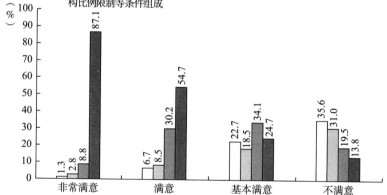

图 3–65　对学校是否已经制定实施大学章程表示明确认知并对学校章程实施情况总体评价持不同意见的受访教职员工对学校学术委员会人员组成是否符合教育部《高等学校学术委员会规程》相关要求的评判

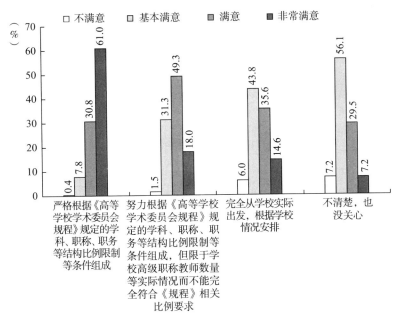

图 3－66 对学校是否已经制定实施大学章程表示明确认知并对学校学术委员会人员组成是否符合教育部《高等学校学术委员会规程》相关要求评判持不同意见的受访教职员工对学校章程实施情况的总体评价

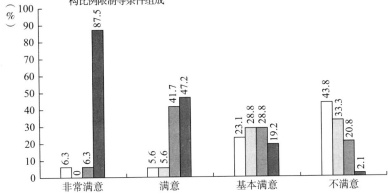

图 3－67 对学校是否已经制定实施大学章程表示否定并对学校章程实施情况总体评价持不同意见的受访教职员工对学校学术委员会人员组成是否符合教育部《高等学校学术委员会规程》相关要求的评判

153

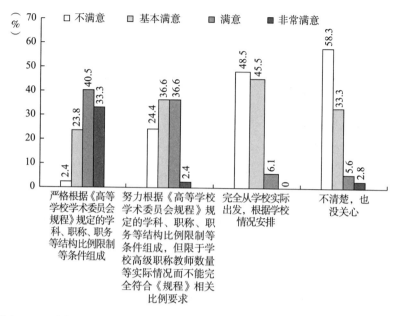

图 3-68 对学校是否已经制定实施大学章程表示否定并对学校学术委员会人员组成是否符合教育部《高等学校学术委员会规程》相关要求评判持不同意见的受访教职员工对学校章程实施情况的总体评价

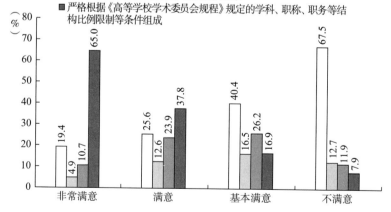

图 3-69 对学校是否已经制定实施大学章程表示"不清楚,也没关心过"并对学校章程实施情况总体评价持不同意见的受访教职员工对学校学术委员会人员组成是否符合教育部《高等学校学术委员会规程》相关要求的评判

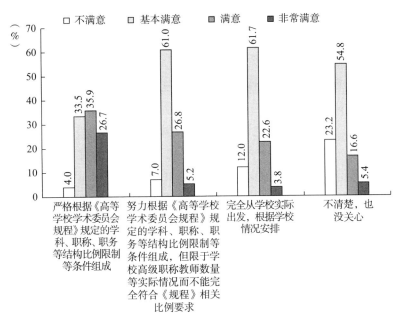

图 3 - 70 对学校是否已经制定实施大学章程表示"不清楚，也没关心过"并对学校学术委员会人员组成是否符合教育部《高等学校学术委员会规程》相关要求评判持不同意见的受访教职员工对学校章程实施情况的总体评价

总体而言，尽管"学校学术委员会人员组成是否符合教育部《高等学校学术委员会规程》相关要求"这一问题本身应该基于具体高校来进行考察，即基于所有受访教职员工乃至不同类型学校受访教职员工的评判进行的统计，很可能与以具体高校为独立主体的学校学术委员会人员组成的实际情况并不相符，但是，基于全体受访教职员工进行多层次、多角度的细分统计，还是可以在一定程度上反映受访高校学术委员会人员组成情况的。从上述统计数据来看，受访高校至少在不同程度上或者说局部意义上是存在学术委员会人员组成不能完全符合教育部《高等学校学术委员会规程》相关要求现象的。根据前述内容，我们可以判断大约有三到四成高校的学术委员会的人员组成与教育部相关规章要求不完全相符。

部分其他省属普通本科院校、高职高专囿于自身条件，难以严格执行《高等学校学术委员会规程》规定的学科、职称、职务等结构比例限制等要求，还可以说是因为教育部相关部门规章全国一刀切的规定在客观上不符合部分院校实际情况，"双一流"建设高校及地方高水平大学建设立项高校乃至部属院校受访人员中，均有接近两成的人员选择"努力根据《高等学校学术委员会规程》规定的学科、职称、职务等结构比例限制等条件组成，但限于学校高级职称教师数量等实际情况而不能完全符合《规程》相关比例要求"这一选项，则是不可思议的。这两类院校的受访人员中甚至还有一定比例的人员选择了"完全从学校实际出发，根据学校情况安排"选项，作为部属院校、"双一流"建设高校及地方高水平大学建设立项高校，如果其是按照相对于《高等学校学术委员会规程》规定的条件更高的标准组建学校学术委员会，则属情理之中，如若不然，则更加不可思议。另外，各类院校受访教职员工中均有较高比例的人员选择"努力根据《高等学校学术委员会规程》规定的学科、职称、职务等结构比例限制等条件组成，但限于学校高级职称教师数量等实际情况而不能完全符合《规程》相关比例要求""完全从学校实际出发，根据学校情况安排"这两个选项。就此而言，一方面，就部属院校、"双一流"建设高校及地方高水平大学建设立项高校乃至其他省属普通本科院校来说，在学校学术委员会的组织和建设方面应该更好地遵守和执行教育部《高等学校学术委员会规程》等相关规定；另一方面，我们也应该注意到教育部《高等学校学术委员会规程》关于高校学术委员会人员组成的相关规定可能与部分高校特别是办学条件相对较差的学校实际差距较大，因而需要在制度设计上进行优化。

还要注意的是，全体受访教职员工选择"不清楚，也没关心"选项的有效百分比高达12.8%，如此多的受访教职员工对这一直接影响和具体反映学校学术权力地位与作用情况的制度设计竟然漠不关心，而且这一现象存在于包括校级领导干部在内的各种类型高校的各种职务受访教职员工中，其中教学科研人员反而高于行政管理服务人员，甚至高级职称教学科研人员选择该选项的有效百分比最高（16.6%）。教学科研人员作为高校学术权力的重要主体和代表，特别是高级职称教学科研人员理应更加关心学校学术委员会人员组成情况。尽管近年来高校学术权力意识越来越普遍地觉醒，但这显然还不够理想。而校级领导干部中，同样有一定比例的受访人员选择了"不清楚，也没关心"这一选项，这也不合情理。行政管理服务人员是学校行政权力的主体和代表，即使是出于自身在属性上与学术权力主体之间必然存在的"张力"，校级领导干部也应该关注学校学术委员会人员组成这一基本问题。所以，从高等教育改革和发展需要及趋势角度来说，对各级各类行政管理服务人员进行与现代大学制度相关的知识理论教育与培训非常有必要。

另外，统计数据也表明，受访教职员工对学校是否已经制定实施大学章程的认知情况、对学校章程实施情况的总体评价及对学校学术委员会人员组成是否符合教育部《高等学校学术委员会规程》相关要求的评判正相关。对学校学术委员会人员组成是否符合教育部《高等学校学术委员会规程》相关要求的认可度越高，相应地对学校章程实施情况的满意度也明显越高，反过来，对学校章程实施情况满意度越高，对学校学术委员会人员组成是否符合教育部《高等学校学术委员会规程》相关要求的认可度也相应越高，其中，明确认知学校已经制定实施大学章程并对学校章程实施情况总体评价选择"非常满意"的受访人员，对学校学术委员会人员组成是否符合教育部《高等学校学术委员会规程》相关要求选择"严格根据《高等学校学术委员会规程》规定的学科、职称、职务等结构比例限制等条件组成"选项的有效百分比高达87.1%。因此全面有效施行教育部《高等学校学术委员会规程》等政策法规，既是有效推进学校章程建设、加强学校章程实施保障的要求，也是全面提升广大教职员工对学校章程实施情况满意度的有效措施。

三　学校学术委员会运转情况

受访教职员工对学校学术委员会运转情况的评判可以表明，总体上学校学术委员会运转情况不尽如人意。对学校学术委员会运转情况这一问题的回答，只有52.6%的受访人员认为学校学术委员会运转情况良好并充分体现学术权力的应有地位和作用，26.6%的受访人员认为学校学术委员会没有能够充分发挥应有作用，10.8%的受访人员认为学校学术委员会根本就没有发挥实质性积极作用，另外9.9%的受访人员则表示"不清楚，也没关心"（见图3-71）。

从不同类型学校受访教职员工的评判来看，不同类型学校的学术委员会运转情况存在一定的差距。总体上看，认可度从高到低依次是"双一流"建设高校及地方高水平大学建设立项高校、部属院校、高职高专、其他省属普通本科院校（见图3-72）。

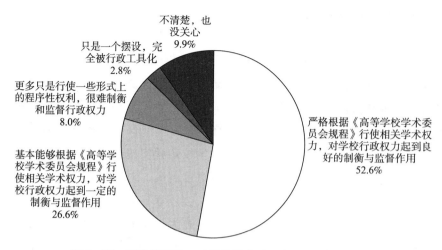

图 3 – 71 受访教职员工对学校学术委员会运转情况的评判

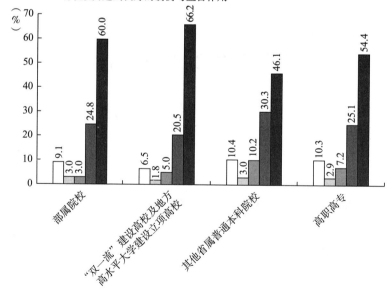

图 3 – 72 不同类型学校受访教职员工对学校学术委员会运转情况的评判

不同职务受访教职员工对学校学术委员会运转情况的评判也存在一定

的差距，积极性评判的有效百分比从高到低依次是校级领导干部、其他管理服务人员、中级职称及以下教学科研人员、中层管理干部、高级职称教学科研人员。行政管理服务人员的积极性评判的有效百分比总体上高于教学科研人员，高级职称教学科研人员积极性评判的有效百分比最低（见图3-73）。

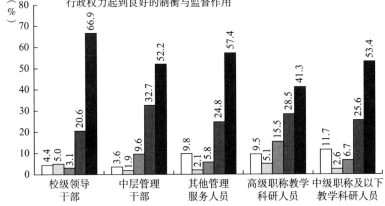

图 3 - 73　不同职务受访教职员工对学校学术委员会运转情况的评判

　　进而从不同类型学校的不同职务受访人员的评判情况看，总体上呈现的特点及其反映的问题与上述整体情况大体一致，同时又各有特点。部属院校高级职称教学科研人员的认可度相对较高，仅仅低于校级领导干部，而且"只是一个摆设，完全被行政工具化"和"不清楚，也没关心"两选项的有效百分比均为 0（见图 3 - 74）。"双一流"建设高校及地方高水平大学建设立项高校各类职务受访教职员工的认可度不仅相对普遍较高而且比较均衡，选择"严格根据《高等学校学术委员会规程》行使相关学术权力，对学校行政权力起到良好的制衡与监督作用"选项的人员占比均在六成左右（中级职称及以下教学科研人员、其他管理服务人员占比相对较高，接近七成），选择"基本能够根据《高等学校学术委员会规程》行使相关学术权力，对学校行政权力起到一定的制衡与监督作用"选项的人员普遍占到两成左右（校级领导干部则近三成）（见图 3 - 75）。其他省属普通本科院校、高职高专不同职务类型受访教职员工的评判情况与总体统计结果非常接近（见图3－76、图3－77）。

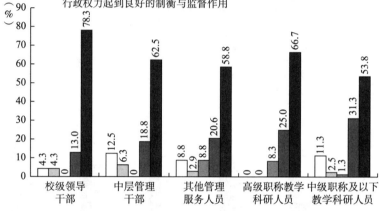

图3－74 部属院校受访教职员工对学校学术委员会运转情况的评判

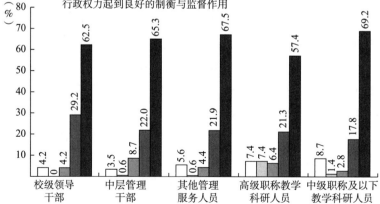

**图3－75 "双一流"建设高校及地方高水平大学建设立项高校不同
职务受访教职员工对学校学术委员会运转情况的评判**

□ 不清楚，也没关心
□ 只是一个摆设，完全被行政工具化
▨ 更多只是行使一些形式上的程序性权利，很难制衡和监督行政权力
■ 基本能够根据《高等学校学术委员会规程》行使相关学术权力，对学校行政权力起到一定的制衡与监督作用
■ 严格根据《高等学校学术委员会规程》行使相关学术权力，对学校行政权力起到良好的制衡与监督作用

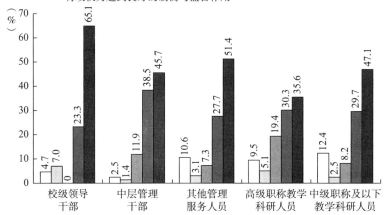

图 3 – 76　其他省属普通本科院校不同职务受访教职员工
对学校学术委员会运转情况的评判

□ 不清楚，也没关心
□ 只是一个摆设，完全被行政工具化
▨ 更多只是行使一些形式上的程序性权利，很难制衡和监督行政权力
■ 基本能够根据《高等学校学术委员会规程》行使相关学术权力，对学校行政权力起到一定的制衡与监督作用
■ 严格根据《高等学校学术委员会规程》行使相关学术权力，对学校行政权力起到良好的制衡与监督作用

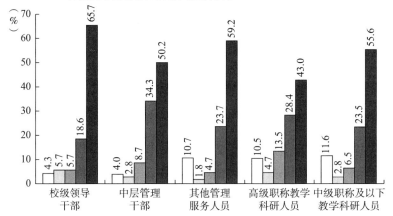

图 3 – 77　高职高专不同职务受访教职员工对学校学术
委员会运转情况的评判

受访教职员工对学校是否已经制定实施大学章程的认知情况，与对学校学术委员会运转情况的评判总体上显著正相关：一方面，表示明确认知学校已经制定实施大学章程的受访人员，对学校学术委员会运转情况这一问题的回答选择"严格根据《高等学校学术委员会规程》行使相关学术权力，对学校行政权力起到良好的制衡与监督作用"以及"基本能够根据《高等学校学术委员会规程》行使相关学术权力，对学校行政权力起到一定的制衡与监督作用"两选项的有效百分比均高于另外两个群体，而选择"更多只是行使一些形式上的程序性权利，很难制衡和监督行政权力"以及"只是一个摆设，完全被行政工具化"两选项的有效百分比均低于另外两个群体，选择"不清楚，也没关心"选项的有效百分比也远远低于另外两个群体（见图 3 - 78）；另一方面，对学校学术委员会运转情况这一问题的回答，分别选择"严格根据《高等学校学术委员会规程》行使相关学术权力，对学校行政权力起到良好的制衡与监督作用""基本能够根据《高等学校学术委员会规程》行使相关学术权力，对学校行政权力起到一定的制衡与监督作用""更多只是行使一些形式上的程序性权利，很难制衡和监督行政权力""只是一个摆设，完全被行政工具化""不清楚，也没关心"等选项的五个群体中，表示明确认知学校已经制定实施大学章程的人员占比依次降低而且幅度明显（见图 3 - 79）。

从不同类型学校受访教职员工的评判情况看，各个类型学校受访教职员工中对学校是否已经制定实施大学章程不同认知情况的三个群体，对学校学术委员会运转情况的评判均与上述整体数据特征及其反映问题一致，但不同院校的相关评判有一定差异。总体上部属院校与"双一流"建设高校及高水平大学建设立项高校对学校是否已经制定实施大学章程表示肯定的受访人员中对学校学术委员会运转情况的积极性评价人员占比大体相当，其次是高职高专，而其他省属普通本科院校最低（见图 3 - 80 至图 3 - 87）。

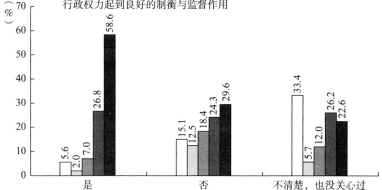

图 3 - 78　对学校是否已经制定实施大学章程三种不同认知情况的受访
教职员工对学校学术委员会运转情况的评判

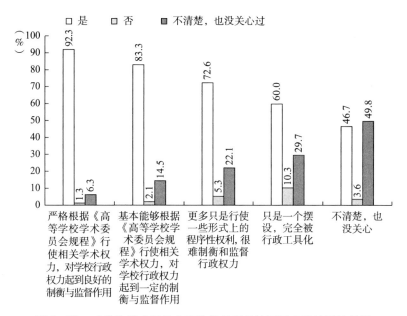

图 3 - 79　对学校学术委员会运转情况评判持不同意见的受访教职
员工对学校是否已经制定实施大学章程的认知情况

163

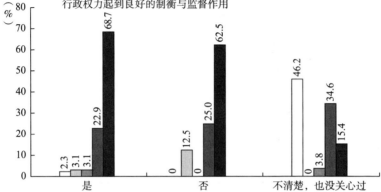

图3-80 对学校是否已经制定实施大学章程三种不同认知情况的部属
院校受访教职员工对学校学术委员会运转情况的评判

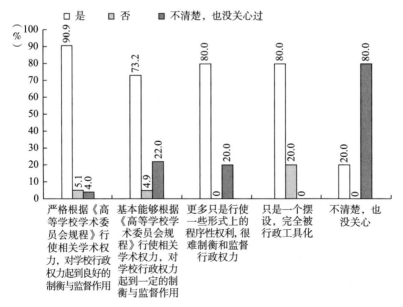

图3-81 对学校学术委员会运转情况评判持不同意见的部属院校受访
教职员工对学校是否已经制定实施大学章程的认知情况

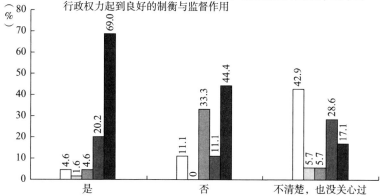

图 3 - 82　对学校是否已经制定实施大学章程三种不同认知情况的 "双一流"
建设高校及地方高水平大学建设立项高校受访教职员工
对学校学术委员会运转情况的评判

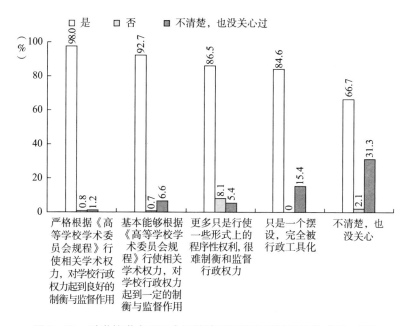

图 3 - 83　对学校学术委员会运转情况评判持不同意见的 "双一流"
建设高校及地方高水平大学建设立项高校受访教职
员工对学校是否已经制定实施大学章程的认知情况

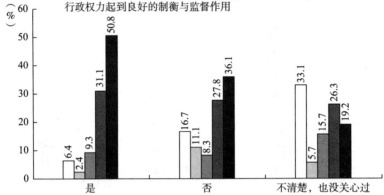

图 3 - 84　对学校是否已经制定实施大学章程三种不同认知情况的其他省属
普通本科院校受访教职员工对学校学术委员会运转情况的评判

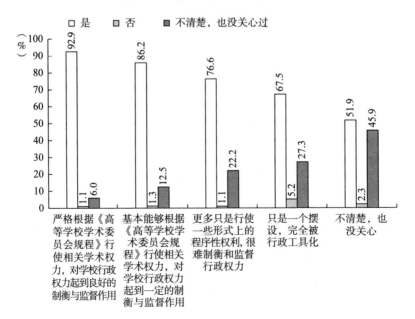

图 3 - 85　对学校学术委员会运转情况评判持不同意见的
其他省属普通本科院校的受访教职员工对学校
是否已经制定实施大学章程的认知情况

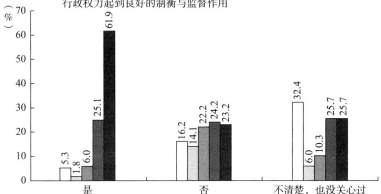

□ 不清楚，也没关心
□ 只是一个摆设，完全被行政工具化
▨ 更多只是行使一些形式上的程序性权利，很难制衡和监督行政权力
▪ 基本能够根据《高等学校学术委员会规程》行使相关学术权力，对学校行政权力起到一定的制衡与监督作用
▪ 严格根据《高等学校学术委员会规程》行使相关学术权力，对学校行政权力起到良好的制衡与监督作用

图3-86 对学校是否已经制定实施大学章程三种不同认知情况的高职高专受访教职员工对学校学术委员会运转情况的评判

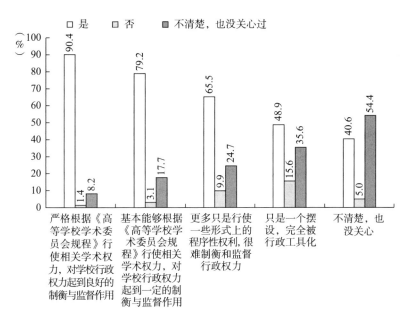

图3-87 对学校学术委员会运转情况评判持不同意见的高职高专受访教职员工对学校是否已经制定实施大学章程的认知情况

不同职务类型受访教职员工对学校是否已经制定实施大学章程的认知情况与对学校学术委员会运转情况的评判普遍显著正相关：一方面，表示明确认知学校已经制定实施大学章程的受访人员，对学校学术委员会运转情况这一问题的回答选择"严格根据《高等学校学术委员会规程》行使相关学术权力，对学校行政权力起到良好的制衡与监督作用"选项的有效百分比均高于另外两个群体，而选择"不清楚，也没关心"选项的有效百分比远远低于另外两个群体（见图3-88、图3-90、图3-92、图3-94、图3-96）；另一方面，各职务类型受访人员针对学校学术委员会运转情况，分别选择"严格根据《高等学校学术委员会规程》行使相关学术权力，对学校行政权力起到良好的制衡与监督作用""基本能够根据《高等学校学术委员会规程》行使相关学术权力，对学校行政权力起到一定的制衡与监督作用""更多只是行使一些形式上的程序性权利，很难制衡和监督行政权力""只是一个摆设，完全被行政工具化""不清楚，也没关心"等选项的五个群体中，表示明确认知学校已经制定实施大学章程的人员占比基本上都是依次降低的（见图3-89、图3-91、图3-93、图3-95、图3-97）。

不同职务类型受访人员对学校学术委员会运转情况的评判，只是在积极肯定性评价上有一定程度的区别。就其中表示明确认知学校已经制定实

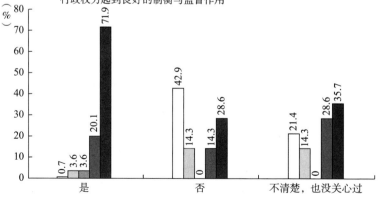

图3-88　对学校是否已经制定实施大学章程三种不同认知情况的
校级领导干部对学校学术委员会运转情况的评判

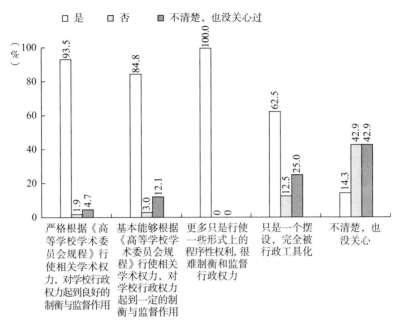

图3-89　对学校学术委员会运转情况评判持不同意见的校级领导
干部对学校是否已经制定实施大学章程的认知情况

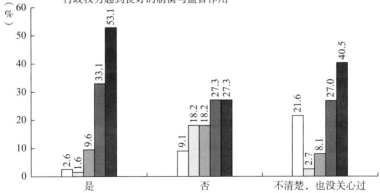

图3-90　对学校是否已经制定实施大学章程三种不同认知情况的
中层管理干部对学校学术委员会运转情况的评判

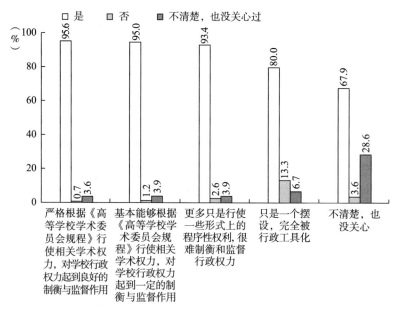

图 3 – 91　对学校学术委员会运转情况评判持不同意见的中层管理干部对学校是否已经制定实施大学章程的认知情况

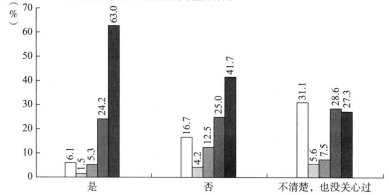

图 3 – 92　对学校是否已经制定实施大学章程三种不同认知情况的其他管理服务人员对学校学术委员会运转情况的评判

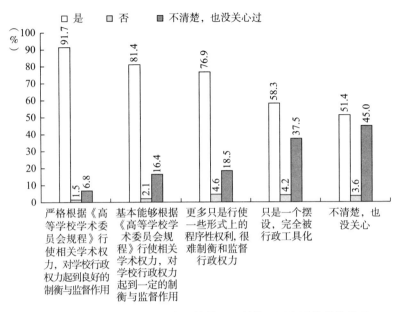

图 3 - 93　对学校学术委员会运转情况评判持不同意见的其他管理服务人员对学校是否已经制定实施大学章程的认知情况

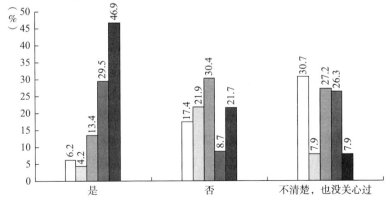

图 3 - 94　对学校是否已经制定实施大学章程三种不同认知情况的高级职称教学科研人员对学校学术委员会运转情况的评判

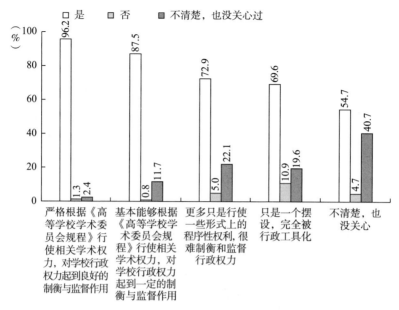

图 3 - 95 对学校学术委员会运转情况评判持不同意见的高级职称教学
科研人员对学校是否已经制定实施大学章程的认知情况

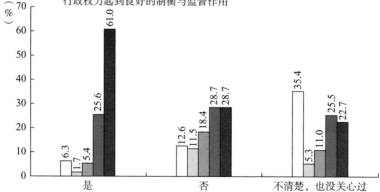

图 3 - 96 对学校是否已经制定实施大学章程三种不同认知情况的中级
职称及以下教学科研人员对学校学术委员会运转情况的评判

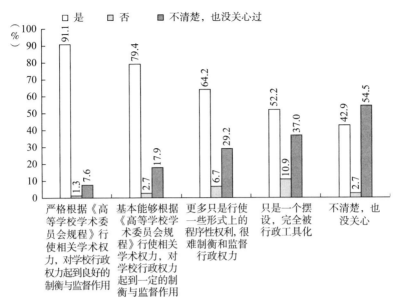

图3-97 对学校学术委员会运转情况评判持不同意见的中级职称及以下教学科研人员对学校是否已经制定实施大学章程的认知情况

施大学章程的受访人员该项评判数据看，同样也可以进一步说明前述全体受访人员该项评判数据所体现的突出特征：对学校学术委员会运转情况肯定程度，从高到低依次是校级领导干部、其他管理服务人员、中级职称及以下教学科研人员、中层管理干部、高级职称教学科研人员。

全体受访教职员工对学校章程实施情况的总体评价，与其对学校学术委员会运转情况的评判存在典型的正相关关系特征：受访教职员工对学校章程实施情况满意度越高，相应地对学校学术委员会运转情况的积极性肯定程度也越高（见图3-98），反之亦然（见图3-99）。一方面，随着对学校章程实施情况满意度的逐步降低，相应地对学校学术委员会运转情况的积极性肯定程度也逐渐降低，与此同时，对这一问题表示"不清楚，也没关心"的人员占比也逐渐升高；另一方面，随着对学校学术委员会运转情况积极性肯定程度的逐渐降低，相应地对学校章程实施情况满意度也逐渐降低（"不清楚，也没关心"选项除外）。

就对学校是否已经制定实施大学章程不同认知情况的三个受访教职员工群体各自对学校章程实施情况的总体评价与其对学校学术委员会运转情况评判之间的相关性而言，三个群体各自满意度及评判的积极性肯定程度

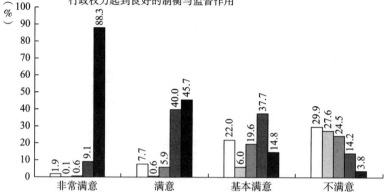

□ 不清楚，也没关心
■ 只是一个摆设，完全被行政工具化
■ 更多只是行使一些形式上的程序性权利，很难制衡和监督行政权力
■ 基本能够根据《高等学校学术委员会规程》行使相关学术权力，对
　学校行政权力起到一定的制衡与监督作用
■ 严格根据《高等学校学术委员会规程》行使相关学术权力，对学校
　行政权力起到良好的制衡与监督作用

图 3 - 98　对学校章程实施情况总体评价持不同意见的受访教职员工
对学校学术委员会运转情况的评判

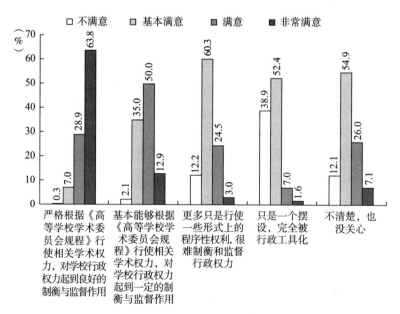

□ 不满意　　■ 基本满意　　■ 满意　　■ 非常满意

图 3 - 99　对学校学术委员会运转情况评判持不同意见的受访教职
员工对学校章程实施情况的总体评价

分布状态（见图 3 - 100 至图 3 - 105）与上述总体情况基本一致。总体上
看，受访教职员工对学校是否已经制定实施大学章程的认知情况、对学校

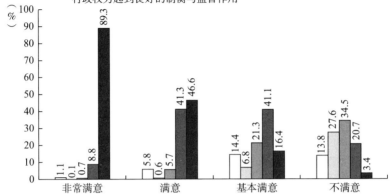

图 3 – 100　对学校是否已经制定实施大学章程表示明确认知并
对学校章程实施情况总体评价持不同意见的受访
教职员工对学校学术委员会运转情况的评判

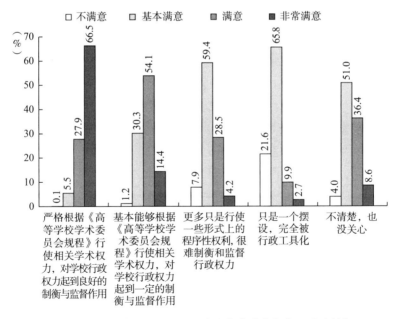

图 3 – 101　对学校是否已经制定实施大学章程表示明确认知
并对学校学术委员会运转情况评判持不同意见的
受访教职员工对学校章程实施情况的总体评价

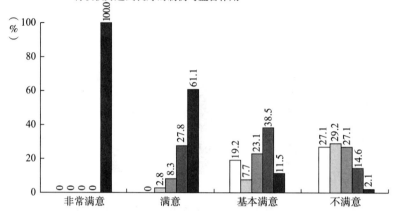

图3-102 对学校是否已经制定实施大学章程表示否定并对学校章程实施情况总体
评价持不同意见的受访教职员工对学校学术委员会运转情况的评判

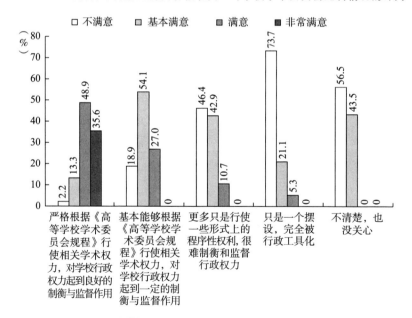

图3-103 对学校是否已经制定实施大学章程表示否定并对
学校学术委员会运转情况评判持不同意见的受访
教职员工对学校章程实施情况的总体评价

176

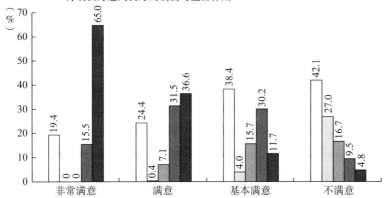

图 3－104　对学校是否已经制定实施大学章程表示"不清楚，也没
关心过"并对学校章程实施情况总体评价持不同意见的
受访教职员工对学校学术委员会运转情况的评判

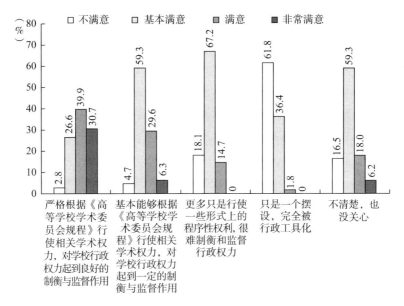

图 3－105　对学校是否已经制定实施大学章程表示"不清楚，也没
关心过"并对学校学术委员会运转情况评判持不同
意见的受访教职员工对学校章程实施情况的总体评价

章程实施情况的总体评价及对学校学术委员会运转情况的评判显著正相关。

总体而言，受访教职员工对学校学术委员会运转情况选择"严格根据《高等学校学术委员会规程》行使相关学术权力，对学校行政权力起到良好的制衡与监督作用"选项的占比过半，选择"基本能够根据《高等学校学术委员会规程》行使相关学术权力，对学校行政权力起到一定的制衡与监督作用"选项的也达到1/4。受访教职员工对学校学术委员会运转情况持充分肯定态度的超过半数，予以基本肯定的也占到1/4。类似于前述对学校学术委员会人员组成情况的评判，不同类型学校受访教职员工对学校学术委员会运转情况认可度从高到低依次是"双一流"建设高校及地方高水平大学建设立项高校、部属院校、高职高专、其他省属普通本科院校。而不同职务类型受访教职员工的满意度也有一定差距，总体上表现为行政管理服务人员的积极性评判高于教学科研人员，高级职称教学科研人员的积极性评判最低。受访教职员工对学校是否已经制定实施大学章程的认知情况、对学校章程实施情况的总体评价，及对学校学术委员会运转情况的评判显著正相关。

我们也必须注意到，全体受访教职员工中，选择"更多只是行使一些形式上的程序性权利，很难制衡和监督行政权力""只是一个摆设，完全被行政工具化"选项的有效百分比分别高达8.0%、2.8%，即一成以上受访教职员工对学校学术委员会运转情况持极度不认可的态度，认为学校学术委员会运转情况根本没有体现学术权力的应有地位和作用；而选择"不清楚，也没关心"的人员占比达到9.9%，即占到全体受访人员的一成。事实上，各个类型院校的各职务类型受访教职员工中，均有一定比例的人员分别选择了"更多只是行使一些形式上的程序性权利，很难制衡和监督行政权力""只是一个摆设，完全被行政工具化""不清楚，也没关心"选项。单从不同职务类型受访人员的评判情况来看，持否定性态度的人员占比也都普遍较高，其中高级职称教学科研人员中超过1/5（"更多只是行使一些形式上的程序性权利，很难制衡和监督行政权力""只是一个摆设，完全被行政工具化"两选项的有效百分比分别为15.5%、5.1%）。对学校学术委员会运转情况表示"不清楚，也没关心"的人员占比同样普遍较高，校级领导干部、中层管理干部、其他管理服务人员、高级职称教学科研人员、中级职称及以下教学科研人员选择该选项的有效百分比分别为4.4%、

3.6%、9.8%、9.5%、11.7%。某些特定群体中这些选项的有效百分比甚至更高，比如，对学校章程实施情况总体评价选择"不满意"选项的人员中，对学校学术委员会运转情况选择"更多只是行使一些形式上的程序性权利，很难制衡和监督行政权力""只是一个摆设，完全被行政工具化""不清楚，也没关心"三个选项的有效百分比分别为24.5%、27.6%、29.9%。其中，明确认知学校已经制定实施大学章程并对学校章程实施情况总体评价选择"不满意"选项的人员中，这三个选项的有效百分比也分别高达34.5%、27.6%、13.8%。如果说其他管理服务人员中有近1/10人员对此不予关心在一定程度上还可以理解，那么1/10左右的教学科研人员以及部分校级领导干部对此也不予关心，这显然是我们不希望看到的。由此进一步说明：各个类型受访高校中，均有可能不同程度地存在学术委员会运转过程中的令人不满意之处；面向广大教职员工进行包括学术委员会职责、地位和作用等在内的有关现代大学制度知识与理论教育与培训，在各类型高校中都是非常有必要的。

另外，我们还需要注意到，对学校学术委员会运转情况选择"更多只是行使一些形式上的程序性权利，很难制衡和监督行政权力""只是一个摆设，完全被行政工具化""不清楚，也没关心"选项的三个群体，对学校章程实施情况总体评价选择"基本满意"选项的有效百分比分别高达60.3%、52.4%、54.9%，选择"不满意"选项的有效百分比分别为12.2%、38.9%、12.1%。其中，明确认知学校已经制定实施大学章程并对学校学术委员会运转情况选择"更多只是行使一些形式上的程序性权利，很难制衡和监督行政权力""只是一个摆设，完全被行政工具化""不清楚，也没关心"选项的受访人员，对学校章程实施情况总体评价选择"基本满意"选项的有效百分比也分别高达59.4%、65.8%、51.0%，选择"不满意"选项的有效百分比分别为7.9%、21.6%、4.0%。这也进一步说明，受访教职员工对学校学术委员会运转情况评判如果持消极甚至负面的态度，他们对学校章程实施情况的总体评价也极有可能持消极乃至负面态度。所以，这同样可以进一步支持前述判断：全面有效施行教育部《高等学校学术委员会规程》等政策法规，既是有效推进章程建设、加强章程实施保障的内在要求，也是全面提升广大教职员工对学校章程实施情况满意度的有效措施。

第四章　民主管理的实施与保障

教师和学生是高等学校的两个重要主体。能否充分激发师生员工的主体性、积极性和创造性，直接关系到能否稳定协调学校各主体间的关系、持续激发学校改革创新活力等问题。民主管理的体制机制是否完善并运转有效，当然也就成为考察大学内部治理体制机制运行状况的核心内容之一。对此，我们分别从教职员工和学生参与学校民主管理的权利保障情况两个方面进行具体评测，其中就教职员工参与学校民主管理的权利保障问题考察只面向教职员工，而本是面向教职员工和学生两方面主体的关于学生参与学校民主管理的权利保障问题的考察，因篇幅所限仅就受访学生相关数据进行统计分析，而其结论与判断实际上也可从受访教职员工相关数据统计与分析中得到进一步支持。

一　教职员工参与学校民主管理权利保障

（一）学校落实《学校教职工代表大会规定》情况

受访教职员工对学校落实《学校教职工代表大会规定》情况的评价总体上满意度较高，其中较高满意度占比接近七成，但也有一成以上受访人员表示"不满意"或者"不清楚，也没关心"（见图4-1）。从不同类型学校受访教职员工的评价情况看，各类型学校中较高满意度从高到低依次是"双一流"建设高校及地方高水平大学建设立项高校、部属院校、高职高专、其他省属普通本科院校；各类型学校受访教职员工均有一定比例的人员选择"不满意"和"不清楚，也没关心"两选项，其中其他省属普通本科院校受访教职员工选择"不满意"选项的有效百分比高达7.3%（见图4-2），

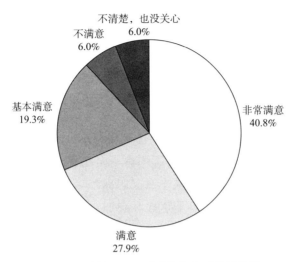

**图 4 - 1　受访教职员工对学校落实《学校教职工
代表大会规定》情况的评价**

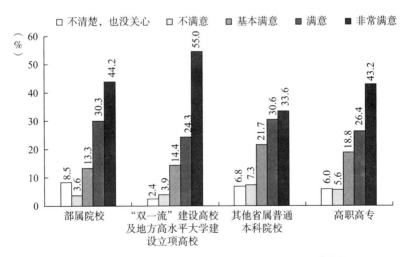

**图 4 - 2　不同类型学校受访教职员工对学校落实《学校
教职工代表大会规定》情况的评价**

除"双一流"建设高校及地方高水平大学建设立项高校外,其余三个类型高校受访人员选择"不满意"及"不清楚,也没关心"两选项的有效百分比之和最低达11.6%。可见,包括部属院校、"双一流"建设高校及地方高水平大学建设立项高校在内的所有受访高校,都不同程度地存在落实《学校教职工代表大会规定》令人不满意的情况。

就不同职务类型受访教职员工对学校落实《学校教职工代表大会规定》情况评价而言,较高满意度从高到低依次是校级领导干部、中层管理干部、其他管理服务人员、中级职称及以下教学科研人员、高级职称教学科研人员。同时,各职务类型受访教职员工均有一定比例人员选择"不满意"和"不清楚,也没关心"两选项,其中高级职称教学科研人员选择"不满意"选项的有效百分比高达11.9%(见图4-3),除中层管理干部外,其余四个职务类型受访人员选择"不满意"及"不清楚,也没关心"两选项的有效百分比之和最低达9.8%(其他管理服务人员),最高达17.7%(高级职称教学科研人员),而校级领导干部选择两选项的有效百分比之和也达10.1%。

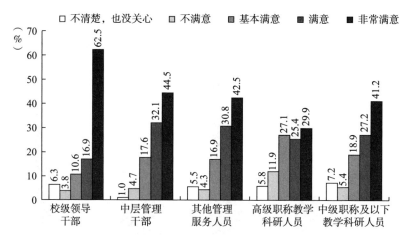

图4-3 不同职务受访教职员工对学校落实《学校教职工代表大会规定》情况的评价

从不同类型学校不同职务受访教职员工的评价情况看,各自满意度分布状态与上述整体统计及其分析结论基本一致,只是在不同类型学校之间存在一定的满意度差距(见图4-4至图4-7)。

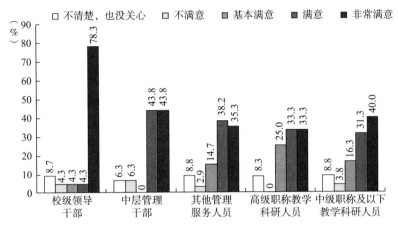

图 4 - 4　部属院校不同职务受访教职员工对学校落实
《学校教职工代表大会规定》情况的评价

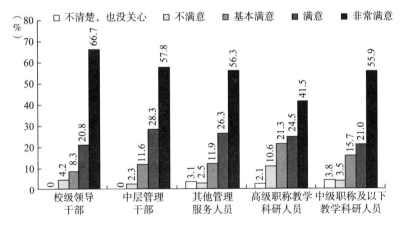

图 4 - 5　"双一流"建设高校及地方高水平大学建设立项
高校不同职务受访教职员工对学校落实
《学校教职工代表大会规定》情况的评价

183

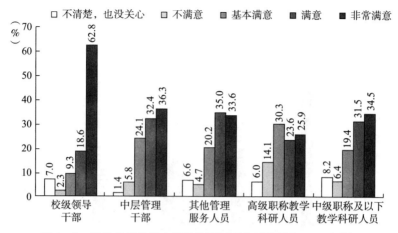

图4－6　其他省属普通本科院校不同职务受访教职员工对学校落实《学校教职工代表大会规定》情况的评价

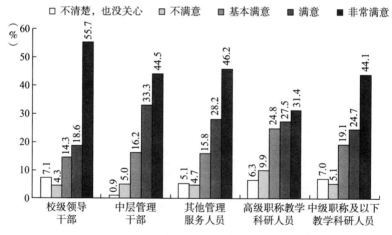

图4－7　高职高专不同职务受访教职员工对学校落实《学校教职工代表大会规定》情况的评价

　　全体受访教职员工对学校是否已经制定实施大学章程的认知情况，与其对学校落实《学校教职工代表大会规定》情况评价显著正相关：一方面，明确认知学校已经制定实施大学章程的受访人员，对学校落实《学校教职工代表大会规定》情况的较高满意度明显高于另外两个群体（见图4－8）；另一方面，对学校落实《学校教职工代表大会规定》情况的评价分别选择"非常满意""满意""基本满意""不满意""不清楚，也没关心"等选项的五个群体中，明确认知学校已经制定实施大学章程的受访人员占比依次降低，其中持较高满意度的人员中明确认知学校已经制定实施大学章程的受访人员占比非常高（见图4-9）。

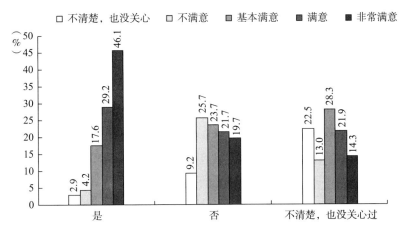

图4-8　对学校是否已经制定实施大学章程三种不同认知情况受访教职员工对学校落实《学校教职工代表大会规定》情况的评价

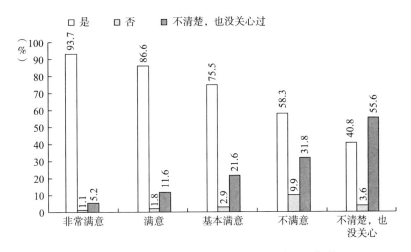

图4-9　对学校落实《学校教职工代表大会规定》情况评价持不同意见的受访教职员工对学校是否已经制定实施大学章程的认知情况

就不同类型学校的受访教职员工而言，除部属院校受访人数偏少导致个别数据偏向极端外，其余数据所反映的百分比结构状态与上述总体统计所反映出的典型特征完全一致：各类型学校受访教职员工对学校是否已经制定实施大学章程的认知情况，均与其对学校落实《学校教职工代表大会规定》情况的评价显著正相关，不同类型学校之间只是存在一定的满意度差距。其中明确认知学校已经制定实施大学章程人员较高满意度从高到低依次是部属院校、"双一流"建设高校及地方高水平大学建设立项高校、高职高专、其他省属普通本科院校，这一顺序与前述不同类型学校受访教职员工满意度整体比较中较高满意度院校排序基本接近（只是第一、二位顺序颠倒，且差距不大）。同时，各类型学校的不同职务受访教职员工均有一定比例人员选择"不满意"和"不清楚，也没关心"两选项（见图 4-10 至图 4-17）。

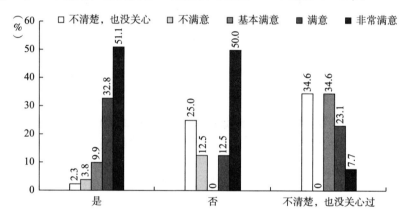

图 4-10　对学校是否已经制定实施大学章程三种不同认知
情况的部属院校受访教职员工对学校落实
《学校教职工代表大会规定》情况的评价

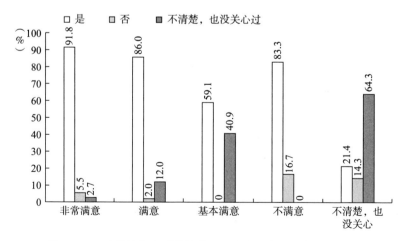

图 4-11　对学校落实《学校教职工代表大会规定》情况评价
持不同意见的部属院校受访教职员工对学校
是否已经制定实施大学章程的认知情况

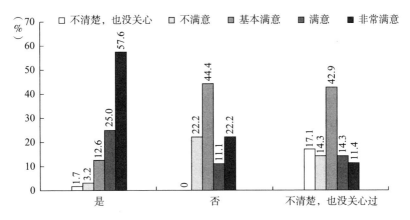

图 4 - 12　对学校是否已经制定实施大学章程三种不同认知情况的"双一流"
建设高校及地方高水平大学建设立项高校受访教职员工
对学校落实《学校教职工代表大会规定》情况的评价

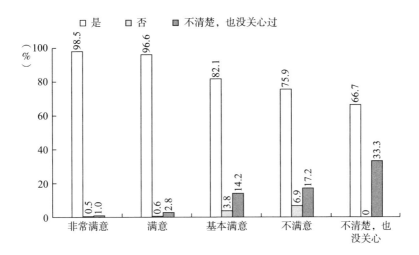

图 4 - 13　对学校落实《学校教职工代表大会规定》情况评价持不同意见的
"双一流"建设高校及地方高水平大学建设立项高校受访
教职员工对学校是否已经制定实施大学章程的认知情况

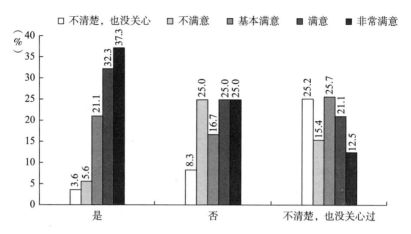

图 4－14　对学校是否已经制定实施大学章程三种不同认知情况的
其他省属普通本科院校受访教职员工对学校落实
《学校教职工代表大会规定》情况的评价

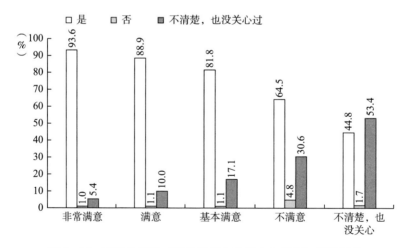

图 4－15　对学校落实《学校教职工代表大会规定》情况评价
持不同意见的其他省属普通本科院校受访教职员工
对学校是否已经制定实施大学章程的认知情况

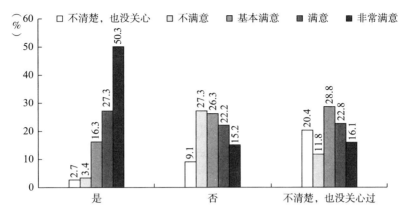

图 4 - 16　对学校是否已经制定实施大学章程三种不同认知情况的高职高专受访教职员工对学校落实《学校教职工代表大会规定》情况的评价

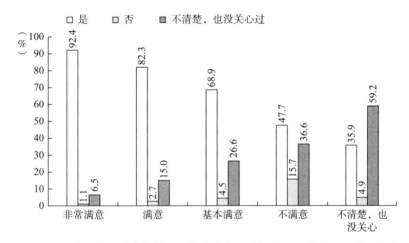

图 4 - 17　对学校落实《学校教职工代表大会规定》情况评价持不同意见的高职高专受访教职员工对学校是否已经制定实施大学章程的认知情况

　　各职务类型受访教职员工对学校是否已经制定实施大学章程的认知情况与其对学校落实《学校教职工代表大会规定》情况评价同样普遍显著正相关：明确认知学校已经制定实施大学章程的受访人员，对学校落实《学校教职工代表大会规定》情况的较高满意度均显著高于另外两类人员，不同职务受访人员之间只是存在一定的满意度差距（见图 4 - 18 至图 4 - 27）。以明确认知学校已经制定实施大学章程人员的评价数据进行比较，基本可以支持通过上述总体分析所得出的结论：较高满意度从高到低依次是校级领导干部、其他管理服务人员、中层管理干部、中级职称及以下教学科研人员、高级职称教学科研人员（不同的只是中层管理干部和其他管理服务人员顺序颠倒，且差距不大）。一方面，各职务类型受访教职员工对学校是否已经制定实施大学章程不同认知情况的三个群体，均有一定比例的人员选择"不满意"以及"不清楚，也没关心"两选项。另一方面，每个职务类型受访人员对学校落实《学校教职工代表大会规定》情况评价分别选择"非常满意""满意""基本满意""不满意""不清楚，也没关心"等选项的五个群体中，明确认知学校已经制定实施大学章程的人员占比基本上都是依次降低但普遍较高（校级领导干部受访人数偏少导致其中个别数据有些例外）。

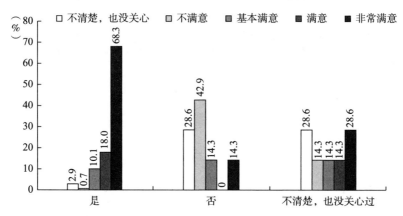

图4－18　对学校是否已经制定实施大学章程三种不同认知情况的校级领导干部对学校落实《学校教职工代表大会规定》情况的评价

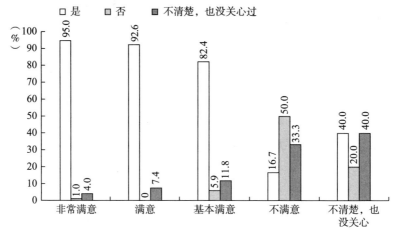

图4－19　对学校落实《学校教职工代表大会规定》情况评价持不同意见的校级领导干部对学校是否已经制定实施大学章程的认知情况

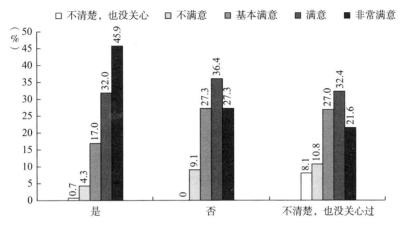

图 4 - 20　对学校是否已经制定实施大学章程三种不同认知情况的中层管理
干部对学校落实《学校教职工代表大会规定》情况的评价

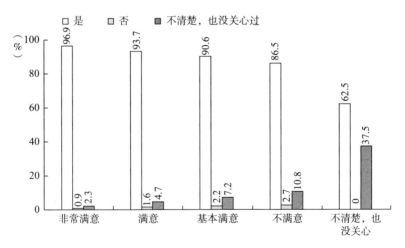

图 4 - 21　对学校落实《学校教职工代表大会规定》情况
评价持不同意见的中层管理干部对学校是否
已经制定实施大学章程的认知情况

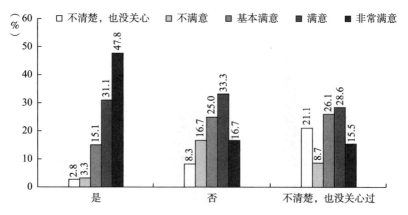

图 4 - 22　对学校是否已经制定实施大学章程三种不同
认知情况的其他管理服务人员对学校落实
《学校教职工代表大会规定》情况的评价

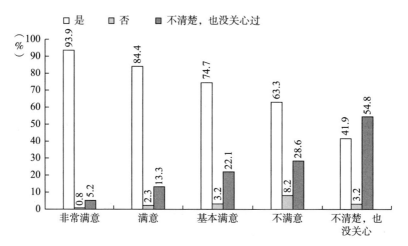

图 4 - 23　对学校落实《学校教职工代表大会规定》情况
评价持不同意见的其他管理服务人员对学校
是否已经制定实施大学章程的认知情况

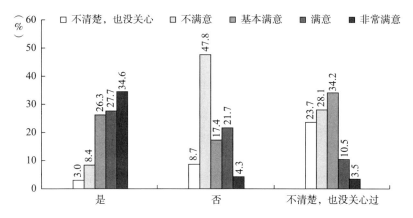

图 4 - 24 对学校是否已经制定实施大学章程三种不同认知
情况的高级职称教学科研人员对学校落实
《学校教职工代表大会规定》情况的评价

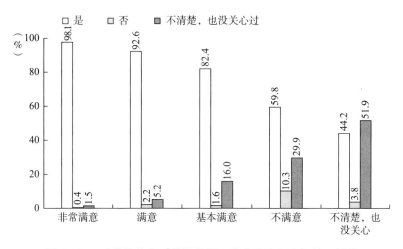

图 4 - 25 对学校落实《学校教职工代表大会规定》情况评价
持不同意见的高级职称教学科研人员对学校
是否已经制定实施大学章程的认知情况

193

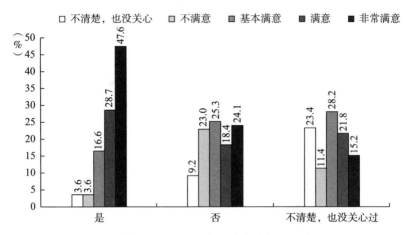

图 4 - 26 对学校是否已经制定实施大学章程三种不同认知
情况的中级职称及以下教学科研人员对学校落实
《学校教职工代表大会规定》情况的评价

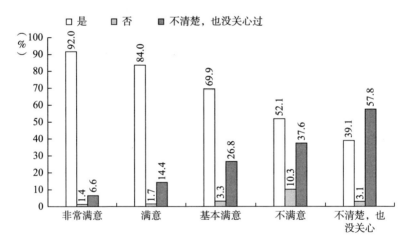

图 4 - 27 对学校落实《学校教职工代表大会规定》情况评价
持不同意见的中级职称及以下教学科研人员对
学校是否已经制定实施大学章程的认知情况

　　全体受访教职员工对学校章程实施情况的总体评价，与其对学校落实《学校教职工代表大会规定》情况的评价显著正相关：对学校章程实施情况的满意度越高，对学校落实《学校教职工代表大会规定》情况的满意度相应也越高（见图 4 - 28），反之亦然（见图 4 - 29）。一方面，对学校章程

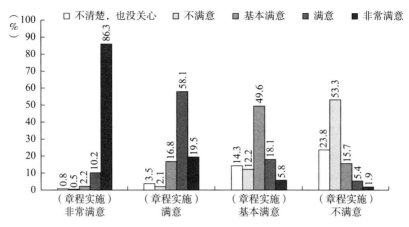

图4-28　对学校章程实施情况总体评价持不同意见的受访教职员工
对学校落实《学校教职工代表大会规定》情况的评价

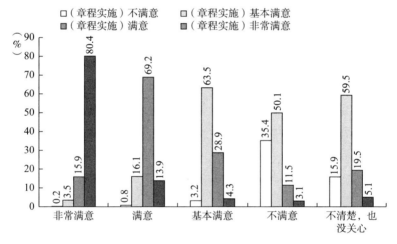

图4-29　对学校落实《学校教职工代表大会规定》情况评价持不同
意见的受访教职员工对学校章程实施情况的总体评价

实施情况总体评价分别选择"非常满意""满意""基本满意""不满意"
等选项的四个群体中，对学校落实《学校教职工代表大会规定》情况的较
高满意度依次降低，其"不满意"以及"不清楚，也没关心"两选项的有
效百分比依次升高；另一方面，对学校落实《学校教职工代表大会规定》
情况评价分别选择"非常满意""满意""基本满意""不满意""不清楚，

也没关心"等选项的五个群体中，前四个群体中对学校章程实施情况总体评价的"非常满意""满意"两个选项的有效百分比之和依次降低，同时其"不满意"选项的有效百分比依次上升。虽然对学校落实《学校教职工代表大会规定》情况评价选择"不清楚，也没关心"选项的这一群体对学校章程实施情况的较高满意度并非最低，但也仅仅高于选择"不满意"选项的这一群体，同时其对学校章程实施情况总体评价的"不满意"选项的有效百分比也仅仅低于对学校落实《学校教职工代表大会规定》情况评价选择"不满意"选项这一群体。

对学校是否已经制定实施大学章程不同认知情况的三个受访人员群体，各自两个方面的满意度分布状态与上述总体统计的特点完全一致，其中明确认知学校已经制定实施大学章程的受访人员，两个方面表示"非常满意"的较高满意度均高于其他两个群体。总体上，受访教职员工对学校是否已经制定实施大学章程的认知情况与对学校章程实施情况的总体评价及对学校落实《学校教职工代表大会规定》情况的评价显著正相关（见图4-30至图4-35）。

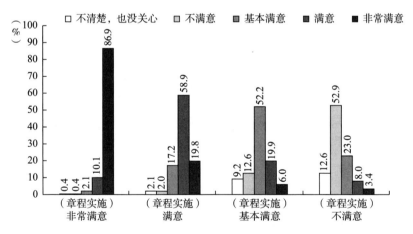

图4-30　对学校是否已经制定实施大学章程表示明确认知并对学校
章程实施情况总体评价持不同意见的受访教职员工对
学校落实《学校教职工代表大会规定》情况的评价

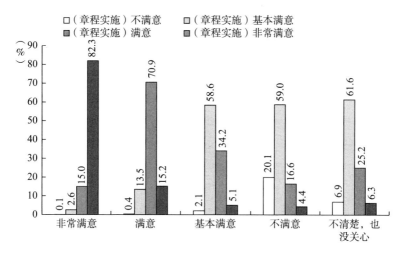

图 4 - 31　对学校是否已经制定实施大学章程表示明确认知并对学校
落实《学校教职工代表大会规定》情况评价持不同意见
的受访教职员工对学校章程实施情况的总体评价

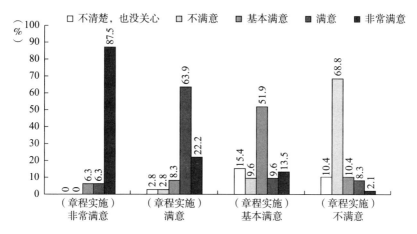

图 4 - 32　对学校是否已经制定实施大学章程表示否定并对学校
章程实施情况总体评价持不同意见的受访教职员工对
学校落实《学校教职工代表大会规定》情况的评价

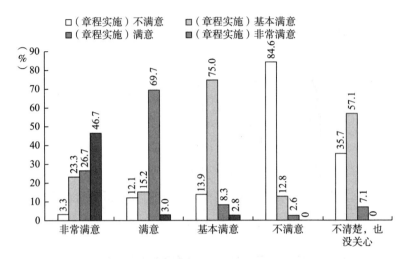

图 4-33 对学校是否已经制定实施大学章程表示否定并对学校
落实《学校教职工代表大会规定》情况评价持不同
意见的受访教职员工对学校章程实施情况的总体评价

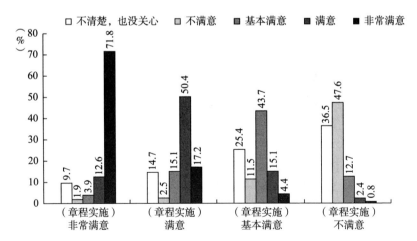

图 4-34 对学校是否已经制定实施大学章程表示"不清楚，也没关心过"
并对学校章程实施情况总体评价持不同意见的受访教职员工
对学校落实《学校教职工代表大会规定》情况的评价

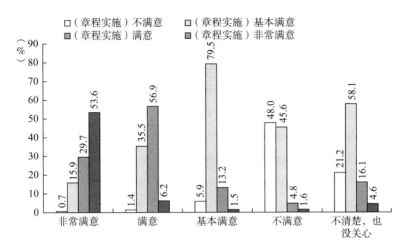

图4-35　对学校是否已经制定实施大学章程表示"不清楚，也没关心过"
并对学校落实《学校教职工代表大会规定》情况评价持不同
意见的受访教职员工对学校章程实施情况的总体评价

总体而言，受访教职员工对学校落实《学校教职工代表大会规定》情况总体上满意度较高，其中持较高满意度的人员接近七成。不同类型学校中较高满意度从高到低依次是"双一流"建设高校及地方高水平大学建设立项高校、部属院校、高职高专、其他省属普通本科院校。行政管理服务人员满意度高于教学科研人员，行政管理服务人员职务级别越高其满意度也相对越高，高级职称教学科研人员的满意度最低。受访教职员工对学校是否已经制定实施大学章程的认知情况、对学校章程实施情况的总体评价及对学校落实《学校教职工代表大会规定》情况的评价显著正相关。

我们也必须注意到，有一定比例的受访人员对学校落实《学校教职工代表大会规定》情况表示"不满意"或者"不清楚，也没关心"，而且这一现象存在于各个类型院校的各类职务受访人员之中。校级领导干部、中层管理干部、其他管理服务人员、高级职称教学科研人员、中级职称及以下教学科研人员选择"不满意""不清楚，也没关心"两选项的有效百分比各自分别为3.8%、6.3%，4.7%、1.0%，4.3%、5.5%，11.9%、5.8%，5.4%、7.2%。一方面，某些特定群体中，表示"不满意"或者"不清楚，也没关心"的人员占比非常高。比如，对学校是否已经制定实施大学章程表示"不清楚，也没关心过"的人员中，对学校落实《学校教职工代表大会规定》情况表示"不满意""不清楚，也没关心"的有效百分比分别为

13.0%、22.5%。另一方面，特别是某些对学校落实《学校教职工代表大会规定》情况评价持消极甚至负面态度的受访人员中，对学校章程实施情况总体评价持消极或者负面态度的人员占比也比较高。比如，对学校落实《学校教职工代表大会规定》情况评价选择"基本满意""不满意""不清楚，也没关心"等选项的三个受访人员群体，对学校章程实施情况总体评价选择"基本满意"选项的有效百分比分别高达63.5%、50.1%、59.5%，选择"不满意"选项的有效百分比分别为3.2%、35.4%、15.9%。其中，明确认知学校已经制定实施大学章程并对学校落实《学校教职工代表大会规定》情况评价选择"基本满意""不满意""不清楚，也没关心"选项的受访人员，对学校章程实施情况总体评价选择"基本满意"选项的有效百分比也分别高达58.6%、59.0%、61.6%，选择"不满意"选项的有效百分比分别为2.1%、20.1%、6.9%。

可见，各个受访高校在有效落实《学校教职工代表大会规定》等工作方面还存在不同程度的不足，由此也影响到各个职务类型教职员工中部分人员的满意度，进而也影响到他们对学校章程实施等工作的评价。同时，各类型高校不同职务类型受访教职员工中，均有一定比例的人员对学校落实《学校教职工代表大会规定》等工作表示"不清楚，也没关心"，较高比例的人员对关系自身民主权利的制度与工作持漠然态度，这既是学校相关工作不到位的表现，也是部分教职员工相关知识与素养欠缺的表现。无论是高校对《学校教职工代表大会规定》等制度规定的严格规范施行，还是面向全体教职员工进行的关于《学校教职工代表大会规定》等民主管理方面的知识与理论的教育与培训，都需要进一步加强。这既是学校加强民主管理的具体要求，也是学校推进章程建设、保障章程落实的具体任务和基本目标。

（二）学校教职工代表大会运作情况

就全体受访教职员工对学校教职工代表大会运作情况的评判来看，只有近六成的受访人员认为学校教职工代表大会制度能够得到规范施行，而大约三成的受访人员认为学校教职工代表大会制度实际上已经流于形式，还有不到一成的受访人员认为学校教职工代表大会并未实际开展工作（见图4-36）。

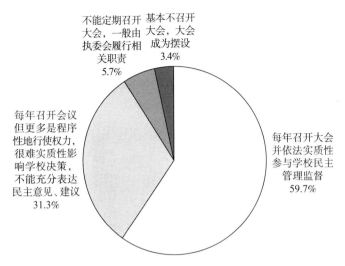

图 4 - 36　受访教职员工对学校教职工
代表大会运作情况的评判

从不同类型学校受访教职员工所选四个选项的有效百分比情况看，选择"每年召开大会并依法实质性参与学校民主管理监督"选项的有效百分比从高到低依次是"双一流"建设高校及地方高水平大学建设立项高校、部属院校、高职高专、其他省属普通本科院校；选择"每年召开会议但更多是程序性地行使权力，很难实质性影响学校决策，不能充分表达民主意见、建议"选项的有效百分比从低到高依次是"双一流"建设高校及地方高水平大学建设立项高校、高职高专、部属院校、其他省属普通本科院校；选择"不能定期召开大会，一般由执委会履行相关职责"选项的有效百分比从低到高依次是"双一流"建设高校及地方高水平大学建设立项高校、其他省属普通本科院校、部属院校、高职高专；选择"基本不召开大会，大会成为摆设"选项的有效百分比从低到高依次是"双一流"建设高校及地方高水平大学建设立项高校、部属院校、其他省属普通本科院校、高职高专。可见，学校教职工代表大会在规范运作并充分发挥自身参与学校民主监督和管理职能方面做得比较好的是"双一流"建设高校及地方高水平大学建设立项高校，其次是部属院校和高职高专，而其他省属普通本科院校在此方面的被认可度最低，但"双一流"建设高校及地方高水平大学建设立项高校也只得到69.7%的受访教职员工的认可（见图 4 - 37）。

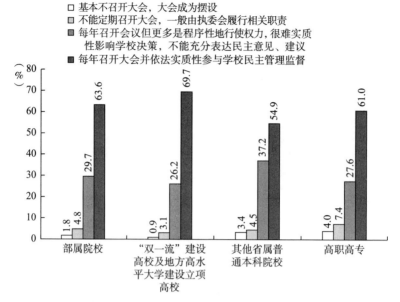

图 4-37　不同类型学校受访教职员工对学校
教职工代表大会运作情况的评判

　　不同职务教职员工对学校教职工代表大会运作情况的认可度有不同程度差距，总体上表现为行政管理服务人员的认可度高于教学科研人员，而高级职称教学科研人员的认可度最低（47.6%）。另外，各职务类型受访人员的认可度普遍不高（校级领导干部最高，也仅为70.6%，高级职称教学科研人员甚至低至47.6%），而且其他三个选项都有不同比例的各职务类型人员进行选择（见图4-38），这表明每个职务类型受访人员对学校教职工代表大会运作情况均有不同程度的不满意之处。

　　各类院校的不同职务类型受访人员中选择"每年召开大会并依法实质性参与学校民主管理监督"选项的有效百分比分布状态与上述总体统计情况基本一致，不同类型学校之间的区别只是在于其有效百分比数值有一定的差距，而这也同样进一步支持了上述不同类型学校之间通过整体比较所得出的结论：总体上从高到低依次是"双一流"建设高校及地方高水平大学建设立项高校、部属院校、高职高专、其他省属普通本科院校（见图4-39至图4-42）。

202

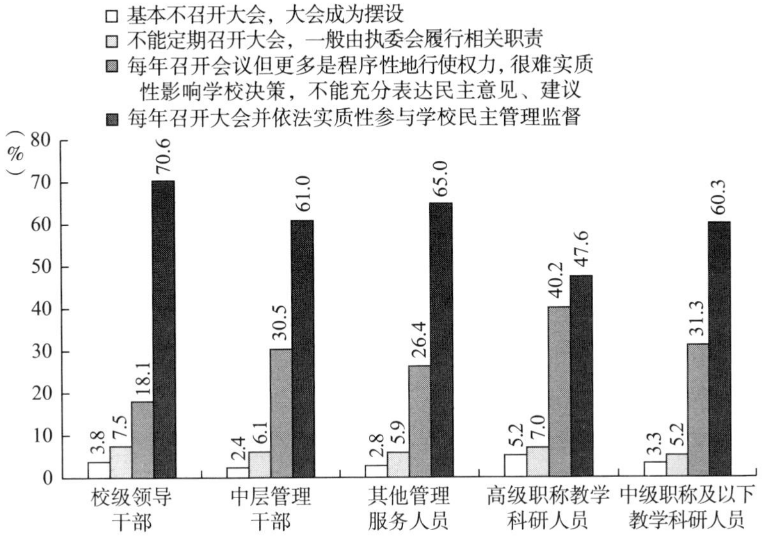

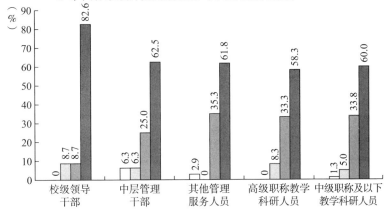

□ 基本不召开大会，大会成为摆设
□ 不能定期召开大会，一般由执委会履行相关职责
■ 每年召开会议但更多是程序性地行使权力，很难实质性影响学校决策，不能充分表达民主意见、建议
■ 每年召开大会并依法实质性参与学校民主管理监督
（%）
80
70
60
50
40
30
20
10
0
3.8
7.5
18.1
70.6
2.4
6.1
30.5
61.0
2.8
5.9
26.4
65.0
5.2
7.0
40.2
47.6
3.3
5.2
31.3
60.3
校级领导干部
中层管理干部
其他管理服务人员
高级职称教学科研人员
中级职称及以下教学科研人员

图 4 - 38　不同职务受访教职员工对学校教职工代表大会运作情况的评判

□ 基本不召开大会，大会成为摆设
□ 不能定期召开大会，一般由执委会履行相关职责
■ 每年召开会议但更多是程序性地行使权力，很难实质性影响学校决策，不能充分表达民主意见、建议
■ 每年召开大会并依法实质性参与学校民主管理监督
（%）
90
80
70
60
50
40
30
20
10
0
0
8.7
8.7
82.6
6.3
6.3
25.0
62.5
2.9
0
35.3
61.8
0
8.3
33.3
58.3
1.3
5.0
33.8
60.0
校级领导干部
中层管理干部
其他管理服务人员
高级职称教学科研人员
中级职称及以下教学科研人员

图 4 - 39　部属院校不同职务受访教职员工对学校教职工代表大会运作情况的评判

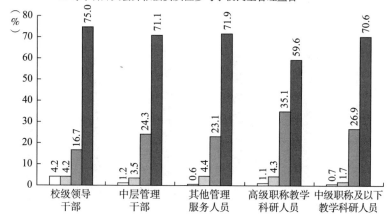

图 4 - 40 "双一流"建设高校及地方高水平大学建设立项高校不同
职务受访教职员工对学校教职工代表大会运作情况的评判

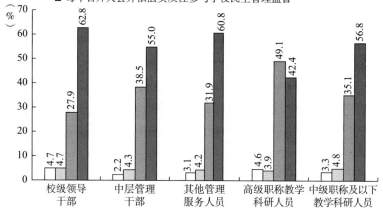

图 4 - 41 其他省属普通本科院校不同职务受访教职员工
对学校教职工代表大会运作情况的评判

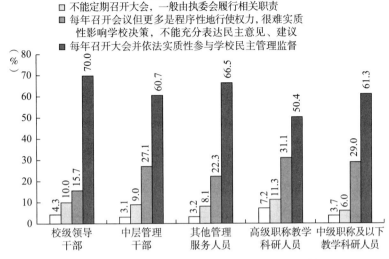

图 4 - 42 高职高专不同职务受访教职员工对学校教职工代表大会运作情况的评判

全体受访教职员工对学校是否已经制定实施大学章程的认知情况，与其对学校教职工代表大会运作情况的评判显著正相关：明确认知学校已经制定实施大学章程的受访人员，对学校教职工代表大会运作情况的认可度高于另外两个群体（见图 4 - 43）；受访人员对学校教职工代表大会运作情况的认可度越高，其中明确认知学校已经制定实施大学章程的人员占比相应也越高（见图 4 - 44）。相关统计数据表明，有两点值得注意：一是明确认知学校已经制定实施大学章程的受访人员，对学校教职工代表大会运作情况满意度也并不高；二是对学校教职工代表大会运作情况做消极性评判的受访人员中，表示"不清楚，也没关心过"学校是否已经制定实施大学章程的人员占比较高。

就各类型高校受访教职员工对学校是否已经制定实施大学章程的认知情况与其对学校教职工代表大会运作情况评判之间的相关性而言，交叉统计数据（见图 4 - 45 至图 4 - 52）可以进一步支持基于总体统计数据所得出的结论。不同类型学校之间的区别也同样只是突出表现为在"每年召开大会并依法实质性参与学校民主管理监督"选项上有效百分比数值的不同，从高到低的院校顺序同样与前述院校整体比较所得结论一致。

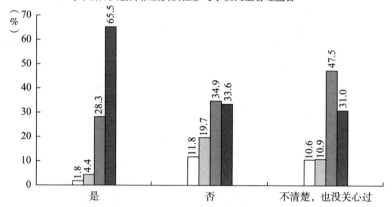

图 4 - 43 对学校是否已经制定实施大学章程三种不同认知情况的
受访教职员工对学校教职工代表大会运作情况的评判

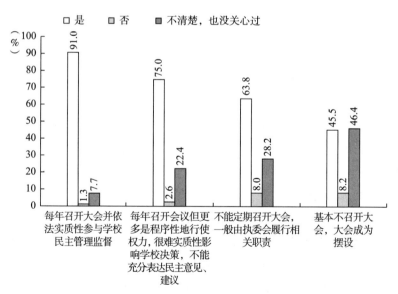

图 4 - 44 对学校教职工代表大会运作情况评判持不同意见的受访教职
员工对学校是否已经制定实施大学章程的认知情况

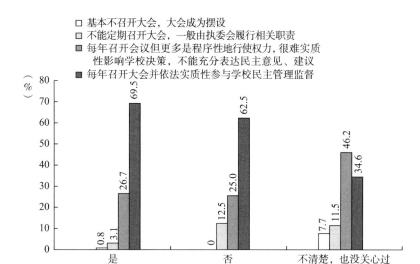

图 4 - 45　对学校是否已经制定实施大学章程三种不同认知情况的部属
院校受访教职员工对学校教职工代表大会运作情况的评判

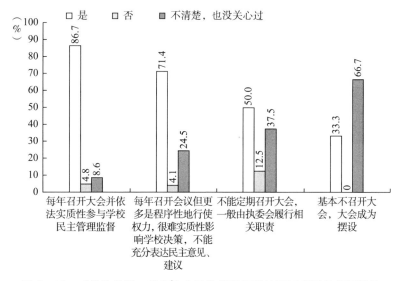

图 4 - 46　对学校教职工代表大会运作情况评判持不同意见的部属院校
受访教职员工对学校是否已经制定实施大学章程的认知情况

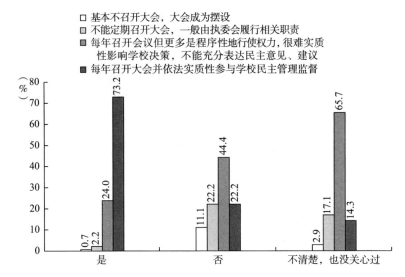

图 4－47 对学校是否已经制定实施大学章程三种不同认知情况的
"双一流"建设高校及地方高水平大学建设立项高校
受访教职员工对学校教职工代表大会运作情况的评判

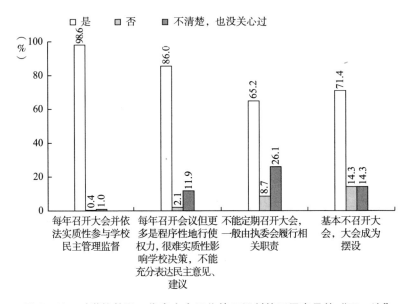

图 4－48 对学校教职工代表大会运作情况评判持不同意见的"双一流"
建设高校及地方高水平大学建设立项高校受访教职员工
对学校是否已经制定实施大学章程的认知情况

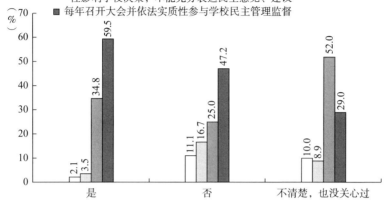

图 4－49　对学校是否已经制定实施大学章程三种不同认知
情况的其他省属普通本科院校受访教职员工
对学校教职工代表大会运作情况的评判

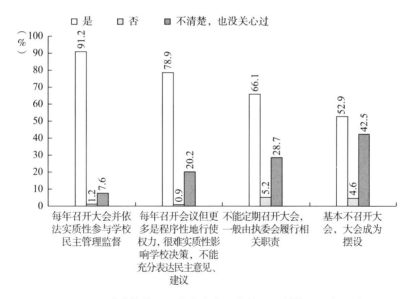

图 4－50　对学校教职工代表大会运作情况评判持不同意见的
其他省属普通本科院校受访教职员工对学校是否
已经制定实施大学章程的认知情况

209

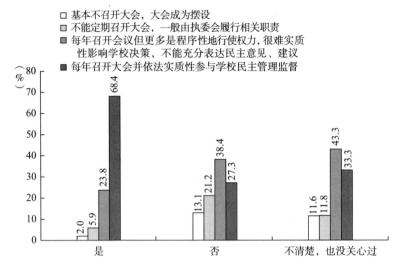

图 4 - 51　对学校是否已经制定实施大学章程三种不同认知情况的高职
高专受访教职员工对学校教职工代表大会运作情况的评判

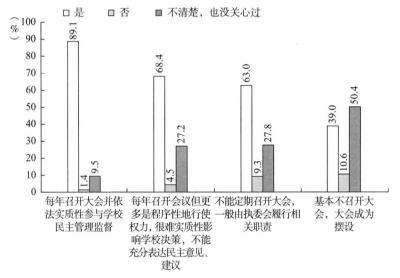

图 4 - 52　对学校教职工代表大会运作情况评判持不同意见的高职高专
受访教职员工对学校是否已经制定实施大学章程的认知情况

　　各职务类型的受访教职员工对学校是否已经制定实施大学章程的认知情况，与其对学校教职工代表大会运作情况的评判同样显著正相关（见图4 - 53至图4 - 62）。一方面，明确认知学校已经制定实施大学章程的受访人员选择"每年召开大会并依法实质性参与学校民主管理监督"选项的有效百分比显著高于另外两个群体，而且选择"不能定期召开大会，一般由执委会履行相关职责""基本不召开大会，大会成为摆设"两选项的有效百分比均为最低。另一方面，对学校教职工代表大会运作情况分别选择"每年召开大会并依法实质性参与学校民主管理监督""每年召开会议但更多是程序性地行使权力，很难实质性影响学校决策，不能充分表达民主意见、建议""不能定期召开大会，一般由执委会履行相关职责""基本不召开大会，大会成为摆设"等选项的四个群体中，表示明确认知学校已经制定实施大学章程的人员占比大多比较高，而且选择"每年召开大会并依法实质性参与学校民主管理监督"选项的占比最高。所以分别考察各职务类型受访人员"学校是否已经制定实施大学章程 * 学校教职工代表大会运作情况"的交叉统计数据，也可进一步说明基于上述总体统计数据所得出的结论。不同职务类型人员之间的区别也同样只是突出表现为对学校是否已经制定实施大学章程表示明确认知的受访人员选择"每年召开大会并依法实质性参与学校民主管理监督"选项的有效百分比的不同，从高到低的职务类型顺序同样与前述整体比较所得出的结论基本一致（只是中层管理人员与中级职称及以下教学科研人员顺序颠倒）。

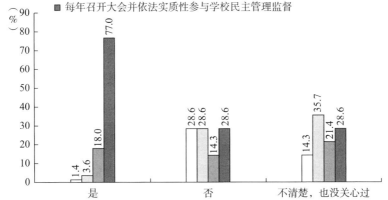

图 4-53 对学校是否已经制定实施大学章程三种不同认知情况的
校级领导干部对学校教职工代表大会运作情况的评判

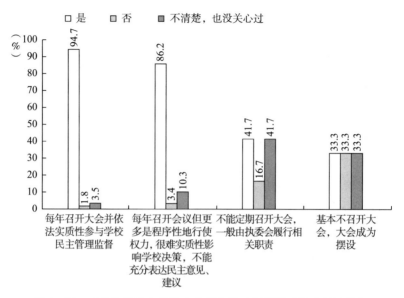

图 4 – 54　对学校教职工代表大会运作情况评判持不同意见的校级领导干部对学校是否已经制定实施大学章程的认知情况

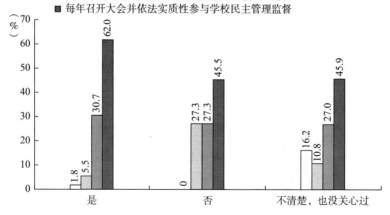

图 4 – 55　对学校是否已经制定实施大学章程三种不同认知情况的中层管理干部对学校教职工代表大会运作情况的评判

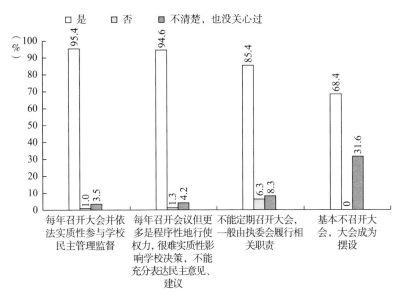

图 4 − 56 对学校教职工代表大会运作情况评判持不同意见的中层
管理干部对学校是否已经制定实施大学章程的认知情况

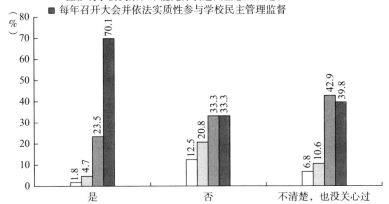

图 4 −57 对学校是否已经制定实施大学章程三种不同认知情况的其他
管理服务人员对学校教职工代表大会运作情况的评判

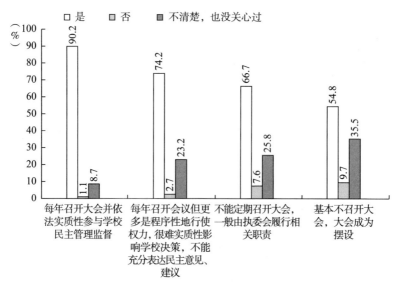

图4－58　对学校教职工代表大会运作情况评判持不同意见的其他管理
服务人员对学校是否已经制定实施大学章程的认知情况

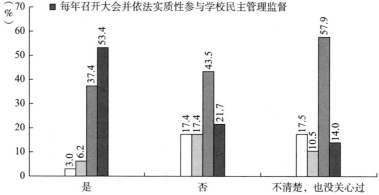

图4－59　对学校是否已经制定实施大学章程三种不同认知情况的高级
职称教学科研人员对学校教职工代表大会运作情况的评判

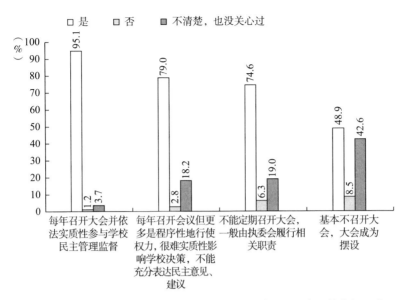

图 4 - 60　对学校教职工代表大会运作情况评判持不同意见的高级职称

教学科研人员对学校是否已经制定实施大学章程的认知情况

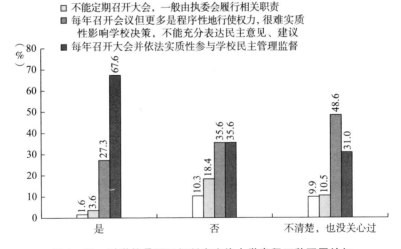

图 4 - 61　对学校是否已经制定实施大学章程三种不同认知

情况的中级职称及以下教学科研人员对学校

教职工代表大会运作情况的评判

215

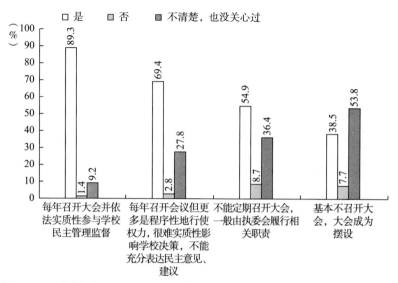

图 4 – 62　对学校教职工代表大会运作情况评判持不同意见的中级职称及以下教学科研人员对学校是否已经制定实施大学章程的认知情况

全体受访教职员工对学校章程实施情况总体评价，与其对学校教职工代表大会运作情况评判显著正相关：对学校章程实施情况满意度越高，对学校教职工代表大会运作情况认可度相应也越高（见图 4 – 63），反之亦然（见图 4 – 64）。对学校章程实施情况总体评价分别选择"非常满意""满意""基本满意""不满意"的四个群体中，对学校教职工代表大会运作情况选择"每年召开大会并依法实质性参与学校民主管理监督"选项的有效百分比依次降低，另外三个选项的有效百分比除个别数值外，均呈升高趋势。对学校教职工代表大会运作情况评判分别选择"每年召开大会并依法实质性参与学校民主管理监督""每年召开会议但更多是程序性地行使权力，很难实质性影响学校决策，不能充分表达民主意见、建议""不能定期召开大会，一般由执委会履行相关职责""基本不召开大会，大会成为摆设"等选项的四个群体，对学校章程实施情况的较高满意度依次下降。

进而从对学校是否已经制定实施大学章程不同认知情况的三个群体情况看，基本上都能体现通过上述整体分析所得出的结论，区别只是在于在明确认知学校已经制定实施大学章程的受访人员的两方面数据中，选择"每年召开大会并依法实质性参与学校民主管理监督"选项的有效百分比以及对学校章程实施选择"非常满意"选项的有效百分比都相对较高，因而进一步说明受访人员对学校是否已经制定实施大学章程的认知情况，与其对学校章程实施情况总体评价、对学校教职工代表大会运作情况评判正相关。总体上，受访教职员工对学校是否已经制定实施大学章程认知情况、对学校章程实施情况总体评价及对学校教职工代表大会运作情况评判显著正相关（见图4－65至图4－70）。

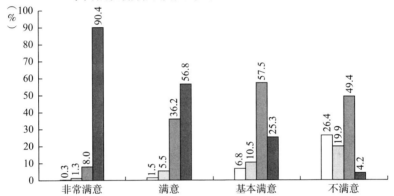

图4－63 对学校章程实施情况总体评价持不同意见的受访
教职员工对学校教职工代表大会运作情况的评判

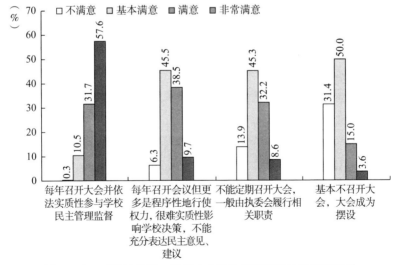

图4－64 对学校教职工代表大会运作情况评判持不同意见的
受访教职员工对学校章程实施情况的总体评价

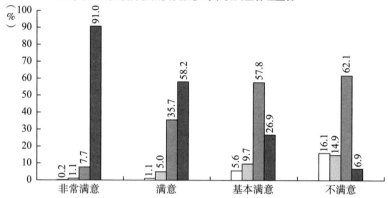

图 4-65 对学校是否已经制定实施大学章程表示明确认知并对
学校章程实施情况总体评价持不同意见的受访教职
员工对学校教职工代表大会运作情况的评判

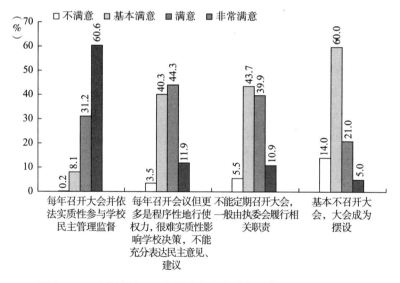

图 4-66 对学校是否已经制定实施大学章程表示明确认知并对
学校教职工代表大会运作情况评判持不同意见的受访
教职员工对学校章程实施情况的总体评价

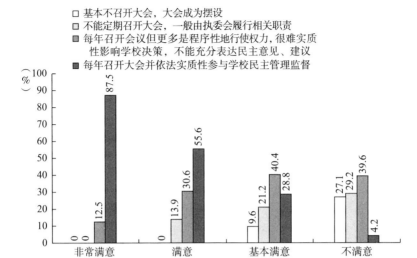

图 4 - 67 对学校是否已经制定实施大学章程表示否定并对学校
章程实施情况总体评价持不同意见的受访教职员工
对学校教职工代表大会运作情况的评判

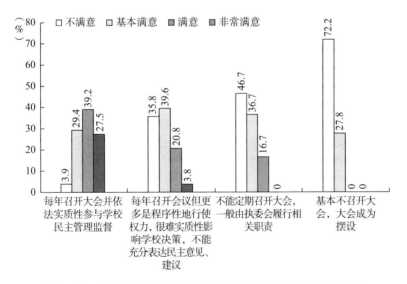

图 4 - 68 对学校是否已经制定实施大学章程表示否定并对学校
教职工代表大会运作情况评判持不同意见的受访教职
员工对学校章程实施情况的总体评价

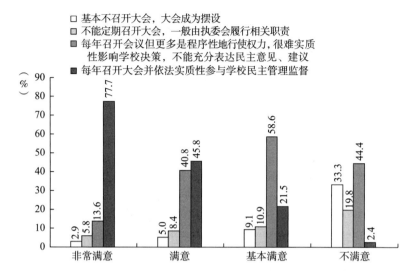

图 4 – 69 对学校是否已经制定实施大学章程表示"不清楚，也没关心过"并对学校章程实施情况总体评价持不同意见的受访教职员工对学校教职工代表大会运作情况的评判

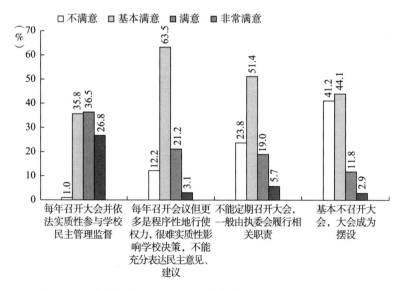

图 4 – 70 对学校是否已经制定实施大学章程表示"不清楚，也没关心过"并对学校教职工代表大会运作情况评判持不同意见的受访教职员工对学校章程实施情况的总体评价

　　总体而言，大约有六成受访教职员工认为学校教职工代表大会制度能够得到规范施行，同时也有大约三成受访人员认为学校教职工代表大会制度实际上已经流于形式，还有不到一成受访人员认为学校教职工代表大会并未实际开展工作。"双一流"建设高校及地方高水平大学建设立项高校受访教职员工的认可度相对最高（但也只得到其69.7%的受访教职员工的认可），其次是部属院校和高职高专，而其他省属普通本科院校在此方面的认可度最低。各职务类型受访人员的认可度普遍不算太高（校级领导干部最高，为70.6%），行政管理服务人员的认可度高于教学科研人员，高级职称教学科研人员的认可度最低（47.6%）。各职务类型的受访教职员工中，均有一定比例的人员就学校教职工代表大会运作情况分别选择"每年召开会议但更多是程序性地行使权力，很难实质性影响学校决策，不能充分表达民主意见、建议""不能定期召开大会，一般由执委会履行相关职责""基本不召开大会，大会成为摆设"这三个选项。可见，各类型学校特别是其他省属普通本科院校的教职工代表大会在规范运作并充分发挥参与学校民主管理和监督等职能方面还需要进一步加强和改进。

　　受访教职员工对学校是否已经制定实施大学章程的认知情况、对学校章程实施情况的总体评价、对学校教职工代表大会运作情况的评判显著正相关。明确认知学校已经制定实施大学章程的受访人员中，有34.5%的教职员工对学校教职工代表大会运作情况不予认可，而其他两个群体这一比例基本上都还要多一倍左右。对学校章程实施情况总体评价选择"基本满意"的受访人员，对学校教职工代表大会运作情况选择"每年召开会议但更多是程序性地行使权力，很难实质性影响学校决策，不能充分表达民主意见、建议""不能定期召开大会，一般由执委会履行相关职责""基本不召开大会，大会成为摆设"这三个选项的有效百分比分别为57.5%、10.5%、6.8%；而对学校章程实施情况总体评价选择"不满意"的受访人员中，这三个选项的有效百分比分别为49.4%、19.9%、26.4%。对学校教职工代表大会运作情况分别选择"每年召开会议但更多是程序性地行使权力，很难实质性影响学校决策，不能充分表达民主意见、建议""不能定期召开大会，一般由执委会履行相关职责""基本不召开大会，大会成为摆设"这三个选项的受访人员,对学校章程实施情况总体评价选择"基本满意"选项的有效百分比分别高达45.5%、45.3%、50.0%,选择"不满意"选项的有效百分比分别高达6.3%、13.9%、31.4%。这说明,对学校教职工代表大会运作情况的认可度是影响对学校章程实施情况满意度的一个非常重要的因素,反过来也是如此。为此,高校在全面推进章程建设、扎实保障章程实施过程中,应当注意规范运作学校教职工代表大会,努力实现两者的协调共进和有机统一。

(三)学校工会运作情况

从全体受访教职员工对学校工会运作情况的评判看,过半受访教职员工对学校工会充分履行民主管理职责给予认可,近1/4的受访教职员工对学校工会履行民主管理职责表示基本认可,另外近1/5的受访教职员工则对学校工会履行民主管理职责不予肯定(见图4-71)。

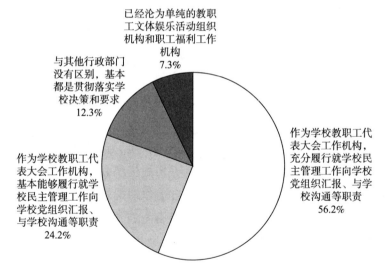

图4-71 受访教职员工对学校工会运作情况的评判

具体就不同类型学校受访教职员工而言,他们对学校工会履行民主管理职责的认可度有一定差距(见图4-72),受访教职员工就此分别选择"作为学校教职工代表大会工作机构,充分履行就学校民主管理工作向学校党组织汇报、与学校沟通等职责"以及"作为学校教职工代表大会工作机构，基本能够履行就学校民主管理工作向学校党组织汇报、与学校沟通等职责"两选项的有效百分比之和，从高到低依次是"双一流"建设高校及地方高水平大学建设立项高校（87.3%）、部属院校（85.4%）、高职高专（81.3%）、其他省属普通本科院校（77.0%）。

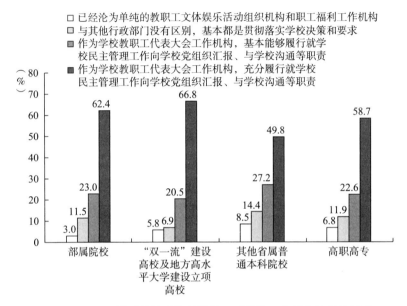

图4-72 不同类型学校受访教职员工对学校工会运作情况的评判

不同职务受访教职员工对学校工会运作情况的认可度也有一定差距，"作为学校教职工代表大会工作机构，充分履行就学校民主管理工作向学校党组织汇报、与学校沟通等职责"选项的有效百分比从高到低依次是校级领导干部、其他管理服务人员、中级职称及以下教学科研人员、中层管理干部、高级职称教学科研人员（见图4-73）。

进而从不同类型学校不同职务受访教职员工对学校工会运作评判情况看，各自认可度高低排序不完全一致，校级领导干部认可度较高，中层管理干部认可度较低，高级职称教学科研人员认可度最低（见图4-74至图4-77）。

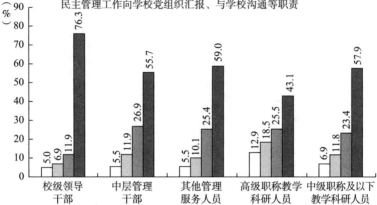

图 4 – 73　不同职务受访教职员工对学校工会运作情况的评判

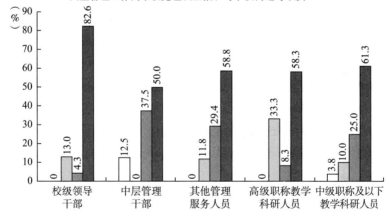

图 4 – 74　部属院校不同职务受访教职员工对学校工会运作情况的评判

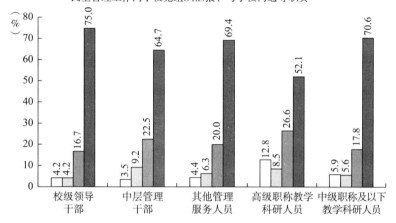

图4-75　"双一流"建设高校及地方高水平大学建设立项高校
不同职务受访教职员工对学校工会运作情况的评判

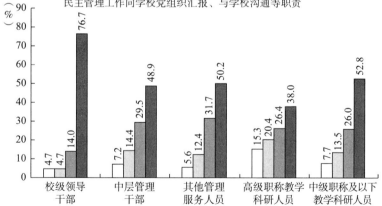

图4-76　其他省属普通本科院校不同职务受访教职员工
对学校工会运作情况的评判

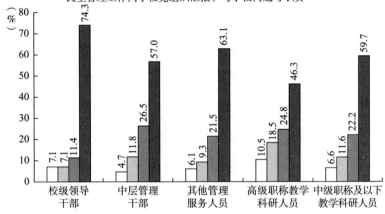

图 4 - 77　高职高专不同职务受访教职员工对学校工会运作情况的评判

　　全体受访教职员工对学校是否已经制定实施大学章程的认知情况，与其对学校工会运作过程中履行民主管理职责情况的评判正相关：一方面，明确认知学校已经制定实施大学章程的受访人员，对学校工会运作情况的认可度显著高于另外两个群体，具体表现为，"作为学校教职工代表大会工作机构，充分履行就学校民主管理工作向学校党组织汇报、与学校沟通等职责"选项的有效百分比，及其与"作为学校教职工代表大会工作机构，基本能够履行就学校民主管理工作向学校党组织汇报、与学校沟通等职责"选项的有效百分比之和，均高于另外两个群体（见图 4 - 78）；另一方面，对学校工会运作情况分别选择"作为学校教职工代表大会工作机构，充分履行就学校民主管理工作向学校党组织汇报、与学校沟通等职责""作为学校教职工代表大会工作机构，基本能够履行就学校民主管理工作向学校党组织汇报、与学校沟通等职责""与其他行政部门没有区别，基本都是贯彻落实学校决策和要求""已经沦为单纯的教职工文体娱乐活动组织机构和职工福利工作机构"等选项的四个群体中，明确认知学校已经制定实施大学章程的人员占比依次降低（见图 4 - 79）。

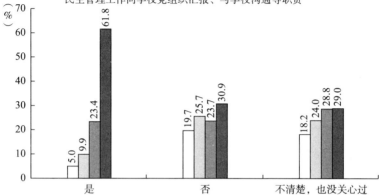

图 4 - 78 对学校是否已经制定实施大学章程三种不同认知情况
的受访教职员工对学校工会运作情况的评判

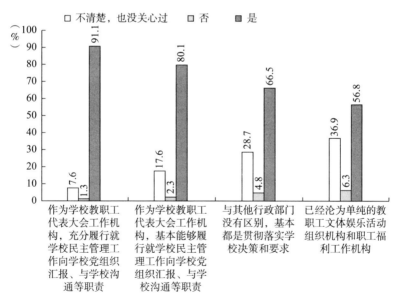

图 4 - 79 对学校工会运作情况评判持不同意见的受访教职员工
对学校是否已经制定实施大学章程的认知情况

　　各类型院校受访教职员工对学校工会运作情况和学校是否已经制定实施大学章程的认可度和认知度分布状况与上述总体统计情况一致：明确认知学校已经制定实施大学章程的受访人员，对学校工会运作情况的认可度显著高于另外两个群体，具体表现为，除部属院校因受访人员过少有一定偏差外，"作为学校教职工代表大会工作机构，充分履行就学校民主管理工作向学校党组织汇报、与学校沟通等职责"选项的有效百分比，及其与"作为学校教职工代表大会工作机构，基本能够履行就学校民主管理工作向学校党组织汇报、与学校沟通等职责"选项的有效百分比之和，均高于另外两个群体；对学校工会运作情况分别选择"作为学校教职工代表大会工作机构，充分履行就学校民主管理工作向学校党组织汇报、与学校沟通等职责"等选项的四部分人员中，明确认知学校已经制定实施大学章程的人员占比依次降低。仅就其中明确认知学校已经制定实施大学章程的受访人员对学校工会运作情况选择"作为学校教职工代表大会工作机构，充分履行就学校民主管理工作向学校党组织汇报、与学校沟通等职责"选项的有效百分比进行比较，从高到低依次是"双一流"建设高校及地方高水平大学建设立项高校、部属院校、高职高专、其他省属普通本科院校，这一排序与前述不同类型学校的整体比较结果一致（见图4-80至图4-87）。

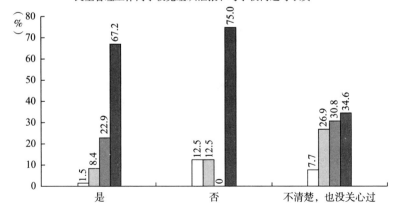

图4-80　对学校是否已经制定实施大学章程三种不同认知情况的
部属院校受访教职员工对学校工会运作情况的评判

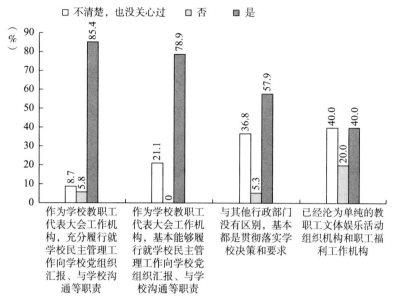

图 4-81 对学校工会运作情况评判持不同意见的部属院校受访教职员工对学校是否已经制定实施大学章程的认知情况

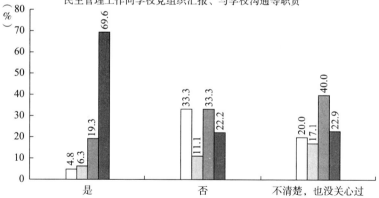

图 4-82 对学校是否已经制定实施大学章程三种不同认知情况的"双一流"建设高校及地方高水平大学建设立项高校受访教职员工对学校工会运作情况的评判

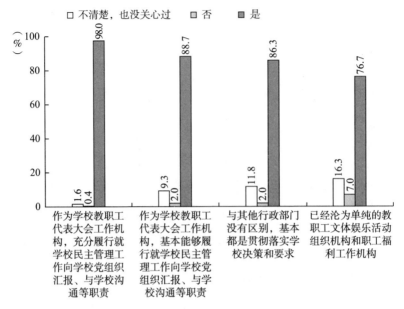

图 4 – 83 对学校工会运作情况评判持不同意见的"双一流"建设高校及地方高水平大学建设立项高校受访教职员工对学校是否已经制定实施大学章程的认知情况

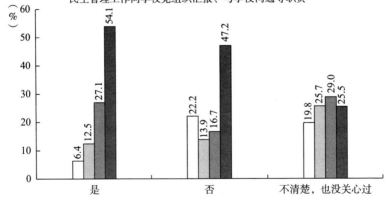

图 4 – 84 对学校是否已经制定实施大学章程三种不同认知情况的其他省属普通本科院校受访教职员工对学校工会运作情况的评判

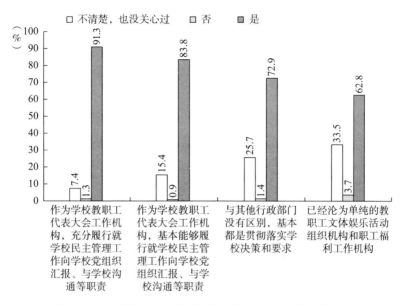

图 4 - 85　对学校工会运作情况评判持不同意见的其他省属
普通本科院校受访教职员工对学校是否已经制定
实施大学章程的认知情况

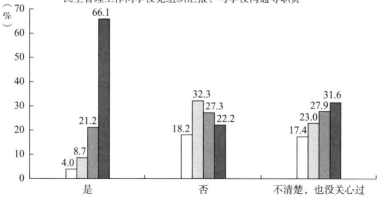

图 4 - 86　对学校是否已经制定实施大学章程三种不同认知情况的
高职高专受访教职员工对学校工会运作情况的评判

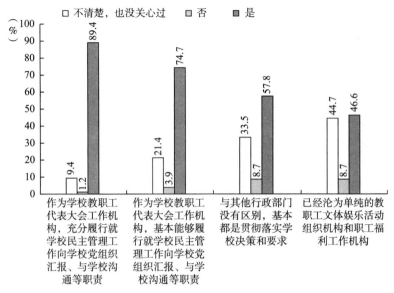

图 4 - 87　对学校工会运作情况评判持不同意见的高职高专受访教职
员工对学校是否已经制定实施大学章程的认知情况

各职务类型受访教职员工对学校是否已经制定实施大学章程的认知情况，均与其对学校工会运作过程中履行民主管理职责的认可度正相关（见图 4 - 88 至图 4 - 97）。各职务类型受访教职员工中，明确认知学校已经制定实施大学章程的受访人员对学校工会运作情况的认可度显著高于另外两个群体，具体表现为，"作为学校教职工代表大会工作机构，充分履行就学校民主管理工作向学校党组织汇报、与学校沟通等职责"选项的有效百分比，及其与"作为学校教职工代表大会工作机构，基本能够履行就学校民主管理工作向学校党组织汇报、与学校沟通等职责"选项的有效百分比之和，均高于另外两个群体；对学校工会运作情况，分别选择"作为学校教职工代表大会工作机构，充分履行就学校民主管理工作向学校党组织汇报、与学校沟通等职责""作为学校教职工代表大会工作机构，基本能够履行就学校民主管理工作向学校党组织汇报、与学校沟通等职责""与其他行政部门没有区别，基本都是贯彻落实学校决策和要求""已经沦为单纯的教职工文体娱乐活动组织机构和职工福利工作机构"等选项的四个群体中，明确认知学校已经制定实施大学章程的人员占比基本上都是依次降低（选择"作为学校教职工代表大会工作机构，基本能够履行就学校民主管理

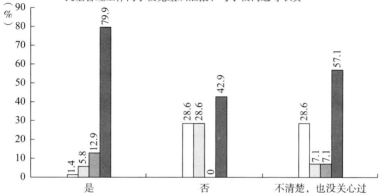

图4-88 对学校是否已经制定实施大学章程三种不同认知情况
的校级领导干部对学校工会运作情况的评判

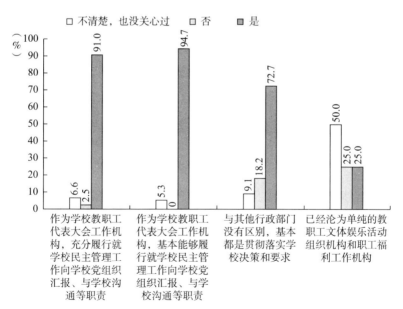

图4-89 对学校工会运作情况评判持不同意见的校级领导干部
对学校是否已经制定实施大学章程的认知情况

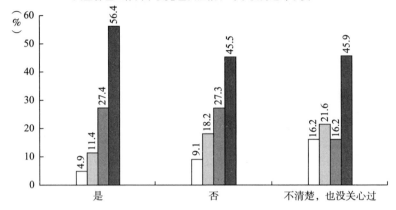

图 4 - 90　对学校是否已经制定实施大学章程三种不同认知
情况的中层管理干部对学校工会运作情况的评判

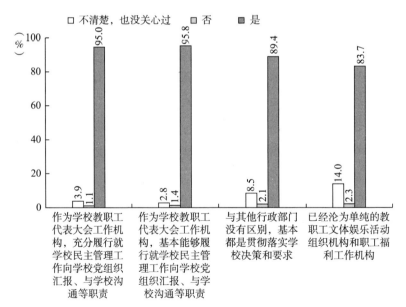

图 4 - 91　对学校工会运作情况评判持不同意见的中层管理干部
对学校是否已经制定实施大学章程的认知情况

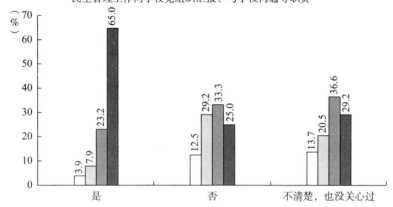

图 4 - 92 对学校是否已经制定实施大学章程三种不同认知情况的
其他管理服务人员对学校工会运作情况的评判

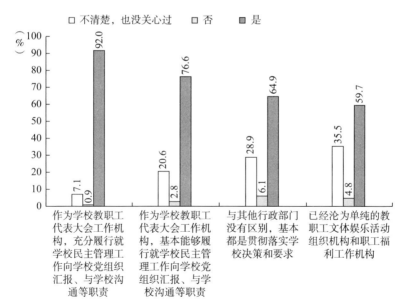

图 4 - 93 对学校工会运作情况评判持不同意见的其他管理服务
人员对学校是否已经制定实施大学章程的认知情况

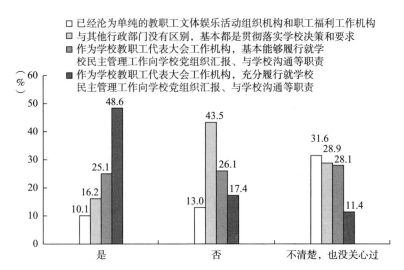

图 4 – 94 对学校是否已经制定实施大学章程三种不同认知情况的
高级职称教学科研人员对学校工会运作情况的评判

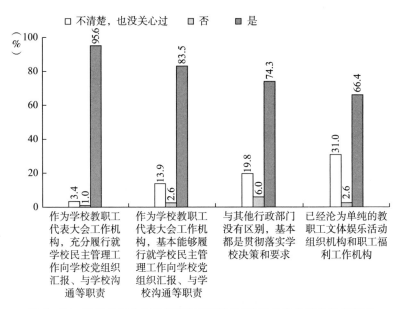

图 4 – 95 对学校工会运作情况评判持不同意见的高级职称教学科研
人员对学校是否已经制定实施大学章程的认知情况

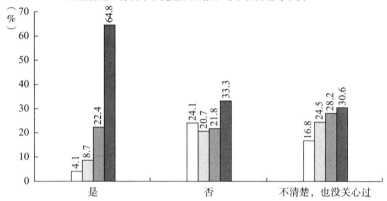

图 4 - 96 对学校是否已经制定实施大学章程三种不同认知情况的中级
职称及以下教学科研人员对学校工会运作情况的评判

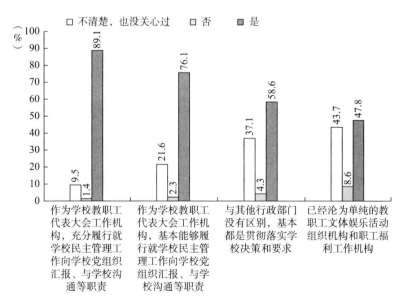

图 4 - 97 对学校工会运作情况评判持不同意见的中级职称及以下教学
科研人员对学校是否已经制定实施大学章程的认知情况

工作向学校党组织汇报、与学校沟通等职责"选项的校级领导干部及中层管理干部该占比均为本职务类型中最高)。

仅就明确认知学校已经制定实施大学章程的受访人员对学校工会运作情况选择"作为学校教职工代表大会工作机构，充分履行就学校民主管理工作向学校党组织汇报、与学校沟通等职责"选项的有效百分比进行比较，从高到低依次是校级领导干部（79.9%）、其他管理服务人员（65.0%）、中级职称及以下教学科研人员（64.8%）、中层管理干部（56.4%）、高级职称教学科研人员（48.6%），这一排序与前述不同职务类型受访教职员工整体比较结果完全一致。

全体受访教职员工对学校章程实施情况的总体评价，与其对学校工会运作过程中民主管理职责履行情况的评判显著正相关。一方面，对学校章程实施情况的满意度越高，相应对学校工会民主管理职责履行情况的认可度也越高，具体表现为对学校章程实施情况总体评价分别选择"非常满意""满意""基本满意""不满意"的四个群体，对学校工会运作情况评判时选择"作为学校教职工代表大会工作机构，充分履行就学校民主管理工作向学校党组织汇报、与学校沟通等职责"选项的有效百分比依次下降，选择"与其他行政部门没有区别，基本都是贯彻落实学校决策和要求"及"已经沦为单纯的教职工文体娱乐活动组织机构和职工福利工作机构"两选项的有效百分比均依次升高（见图4-98）。另一方面，对学校工会运作情况，分别选择"作为学校教职工代表大会工作机构，充分履行就学校民主管理工作向学校党组织汇报、与学校沟通等职责""作为学校教职工代表大会工作机构，基本能够履行就学校民主管理工作向学校党组织汇报、与学校沟通等职责""与其他行政部门没有区别，基本都是贯彻落实学校决策和要求""已经沦为单纯的教职工文体娱乐活动组织机构和职工福利工作机构"等选项的四个群体中，对学校章程实施情况总体评价选择"非常满意"选项的有效百分比也依次下降，如再将"满意"选项的有效百分比进行累加也同样如此，同时"不满意"选项的有效百分比则渐次升高（见图4-99）。

对学校是否已经制定实施大学章程不同认知情况的三个群体，各自两个方面的认可度及满意度分布情况（见图4-100至图4-105）都与上述总体统计情况基本一致。总体上，受访教职员工对学校是否已经制定实施大学章程的认知情况、对学校章程实施情况的总体评价及对学校工会民主管理职责履行情况的评判正相关。

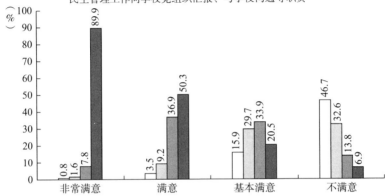

图 4 - 98　对学校章程实施情况总体评价持不同意见的受访教职员工对学校工会运作情况的评判

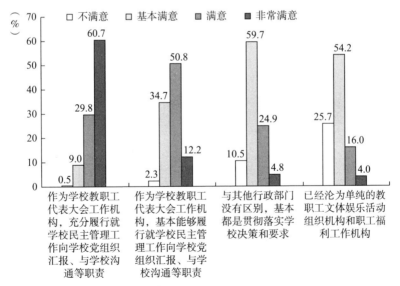

图 4 - 99　对学校工会运作情况评判持不同意见的受访教职员工对学校章程实施情况的总体评价

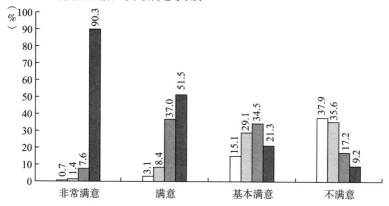

□ 已经沦为单纯的教职工文体娱乐活动组织机构和职工福利工作机构
□ 与其他行政部门没有区别，基本都是贯彻落实学校决策和要求
■ 作为学校教职工代表大会工作机构，基本能够履行就学校民主管理工作向
学校党组织汇报、与学校沟通等职责
■ 作为学校教职工代表大会工作机构，充分履行就学校民主管理工作向学校
党组织汇报、与学校沟通等职责

图 4 - 100　对学校是否已经制定实施大学章程表示明确认知
并对学校章程实施情况总体评价持不同意见的
受访教职员工对学校工会运作情况的评判

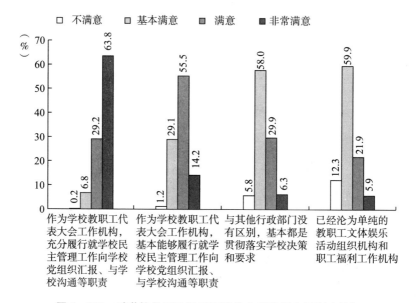

图 4 - 101　对学校是否已经制定实施大学章程表示明确认知
并对学校工会运作情况评判持不同意见的受访
教职员工对学校章程实施情况的总体评价

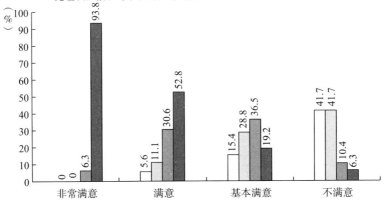

图 4 - 102 对学校是否已经制定实施大学章程表示否定并

对学校章程实施情况总体评价持不同意见的

受访教职员工对学校工会运作情况的评判

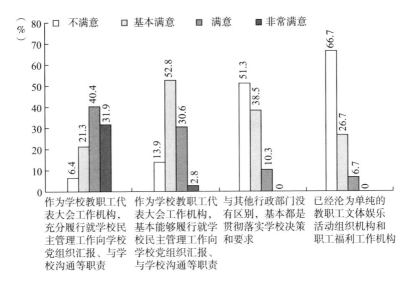

图 4 - 103 对学校是否已经制定实施大学章程表示否定并

对学校工会运作情况评判持不同意见的受访

教职员工对学校章程实施情况的总体评价

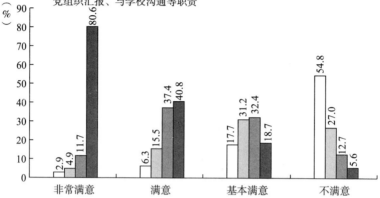

图 4 - 104 对学校是否已经制定实施大学章程表示"不清楚，也没
关心过"并对学校章程实施情况总体评价持不同
意见的受访教职员工对学校工会运作情况的评判

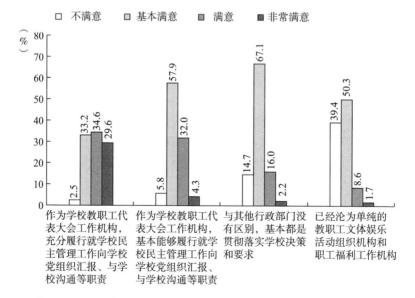

图 4 - 105 对学校是否已经制定实施大学章程表示"不清楚，也没
关心过"并对学校工会运作情况评判持不同意见的
受访教职员工对学校章程实施情况的总体评价

　　总体而言，过半受访教职员工对学校工会履行民主管理职责情况给予充分认可，近1/4的受访人员对学校工会履行民主管理职责情况表示基本认可。"双一流"建设高校及地方高水平大学建设立项高校、部属院校受访教职员工的认可度高于高职高专、其他省属普通本科院校受访教职员工，其他省属普通本科院校认可度最低。3/4以上的校级领导干部持充分认可态度，而高级职称教学科研人员充分认可度最低（其中仅有四成多一点持充分认可态度）。受访教职员工对学校是否已经制定实施大学章程的认知情况、对学校章程实施情况的总体评价及对学校工会运作情况的评判正相关。

　　有近1/5的受访教职员工对学校工会履行民主管理职责的情况不予肯定，包括明确认知学校已经制定实施大学章程的人员在内的各类职务教职员工，对学校工会运作情况选择"作为学校教职工代表大会工作机构，充分履行就学校民主管理工作向学校党组织汇报、与学校沟通等职责"选项的有效百分比普遍不高。而且各个受访人员群体中均有较高比例受访人员选择"与其他行政部门没有区别，基本都是贯彻落实学校决策和要求""已经沦为单纯的教职工文体娱乐活动组织机构和职工福利工作机构"这两个选项，比如，对学校是否已经制定实施大学章程选择"否""不清楚，也没关心过"的受访人员，这两个选项的有效百分比分别为25.7%、19.7%，24.0%、18.2%。即使是作为对学校教职工代表大会民主管理职责履行情况最有发言权的校级领导干部，其中也有11.9%的受访人员只是予以基本肯定，同时也有11.9%的受访人员不予认可。就学校工会运作情况评价而言，中层管理干部以及高级职称教学科研人员的评判应该更加可靠，而他们的认可度更低。所以，我们可以认为各类型学校工会在履行民主管理职责方面还有很大提升空间。

　　另外我们还应注意到，对学校章程实施情况总体评价选择"基本满意""不满意"的受访教职员工，对学校工会运作情况选择"与其他行政部门没有区别，基本都是贯彻落实学校决策和要求""已经沦为单纯的教职工文体娱乐活动组织机构和职工福利工作机构"这两个选项的有效百分比分别为29.7%、15.9%，32.6%、46.7%；反过来，对学校工会运作情况选择"与其他行政部门没有区别，基本都是贯彻落实学校决策和要求""已经沦为单纯的教职工文体娱乐活动组织机构和职工福利工作机构"这两个选项的受访人员，对学校章程实施情况总体评价选择"基本满意""不满意"这两个选项的有效百分比分别为 59.7%、10.5%，54.2%、25.7%。显然，对学校章程实施情况总体评价持消极甚至负面态度的受访人员中，对学校工会运作过程中其民主管理职责履行情况的评判也相对更多持消极甚至负面态度。所以，我们同样可以得出以下结论：学校在全面推进学校章程建设、加强章程实施保障过程中，要积极规范学校工会运作并确保其履行民主管理职责，并努力实现两者的协调共进和有机统一。

二 学生参与学校民主管理权利保障

（一）学生参与学校管理情况总体评价

受访学生对学生参与学校管理情况总体上认可度较高。选择"能够通过学生代表大会、团代会、团组织、学生会等组织形式实质性有效参与学校民主管理，学校涉及学生权益重大决策会充分听取学生意见建议"选项的有效百分比为 55.6%，选择"能够通过学生代表大会、团代会、团组织、学生会等组织形式较好参与学校民主管理，学校涉及学生权益重大决策能够注意听取学生意见建议"选项的有效百分比为 38.4%，选择"学生代表大会、团代会、团组织、学生会等组织形式流于形式，学生很难实质性参与学校民主管理，学校决策很少主动听取学生意见建议"选项的有效百分比为 6.0%（见图 4 - 106）。

从不同年级类型受访学生对学生参与学校管理情况的评判看，仍然是低年级学生认可度相对较高。选择"能够通过学生代表大会、团代会、团组织、学生会等组织形式实质性有效参与学校民主管理，学校涉及学生权益重大决策会充分听取学生意见建议"选项的有效百分比从高到低依次是大一新生、一年级研究生、大二及以上高年级学生、高年级研究生；而选择"学生代表大会、团代会、团组织、学生会等组织形式流于形式，学生很难实质性参与学校民主管理，学校决策很少主动听取学生意见建议"选项的有效百分比从低到高依次是大一新生、一年级研究生、大二及以上高年级学生、高年级研究生（见图 4 - 107）。这可能更多缘于低年级学生不太了解情况而尽量做出"友好""宽容"评判。

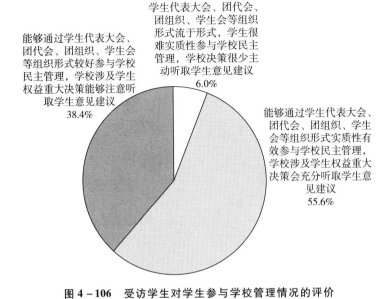

图4-106　受访学生对学生参与学校管理情况的评价

□ 学生代表大会、团代会、团组织、学生会等组织形式流于形式，学生很难实质性参与学校民主管理，学校决策很少主动听取学生意见建议

▨ 能够通过学生代表大会、团代会、团组织、学生会等组织形式较好参与学校民主管理，学校涉及学生权益重大决策能够注意听取学生意见建议

▩ 能够通过学生代表大会、团代会、团组织、学生会等组织形式实质性有效参与学校民主管理，学校涉及学生权益重大决策会充分听取学生意见建议

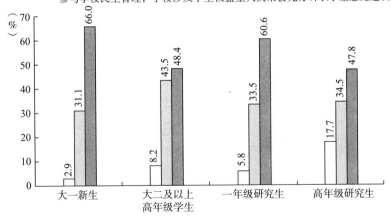

图4-107　不同年级类型受访学生对学生参与学校管理情况的评价

针对学生参与学校管理的情况，学生干部相对非学生干部认可度更高（见图 4 – 108），这可能因为学生干部相对有更多机会了解或者亲身参与学校有关管理工作。

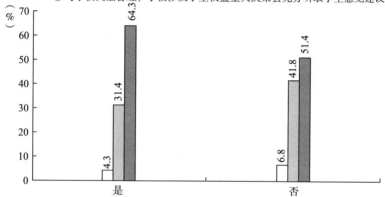

□ 学生代表大会、团代会、团组织、学生会等组织形式流于形式，学生很难实质性参与学校民主管理，学校决策很少主动听取学生意见建议

▨ 能够通过学生代表大会、团代会、团组织、学生会等组织形式较好参与学校民主管理，学校涉及学生权益重大决策能够注意听取学生意见建议

■ 能够通过学生代表大会、团代会、团组织、学生会等组织形式实质性有效参与学校民主管理，学校涉及学生权益重大决策会充分听取学生意见建议

图 4 – 108　受访学生是否担任学生干部对学生参与学校管理情况的评价

不同类型学校受访学生对学生参与学校管理的情况，总体上认可度从高到低依次是"双一流"建设高校及地方高水平大学建设立项高校、部属院校、高职高专、其他省属普通本科院校（见图 4 – 109）。

受访学生对学校是否已经制定实施大学章程的认知情况，与其对学生参与学校管理情况的评判显著正相关：明确认知学校已经制定实施大学章程的学生，对学生参与学校管理情况的认可度相应较高（见图 4 – 110）；对学生参与学校管理情况的认可度较高的学生中，明确认知学校已经制定实施大学章程的学生占比也较高（见图 4 – 111）。这一正相关关系同样存在于每一个类型学校的受访学生中（见图 4 – 112 至图 4 – 119）。另外，仅按明确认知学校已经制定实施大学章程受访学生认可度进行不同类型学校之间的比较，其结果与前述整体上的不同类型学校之间比较的结果有所不同，这部分学生认可度从高到低依次是"双一流"建设高校及地方高水平大学建设立项高校、高职高专、部属院校、其他省属普通本科院校。

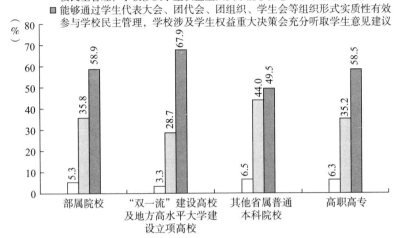

图 4 - 109　不同类型学校受访学生对学生参与学校管理情况的评价

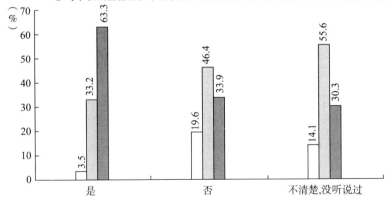

图 4 - 110　对学校是否已经制定实施大学章程三种不同认知
情况的受访学生对学生参与学校管理情况的评价

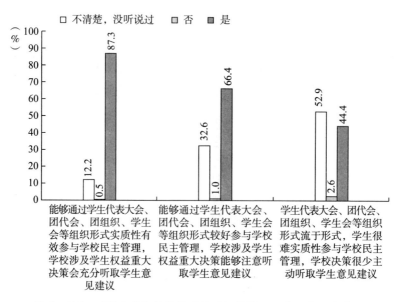

图 4 – 111　对学生参与学校管理情况评价持不同意见的受访学生

对学校是否已经制定实施大学章程的认知情况

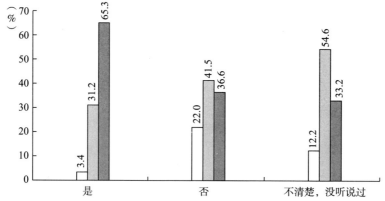

图 4 – 112　对学校是否已经制定实施大学章程三种不同认知情况的

部属院校受访学生对学生参与学校管理情况的评价

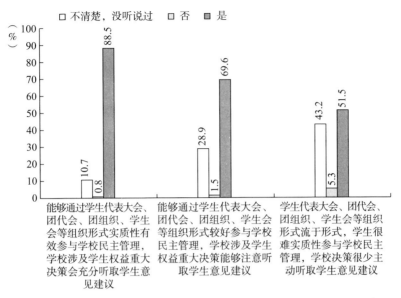

图 4 – 113 对学生参与学校管理情况评价持不同意见的部属院校受访学生对学校是否已经制定实施大学章程的认知情况

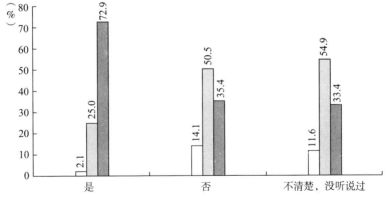

图 4 – 114 对学校是否已经制定实施大学章程三种不同认知情况的 "双一流" 建设高校及地方高水平大学建设立项高校受访学生对学生参与学校管理情况的评价

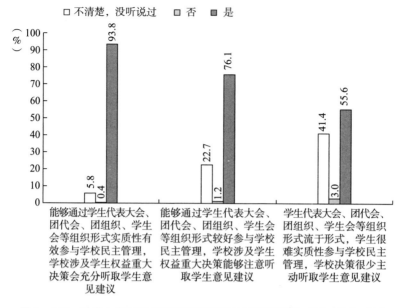

图4-115 对学生参与学校管理情况评价持不同意见的"双一流"建设
高校及地方高水平大学建设立项高校受访学生
对学校是否已经制定实施大学章程的认知情况

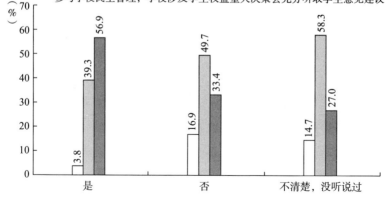

图4-116 对学校是否已经制定实施大学章程三种不同认知情况的其他
省属普通本科院校受访学生对学生参与学校管理情况的评价

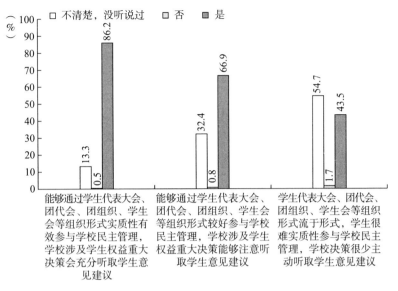

图4-117　对学生参与学校管理情况评价持不同意见的其他省属

普通本科院校受访学生对学校是否已经

制定实施大学章程的认知情况

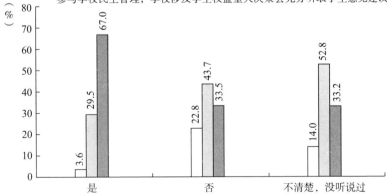

图4-118　对学校是否已经制定实施大学章程三种不同认知情况的

高职高专受访学生对学生参与学校管理情况的评价

251

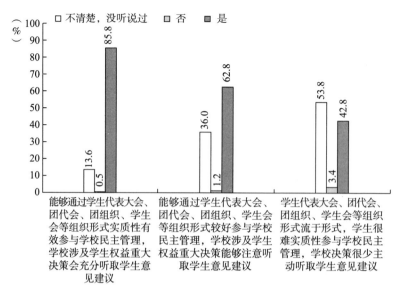

图 4-119 对学生参与学校管理情况评价持不同意见的高职高专受访
学生对学校是否已经制定实施大学章程的认知情况

全体受访学生对学校章程实施情况的总体评价与其对学生参与学校管理情况的评判显著正相关：对学校章程实施情况满意度越高，对学生参与学校管理情况认可度也相应越高（见图 4-120）；对学生参与学校管理情况认可度越高，相应地对学校章程实施情况满意度也越高（见图 4-121）。对学校章程实施情况总体评价分别选择"非常满意""满意""基本满意""不清楚，不好评价""不满意"等选项的五个群体（需要说明的是，"不清楚，不好评价"与"不满意"就其满意度高低而言无法排序，所以谁先谁后无关紧要），对学生参与学校管理情况进行评判，选择"能够通过学生代表大会、团代会、团组织、学生会等组织形式实质性有效参与学校民主管理，学校涉及学生权益重大决策会充分听取学生意见建议"选项的有效百分比依次降低；而选择"学生代表大会、团代会、团组织、学生会等组织形式流于形式，学生很难实质性参与学校民主管理，学校决策很少主动听取学生意见建议"选项的有效百分比依次升高。对学生参与学校管理情况进行评判分别选择"能够通过学生代表大会、团代会、团组织、学生会等组织形式实质性有效参与学校民主管理，学校涉及学生权益重大决策会充分听取学生意见建议""能够通过学生代表大会、团代会、团组织、学生会等组织形式较好参与学校民主管理，学校涉及学生权益重大决策能够注

252

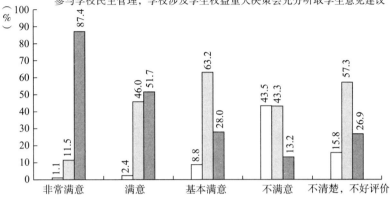

图 4 - 120 对学校章程实施情况总体评价持不同意见的受访
学生对学生参与学校管理情况的评价

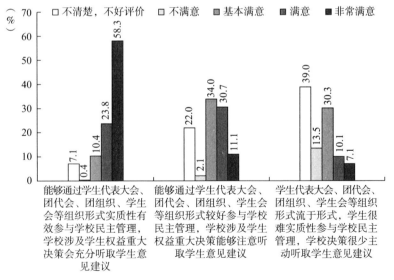

图 4 - 121 对学生参与学校管理情况评价持不同意见的受访学生
对学校章程实施情况的总体评价

意听取学生意见建议""学生代表大会、团代会、团组织、学生会等组织形式流于形式，学生很难实质性参与学校民主管理，学校决策很少主动听取学生意见建议"等选项的三个学生群体中，对学校章程实施情况表示"非常满意"的占比依次降低，而表示"不满意""不清楚，不好评价"的占比都依次升高。

对学校是否已经制定实施大学章程不同认知情况的三个学生群体，各自两个方面的认可度和满意度分布状态与上述总体统计数据所得结论完全一致，即呈明显的正相关关系：对学校章程实施情况满意度越高，对学生参与学校管理情况认可度也相应越高；对学生参与学校管理情况认可度越高，相应地对学校章程实施情况的满意度也越高（见图4–122至图4–127）。明确认知对学校已经制定实施大学章程的学生群体，两个方面的认可度及满意度均分别高于另外两个学生群体。总体上，受访学生对学校是否已经制定实施大学章程的认知情况、对学校章程实施情况的总体评价及对学生参与学校管理情况的评判显著正相关。

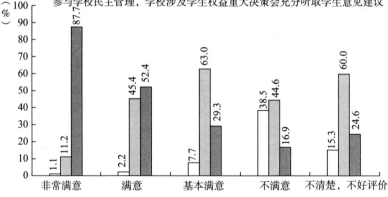

图4–122　对学校是否已经制定实施大学章程表示明确认知
并对学校章程实施情况总体评价持不同意见的
受访学生对学生参与学校管理情况的评价

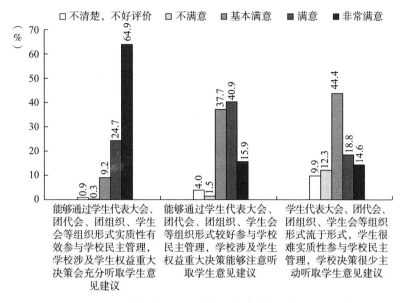

图 4 - 123　对学校是否已经制定实施大学章程表示明确认知

并对学生参与学校管理情况评价持不同意见的

受访学生对学校章程实施情况的总体评价

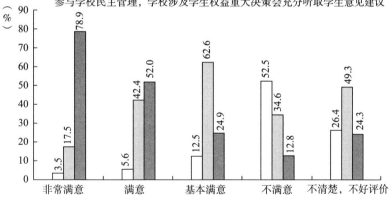

图 4 - 124　对学校是否已经制定实施大学章程表示否定并

对学校章程实施情况总体评价持不同意见的

受访学生对学生参与学校管理情况的评价

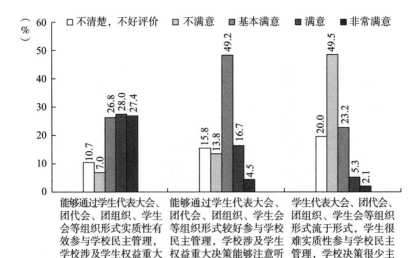

图4－125　对学校是否已经制定实施大学章程表示否定并

对学生参与学校管理情况评价持不同意见的

受访学生对学校章程实施情况的总体评价

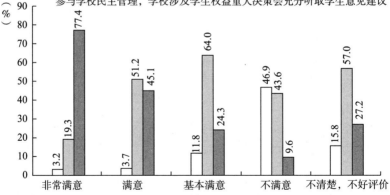

图4－126　对学校是否已经制定实施大学章程表示"不清楚，没

听说过"并对学校章程实施情况总体评价持不同

意见的受访学生对学生参与学校管理情况的评价

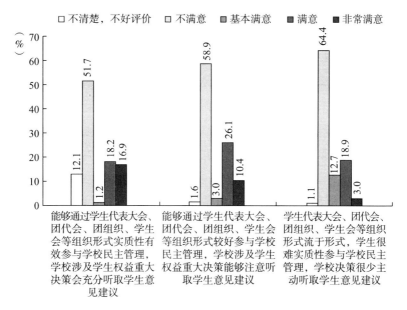

□ 不清楚，不好评价　□ 不满意　■ 基本满意　■ 满意　■ 非常满意

图4-127　对学校是否已经制定实施大学章程表示"不清楚，没 听说过"并对学生参与学校管理情况评价持不同 意见的受访学生对学校章程实施情况的总体评价

总体而言，尽管存在不同年级类型、不同学校类型受访学生的认可度 差异，甚至还存在是否担任学生干部的认可度差异，但是在各个受访学生 群体中，持充分认可态度的学生占比普遍不高，同时也都有一定比例的学 生持否定态度，甚至在一些特定群体中持否定态度的学生占比非常高。一 方面，对学校章程实施情况总体评价选择"不满意"以及"不清楚，不好 评价"的受访学生，对学生参与学校管理情况评判选择"学生代表大会、 团代会、团组织、学生会等组织形式流于形式，学生很难实质性参与学校 民主管理，学校决策很少主动听取学生意见建议"选项的有效百分比分别 为43.5%、15.8%。另一方面，部分对学生参与学校管理情况评判持消极 甚至负面态度的学生，对学校章程实施情况满意度也相对较低。比如，对 学生参与学校管理情况选择"能够通过学生代表大会、团代会、团组织、 学生会等组织形式较好参与学校民主管理，学校涉及学生权益重大决策能 够注意听取学生意见建议""学生代表大会、团代会、团组织、学生会等组 织形式流于形式，学生很难实质性参与学校民主管理，学校决策很少主动 听取学生意见建议"两个选项的学生群体，对学校章程实施情况总体评价

选择"基本满意""不满意""不清楚，不好评价"选项的有效百分比分别为 34.0%、2.1%、22.0%，30.3%、13.5%、39.0%。

所以，受访学生对学生参与学校管理情况的评判数据同样足以支持以下判断和结论：各类型学校在学生参与学校民主管理等方面的工作都还不同程度地存在不足和差距，其他省属普通本科院校不足之处相对更多；同时，高校在推进学校章程建设、保障章程实施过程中，还应注重加强学生参与学校民主管理、充分保障学生民主权利，努力实现这些工作的有机统一和协调共进。

（二）学生干部工作参与机会和参与程序是否公平公正

受访学生对"学生干部工作参与机会和参与程序是否公平公正"给予肯定的接近八成，而予以否定的也接近 1/4（见图 4 – 128）。而且不同年级类型受访学生认可度也不一致，低年级学生认可度较高（见图 4 – 129）。

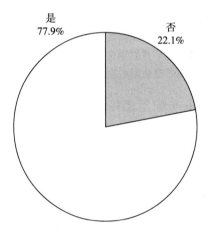

**图 4 – 128　受访学生对学生干部工作参与机会和
参与程序是否公平公正的评判**

受访学生中学生干部与非学生干部对"学生干部工作参与机会和参与程序是否公平公正"持肯定态度的人员占比有明显区别。其中学生干部有 87.5% 的认可率，而非学生干部的认可率则只有 73.1%（见图 4 – 130）。

不同类型学校学生对"学生干部工作参与机会和参与程序是否公平公正"持肯定态度的人员占比存在一定差距，从高到低依次是"双一流"建设高校及地方高水平大学建设立项高校、高职高专、部属院校、其他省属普通本科院校（见图 4 – 131）。

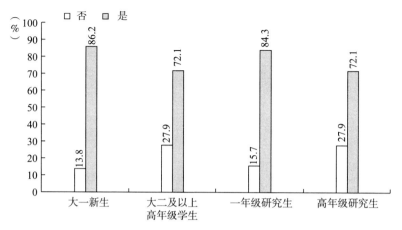

图4-129　不同年级类型受访学生对学生干部工作参与机会和参与程序是否公平公正的评判

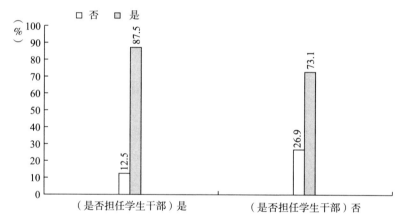

图4-130　受访学生是否担任学生干部对学生干部工作参与机会和参与程序是否公平公正的评判

　　受访学生对学校是否已经制定实施大学章程的认知情况与其对"学生干部工作参与机会和参与程序是否公平公正"的评判正相关。即明确认知学校已经制定实施大学章程的群体中持肯定态度的人员占比最高（见图4-132）；对"学生干部工作参与机会和参与程序是否公平公正"持认可态度的群体中明确认知学校已经制定实施大学章程的人员占比，明显高于持否定态度的群体中明确认知学校已经制定实施大学章程的人员占比（见图4-133）。

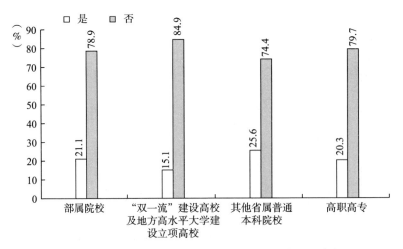

**图 4 - 131　不同类型学校受访学生对学生干部工作参与
机会和参与程序是否公平公正的评判**

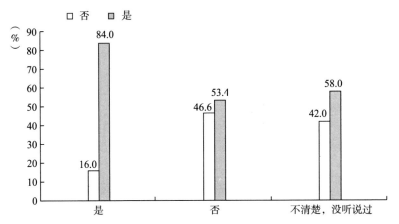

**图 4 - 132　对学校是否已经制定实施大学章程三种不同认知
情况的受访学生对学生干部工作参与机会和
参与程序是否公平公正的评判**

　　不同类型学校对学校是否已经制定实施大学章程三种不同认知情况的
受访学生群体，对学生干部工作参与机会和参与程序是否公平公正的认可
度存在一定的区别，但两者分布状态（见图 4 - 134 至图 4 - 141）与上述总
体统计情况一致：对学校已经制定实施大学章程表示明确认知的人员中，
对"学生干部工作参与机会和参与程序是否公平公正"持肯定态度人员占
比高于另外两个群体；对"学生干部工作参与机会和参与程序是否公平公

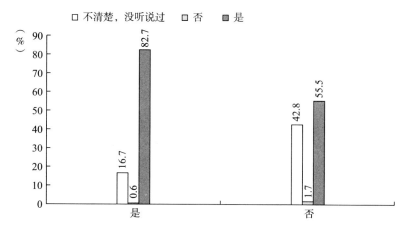

图 4 - 133 对学生干部工作参与机会和参与程序是否公平
公正的评判持不同意见的受访学生对学校
是否已经制定实施大学章程的认知情况

正"持肯定态度的学生群体中,明确认知学校已经制定实施大学章程的学生占比高于持否定态度学生群体。将各类型学校中明确认知学校已经制定实施大学章程的受访学生对"学生干部工作参与机会和参与程序是否公平公正"持肯定态度的人员占比从高到低进行排序,其学校顺序与前述学校整体比较排序完全一致:"双一流"建设高校及地方高水平大学建设立项高校、高职高专、部属院校、其他省属普通本科院校。

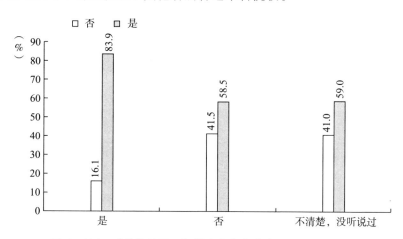

图 4 - 134 对学校是否已经制定实施大学章程三种不同认知
情况的部属院校受访学生对学生干部工作参与
机会和参与程序是否公平公正的评判

261

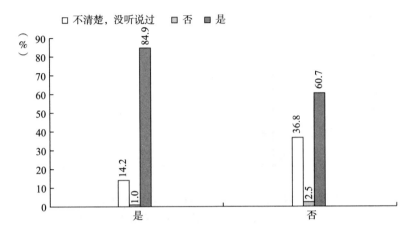

图 4 - 135 对学生干部工作参与机会和参与程序是否公平
公正的评判持不同意见的部属院校受访学生对
学校是否已经制定实施大学章程的认知情况

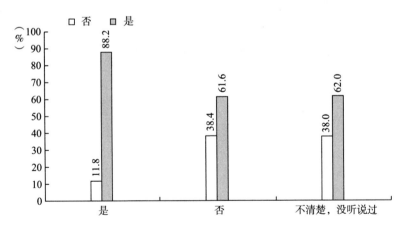

图 4 - 136 对学校是否已经制定实施大学章程三种不同认知
情况的"双一流"建设高校及地方高水平大学
建设立项高校受访学生对学生干部工作参与
机会和参与程序是否公平公正的评判

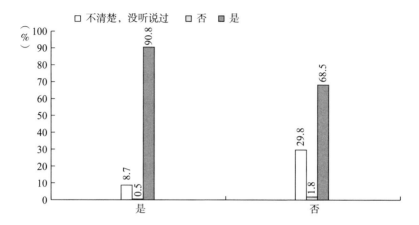

**图 4 - 137　对学生干部工作参与机会和参与程序是否公平公正的
评判持不同意见的"双一流"建设高校及地方高
水平大学建设立项高校受访学生对学校是否已经
制定实施大学章程的认知情况**

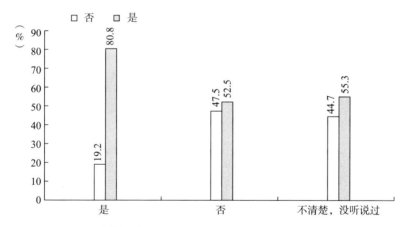

**图 4 - 138　对学校是否已经制定实施大学章程三种不同认知情况的
其他省属普通本科院校受访学生对学生干部工作
参与机会和参与程序是否公平公正的评判**

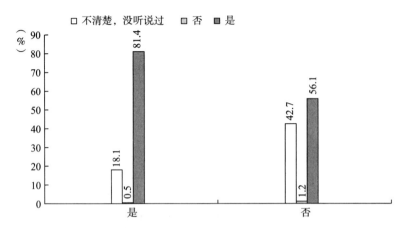

图 4 - 139　对学生干部工作参与机会和参与程序是否公平公正的评判持不同意见的其他省属普通本科院校受访学生对学校是否已经制定实施大学章程的认知情况

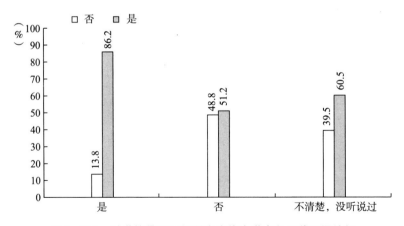

图 4 - 140　对学校是否已经制定实施大学章程三种不同认知情况的高职高专受访学生对学生干部工作参与机会和参与程序是否公平公正的评判

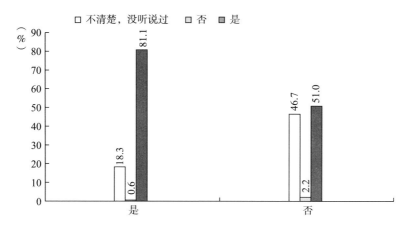

图 4 - 141 对学生干部工作参与机会和参与程序是否公平
公正的评判持不同意见的高职高专受访学生对
学校是否已经制定实施大学章程的认知情况

全体受访学生对学校章程实施情况的总体评价与其对"学生干部工作参与机会和参与程序是否公平公正"的评判显著正相关。受访学生对学校章程实施情况总体评价分别选择"非常满意""满意""基本满意""不清楚,不好评价""不满意"("不清楚,不好评价""不满意"两者之间难以进行满意度高低区分,因此在顺序上谁先谁后均可)等选项的五个群体中,对"学生干部工作参与机会和参与程序是否公平公正"持肯定态度的人员占比渐次降低(见图 4 - 142);对"学生干部工作参与机会和参与程序是否公平公正"给予认可的学生中,对学校章程实施情况总体评价分别选择"非常满意""满意"的有效百分比均高于不予认可的学生群体(见图 4 - 143)。

分别从对学校是否已经制定实施大学章程不同认知情况的三个群体情况看,各自认可度及满意度分布状态与上述总体统计情况基本一致,其中明确认知学校已经制定实施大学章程的受访学生,其认可度及满意度分布与总体统计情况完全一致,且其认可度及满意度总体上高于另外两个群体(见图 4 - 144 至图 4 - 149)。总体上,受访学生对学校是否已经制定实施大学章程的认知情况、对学校章程实施情况的总体评价及对"学生干部工作参与机会和参与程序是否公平公正"的评判显著正相关。

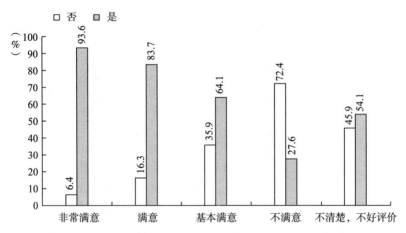

图 4 - 142 对学校章程实施情况总体评价持不同意见的受访学生对学生
干部工作参与机会和参与程序是否公平公正的评判

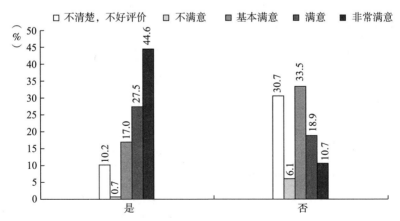

图 4 - 143 对学生干部工作参与机会和参与程序是否公平公正的评判
持不同意见的受访学生对学校章程实施情况的总体评价

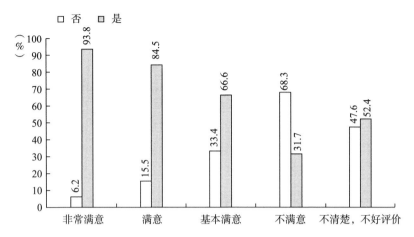

图 4－144　对学校是否已经制定实施大学章程表示明确认知并对学校
章程实施情况总体评价持不同意见的受访学生对学生
干部工作参与机会和参与程序是否公平公正的评判

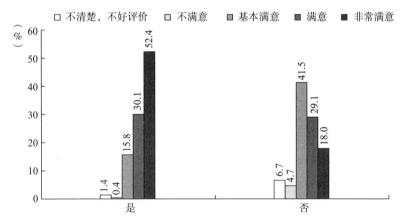

图 4－145　对学校是否已经制定实施大学章程表示明确认知并对学生
干部工作参与机会和参与程序是否公平公正的评判持不同
意见的受访学生对学校章程实施情况的总体评价

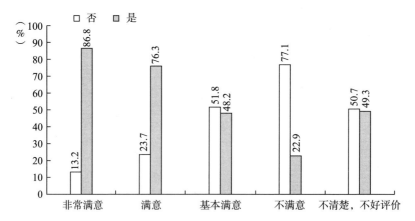

图 4 – 146 对学校是否已经制定实施大学章程表示否定并对学校章程实施情况总体评价持不同意见的受访学生对学生干部工作参与机会和参与程序是否公平公正的评判

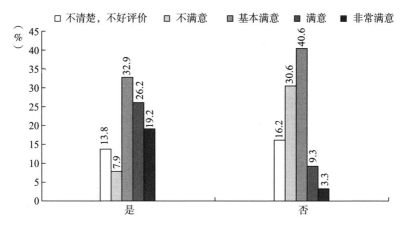

图 4 – 147 对学校是否已经制定实施大学章程表示否定并对学生干部工作参与机会和参与程序是否公平公正的评判持不同意见的受访学生对学校章程实施情况的总体评价

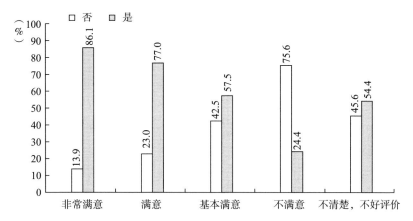

图4-148　对学校是否已经制定实施大学章程表示"不清楚，没听说过"并对学校章程实施情况总体评价持不同意见的受访学生对学生干部工作参与机会和参与程序是否公平公正的评判

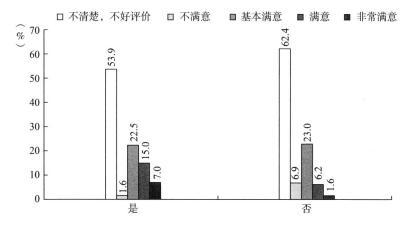

图4-149　对学校是否已经制定实施大学章程表示"不清楚，没听说过"并对学生干部工作参与机会和参与程序是否公平公正的评判持不同意见的受访学生对学校章程实施情况的总体评价

　　总体而言，受访学生对"学生干部工作参与机会和参与程序是否公平公正"持肯定态度的人员占比接近八成（77.9%），而其中大一新生及一年级研究生该选项的有效百分比更高（分别为86.2%、84.3%），受访学生干部这一有效百分比高达87.5%。除其他省属普通本科院校学生中持肯定态度人员占比（74.4%）相对较低外，其他院校这一占比比较接近而且基本在八成左右。受访学生对学校是否已经制定实施大学章程的认知情况、对学校章程实施情况的总体评价及对"学生干部工作参与机会和参与程序是否公平公正"的评判显著正相关。

另外，有些学生群体中对学生干部工作参与机会和参与程序是否公平公正持否定态度人员占比非常高。比如，对学校是否已经制定实施大学章程选择"否""不清楚，没听说过"的两个学生群体中，对"学生干部工作参与机会和参与程序是否公平公正"选择"否"选项的有效百分比分别为46.6%、42.0%；对学校章程实施情况总体评价选择"基本满意""不满意""不清楚，不好评价"的三个学生群体中，对"学生干部工作参与机会和参与程序是否公平公正"选择"否"选项的人员占比分别为35.9%、72.4%、45.9%。另外，我们还要注意到，对"学生干部工作参与机会和参与程序是否公平公正"选择"否"选项的受访学生，对学校是否已经制定实施大学章程选择"否""不清楚，没听说过"两选项的有效百分比分别为1.7%、42.8%；同时对学校章程实施情况总体评价选择"基本满意""不满意""不清楚，不好评价"三选项的有效百分比分别为33.5%、6.1%、30.7%。

可见，所有受访高校就学生能否公平公正参与学生自治与学生事务而言，都有改进和提高的空间。特别是当受访学生对学校是否已经制定实施大学章程缺乏明确认知或者对学校章程实施情况总体评价持消极甚至负面态度的时候，会有相对更高比例人员对"学生干部工作参与机会和参与程序是否公平公正"持否定态度；反过来，对"学生干部工作参与机会和参与程序是否公平公正"持否定态度的学生中，会有相对更高比例学生对学校是否已经制定实施大学章程缺乏明确认知，也对学校章程实施情况总体满意度偏低。所以，高校在推进学校章程建设、保障章程实施过程中，应当将确保学生公平公正参与学生自治与学生事务作为一项重要工作认真对待，只有这样才能更好地实现这些工作之间的协调共进和良性互动。

（三）学生参与学校管理的渠道是否畅通

对"学校是否通过设立校长信箱、校长助理等途径方便学生就学校工作提出意见建议"，3/4的受访学生给予了积极性评判（见图4－150）。从不同年级类型受访学生评判情况看，仍然是低年级学生认可度高于高年级学生（见图4－151）。鉴于高年级学生就此问题的评判更加可靠，我们认为大学七成学生就此问题的评判是积极而有效的。

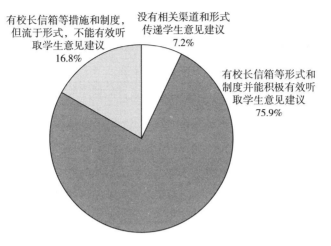

图 4 - 150 受访学生对学校是否通过设立校长信箱、校长助理等
途径方便学生就学校工作提出意见建议的评判

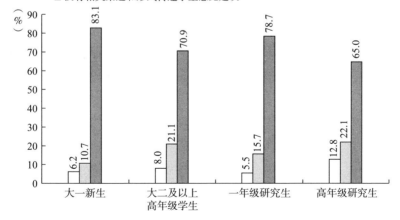

图 4 - 151 不同年级类型受访学生对学校是否通过设立校长信箱、校长
助理等途径方便学生就学校工作提出意见建议的评判

271

受访学生中学生干部对"学校是否通过设立校长信箱、校长助理等途径方便学生就学校工作提出意见建议"的认可度高于非学生干部（见图4－152）。就此我们可以理解为，在一定程度上是因为学生干部基于自身条件相对更便于向学校表达意见建议。

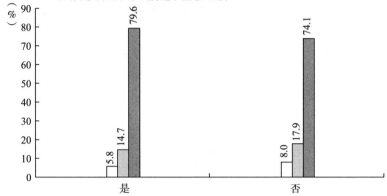

图4－152　受访学生是否担任学生干部对学校是否通过设立校长信箱、校长助理等途径方便学生就学校工作提出意见建议的评判

不同类型学校学生对"学校是否通过设立校长信箱、校长助理等途径方便学生就学校工作提出意见建议"的评判，除"双一流"建设高校及地方高水平大学建设立项高校认可度相对突出外，其他三个类型院校的认可度比较接近而且都不算太高。"有校长信箱等形式和制度并能积极有效听取学生意见建议"选项的有效百分比从高到低依次是"双一流"建设高校及地方高水平大学建设立项高校、部属院校、高职高专、其他省属普通本科院校（见图4－153）。

受访学生对学校是否已经制定实施大学章程的认知情况，与其对学生参与学校管理渠道是否畅通的评判正相关。一方面，明确认知学校已经制定实施大学章程的受访学生，针对"学校是否通过设立校长信箱、校长助理等途径方便学生就学校工作提出意见建议"，选择"有校长信箱等形式和制度并能积极有效听取学生意见建议"选项的有效百分比为82.7%，显著高于另外两个学生群体（见图4－154）；另一方面，针对"学校是否通过设立校长信箱、校长助理等途径方便学生就学校工作提出意见建议"，分别选

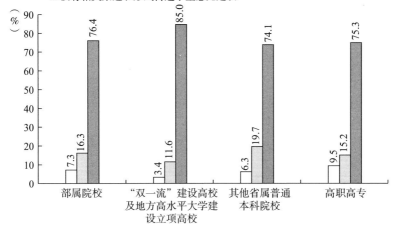

□ 有校长信箱等形式和制度并能积极有效听取学生意见建议
□ 有校长信箱等措施和制度，但流于形式，不能有效听取学生意见建议
■ 没有相关渠道和形式传递学生意见建议

图 4 - 153　不同类型学校受访学生对学校是否通过设立校长信箱、校长
助理等途径方便学生就学校工作提出意见建议的评判

择"有校长信箱等形式和制度并能积极有效听取学生意见建议""有校长信
箱等措施和制度，但流于形式，不能有效听取学生意见建议""没有相关渠
道和形式传递学生意见建议"等选项的三个群体中，明确认知学校已经制
定实施大学章程的学生占比依次下降（见图 4 - 155）。

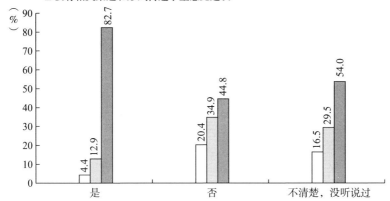

□ 有校长信箱等形式和制度并能积极有效听取学生意见建议
□ 有校长信箱等措施和制度，但流于形式，不能有效听取学生意见建议
■ 没有相关渠道和形式传递学生意见建议

图 4 - 154　对学校是否已经制定实施大学章程三种不同认知情况的
受访学生对学校是否通过设立校长信箱、校长助理等
途径方便学生就学校工作提出意见建议的评判

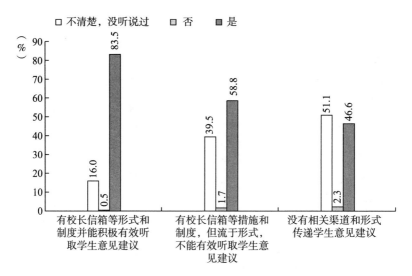

图 4 - 155 对学校是否通过设立校长信箱、校长助理等途径方便
学生就学校工作提出意见建议的评判持不同意见的受
访学生对学校是否已经制定实施大学章程的认知情况

各类型学校对学校是否已经制定实施大学章程三种不同认知情况的受访学生群体，对学生参与学校管理渠道是否畅通的评判的分布状态与上述总体统计情况完全一致：明确认知学校已经制定实施大学章程的受访学生，对"学校是否通过设立校长信箱、校长助理等途径方便学生就学校工作提出意见建议"，选择"有校长信箱等形式和制度并能积极有效听取学生意见建议"选项的有效百分比显著高于另外两个学生群体；对"学校是否通过设立校长信箱、校长助理等途径方便学生就学校工作提出意见建议"，分别选择"有校长信箱等形式和制度并能积极有效听取学生意见建议""有校长信箱等措施和制度，但流于形式，不能有效听取学生意见建议""没有相关渠道和形式传递学生意见建议"等选项的三个群体中，明确认知学校已经制定实施大学章程的学生占比依次下降。仅就明确认知学校已经制定实施大学章程的学生对"学校是否通过设立校长信箱、校长助理等途径方便学生就学校工作提出意见建议"选择"有校长信箱等形式和制度并能积极有效听取学生意见建议"选项的有效百分比进行比较，从高到低依次是"双一流"建设高校及地方高水平大学建设立项高校（88.7%）、高职高专（83.0%）、部属院校（81.8%）、其他省属普通本科院校（80.7%）（见图

4 - 156 至图 4 - 163）。这一顺序与前述不同类型学校整体比较结果稍有不同，第二位和第三位顺序颠倒。

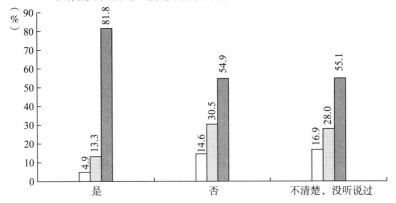

图 4 - 156　对学校是否已经制定实施大学章程三种不同认知情况的部属院校受访学生对学校是否通过设立校长信箱、校长助理等途径方便学生就学校工作提出意见建议的评判

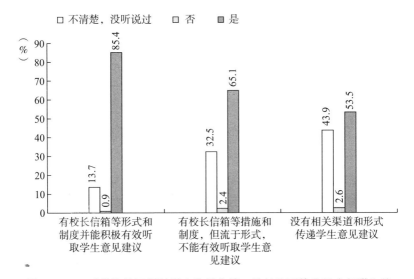

图 4 - 157　对学校是否通过设立校长信箱、校长助理等途径方便学生就学校工作提出意见建议的评判持不同意见的部属院校受访学生对学校是否已经制定实施大学章程的认知情况

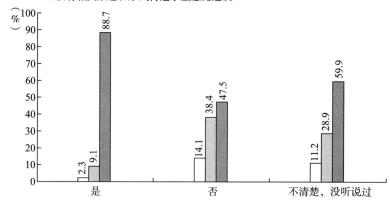

图 4 - 158 对学校是否已经制定实施大学章程三种不同认知情况的"双一流"建设
高校及地方高水平大学建设立项高校受访学生对学校是否通过设立校长
信箱、校长助理等途径方便学生就学校工作提出意见建议的评判

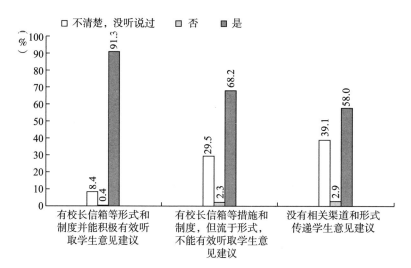

图 4 - 159 对学校是否通过设立校长信箱、校长助理等途径方便学生就学校工作提出
意见建议的评判持不同意见的"双一流"建设高校及地方高水平大学
建设立项高校受访学生对学校是否已经制定实施大学章程的认知情况

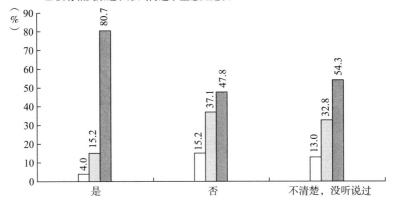

图 4-160　对学校是否已经制定实施大学章程三种不同认知情况的其他省属
　　　　　普通本科院校受访学生对学校是否通过设立校长信箱、校长
　　　　　助理等途径方便学生就学校工作提出意见建议的评判

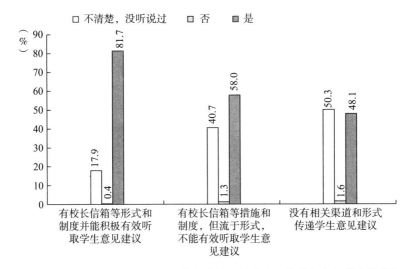

图 4-161　对学校是否通过设立校长信箱、校长助理等途径方便学生就学校
　　　　　工作提出意见建议的评判持不同意见的其他省属普通本科院校
　　　　　受访学生对学校是否已经制定实施大学章程的认知情况

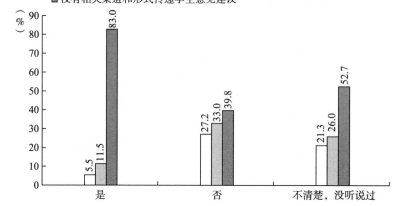

图 4 - 162 对学校是否已经制定实施大学章程三种不同认知情况的高职
高专受访学生对学校是否通过设立校长信箱、校长助理
等途径方便学生就学校工作提出意见建议的评判

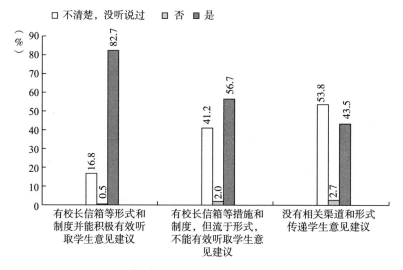

图 4 - 163 对学校是否通过设立校长信箱、校长助理等途径方便学生就
学校工作提出意见建议的评判持不同意见的高职高专受访
学生对学校是否已经制定实施大学章程的认知情况

全体受访学生对学校章程实施情况的总体评价与其对学生参与学校管理渠道是否畅通的评判正相关：对学校章程实施情况满意度越高，相应对学生参与学校管理渠道是否畅通认可度也越高（见图4－164），反之亦然（见图4－165）。一方面，对学校章程实施情况总体评价分别选择"非常满意""满意""基本满意""不清楚，不好评价""不满意"的五个群体中，针对"学校是否通过设立校长信箱、校长助理等途径方便学生就学校工作提出意见建议"，选择"有校长信箱等形式和制度并能积极有效听取学生意见建议"选项的有效百分比依次降低，而"没有相关渠道和形式传递学生意见建议"选项的有效百分比依次升高。另一方面，针对"学校是否通过设立校长信箱、校长助理等途径方便学生就学校工作提出意见建议"，分别选择"有校长信箱等形式和制度并能积极有效听取学生意见建议""有校长信箱等措施和制度，但流于形式，不能有效听取学生意见建议""没有相关渠道和形式传递学生意见建议"等选项的三个群体中，对学校章程实施情况总体评价选择"非常满意"和"满意"两选项的有效百分比依次下降，而"不满意"及"不清楚，不好评价"两选项的有效百分比均依次升高。

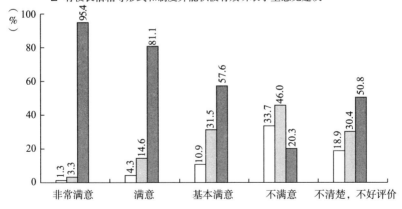

图4－164　对学校章程实施情况总体评价持不同意见的受访学生
对学校是否通过设立校长信箱、校长助理等途径方便
学生就学校工作提出意见建议的评判

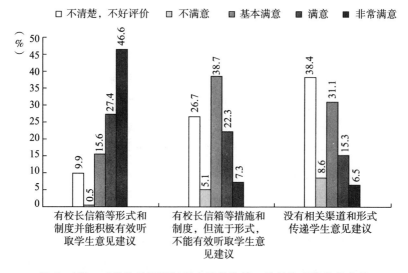

图 4-165　对学校是否通过设立校长信箱、校长助理等途径方便
学生就学校工作提出意见建议的评判持不同意见
的受访学生对学校章程实施情况的总体评价

对学校是否已经制定实施大学章程不同认知情况的三个受访学生群体，除个别数据外，每个受访学生群体在上述两个方面的认可度和满意度分布状态（见图 4-166 至图 4-171）与上述总体统计情况均相一致。总体上，

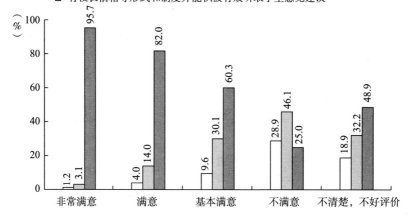

图 4-166　对学校是否已经制定实施大学章程表示明确认知并对学校章程实施
情况总体评价持不同意见的受访学生对学校是否通过设立校长
信箱、校长助理等途径方便学生就学校工作提出意见建议的评判

受访学生对学校是否已经制定实施大学章程的认知情况、对学校章程实施情况的总体评价及对"学校是否通过设立校长信箱、校长助理等途径方便学生就学校工作提出意见建议"的评判正相关。

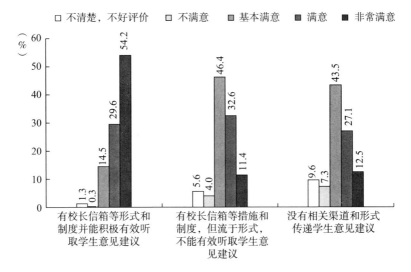

图 4 - 167　对学校是否已经制定实施大学章程表示明确认知并对学校是否通过设立校长信箱、校长助理等途径方便学生就学校工作提出意见建议的评判持不同意见的受访学生对学校章程实施情况的总体评价

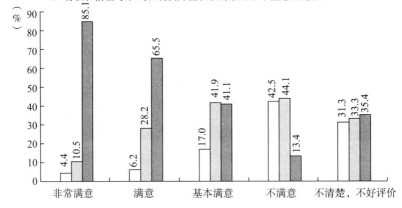

图 4 - 168　对学校是否已经制定实施大学章程表示否定并对学校章程实施情况总体评价持不同意见的受访学生对学校是否通过设立校长信箱、校长助理等途径方便学生就学校工作提出意见建议的评判

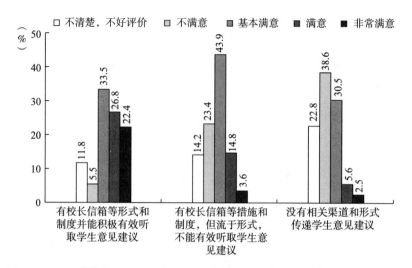

图 4－169 对学校是否已经制定实施大学章程表示否定并对学校是否通过设立
校长信箱、校长助理等途径方便学生就学校工作提出意见建议的
评判持不同意见的受访学生对学校章程实施情况的总体评价

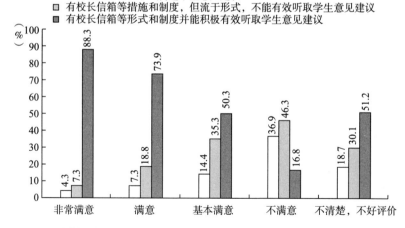

图 4－170 对学校是否已经制定实施大学章程表示"不清楚，没听说过"并对学校
章程实施情况总体评价持不同意见的受访学生对学校是否通过设立
校长信箱、校长助理等途径方便学生就学校工作提出意见建议的评判

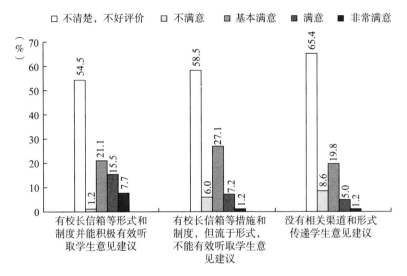

图4-171 对学校是否已经制定实施大学章程表示"不清楚，没听说过"并对学校是否通过设立校长信箱、校长助理等途径方便学生就学校工作提出意见建议的评判持不同意见的受访学生对学校章程实施情况的总体评价

　　总体而言，超过3/4的受访学生对学生参与学校管理渠道是否畅通表示了充分肯定。高年级研究生持充分认可态度人员占比较低（65.0%），但低年级学生高于高年级学生，学生干部高于非学生干部。这可能缘于低年级学生在对有关情况了解相对更不充分情况下会采取更加宽容的态度进行评判，而非学生干部对相关机制的了解不如学生干部那么充分。受访学生对学校是否已经制定实施大学章程的认知情况、对学校章程实施情况的总体评价及对"学校是否通过设立校长信箱、校长助理等途径方便学生就学校工作提出意见建议"的评判正相关。

　　受访学生的上述数据统计结果再一次支持以下判断和结论：高校在推进学校章程建设、保障章程实施过程中，同样需要注重加强学生参与学校管理的渠道建设并确保信息畅通，充分保障学生参与学校民主管理的权利。学生参与学校管理渠道建设及其效果保障，不仅是学校章程建设与实施的具体任务，也是其重要目的之一，如能工作到位，可以更加有效地实现推进学校章程建设、章程实施保障与学生参与学校管理渠道建设之间的良性互动和积极共进。

第五章 师生员工权益保障

是否依法构建并有效运行师生权益救济机制，不仅是衡量和判断学校师生权益保护机制是否完善的直接根据，也是考察和评测高校内部治理体系是否健全的重要一环。对服务于教师权益保障的教师校内申诉制度建设的测评，主要是面向所有受访高校的全体教职员工，对服务于学生权益保障的学生申诉委员会设立与运行的测评，则面向所有受访高校全体教职员工和学生。

一　教师校内申诉机构设置及制度建设

受访教职员工针对学校教师校内申诉机构设置及制度建设情况的评判，就机构设置及制度建设均给予充分肯定的人员占比过半（54.0%），仅就机构设置给予肯定的人员占比为15.6%，整体上给予非常有限肯定的人员占比为13.7%，给予否定性评判的人员占比达到16.7%（见图5-1）。总体而言，教职员工针对学校教师校内申诉机构设置及制度建设情况的评判并不乐观。

进而从不同类型学校受访教职员工就"学校教职员工校内申诉机构设置及制度建设情况"的评判情况看，给予充分肯定的人员占比相对较高的是部属院校及高职高专，有效百分比分别为61.8%、57.2%（见图5-2）。四个类型高校中，分别有一到两成受访教职员工认为学校只是设立了教师校内申诉组织机构但没有专门进行制度设计，也有较高比例受访人员表示学校没有依法设立专门的申诉机构（"双一流"建设高校及地方高水平大学

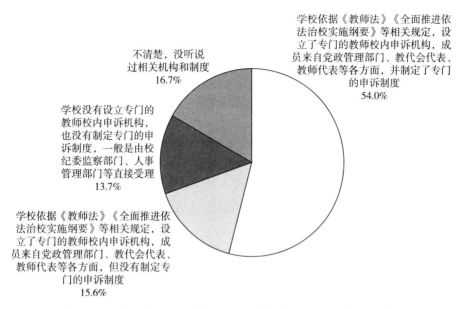

学校依据《教师法》《全面推进依法治校实施纲要》等相关规定，设立了专门的教师校内申诉机构，成员来自党政管理部门、教代会代表、教师代表等各方面，并制定了专门的申诉制度 54.0%

不清楚，没听说过相关机构和制度 16.7%

学校没有设立专门的教师校内申诉机构，也没有制定专门的申诉制度，一般是由校纪委监察部门、人事管理部门等直接受理 13.7%

学校依据《教师法》《全面推进依法治校实施纲要》等相关规定，设立了专门的教师校内申诉机构，成员来自党政管理部门、教代会代表、教师代表等各方面，但没有制定专门的申诉制度 15.6%

图 5 – 1　受访教职员工对校内申诉机构设置及制度建设情况的评判

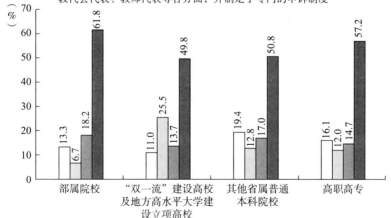

□ 不清楚，没听说过相关机构和制度
□ 学校没有设立专门的教师校内申诉机构，也没有制定专门的申诉制度，一般是由校纪委监察部门、人事管理部门等直接受理
▨ 学校依据《教师法》《全面推进依法治校实施纲要》等相关规定，设立了专门的教师校内申诉机构，成员来自党政管理部门、教代会代表、教师代表等各方面，但没有制定专门的申诉制度
■ 学校依据《教师法》《全面推进依法治校实施纲要》等相关规定，设立了专门的教师校内申诉机构，成员来自党政管理部门、教代会代表、教师代表等各方面，并制定了专门的申诉制度

图 5 – 2　不同类型学校受访教职员工对校内申诉机构设置及制度建设情况的评判

建设立项高校这一选项的有效百分比为 25.5%），另外四个类型院校分别也有一到两成受访教职员工对此表示"不清楚，没听说过相关机构和制度"。

包括校级领导干部在内的各职务受访教职员工，都有不同比例人员分别选择四个选项，表示充分肯定即选择"学校依据《教师法》《全面推进依法治校实施纲要》等相关规定，设立了专门的教师校内申诉机构，成员来自党政管理部门、教代会代表、教师代表等各方面，并制定了专门的申诉制度"选项的有效百分比较高的是校级领导干部，其次是其他管理服务人员，再次是中级职称及以下教学科研人员，随后是中层管理干部，而高级职称教学科研人员中只有 39.3% 的人员给予肯定。五个职务类型受访教职员工中，分别都有一到两成人员只是肯定了相关机构的存在，也都有不同比例的人员否认了专门机构的存在（中层管理干部、高级职称教学科研人员这一选项的有效百分比分别为 23.1%、20.5%），还都有较高比例的人员表示"不清楚，没听说过相关机构和制度"（高级职称教学科研人员、中级职称及以下教学科研人员该选项的有效百分比分别为 24.8%、18.0%）（见图 5-3）。

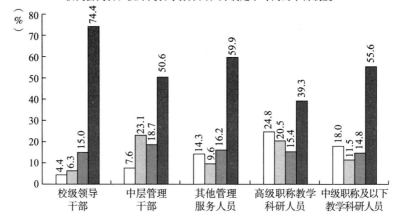

图 5-3　不同职务受访教职员工对校内申诉机构设置及制度建设情况的评判

具体从不同类型学校不同职务受访教职员工对"学校教师校内申诉机构设置及制度建设情况"的评判看,整体情况与上述总体统计情况相似。几乎各类学校各个职务类型受访教职员工,都分别有不同比例的人员选择该问题的四个选项,而且选择"学校依据《教师法》《全面推进依法治校实施纲要》等相关规定,设立了专门的教师校内申诉机构,成员来自党政管理部门、教代会代表、教师代表等各方面,并制定了专门的申诉制度"选项的有效百分比普遍不高(见图5-4至图5-7)。

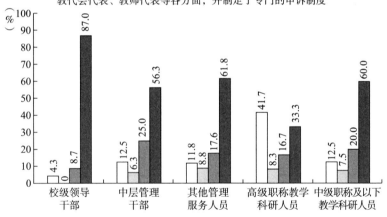

图5-4 部属院校不同职务受访教职员工对校内申诉机构设置及制度建设情况的评判

□ 不清楚，没听说过相关机构和制度
■ 学校没有设立专门的教师校内申诉机构，也没有制定专门的申诉制度，一般是由校纪委监察部门、人事管理部门等直接受理
■ 学校依据《教师法》《全面推进依法治校实施纲要》等相关规定，设立了专门的教师校内申诉机构，成员来自党政管理部门、教代会代表、教师代表等各方面，但没有制定专门的申诉制度
■ 学校依据《教师法》《全面推进依法治校实施纲要》等相关规定，设立了专门的教师校内申诉机构，成员来自党政管理部门、教代会代表、教师代表等各方面，并制定了专门的申诉制度

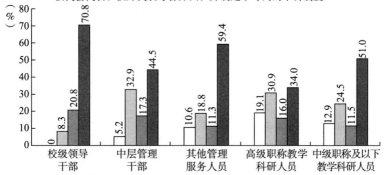

图 5 - 5 "双一流"建设高校及地方高水平大学建设立项高校不同职务
受访教职员工对校内申诉机构设置及制度建设情况的评判

□ 不清楚，没听说过相关机构和制度
■ 学校没有设立专门的教师校内申诉机构，也没有制定专门的申诉制度，一般是由校纪委监察部门、人事管理部门等直接受理
■ 学校依据《教师法》《全面推进依法治校实施纲要》等相关规定，设立了专门的教师校内申诉机构，成员来自党政管理部门、教代会代表、教师代表等各方面，但没有制定专门的申诉制度
■ 学校依据《教师法》《全面推进依法治校实施纲要》等相关规定，设立了专门的教师校内申诉机构，成员来自党政管理部门、教代会代表、教师代表等各方面，并制定了专门的申诉制度

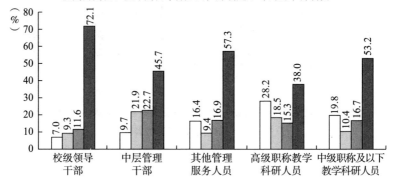

图 5 - 6 其他省属普通本科院校不同职务受访教职员工
对校内申诉机构设置及制度建设情况的评判

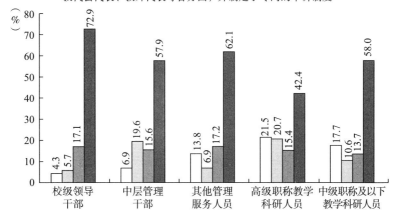

□ 不清楚，没听说过相关机构和制度
□ 学校没有设立专门的教师校内申诉机构，也没有制定专门的申
　诉制度，一般是由校纪委监察部门、人事管理部门等直接受理
■ 学校依据《教师法》《全面推进依法治校实施纲要》等相关规
　定，设立了专门的教师校内申诉机构，成员来自党政管理部门、
　教代会代表、教师代表等各方面，但没有制定专门的申诉制度
■ 学校依据《教师法》《全面推进依法治校实施纲要》等相关规
　定，设立了专门的教师校内申诉机构，成员来自党政管理部门、
　教代会代表、教师代表等各方面，并制定了专门的申诉制度

图 5-7　高职高专不同职务受访教职员工对校内
申诉机构设置及制度建设情况的评判

全体受访教职员工对学校是否已经制定实施大学章程的认知情况与其
对学校教师校内申诉机构设置及制度建设情况的评判正相关：明确认知学
校已经制定实施大学章程的受访人员对学校教师校内申诉机构设置及制度
建设情况的认可度高于另外两个群体（见图 5-8），反过来，受访人员对学
校教师校内申诉机构设置及制度建设情况的认可度越高，其中明确认知学
校已经制定实施大学章程的人员占比也相对越高（见图 5-9）。明确认知学
校已经制定实施大学章程的受访人员，针对学校教师校内申诉机构设置及
制度建设情况，选择"学校依据《教师法》《全面推进依法治校实施纲要》
等相关规定，设立了专门的教师校内申诉机构，成员来自党政管理部门、
教代会代表、教师代表等各方面，并制定了专门的申诉制度"选项的有效
百分比为 59.4%，比另外两个群体相关值都要高出一倍多，另外三个选项
的有效百分比均低于另外两个群体。对学校教师校内申诉机构设置及制度
建设情况分别选择四个选项的四个群体中，明确认知学校已经制定实施大
学章程的人员占比依次降低。

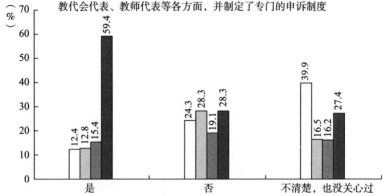

图5-8 对学校是否已经制定实施大学章程三种不同认知情况的受访教职员工对校内申诉机构设置及制度建设情况的评判

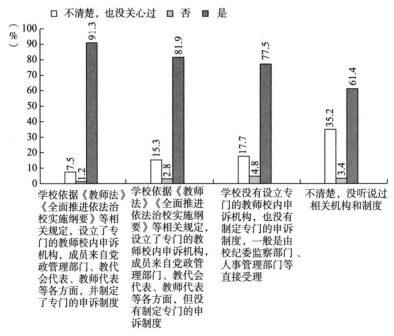

图5-9 对校内申诉机构设置及制度建设情况评判持不同意见的受访教职员工对学校是否已经制定实施大学章程的认知情况

　　各个类型学校在上述两方面的认可度和认知度分布情况，与上述总体统计情况相一致：明确认知学校已经制定实施大学章程的受访人员，对教师校内申诉机构设置及制度建设情况的认可度显著高于另外两个群体，同时在对教师校内申诉机构设置及制度建设情况认可度较高的受访人员中，明确认知学校已经制定实施大学章程人员占比也相对较高（个别数据例外）（见图5-10至图5-17）。仅就明确认知学校已经制定实施大学章程人员选择"学校依据《教师法》《全面推进依法治校实施纲要》等相关规定，设立了专门的教师校内申诉机构，成员来自党政管理部门、教代会代表、教师代表等各方面，并制定了专门的申诉制度"选项的有效百分比进行比较，从高到低依次是部属院校、高职高专、其他省属普通本科院校、"双一流"建设高校及地方高水平大学建设立项高校，这一顺序与前述不同类型学校整体比较结果一致。

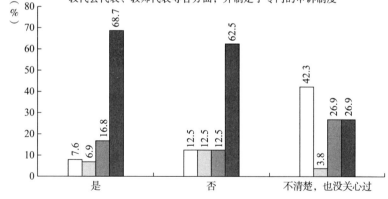

图5-10　对学校是否已经制定实施大学章程三种不同认知情况的部属院校
　　　　受访教职员工对校内申诉机构设置及制度建设情况的评判

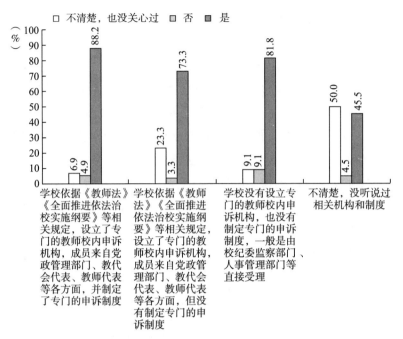

图 5 – 11 对校内申诉机构设置及制度建设情况评判持不同意见的部属院校受访教职员工对学校是否已经制定实施大学章程的认知情况

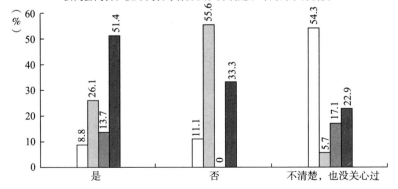

图 5 – 12 对学校是否已经制定实施大学章程三种不同认知情况的"双一流"建设高校及地方高水平大学建设立项高校受访教职员工对校内申诉机构设置及制度建设情况的评判

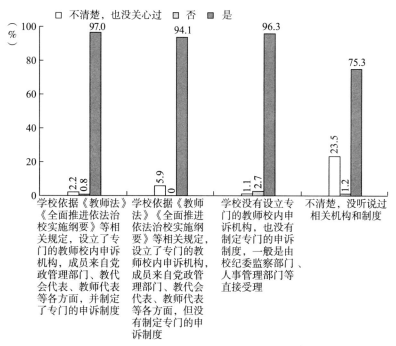

图 5 – 13　对校内申诉机构设置及制度建设情况评判持不同意见的"双一流"建设高校及地方高水平大学建设立项高校受访教职员工对学校是否已经制定实施大学章程的认知情况

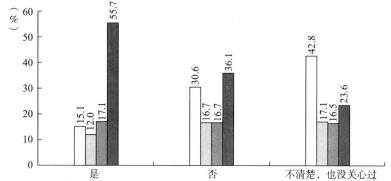

图 5 – 14　对学校是否已经制定实施大学章程三种不同认知情况的其他省属普通本科院校受访教职员工对校内申诉机构设置及制度建设情况的评判

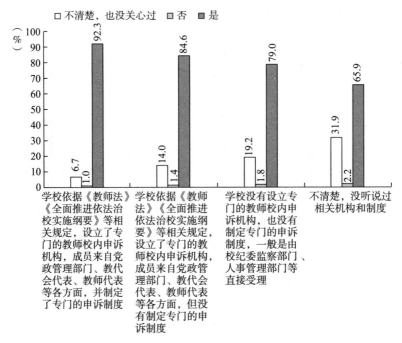

图 5-15 对校内申诉机构设置及制度建设情况评判持不同意见的其他省属普通本科院校受访教职员工对学校是否已经制定实施大学章程的认知情况

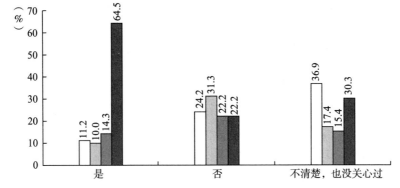

图 5-16 对学校是否已经制定实施大学章程三种不同认知情况的高职高专受访教职员工对校内申诉机构设置及制度建设情况的评判

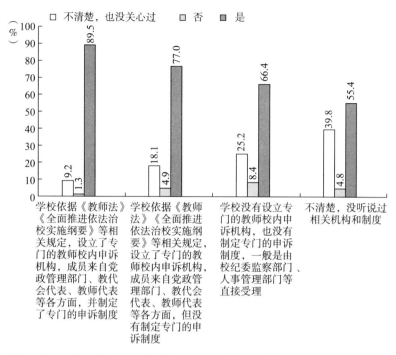

图5-17 对校内申诉机构设置及制度建设情况评判持不同意见的高职高专受访教职员工对学校是否已经制定实施大学章程的认知情况

不同类型受访教职员工对学校是否已经制定实施大学章程的认知情况，与其对教师校内申诉机构设置及制度建设情况的评判，基本上呈正相关关系（见图5-18至图5-27）。各职务受访教职员工中，明确认知学校已经制定实施大学章程人员对教师校内申诉机构设置及制度建设情况的认可度均高于另外两个群体；而针对教师校内申诉机构设置及制度建设情况分别选择其四个选项的四个群体中，基本上都是选择第一个选项（从组织机构及制度建设上均予认可）的群体中明确认知学校已经制定实施大学章程的人员占比最高（个别例外）。仅从明确认知学校已经制定实施大学章程受访人员选择"学校依据《教师法》《全面推进依法治校实施纲要》等相关规定，设立了专门的教师校内申诉机构，成员来自党政管理部门、教代会代表、教师代表等各方面，并制定了专门的申诉制度"选项的有效百分比进行比较，从高到低依次是校级领导干部、其他管理服务人员、中级职称及以下教学科研人员、中层管理干部、高级职称教学科研人员，这一顺序与前述不同职务类型受访人员总体比较结果一致。

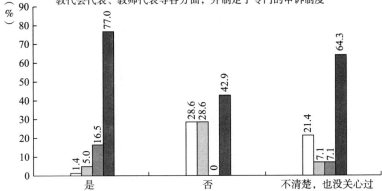

图 5-18　对学校是否已经制定实施大学章程三种不同认知情况的校级
　　　　领导干部对校内申诉机构设置及制度建设情况的评判

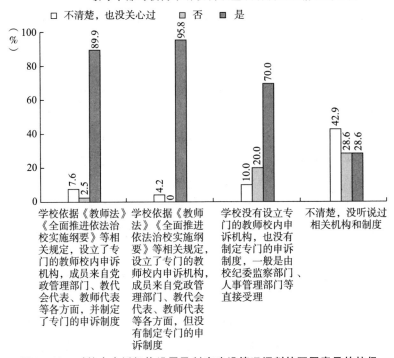

图 5-19　对校内申诉机构设置及制度建设情况评判持不同意见的校级
　　　　领导干部对学校是否已经制定实施大学章程的认知情况

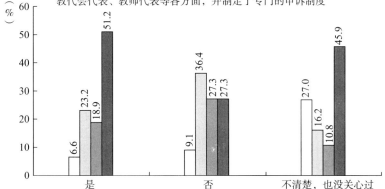

图 5 - 20　对学校是否已经制定实施大学章程三种不同认知情况的中层
管理干部对校内申诉机构设置及制度建设情况的评判

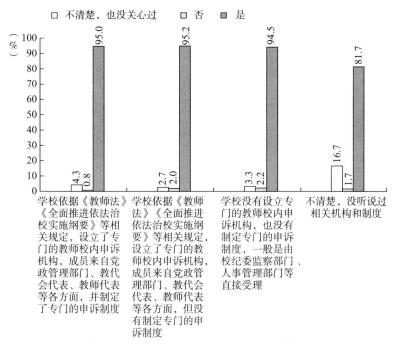

图 5 - 21　对校内申诉机构设置及制度建设情况评判持不同意见的中层
管理干部对学校是否已经制定实施大学章程的认知情况

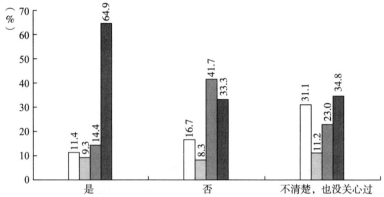

□ 不清楚，没听说过相关机构和制度
□ 学校没有设立专门的教师校内申诉机构，也没有制定专门的申诉制度，一般是由校纪委监察部门、人事管理部门等直接受理
■ 学校依据《教师法》《全面推进依法治校实施纲要》等相关规定，设立了专门的教师校内申诉机构，成员来自党政管理部门、教代会代表、教师代表等各方面，但没有制定专门的申诉制度
■ 学校依据《教师法》《全面推进依法治校实施纲要》等相关规定，设立了专门的教师校内申诉机构，成员来自党政管理部门、教代会代表、教师代表等各方面，并制定了专门的申诉制度

图 5－22 对学校是否已经制定实施大学章程三种不同认知情况的其他管理服务人员对校内申诉机构设置及制度建设情况的评判

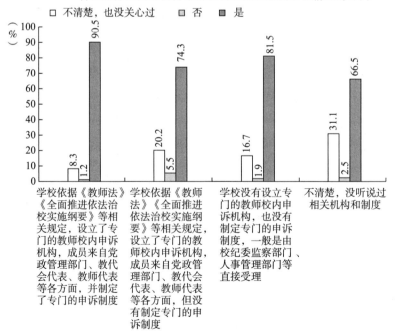

图 5－23 对校内申诉机构设置及制度建设情况评判持不同意见的其他管理服务人员对学校是否已经制定实施大学章程的认知情况

□ 不清楚，没听说过相关机构和制度
□ 学校没有设立专门的教师校内申诉机构，也没有制定专门的申诉制度，一般是由校纪委监察部门、人事管理部门等直接受理
■ 学校依据《教师法》《全面推进依法治校实施纲要》等相关规定，设立了专门的教师校内申诉机构，成员来自党政管理部门、教代会代表、教师代表等各方面，但没有制定专门的申诉制度
■ 学校依据《教师法》《全面推进依法治校实施纲要》等相关规定，设立了专门的教师校内申诉机构，成员来自党政管理部门、教代会代表、教师代表等各方面，并制定了专门的申诉制度

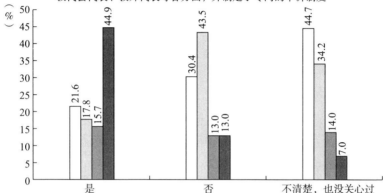

图 5 - 24　对学校是否已经制定实施大学章程三种不同认知情况的高级职称教学科研人员对校内申诉机构设置及制度建设情况的评判

□ 不清楚，也没关心过　□ 否　■ 是

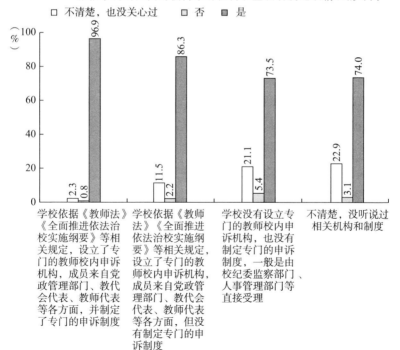

图 5 - 25　对校内申诉机构设置及制度建设情况评判持不同意见的高级职称教学科研人员对学校是否已经制定实施大学章程的认知情况

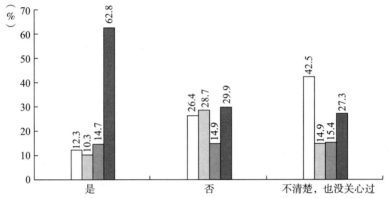

图 5 - 26　对学校是否已经制定实施大学章程三种不同认知情况的中级职称
及以下教学科研人员对校内申诉机构设置及制度建设情况的评判

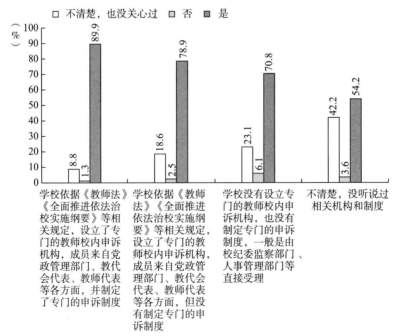

图 5 - 27　对校内申诉机构设置及制度建设情况评判持不同意见的中级职称及
以下教学科研人员对学校是否已经制定实施大学章程的认知情况

全体受访教职员工对学校章程实施情况的总体评价，与其对学校教师校内申诉机构设置及制度建设情况的评判正相关：对学校章程实施情况的满意度越高，对学校教师校内申诉机构设置及制度建设情况的认可度也相对越高（见图5-28），反之亦然（见图5-29）。一方面，对学校章程实施情况总体评价分别选择"非常满意""满意""基本满意""不满意"等选项的四个群体中，对学校教师校内申诉机构设置及制度建设情况选择"学校依据《教师法》《全面推进依法治校实施纲要》等相关规定，设立了专门的教师校内申诉机构，成员来自党政管理部门、教代会代表、教师代表等各方面，并制定了专门的申诉制度"选项的有效百分比依次降低，而选择"不清楚，没听说过相关机构和制度"选项的有效百分比依次升高。另一方面，对学校教师校内申诉机构设置及制度建设情况分别选择四个选项的四个群体中，对学校章程实施情况的较高满意度依次降低。

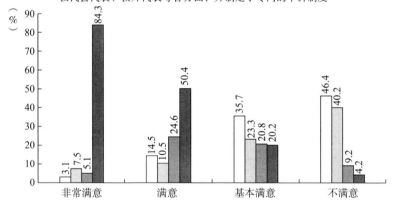

图5-28　对学校章程实施情况总体评价持不同意见的受访教职员工对校内申诉机构设置及制度建设情况的评判

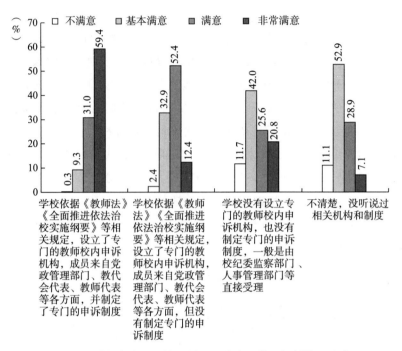

图 5 – 29 对校内申诉机构设置及制度建设情况评判持不同意见的受访教职员工对学校章程实施情况的总体评价

对学校是否已经制定实施大学章程不同认知情况的三个群体,各自两个方面的认可度和满意度分布情况与上述总体统计情况基本一致:对学校章程实施情况的满意度越高,对学校教师校内申诉机构设置及制度建设情况的认可度也相对越高,反之亦然(个别数据例外)(见图5 – 30 至图5 – 35)。而且,明确认知学校已经制定实施大学章程的人员,两方面的认可度和满意度总体上高于另外两个群体。总体上,受访教职员工对学校是否已经制定实施大学章程的认知情况、对学校章程实施情况的总体评价及对学校教师校内申诉机构设置及制度建设情况的评判正相关。

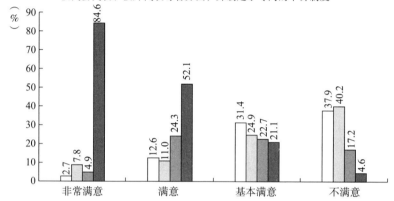

图 5 – 30　对学校是否已经制定实施大学章程表示明确认知并对学校章程实施情况总体
评价持不同意见的受访教职员工对校内申诉机构设置及制度建设情况的评判

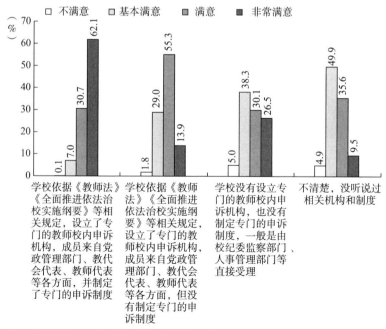

图 5 – 31　对学校是否已经制定实施大学章程表示明确认知并对校内申诉机构设置及制
度建设情况评判持不同意见的受访教职员工对学校章程实施情况的总体评价

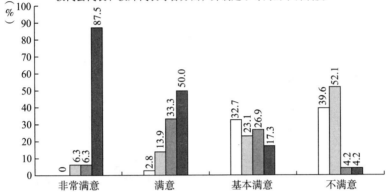

图 5 - 32　对学校是否已经制定实施大学章程表示否定并对学校章程实施情况总体评价持不同意见的受访教职员工对校内申诉机构设置及制度建设情况的评判

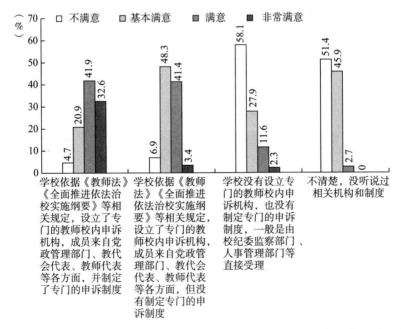

图 5 - 33　对学校是否已经制定实施大学章程表示否定并对校内申诉机构设置及制度建设情况评判持不同意见的受访教职员工对学校章程实施情况的总体评价

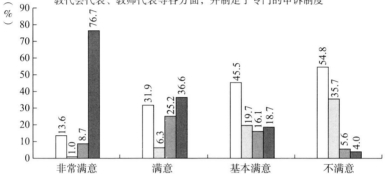

□ 不清楚，没听说过相关机构和制度

□ 学校没有设立专门的教师校内申诉机构，也没有制定专门的申诉制度，一般是由校纪委监察部门、人事管理部门等直接受理

■ 学校依据《教师法》《全面推进依法治校实施纲要》等相关规定，设立了专门的教师校内申诉机构，成员来自党政管理部门、教代会代表、教师代表等各方面，但没有制定专门的申诉制度

■ 学校依据《教师法》《全面推进依法治校实施纲要》等相关规定，设立了专门的教师校内申诉机构，成员来自党政管理部门、教代会代表、教师代表等各方面，并制定了专门的申诉制度

图 5 - 34　对学校是否已经制定实施大学章程表示"不清楚，也没关心过"
并对学校章程实施情况总体评价持不同意见的受访教职员工
对校内申诉机构设置及制度建设情况的评判

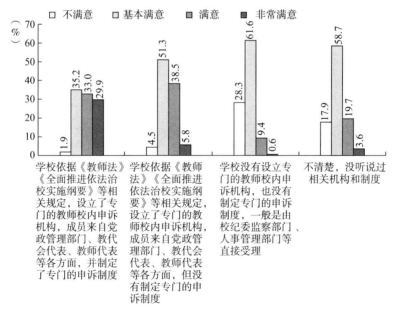

图 5 - 35　对学校是否已经制定实施大学章程表示"不清楚，也没关心过"
并对校内申诉机构设置及制度建设情况评判持不同意见的
受访教职员工对学校章程实施情况的总体评价

总体而言，从全体受访教职员工对学校教师校内申诉机构设置及制度建设情况的评判来看，其中有54.0%的受访人员对机构与制度两方面建设情况表示充分认可。部属院校、高职高专受访教职员工中约六成受访人员给予充分认可，"双一流"建设高校及地方高水平大学建设立项高校、其他省属普通本科院校都只有半数受访人员给予充分认可。受访校级领导干部中给予充分肯定人员占比相对最高（达3/4），高级职称教学科研人员中充分肯定人员占比最低（仅四成），其余职务类型受访人员中也都只有五到六成受访人员给予充分肯定。受访教职员工对学校是否已经制定实施大学章程的认知情况、对学校章程实施情况的总体评价及对学校教师校内申诉机构设置及制度建设情况的评判正相关。

同时，针对学校教师校内申诉机构设置及制度建设情况，15.6%的受访人员仅从组织机构上予以认可（选择"学校依据《教师法》《全面推进依法治校实施纲要》等相关规定，设立了专门的教师校内申诉机构，成员来自党政管理部门、教代会代表、教师代表等各方面，但没有制定专门的申诉制度"选项），13.7%的受访人员对组织机构及制度建设均不认可但肯定了相关机制的存在（选择"学校没有设立专门的教师校内申诉机构，也没有制定专门的申诉制度，一般是由校纪委监察部门、人事管理部门等直接受理"选项），16.7%的受访人员则表示"不清楚，没听说过相关机构和制度"。各个类型院校各个职务类型受访教职员工中，均有不同比例人员分别选择这三个选项，而且某些特定群体的相关选项的有效百分比还非常高，就充分认可人员占比最高的校级领导干部来说，这三个选项的有效百分比分别为15.0%、6.3%、4.4%。

再从受访教职员工对学校是否已经制定实施大学章程的认知情况、对学校章程实施情况的总体评价及对学校教师校内申诉机构设置及制度建设情况评判三者之间正相关角度来看，其中消极乃至负面评判一侧的有效百分比数值则更高。比如，对学校是否已经制定实施大学章程选择"否""不清楚，也没关心过"的两个群体中，对学校教师校内申诉机构设置及制度建设情况评判的后三个选项的有效百分比分别为19.1%、28.3%、24.3%，16.2%、16.5%、39.9%；反过来，对学校教师校内申诉机构设置及制度建设情况评判选择后三个选项的三个群体中，对学校是否已经制定实施大学章程选择"否""不清楚，也没关心过"选项的有效百分比分别为2.8%、

15.3%，4.8%、17.7%，3.4%、35.2%。再比如，对学校章程实施情况总体评价选择"基本满意""不满意"的两个群体中，对学校教师校内申诉机构设置及制度建设情况评判分别选择后三个选项的有效百分比分别为20.8%、23.3%、35.7%，9.2%、40.2%、46.4%；反过来，对学校教师校内申诉机构设置及制度建设情况评判选择后三个选项的三个群体中，对学校章程实施情况总体评价选择"基本满意""不满意"选项的有效百分比分别为32.9%、2.4%，42.0%、11.7%，52.9%、11.1%。

由此得出结论和判断：教师校内申诉组织机构设置及制度建设在受访高校中还普遍存在制度建设不够规范、机制运转效果不理想等问题。高校应当在推进章程建设、保障章程实施过程中，同样高度重视教师校内申诉制度建设，充分保障教职员工的救济权利。既要把完善教师救济权利的制度与机制建设作为章程建设的重要任务，也要把它作为章程实施的重要目标。

二 学生申诉处理委员会设立与运行

（一）学校是否成立并有效运行学生申诉处理委员会的教职员工考察

总体上看，对学生申诉处理委员会的机构设置及运转效果只有七成多受访教职员工给予充分认可或者基本认可，即近三成受访人员或者认为没有严格设置学生申诉处理委员会，或者认为虽已设立机构但没有实质性运转，或者对此表示不清楚（见图5-36）。

从不同类型学校受访教职员工的评判情况看，相比较而言，"双一流"建设高校及地方高水平大学建设立项高校、部属院校受访教职员工认可度较高（八成多的受访人员持充分认可或者基本认可态度），其次是高职高专（3/4的受访人员持充分认可或基本认可态度），最低的是其他省属普通本科院校（七成多的受访人员持充分认可或基本认可态度）（见图5-37）。

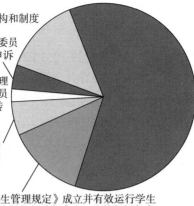

不清楚，也没听说过相关机构和制度
13.4%

没有专门成立学生申诉处理委员会，由相关部门受理学生申诉
4.2%

根据《普通高等学校学生管理规定》成立学生申诉处理委员会，但基本没有实质性运转
2.2%

严格根据《普通高等学校学生管理规定》成立学生申诉处理委员会，但实际运转情况一般
5.8%

严格根据《普通高等学校学生管理规定》成立并有效运行学生申诉处理委员。委员会由学校相关负责任人、职能部门负责人、教师代表、学生代表、负责法律事务的相关机构负责人等组成，并已聘请校内外法律、教育等方面的专家
61.0%

严格根据《普通高等学校学生管理规定》成立并有效运行学生申诉处理委员会。委员会由学校相关负责人、职能部门负责人、教师代表、学生代表、负责法律事务的相关机构负责人等组成，但没有聘请校外法律、教育等方面的专家
13.4%

图 5－36 受访教职员工对学校是否成立并有效运行学生申诉处理委员会的评判

□ 不清楚，也没听说过相关机构和制度
□ 没有专门成立学生申诉处理委员会，由相关部门受理学生申诉
▨ 根据《普通高等学校学生管理规定》成立学生申诉处理委员会，但基本没有实质性运转
■ 严格根据《普通高等学校学生管理规定》成立学生申诉处理委员会，但实际运转情况一般
■ 严格根据《普通高等学校学生管理规定》成立并有效运行学生申诉处理委员会。委员会由学校相关负责人、职能部门负责人、教师代表、学生代表、负责法律事务的相关机构负责人等组成，但没有聘请校外法律、教育等方面的专家
▨ 严格根据《普通高等学校学生管理规定》成立并有效运行学生申诉处理委员会。委员会由学校相关负责人、职能部门负责人、教师代表、学生代表、负责法律事务的相关机构负责人等组成，并已聘请校内外法律、教育等方面的专家

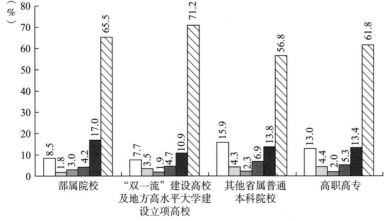

图 5－37 不同类型学校受访教职员工对学校是否成立并
有效运行学生申诉处理委员会的评判

不同职务受访教职员工对学校是否成立并有效运行学生申诉处理委员会的认可度有一定差距，总体上行政管理服务人员认可度高于教学科研人员，高级职称教学科研人员认可度最低。选择"严格根据《普通高等学校学生管理规定》成立并有效运行学生申诉处理委员会。委员会由学校相关负责人、职能部门负责人、教师代表、学生代表、负责法律事务的相关机构负责人等组成，并已聘请校内外法律、教育等方面的专家""严格根据《普通高等学校学生管理规定》成立并有效运行学生申诉处理委员会。委员会由学校相关负责人、职能部门负责人、教师代表、学生代表、负责法律事务的相关机构负责人等组成，但没有聘请校外法律、教育等方面的专家"两选项的校级领导干部、中层管理干部、其他管理服务人员的有效百分比分别为 73.8%、10.0%，62.4%、16.6%，67.0%、13.0%，而高级职称教学科研人员、中级职称及以下教学科研人员的有效百分比分别为 45.8%、13.9%，62.1%、12.8%（见图 5-38）。

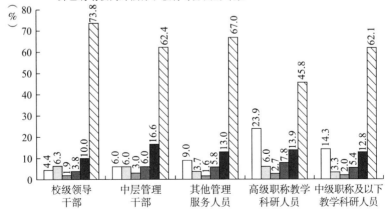

图 5-38　不同职务受访教职员工对学校是否成立并有效运行学生
申诉处理委员会的评判

就各类型学校不同职务受访教职员工的评判情况看，各类型学校不同职务受访人员认可度结构状态与上述总体统计情况特征一致，只是部属院校存在一定的差异，比如其中校级领导干部的认可度特别高，持充分认可态度人员占比高达91.3%，中层管理干部中持充分认可态度人员占比较低，仅为43.8%（见图5-39至图5-42）。

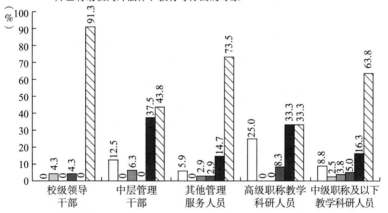

图 5-39 部属院校不同职务受访教职员工对学校是否成立
并有效运行学生申诉处理委员会的评判

□　不清楚，也没听说过相关机构和制度

□　没有专门成立学生申诉处理委员会，由相关部门受理学生申诉

▨　根据《普通高等学校学生管理规定》成立学生申诉处理委员会，
　　但基本没有实质性运转

■　严格根据《普通高等学校学生管理规定》成立学生申诉处理委
　　员会，但实际运转情况一般

■　严格根据《普通高等学校学生管理规定》成立并有效运行学生
　　申诉处理委员会。委员会由学校相关负责人、职能部门负责人、
　　教师代表、学生代表、负责法律事务的相关机构负责人等组成，
　　但没有聘请校外法律、教育等方面的专家

□　严格根据《普通高等学校学生管理规定》成立并有效运行学生
　　申诉处理委员会。委员会由学校相关负责人、职能部门负责人、
　　教师代表、学生代表、负责法律事务的相关机构负责人等组成，
　　并已聘请校内外法律、教育等方面的专家

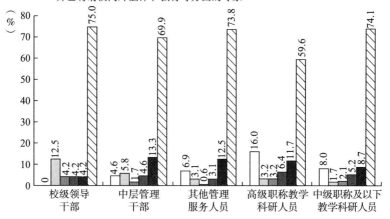

图 5-40　"双一流"建设高校及地方高水平大学建设
立项高校不同职务受访教职员工对学校是否
成立并有效运行学生申诉处理委员会的评判

□ 不清楚，也没听说过相关机构和制度
■ 没有专门成立学生申诉处理委员会，由相关部门受理学生申诉
■ 根据《普通高等学校学生管理规定》成立学生申诉处理委员会，但基本没有实质性运转
■ 严格根据《普通高等学校学生管理规定》成立学生申诉处理委员会，但实际运转情况一般
■ 严格根据《普通高等学校学生管理规定》成立并有效运行学生申诉处理委员会。委员会由学校相关负责人、职能部门负责人、教师代表、学生代表、负责法律事务的相关机构负责人等组成，但没有聘请校外法律、教育等方面的专家
□ 严格根据《普通高等学校学生管理规定》成立并有效运行学生申诉处理委员会。委员会由学校相关负责人、职能部门负责人、教师代表、学生代表、负责法律事务的相关机构负责人等组成，并已聘请校内外法律、教育等方面的专家

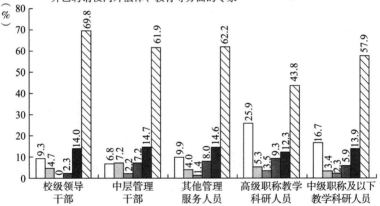

图 5-41 其他省属普通本科院校不同职务受访教职员工对学校是否成立并有效运行学生申诉处理委员会的评判

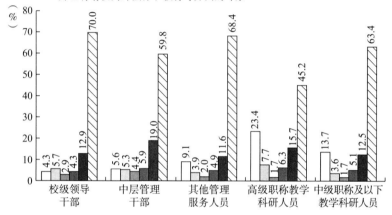

□ 不清楚，也没听说过相关机构和制度
□ 没有专门成立学生申诉处理委员会，由相关部门受理学生申诉
■ 根据《普通高等学校学生管理规定》成立学生申诉处理委员会，但基本没有实质性运转
■ 严格根据《普通高等学校学生管理规定》成立学生申诉处理委员会，但实际运转情况一般
■ 严格根据《普通高等学校学生管理规定》成立并有效运行学生申诉处理委员会。委员会由学校相关负责人、职能部门负责人、教师代表、学生代表、负责法律事务的相关机构负责人等组成，但没有聘请校外法律、教育等方面的专家
□ 严格根据《普通高等学校学生管理规定》成立并有效运行学生申诉处理委员会。委员会由学校相关负责人、职能部门负责人、教师代表、学生代表、负责法律事务的相关机构负责人等组成，并已聘请校内外法律、教育等方面的专家

图 5 - 42　高职高专不同职务受访教职员工对学校是否成立并有效运行学生申诉处理委员会的评判

全体受访教职员工对学校是否已经制定实施大学章程的认知情况，与其对学校是否成立并有效运行学生申诉处理委员会的评判正相关：明确认知学校已经制定实施大学章程的受访人员，对学校是否成立并有效运行学生申诉处理委员会的认可度明显高于另外两个群体（见图 5 - 43）；对学校是否成立并有效运行学生申诉处理委员会的认可度较高的群体中，明确认知学校已经制定实施大学章程的人员占比也相对较高（见图 5 - 44）。针对"学校是否成立并有效运行学生申诉处理委员会"分别选择六个选项的六个群体中，明确认知学校已经制定实施大学章程的人员占比整体上呈现下降状态（只有选择第五个选项的群体该有效百分比比选择第四个选项的群体高了 0.6 个百分点）。

□ 不清楚，也没听说过相关机构和制度
□ 没有专门成立学生申诉处理委员会，由相关部门受理学生申诉
▨ 根据《普通高等学校学生管理规定》成立学生申诉处理委员会，但基本没有实质性运转
■ 严格根据《普通高等学校学生管理规定》成立学生申诉处理委员会，但实际运转情况一般
■ 严格根据《普通高等学校学生管理规定》成立并有效运行学生申诉处理委员会。委员会由学校相关负责人、职能部门负责人、教师代表、学生代表、负责法律事务的相关机构负责人等组成，但没有聘请校外法律、教育等方面的专家
□ 严格根据《普通高等学校学生管理规定》成立并有效运行学生申诉处理委员会。委员会由学校相关负责人、职能部门负责人、教师代表、学生代表、负责法律事务的相关机构负责人等组成，并已聘请校内外法律、教育等方面的专家

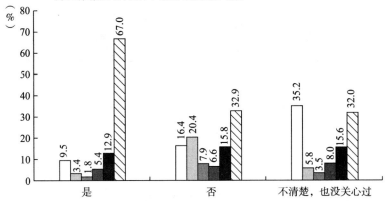

图 5-43　对学校是否已经制定实施大学章程三种不同认知情况的受访教职员工对学校是否成立并有效运行学生申诉处理委员会的评判

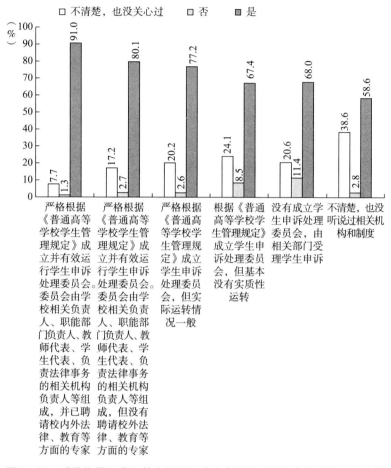

图5－44　对学校是否成立并有效运行学生申诉处理委员会评判持不同意见的受访教职员工对学校是否已经制定实施大学章程的认知情况

就不同类型学校受访教职员工对学校是否已经制定实施大学章程的认知情况，与其对学校是否成立并有效运行学生申诉处理委员会的评判之间的相关性而言，两方面的认可度及认知度分布情况与上述总体统计情况一致：各个类型院校受访教职员工中明确认知学校已经制定实施大学章程的人员，对学校是否成立并有效运行学生申诉处理委员会的认可度明显高于另外两个群体，具体表现为其中持充分认可态度的人员占比及其与持基本认可态度的人员占比之和均最高；反过来，针对"学校是否成立并有效运行学生申诉处理委员会"分别选择六个选项的六个群体中，明确认知学校已经制定实施大学章程的人员占比整体上呈下降态势（见图5－45至图5－

52）。另外，仅就明确认知学校已经制定实施大学章程的受访人员中对学校是否成立并有效运行学生申诉处理委员会持充分认可态度，即选择"严格根据《普通高等学校学生管理规定》成立并有效运行学生申诉处理委员会。委员会由学校相关负责人、职能部门负责人、教师代表、学生代表、负责法律事务的相关机构负责人等组成，并已聘请校内外法律、教育等方面的专家"选项的有效百分比进行比较，从高到低依次是部属院校、"双一流"建设高校及地方高水平大学建设立项高校、高职高专、其他省属普通本科院校，这一排序与前述不同类型学校整体比较结果非常接近（此处第一、二项占比相同，而前述结果第二项较高）。

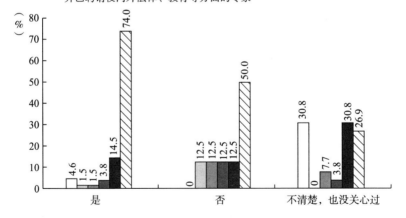

图 5-45　对学校是否已经制定实施大学章程三种不同认知
情况的部属院校受访教职员工对学校是否成立
并有效运行学生申诉处理委员会的评判

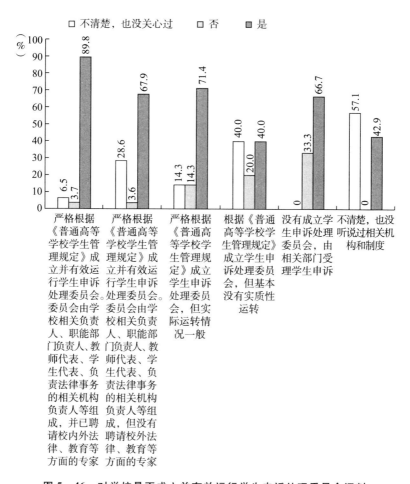

图 5 – 46 对学校是否成立并有效运行学生申诉处理委员会评判
持不同意见的部属院校受访教职员工对学校
是否已经制定实施大学章程的认知情况

□ 不清楚，也没听说过相关机构和制度
■ 没有专门成立学生申诉处理委员会，由相关部门受理学生申诉
■ 根据《普通高等学校学生管理规定》成立学生申诉处理委员会，
　但基本没有实质性运转
■ 严格根据《普通高等学校学生管理规定》成立学生申诉处理委
　员会，但实际运转情况一般
■ 严格根据《普通高等学校学生管理规定》成立并有效运行学生
　申诉处理委员会。委员会由学校相关负责人、职能部门负责人、
　教师代表、学生代表、负责法律事务的相关机构负责人等组成，
　但没有聘请校外法律、教育等方面的专家
□ 严格根据《普通高等学校学生管理规定》成立并有效运行学生
　申诉处理委员会。委员会由学校相关负责人、职能部门负责人、
　教师代表、学生代表、负责法律事务的相关机构负责人等组成，
　并已聘请校内外法律、教育等方面的专家

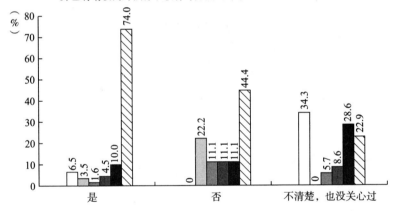

图 5-47　对学校是否已经制定实施大学章程三种不同认知情况的"双一流"
　　　　建设高校及地方高水平大学建设立项高校受访教职员工对
　　　　学校是否成立并有效运行学生申诉处理委员会的评判

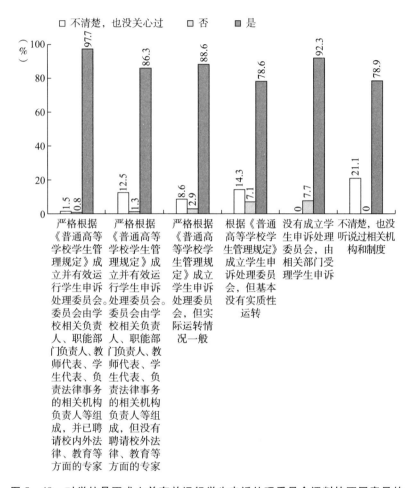

图 5 - 48　对学校是否成立并有效运行学生申诉处理委员会评判持不同意见的
"双一流"建设高校及地方高水平大学建设立项高校受访教职
员工对学校是否已经制定实施大学章程的认知情况

□ 不清楚，也没听说过相关机构和制度
□ 没有专门成立学生申诉处理委员会，由相关部门受理学生申诉
■ 根据《普通高等学校学生管理规定》成立学生申诉处理委员会，
但基本没有实质性运转
■ 严格根据《普通高等学校学生管理规定》成立学生申诉处理委员会，但实际运转情况一般
■ 严格根据《普通高等学校学生管理规定》成立并有效运行学生申诉处理委员会。委员会由学校相关负责人、职能部门负责人、教师代表、学生代表、负责法律事务的相关机构负责人等组成，但没有聘请校外法律、教育等方面的专家
☒ 严格根据《普通高等学校学生管理规定》成立并有效运行学生申诉处理委员会。委员会由学校相关负责人、职能部门负责人、教师代表、学生代表、负责法律事务的相关机构负责人等组成，并已聘请校内外法律、教育等方面的专家

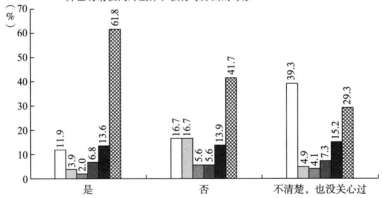

图 5 - 49 对学校是否已经制定实施大学章程三种不同认知情况的
其他省属普通本科院校受访教职员工对学校是否
成立并有效运行学生申诉处理委员会的评判

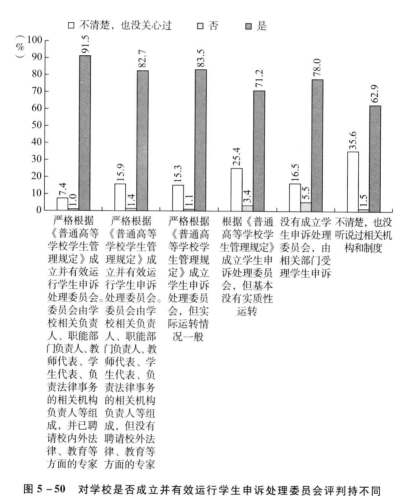

图 5 - 50　对学校是否成立并有效运行学生申诉处理委员会评判持不同
意见的其他省属普通本科院校受访教职员工对学校
是否已经制定实施大学章程的认知情况

□ 不清楚，也没听说过相关机构和制度

□ 没有专门成立学生申诉处理委员会，由相关部门受理学生申诉

■ 根据《普通高等学校学生管理规定》成立学生申诉处理委员会，
但基本没有实质性运转

■ 严格根据《普通高等学校学生管理规定》成立学生申诉处理委员会，但实际运转情况一般

■ 严格根据《普通高等学校学生管理规定》成立并有效运行学生
申诉处理委员会。委员会由学校相关负责人、职能部门负责人、
教师代表、学生代表、负责法律事务的相关机构负责人等组成，
但没有聘请校外法律、教育等方面的专家

⊠ 严格根据《普通高等学校学生管理规定》成立并有效运行学生
申诉处理委员会。委员会由学校相关负责人、职能部门负责人、
教师代表、学生代表、负责法律事务的相关机构负责人等组成，
并已聘请校内外法律、教育等方面的专家

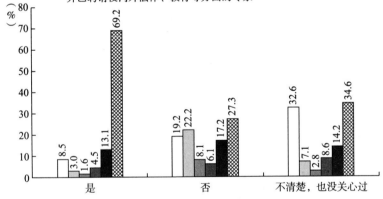

图 5－51　对学校是否已经制定实施大学章程三种不同认知
情况的高职高专受访教职员工对学校是否成立
并有效运行学生申诉处理委员会的评判

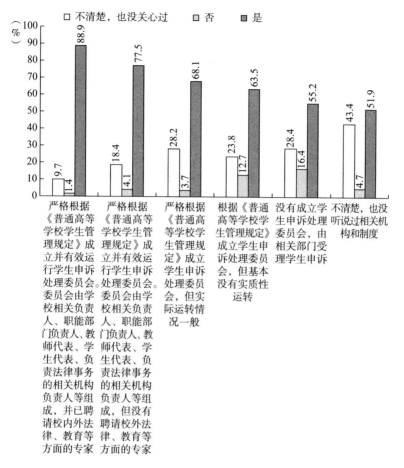

图 5 - 52　对学校是否成立并有效运行学生申诉处理委员会评判
持不同意见的高职高专受访教职员工对学校
是否已经制定实施大学章程的认知情况

不同职务受访教职员工对学校是否已经制定实施大学章程的认知情况，均与其对学校是否成立并有效运行学生申诉处理委员会的认可度正相关（见图 5 - 53 至图 5 - 62）：各种职务的受访教职员工中，明确认知学校已经制定实施大学章程的人员对学校是否成立并有效运行学生申诉处理委员会的认可度均高于另外两个群体；对学校是否成立并有效运行学生申诉处理委员会认可度较高的人员中，明确认知学校已经制定实施大学章程的人员占比一般也都相对较高（个别数据例外）。另外，仅就明确认知学校已经制定实施大学章程受访人员中持充分认可态度，即选择"严格根据《普通高等学校学生管理规定》成立并有效运行学生申诉处理委员会。委员会由学校相关负责人、职能部门负责人、教师代表、学生代表、负责法律事务的相关机构负责人等组成，并已聘请校内外法律、教育等方面的专家"选项的有效百分比进行比较，从高到低依次是校级领导干部、其他管理服务人员、中级职称及以下教学科研人员、中层管理干部、高级职称教学科研人员。

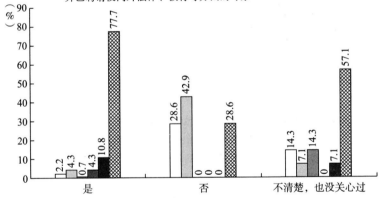

图 5-53 对学校是否已经制定实施大学章程三种不同
认知情况的校级领导干部对学校是否成立
并有效运行学生申诉处理委员会的评判

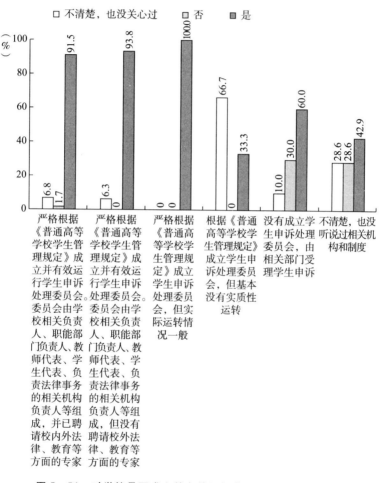

图 5-54　对学校是否成立并有效运行学生申诉处理委员会
评判持不同意见的校级领导干部对学校是否
已经制定实施大学章程的认知情况

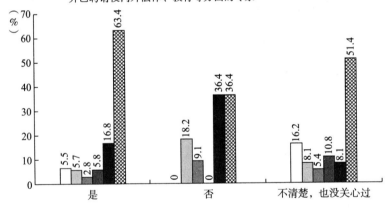

□ 不清楚，也没听说过相关机构和制度
▨ 没有专门成立学生申诉处理委员会，由相关部门受理学生申诉
▨ 根据《普通高等学校学生管理规定》成立学生申诉处理委员会，
   但基本没有实质性运转
■ 严格根据《普通高等学校学生管理规定》成立学生申诉处理委
   员会，但实际运转情况一般
■ 严格根据《普通高等学校学生管理规定》成立并有效运行学生
   申诉处理委员会。委员会由学校相关负责人、职能部门负责人、
   教师代表、学生代表、负责法律事务的相关机构负责人等组成，
   但没有聘请校外法律、教育等方面的专家
▨ 严格根据《普通高等学校学生管理规定》成立并有效运行学生
   申诉处理委员会。委员会由学校相关负责人、职能部门负责人、
   教师代表、学生代表、负责法律事务的相关机构负责人等组成，
   并已聘请校内外法律、教育等方面的专家

图 5－55　对学校是否已经制定实施大学章程三种不同
　　　　　认知情况的中层管理干部对学校是否成立
　　　　　并有效运行学生申诉处理委员会的评判

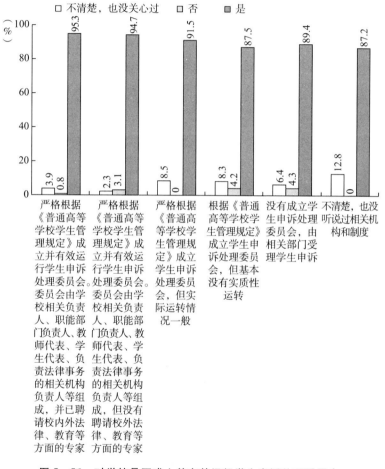

图 5 - 56　对学校是否成立并有效运行学生申诉处理委员会
评判持不同意见的中层管理干部对学校是否
已经制定实施大学章程的认知情况

□ 不清楚，也没听说过相关机构和制度
□ 没有专门成立学生申诉处理委员会，由相关部门受理学生申诉
■ 根据《普通高等学校学生管理规定》成立学生申诉处理委员会，
但基本没有实质性运转
■ 严格根据《普通高等学校学生管理规定》成立学生申诉处理委
员会，但实际运转情况一般
■ 严格根据《普通高等学校学生管理规定》成立并有效运行学生
申诉处理委员会。委员会由学校相关负责人、职能部门负责人、
教师代表、学生代表、负责法律事务的相关机构负责人等组成，
但没有聘请校外法律、教育等方面的专家
□ 严格根据《普通高等学校学生管理规定》成立并有效运行学生
申诉处理委员会。委员会由学校相关负责人、职能部门负责人
、教师代表、学生代表、负责法律事务的相关机构负责人等组成，
并已聘请校内外法律、教育等方面的专家

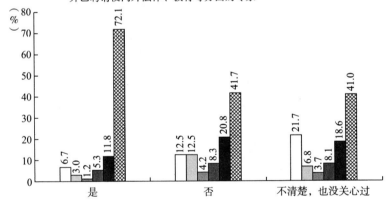

图 5-57　对学校是否已经制定实施大学章程三种不同
认知情况的其他管理服务人员对学校是否成
立并有效运行学生申诉处理委员会的评判

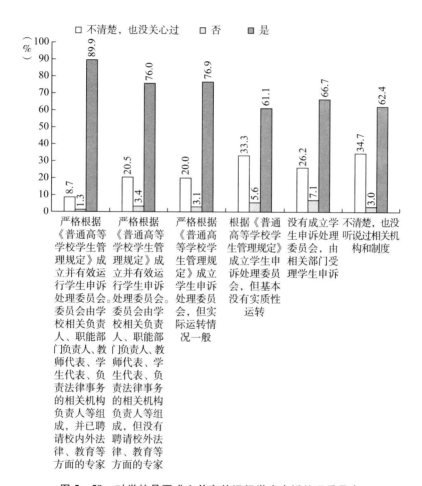

图 5 – 58 对学校是否成立并有效运行学生申诉处理委员会
评判持不同意见的其他管理服务人员对学校
是否已经制定实施大学章程的认知情况

□ 不清楚，也没听说过相关机构和制度
□ 没有专门成立学生申诉处理委员会，由相关部门受理学生申诉
■ 根据《普通高等学校学生管理规定》成立学生申诉处理委员会，
  但基本没有实质性运转
■ 严格根据《普通高等学校学生管理规定》成立学生申诉处理委
  员会，但实际运转情况一般
■ 严格根据《普通高等学校学生管理规定》成立并有效运行学生
  申诉处理委员会。委员会由学校相关负责人、职能部门负责人、
  教师代表、学生代表、负责法律事务的相关机构负责人等组成，
  但没有聘请校外法律、教育等方面的专家
☒ 严格根据《普通高等学校学生管理规定》成立并有效运行学生
  申诉处理委员会。委员会由学校相关负责人、职能部门负责人、
  教师代表、学生代表、负责法律事务的相关机构负责人等组成，
  并已聘请校内外法律、教育等方面的专家

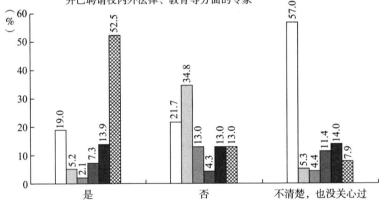

图 5 - 59　对学校是否已经制定实施大学章程三种不同认知
　　　　　　情况的高级职称教学科研人员对学校是否成
　　　　　　立并有效运行学生申诉处理委员会的评判

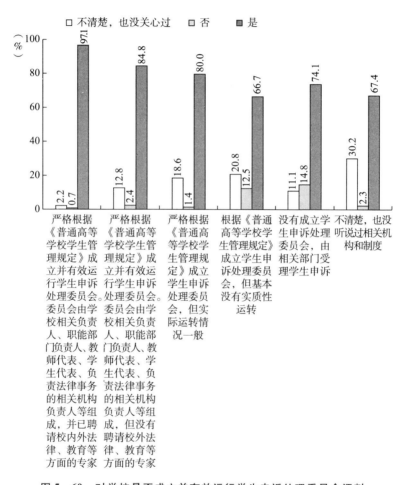

图 5 – 60　对学校是否成立并有效运行学生申诉处理委员会评判

持不同意见的高级职称教学科研人员对学校

是否已经制定实施大学章程的认知情况

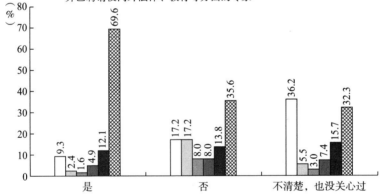

□ 不清楚，也没听说过相关机构和制度
□ 没有专门成立学生申诉处理委员会，由相关部门受理学生申诉
▨ 根据《普通高等学校学生管理规定》成立学生申诉处理委员会，但基本没有实质性运转
■ 严格根据《普通高等学校学生管理规定》成立学生申诉处理委员会，但实际运转情况一般
■ 严格根据《普通高等学校学生管理规定》成立并有效运行学生申诉处理委员会。委员会由学校相关负责人、职能部门负责人、教师代表、学生代表、负责法律事务的相关机构负责人等组成，但没有聘请校外法律、教育等方面的专家
▨ 严格根据《普通高等学校学生管理规定》成立并有效运行学生申诉处理委员会。委员会由学校相关负责人、职能部门负责人、教师代表、学生代表、负责法律事务的相关机构负责人等组成，并已聘请校内外法律、教育等方面的专家

图 5 – 61　对学校是否已经制定实施大学章程三种不同认知情况的中级职称及以下教学科研人员对学校是否成立并有效运行学生申诉处理委员会的评判

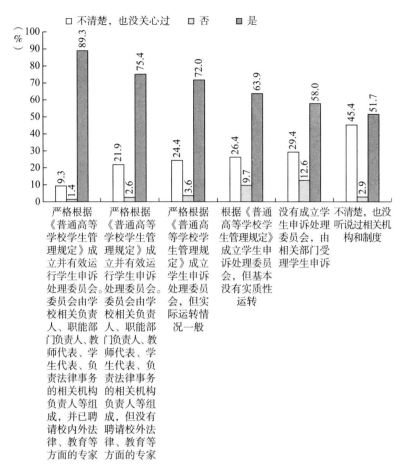

图5-62 对学校是否成立并有效运行学生申诉处理委员会评判
持不同意见的中级职称及以下教学科研人员对
学校是否已经制定实施大学章程的认知情况

全体受访教职员工对大学章程实施情况的总体评价，与其对学校是否成立并有效运行学生申诉处理委员会的评判正相关：对学校章程实施情况的满意度越高，相应地对学校是否成立并有效运行学生申诉处理委员会的认可度也越高（见图5-63），反之亦然（见图5-64）。一方面，对学校章程实施情况总体评价分别选择"非常满意""满意""基本满意""不满意"的四个群体，对"学校是否成立并有效运行学生申诉处理委员会"表示充分认可即选择第一个选项的有效百分比，及其与表示基本认可即选择第二个选项的有效百分比累加的结果，均依次降低。另一方面，针对学校是否

333

成立并有效运行学生申诉处理委员会，选择"严格根据《普通高等学校学生管理规定》成立并有效运行学生申诉处理委员会。委员会由学校相关负责人、职能部门负责人、教师代表、学生代表、负责法律事务的相关机构负责人等组成，并已聘请校内外法律、教育等方面的专家"和"严格根据《普通高等学校学生管理规定》成立并有效运行学生申诉处理委员会。委员会由学校相关负责人、职能部门负责人、教师代表、学生代表、负责法律事务的相关机构负责人等组成，但没有聘请校外法律、教育等方面的专家"两个选项的人员，对学校章程实施情况总体评价选择"非常满意""满意"两选项的有效百分比之和分别为 88.9%、62.1%，显著高于选择其他选项人员占比。

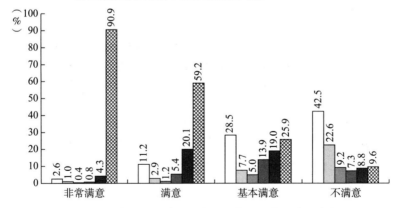

图 5-63　对学校章程实施情况总体评价持不同意见的受访教职员工对学校是否成立并有效运行学生申诉处理委员会的评判

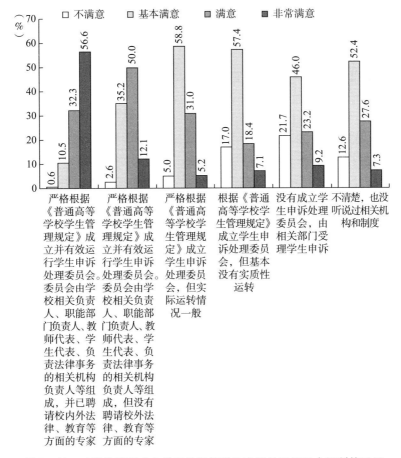

**图5-64 对学校是否成立并有效运行学生申诉处理委员会评判持不同
意见的受访教职员工对学校章程实施情况的总体评价**

就对学校是否已经制定实施大学章程不同认知情况的三个受访教职员工群体对大学章程实施情况总体评价与其对学校是否成立并有效运行学生申诉处理委员会评判之间的相关性而言，三个群体各自两方面的认可度及满意度分布状态与上述总体统计情况一致：对学校章程实施情况的满意度越高，相应地对学校是否成立并有效运行学生申诉处理委员会的认可度也越高；对学校是否成立并有效运行学生申诉处理委员会选择其六个选项中前两个选项的教职员工中，对学校章程实施情况总体评价选择"非常满意""满意"两选项的有效百分比之和分别位列第一、第二，均高于其他四个选项中相对应的有效百分比数值（见图5-65至图5-70）。另外，明确认知学校已经制定实施大学章程的受访教职员工，两方面的认可度和满意度总体上高于对学校是否已经制定实施大学章程分别表示否定和"不清楚，也没关心过"的两个群体。因此，受访教职员工对学校是否已经制定实施大学章程的认知情况、对学校章程实施情况的总体评价及对学校是否成立并有效运行学生申诉处理委员会的评判正相关。

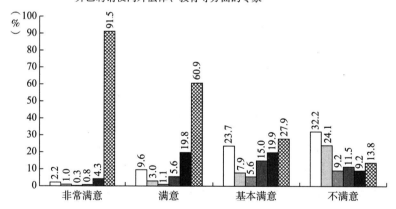

图 5-65　对学校是否已经制定实施大学章程表示明确认知并对学校
章程实施情况总体评价持不同意见的受访教职员工对
学校是否成立并有效运行学生申诉处理委员会的评判

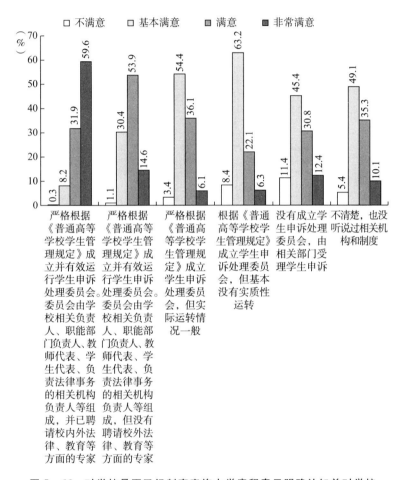

图 5 - 66　对学校是否已经制定实施大学章程表示明确认知并对学校
　　　　　是否成立并有效运行学生申诉处理委员会评判持不同
　　　　　意见的受访教职员工对学校章程实施情况的总体评价

□ 不清楚，也没听说过相关机构和制度
▫ 没有专门成立学生申诉处理委员会，由相关部门受理学生申诉
■ 根据《普通高等学校学生管理规定》成立学生申诉处理委员会，
  但基本没有实质性运转
■ 严格根据《普通高等学校学生管理规定》成立学生申诉处理委
  员会，但实际运转情况一般
■ 严格根据《普通高等学校学生管理规定》成立并有效运行学生
  申诉处理委员会。委员会由学校相关负责人、职能部门负责人、
  教师代表、学生代表、负责法律事务的相关机构负责人等组成，
  但没有聘请校外法律、教育等方面的专家
☒ 严格根据《普通高等学校学生管理规定》成立并有效运行学生
  申诉处理委员会。委员会由学校相关负责人、职能部门负责人、
  教师代表、学生代表、负责法律事务的相关机构负责人等组成，
  并已聘请校内外法律、教育等方面的专家

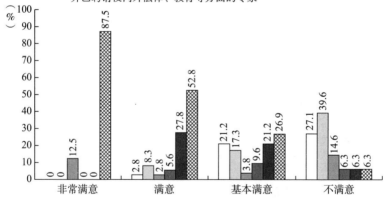

图 5-67 对学校是否已经制定实施大学章程表示否定并对学校
章程实施情况总体评价持不同意见的受访教职员工对
学校是否成立并有效运行学生申诉处理委员会的评判

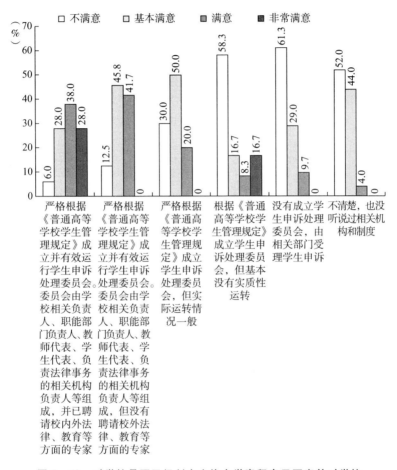

图 5 – 68　对学校是否已经制定实施大学章程表示否定并对学校
　　　　　是否成立并有效运行学生申诉处理委员会评判持不同
　　　　　意见的受访教职员工对学校章程实施情况的总体评价

□ 不清楚，也没听说过相关机构和制度
▣ 没有专门成立学生申诉处理委员会，由相关部门受理学生申诉
▦ 根据《普通高等学校学生管理规定》成立学生申诉处理委员会，但基本没有实质性运转
▨ 严格根据《普通高等学校学生管理规定》成立学生申诉处理委员会，但实际运转情况一般
■ 严格根据《普通高等学校学生管理规定》成立并有效运行学生申诉处理委员会。委员会由学校相关负责人、职能部门负责人、教师代表、学生代表、负责法律事务的相关机构负责人等组成，但没有聘请校外法律、教育等方面的专家
▩ 严格根据《普通高等学校学生管理规定》成立并有效运行学生申诉处理委员会。委员会由学校相关负责人、职能部门负责人、教师代表、学生代表、负责法律事务的相关机构负责人等组成，并已聘请校内外法律、教育等方面的专家

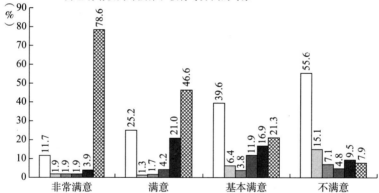

图 5 - 69　对学校是否已经制定实施大学章程表示"不清楚，也没关心过"
并对学校章程实施情况总体评价持不同意见的受访教职员工
对学校是否成立并有效运行学生申诉处理委员会的评判

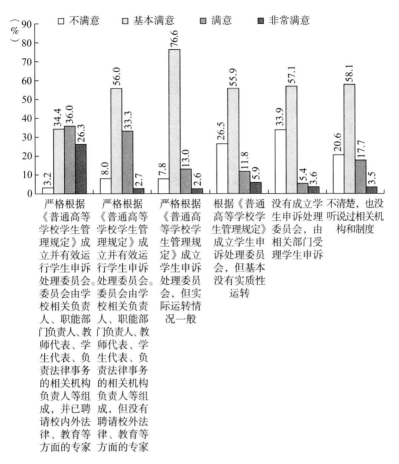

**图5-70 对学校是否已经制定实施大学章程表示"不清楚，也没关心过"
并对学校是否成立并有效运行学生申诉处理委员会评判持不
同意见的受访教职员工对学校章程实施情况的总体评价**

总体而言，针对学校是否成立并有效运行学生申诉处理委员会，61.0%的受访教职员工给予充分认可，13.4%的受访教职员工给予基本认可。从不同类型高校受访教职员工评判情况看，给予充分认可的教职员工占比为五到七成，"双一流"建设高校及地方高水平大学建设立项高校、部属院校受访教职员工认可度较高，最低的是其他省属普通本科院校。行政管理服务人员认可度高于教学科研人员，高级职称教学科研人员认可度最低。受访教职员工对学校是否已经制定实施大学章程的认知情况、对学校章程实施情况的总体评价及对学校是否成立并有效运行学生申诉处理委员会的评判正相关。另外，5.8%的受访教职员工只是给予有限的认可，6.4%的受访教职员工表示不予认可（中层管理干部中不予认可人员占比则达9.0%），还有13.4%的受访教职员工表示"不清楚，也没听说过相关机构和制度"（高级职称教学科研人员、中级职称及以下教学科研人员该项的有效百分比分别为23.9%、14.3%）。因此，各类型受访高校中，均有较高比例的受访教职员工对学校学生申诉处理委员会的设立和运行评判持消极甚至负面态度。由此也说明，各类型高校在学生申诉处理委员会的设立及运行方面都不同程度地存在不足。

另外，我们同样还要注意某些特定群体对学校是否已经制定实施大学章程的认知情况、对学校章程实施情况的总体评价、对学校是否成立并有效运行学生申诉处理委员会的评判持消极甚至负面态度的较高有效百分比分布情况。比如，对学校是否已经制定实施大学章程选择"否""不清楚，也没关心过"的两个受访教职员工群体，针对学校是否成立并有效运行学生申诉处理委员会选择"根据《普通高等学校学生管理规定》成立学生申诉处理委员会，但基本没有实质性运转""没有专门成立学生申诉处理委员会，由相关部门受理学生申诉""不清楚，也没听说过相关机构和制度"三个选项的有效百分比分别为7.9%、20.4%、16.4%，3.5%、5.8%、35.2%；对学校是否成立并有效运行学生申诉处理委员会选择"根据《普通高等学校学生管理规定》成立学生申诉处理委员会，但基本没有实质性运转""没有专门成立学生申诉处理委员会，由相关部门受理学生申诉""不清楚，也没听说过相关机构和制度"三个选项的受访人员中，对学校是否已经制定实施大学章程选择"否""不清楚，也没关心过"两选项的有效百分比分别为8.5%、24.1%，11.4%、20.6%，2.8%、38.6%。再比如，对学校章程实施情况总体评价选择"基本满意""不满意"选项的两个受访教职员工群体中，对学校是否成立并有效运行学生申诉处理委员会选择"根据《普通高等学校学生管理规定》成立学生申诉处理委员会，但基本没有实质性运转""没有专门成立学生申诉处理委员会，由相关部门受理学生申诉""不清楚，也没听说过相关机构和制度"三个选项的有效百分比分别为5.0%、7.7%、28.5%，9.2%、22.6%、42.5%；对学校是否成立并有效运行学生申诉处理委员会选择"根据《普通高等学校学生管理规定》成立学生申诉处理委员会，但基本没有实质性运转""没有专门成立学生申诉处理委员会，由相关部门受理学生申诉""不清楚，也没听说过相关机构和制度"等选项的三个群体中，对学校章程实施情况总体评价选择"基本满意""不满意"两选项的有效百分比分别为 57.4% 、17.0% ，46.0% 、21.7% ，52.4% 、12.6% 。由此得出如下判断和结论：高校在推进章程建设、保障章程实施过程中，同样需要规范设立学生申诉处理委员会并确保其有效运行，充分保障学生权益，以实现二者的积极共进和协调统一。

（二）学校是否成立并有效运行学生申诉处理委员会的学生考察

就受访学生对"学校是否成立并有效运行学生申诉处理委员会"的评判情况看，相较于受访教职员工认可度而言，受访学生认可度较高，只有不到两成受访学生或者认为学生申诉处理委员会运转情况一般，或者认为该机构没有实质性运转，或者认为学校没有成立该机构，或者对此表示不清楚，其余受访学生都表示了认可（见图 5 - 71）。

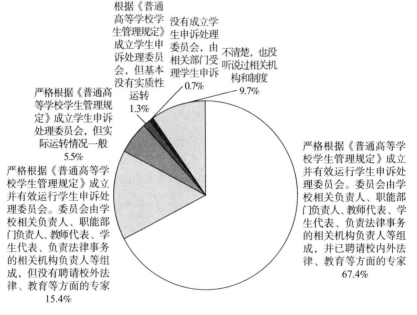

图 5 - 71　受访学生对学校是否成立并有效运行学生申诉处理委员会的评判

就不同年级类型受访学生对"学校是否成立并有效运行学生申诉处理委员会"的评判情况看，其认可度有一定差异，总体上高年级本科生、研究生认可度分别低于低年级本科生、研究生（见图 5 - 72）。另外，各年级受访学生中均有一定比例人员对学校学生申诉处理委员会的成立及运行情况表示不予认可或者不清楚。

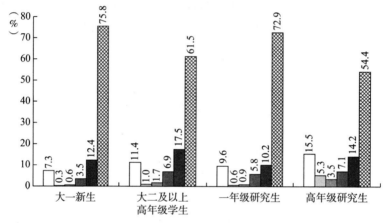

□ 不清楚，也没听说过相关机构和制度
□ 没有专门成立学生申诉处理委员会，由相关部门受理学生申诉
■ 根据《普通高等学校学生管理规定》成立学生申诉处理委员会，但基本没有实质性运转
■ 严格根据《普通高等学校学生管理规定》成立学生申诉处理委员会，但实际运转情况一般
■ 严格根据《普通高等学校学生管理规定》成立并有效运行学生申诉处理委员会。委员会由学校相关负责人、职能部门负责人、教师代表、学生代表、负责法律事务的相关机构负责人等组成，但没有聘请校外法律、教育等方面的专家
⊠ 严格根据《普通高等学校学生管理规定》成立并有效运行学生申诉处理委员会。委员会由学校相关负责人、职能部门负责人、教师代表、学生代表、负责法律事务的相关机构负责人等组成，并已聘请校内外法律、教育等方面的专家

图 5-72　不同年级类型受访学生对学校是否成立并有效
运行学生申诉处理委员会的评判

受访学生中学生干部对学校成立并有效运行学生申诉处理委员会的认可度高于非学生干部（见图 5-73）。学生干部对"学校是否成立并有效运行学生申诉处理委员会"，选择"严格根据《普通高等学校学生管理规定》成立并有效运行学生申诉处理委员会。委员会由学校相关负责人、职能部门负责人、教师代表、学生代表、负责法律事务的相关机构负责人等组成，并已聘请校内外法律、教育等方面的专家"选项的有效百分比为 73.4%，明显高于非学生干部的 64.4%；而学生干部选择"不清楚，也没听说过相关机构和制度"选项的有效百分比为 6.8%，比非学生干部的 11.2% 低了许多。

□ 不清楚，也没听说过相关机构和制度
□ 没有专门成立学生申诉处理委员会，由相关部门受理学生申诉
■ 根据《普通高等学校学生管理规定》成立学生申诉处理委员会，但基本没有实质性运转
■ 严格根据《普通高等学校学生管理规定》成立学生申诉处理委员会，但实际运转情况一般
■ 严格根据《普通高等学校学生管理规定》成立并有效运行学生申诉处理委员会。委员会由学校相关负责人、职能部门负责人、教师代表、学生代表、负责法律事务的相关机构负责人等组成，但没有聘请校外法律、教育等方面的专家
⊠ 严格根据《普通高等学校学生管理规定》成立并有效运行学生申诉处理委员会。委员会由学校相关负责人、职能部门负责人、教师代表、学生代表、负责法律事务的相关机构负责人等组成，并已聘请校内外法律、教育等方面的专家

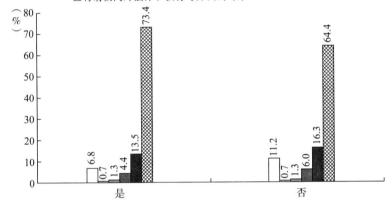

图 5 - 73　受访学生是否担任学生干部对学校是否成立
并有效运行学生申诉处理委员会的评判情况

不同类型学校受访学生对学校是否成立并有效运行学生申诉处理委员会情况的评判有一定差异，总体上从高到低依次是"双一流"建设高校及地方高水平大学建设立项高校、部属院校、高职高专、其他省属普通本科院校（见图 5 - 74）。

全体受访学生对学校是否已经制定实施大学章程的认知情况，与其对学校是否成立并有效运行学生申诉处理委员会情况评判正相关：明确认知学校已经制定实施大学章程的受访学生，对学校成立并有效运行学生申诉处理委员会的认可度显著高于另外两个学生群体（见图 5 - 75）；受访学生对学校成立并有效运行学生申诉处理委员会以充分保障学生权益的认可度越高，其中明确认知学校已经制定实施大学章程的学生占比也相对越高（见图 5 - 76）。

□ 不清楚，也没听说过相关机构和制度
□ 没有专门成立学生申诉处理委员会，由相关部门受理学生申诉
▨ 根据《普通高等学校学生管理规定》成立学生申诉处理委员会，但基本没有实质性运转
■ 严格根据《普通高等学校学生管理规定》成立学生申诉处理委员会，但实际运转情况一般
■ 严格根据《普通高等学校学生管理规定》成立并有效运行学生申诉处理委员会。委员会由学校相关负责人、职能部门负责人、教师代表、学生代表、负责法律事务的相关机构负责人等组成，但没有聘请校外法律、教育等方面的专家
▨ 严格根据《普通高等学校学生管理规定》成立并有效运行学生申诉处理委员会。委员会由学校相关负责人、职能部门负责人、教师代表、学生代表、负责法律事务的相关机构负责人等组成，并已聘请校内外法律、教育等方面的专家

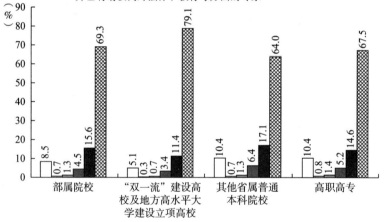

图 5-74 不同类型学校受访学生对学校是否成立
并有效运行学生申诉处理委员会的评判

□　不清楚，也没听说过相关机构和制度
□　没有专门成立学生申诉处理委员会，由相关部门受理学生申诉
▨　根据《普通高等学校学生管理规定》成立学生申诉处理委员会，
　　但基本没有实质性运转
▨　严格根据《普通高等学校学生管理规定》成立学生申诉处理委
　　员会，但实际运转情况一般
■　严格根据《普通高等学校学生管理规定》成立并有效运行学生
　　申诉处理委员会。委员会由学校相关负责人、职能部门负责人、
　　教师代表、学生代表、负责法律事务的相关机构负责人等组成，
　　但没有聘请校外法律、教育等方面的专家
▨　严格根据《普通高等学校学生管理规定》成立并有效运行学生
　　申诉处理委员会。委员会由学校相关负责人、职能部门负责人、
　　教师代表、学生代表、负责法律事务的相关机构负责人等组成，
　　并已聘请校内外法律、教育等方面的专家

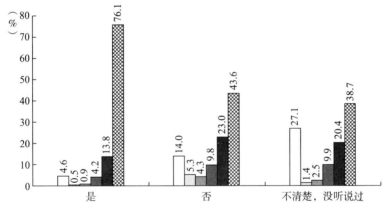

图5-75　对学校是否已经制定实施大学章程三种不同认知情况的受访
　　　　　学生对学校是否成立并有效运行学生申诉处理委员会的评判

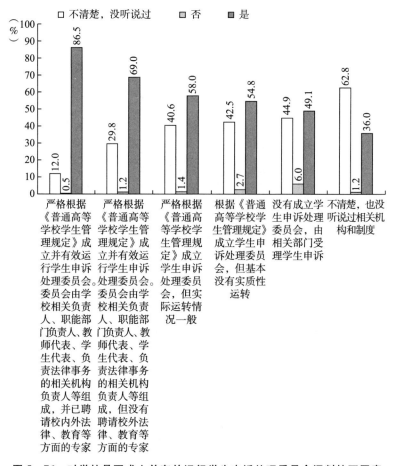

图 5 - 76　对学校是否成立并有效运行学生申诉处理委员会评判持不同意见的受访学生对学校是否已经制定实施大学章程的认知情况

各类型学校受访学生两方面的认可度和认知度分布状态与上述总体统计情况一致：各类型学校明确认知学校已经制定实施大学章程的受访学生，对学校成立并有效运行学生申诉处理委员会的认可度均显著高于另外两个群体；各类型学校针对学校是否成立并有效运行学生申诉处理委员会分别选择六个选项的六个群体中，除个别数据外，明确认知学校已经制定实施大学章程的人员占比也基本上都是依次下降的（见图 5 - 77 至图 5 - 84）。仅就明确认知学校已经制定实施大学章程的学生选择"严格根据《普通高等学校学生管理规定》成立并有效运行学生申诉处理委员会。委员会由学校相关负责人、职能部门负责人、教师代表、学生代表、负责法律事务的相关机构负责人等组成，并已聘请校内外法律、教育等方面的专家"选项的有效百分比进行比较，从高到低依次是"双一流"建设高校及地方高水平大学建设立项高校、高职高专、部属院校、其他省属普通本科院校。

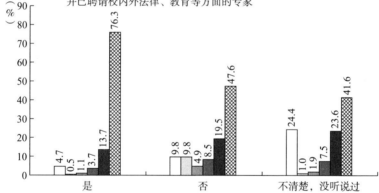

图5－77　对学校是否已经制定实施大学章程三种不同认知
情况的部属院校受访学生对学校是否成立
并有效运行学生申诉处理委员会的评判

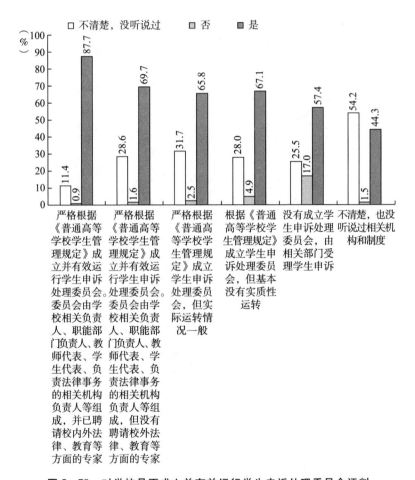

图 5 – 78 对学校是否成立并有效运行学生申诉处理委员会评判
持不同意见的部属院校受访学生对学校是否
已经制定实施大学章程的认知情况

□ 不清楚，也没听说过相关机构和制度
□ 没有专门成立学生申诉处理委员会，由相关部门受理学生申诉
▨ 根据《普通高等学校学生管理规定》成立学生申诉处理委员会，但基本没有实质性运转
■ 严格根据《普通高等学校学生管理规定》成立学生申诉处理委员会，但实际运转情况一般
■ 严格根据《普通高等学校学生管理规定》成立并有效运行学生申诉处理委员会。委员会由学校相关负责人、职能部门负责人、教师代表、学生代表、负责法律事务的相关机构负责人等组成，但没有聘请校外法律、教育等方面的专家
⊠ 严格根据《普通高等学校学生管理规定》成立并有效运行学生申诉处理委员会。委员会由学校相关负责人、职能部门负责人、教师代表、学生代表、负责法律事务的相关机构负责人等组成，并已聘请校内外法律、教育等方面的专家

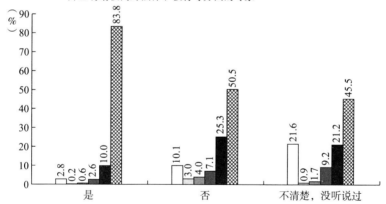

图5-79 对学校是否已经制定实施大学章程三种不同认知情况的"双一流"建设高校及地方高水平大学建设立项高校受访学生对学校是否成立并有效运行学生申诉处理委员会的评判

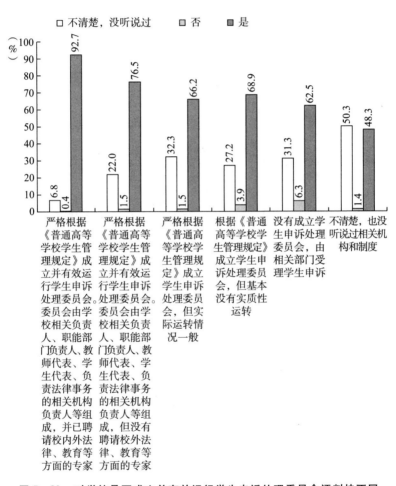

图 5 − 80　对学校是否成立并有效运行学生申诉处理委员会评判持不同
　　　　　意见的"双一流"建设高校及地方高水平大学建设立项高校
　　　　　受访学生对学校是否已经制定实施大学章程的认知情况

□　不清楚，也没听说过相关机构和制度
□　没有专门成立学生申诉处理委员会，由相关部门受理学生申诉
■　根据《普通高等学校学生管理规定》成立学生申诉处理委员会，
　　但基本没有实质性运转
■　严格根据《普通高等学校学生管理规定》成立学生申诉处理委
　　员会，但实际运转情况一般
■　严格根据《普通高等学校学生管理规定》成立并有效运行学生
　　申诉处理委员会。委员会由学校相关负责人、职能部门负责人、
　　教师代表、学生代表、负责法律事务的相关机构负责人等组成，
　　但没有聘请校外法律、教育等方面的专家
▨　严格根据《普通高等学校学生管理规定》成立并有效运行学生
　　申诉处理委员会。委员会由学校相关负责人、职能部门负责人、
　　教师代表、学生代表、负责法律事务的相关机构负责人等组成，
　　并已聘请校内外法律、教育等方面的专家

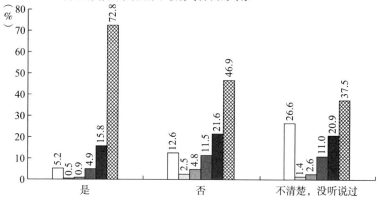

图 5－81　对学校是否已经制定实施大学章程三种不同认知
　　　　情况的其他省属普通本科院校受访学生对学校
　　　　是否成立并有效运行学生申诉处理委员会的评判

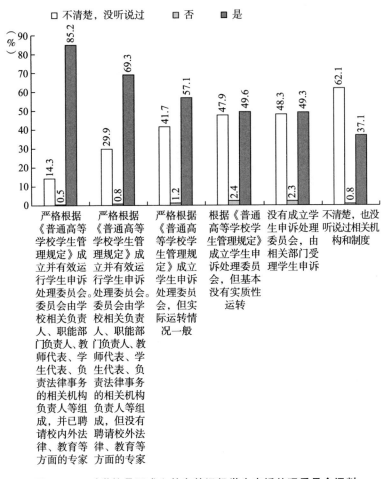

图 5 – 82　对学校是否成立并有效运行学生申诉处理委员会评判
持不同意见的其他省属普通本科院校受访学生对
学校是否已经制定实施大学章程的认知情况

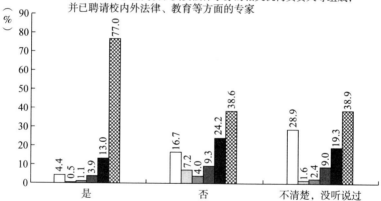

　□　不清楚，也没听说过相关机构和制度
　□　没有专门成立学生申诉处理委员会，由相关部门受理学生申诉
　■　根据《普通高等学校学生管理规定》成立学生申诉处理委员会，
　　　但基本没有实质性运转
　■　严格根据《普通高等学校学生管理规定》成立学生申诉处理委
　　　员会，但实际运转情况一般
　■　严格根据《普通高等学校学生管理规定》成立并有效运行学生
　　　申诉处理委员会。委员会由学校相关负责人、职能部门负责人、
　　　教师代表、学生代表、负责法律事务的相关机构负责人等组成，
　　　但没有聘请校外法律、教育等方面的专家
　⊠　严格根据《普通高等学校学生管理规定》成立并有效运行学生
　　　申诉处理委员会。委员会由学校相关负责人、职能部门负责人、
　　　教师代表、学生代表、负责法律事务的相关机构负责人等组成，
　　　并已聘请校内外法律、教育等方面的专家

图 5 - 83　对学校是否已经制定实施大学章程三种不同
　　　　　认知情况的高职高专受访学生对学校是否成
　　　　　立并有效运行学生申诉处理委员会的评判

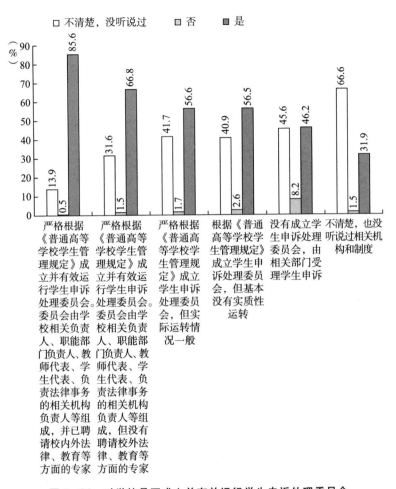

图 5 - 84 对学校是否成立并有效运行学生申诉处理委员会
评判持不同意见的高职高专受访学生对学校
是否已经制定实施大学章程的认知情况

全体受访学生对大学章程实施情况的总体评价，与其对学校是否成立并有效运行学生申诉处理委员会的评判正相关：对学校章程实施情况的满意度越高，对学校是否成立并有效运行学生申诉处理委员会的认可度相应也越高（见图 5 - 85），反之亦然（见图 5 - 86）。一方面，对学校章程实施情况总体评价分别选择"非常满意""满意""基本满意""不清楚，不好评价""不满意"等选项的五个群体，对学校成立并有效运行学生申诉处理委员会的认可度依次下降：选择"严格根据《普通高等学校学生管理规定》成立并有效运行学生申诉处理委员会。委员会由学校相关负责人、职能部门负责人、教师代表、学生代表、负责法律事务的相关机构负责人等组成，并已聘请校内外法律、教育等方面的专家"选项的有效百分比，及其与选择"严格根据《普通高等学校学生管理规定》成立并有效运行学生申诉处理委员会。委员会由学校相关负责人、职能部门负责人、教师代表、学生代表、负责法律事务的相关机构负责人等组成，但没有聘请校外法律、教育等方面的专家"选项的有效百分比之和，均依次下降。另一方面，对"学校是否成立并有效运行学生申诉处理委员会"分别选择六个选项的六个群体中，对学校章程实施情况总体评价选择"非常满意""满意"两选项的有效百分比之和基本上也依次下降，而且选择第一选项的群体对学校章程实施情况的满意度远远高于其他群体。

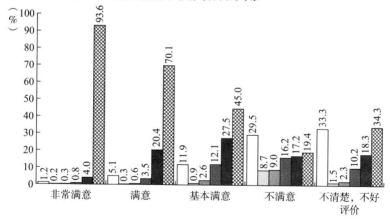

图5-85 对学校章程实施情况总体评价持不同意见的受访学生对学校是否成立并有效运行学生申诉处理委员会的评判

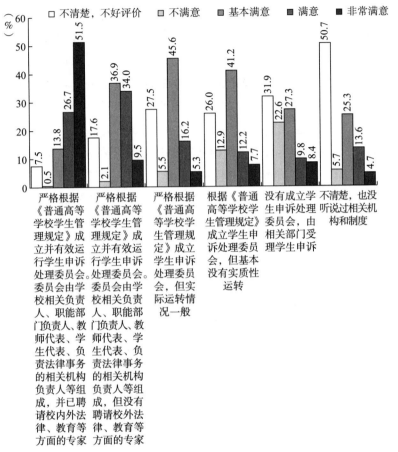

图5-86　对学校是否成立并有效运行学生申诉处理委员会评判持不同
意见的受访学生对学校章程实施情况的总体评价

对学校是否已经制定实施大学章程不同认知情况的三个学生群体，各自两个方面的认可度和满意度分布状态与上述总体统计情况一致：三个群体中对学校章程实施情况总体评价分别选择"非常满意""满意""基本满意""不清楚，不好评价""不满意"等选项的五部分人员，对学校成立并有效运行学生申诉处理委员会的认可度均依次下降：选择"严格根据《普通高等学校学生管理规定》成立并有效运行学生申诉处理委员会。委员会由学校相关负责人、职能部门负责人、教师代表、学生代表、负责法律事务的相关机构负责人等组成，并已聘请校内外法律、教育等方面的专家"选项的有效百分比，及其与选择"严格根据《普通高等学校学生管理规定》成立并有效运行学生申诉处理委员会。委员会由学校相关负责人、职能部门负责人、教师代表、学生代表、负责法律事务的相关机构负责人等组成，但没有聘请校外法律、教育等方面的专家"选项的有效百分比之和，均依次降低。三个学生群体对"学校是否成立并有效运行学生申诉处理委员会"分别选择六个选项的六部分人员中，对学校章程实施情况总体评价选择"非常满意""满意"两选项的有效百分比之和总体上也是下降的，而且都是选择第一选项的人员对学校章程实施情况的满意度远远高于其他人员。另外，明确认知学校已经制定实施大学章程的受访学生群体，两方面的认可度和满意度均高于另外两个学生群体。总体上，受访学生对学校是否已经制定实施大学章程的认知情况、对学校章程实施情况的总体评价及对学校是否成立并有效运行学生申诉处理委员会的认可度正相关（见图 5 − 87至图 5 − 92）。

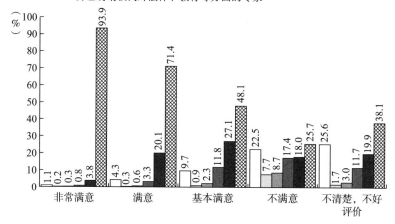

图 5 − 87　对学校是否已经制定实施大学章程表示明确认知并对学校
章程实施情况总体评价持不同意见的受访学生对学校
是否成立并有效运行学生申诉处理委员会的评判

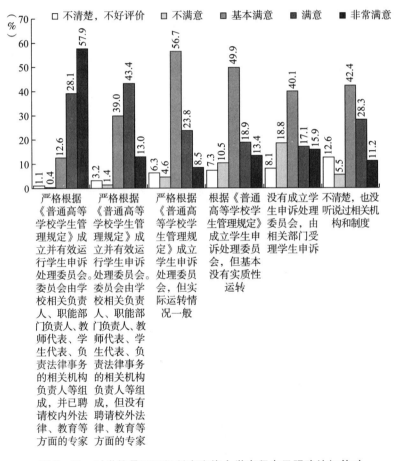

图 5 – 88　对学校是否已经制定实施大学章程表示明确认知并对
　　　　　学校是否成立并有效运行学生申诉处理委员会评判持
　　　　　不同意见的受访学生对学校章程实施情况的总体评价

☐　不清楚，也没听说过相关机构和制度
☐　没有专门成立学生申诉处理委员会，由相关部门受理学生申诉
■　根据《普通高等学校学生管理规定》成立学生申诉处理委员会，但基本没有实质性运转
■　严格根据《普通高等学校学生管理规定》成立学生申诉处理委员会，但实际运转情况一般
■　严格根据《普通高等学校学生管理规定》成立并有效运行学生申诉处理委员会。委员会由学校相关负责人、职能部门负责人、教师代表、学生代表、负责法律事务的相关机构负责人等组成，但没有聘请校外法律、教育等方面的专家
☒　严格根据《普通高等学校学生管理规定》成立并有效运行学生申诉处理委员会。委员会由学校相关负责人、职能部门负责人、教师代表、学生代表、负责法律事务的相关机构负责人等组成，并已聘请校内外法律、教育等方面的专家

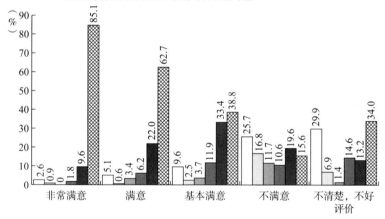

图 5-89　对学校是否已经制定实施大学章程表示否定并对学校
　　　　　章程实施情况总体评价持不同意见的受访学生对学校
　　　　　是否成立并有效运行学生申诉处理委员会的评判

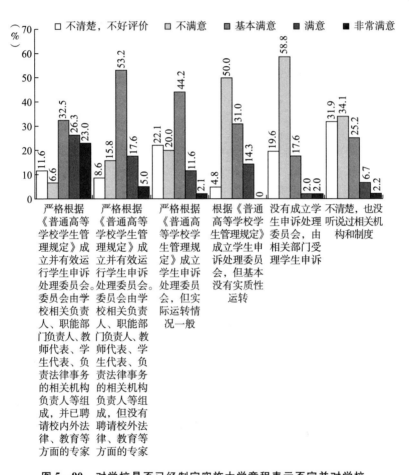

图 5-90　对学校是否已经制定实施大学章程表示否定并对学校
　　　　　是否成立并有效运行学生申诉处理委员会评判持不同
　　　　　意见的受访学生对学校章程实施情况的总体评价

□ 不清楚，也没听说过相关机构和制度
□ 没有专门成立学生申诉处理委员会，由相关部门受理学生申诉
■ 根据《普通高等学校学生管理规定》成立学生申诉处理委员会，但基本没有实质性运转
■ 严格根据《普通高等学校学生管理规定》成立学生申诉处理委员会，但实际运转情况一般
■ 严格根据《普通高等学校学生管理规定》成立并有效运行学生申诉处理委员会。委员会由学校相关负责人、职能部门负责人、教师代表、学生代表、负责法律事务的相关机构负责人等组成，但没有聘请校外法律、教育等方面的专家
⊠ 严格根据《普通高等学校学生管理规定》成立并有效运行学生申诉处理委员会。委员会由学校相关负责人、职能部门负责人、教师代表、学生代表、负责法律事务的相关机构负责人等组成，并已聘请校内外法律、教育等方面的专家

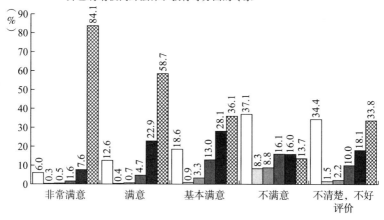

图 5 – 91　对学校是否已经制定实施大学章程表示"不清楚，没听说过"
并对学校章程实施情况总体评价持不同意见的受访学生对
学校是否成立并有效运行学生申诉处理委员会的评判

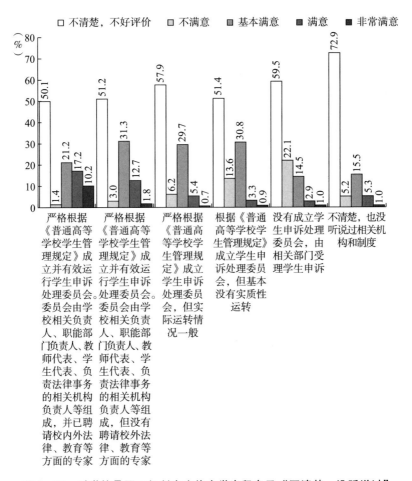

图 5 - 92 对学校是否已经制定实施大学章程表示"不清楚，没听说过"并对学校是否成立并有效运行学生申诉处理委员会评判持不同意见的受访学生对学校章程实施情况的总体评价

总体而言，对"学校是否成立并有效运行学生申诉处理委员会"的评判，受访学生中给予充分认可和基本认可的人员占比达到八成。不同年级类型学生，除大一新生稍高（接近九成）、高年级研究生较低（接近七成），其余两个年级类型学生这一占比相近（八成左右）。学生干部的充分认可和基本认可人员占比比非学生干部高出 6.2 个百分点。"双一流"建设高校及地方高水平大学建设立项高校受访学生中持充分认可和基本认可态度的占比较高（90.5%），部属院校、高职高专、其他省属普通本科院校比较接近（分别为 84.9%、82.1%、81.1%）。受访学生对学校是否已经制定实施大学章程的认知情况、对学校章程实施情况的总体评价及对学校是否成立并有效运行学生申诉处理委员会的评判正相关。

　　另外，也有近两成受访学生对"学校是否成立并有效运行学生申诉处理委员会"评判持非常消极乃至否定性态度，还有 0.7% 的学生表示不清楚。而且各类型学校、各个年级类型受访学生中均有不同比例的人员持消极乃至否定性评价，或者表示不清楚。我们同样还要注意某些特定群体中对学校是否已经制定实施大学章程的认知情况、对学校章程实施情况的总体评价、对学校是否成立并有效运行学生申诉处理委员会的评判持非常消极乃至否定性态度的较高有效百分比分布情况。比如，对学校是否已经制定实施大学章程选择"否""不清楚，没听说过"的两个群体，对"学校是否成立并有效运行学生申诉处理委员会"的评判选择"严格根据《普通高等学校学生管理规定》成立学生申诉处理委员会，但实际运转情况一般""根据《普通高等学校学生管理规定》成立学生申诉处理委员会，但基本没有实质性运转""没有成立学生申诉处理委员会，由相关部门受理学生申诉""不清楚，也没听说过相关机构和制度"四个选项的有效百分比分别为 9.8%、4.3%、5.3%、14.0%，9.9%、2.5%、1.4%、27.1%；反过来，对"学校是否成立并有效运行学生申诉处理委员会"的评判选择"严格根据《普通高等学校学生管理规定》成立学生申诉处理委员会，但实际运转情况一般""根据《普通高等学校学生管理规定》成立学生申诉处理委员会，但基本没有实质性运转""没有成立学生申诉处理委员会，由相关部门受理学生申诉""不清楚，也没听说过相关机构和制度"四个选项的四个群体，对学校是否已经制定实施大学章程选择"否""不清楚，没听说过"两个选项的有效百分比分别为 1.4%、40.6%，2.7%、42.5%，6.0%、44.9%，1.2%、62.8%。再比如，对学校章程实施情况总体评价选择"基本满意""不满意""不清楚，不好评价"的三个群体，对"学校是否成立并有效运行学生申诉处理委员会"的评判选择"严格根据《普通高等学校学生管理规定》成立学生申诉处理委员会，但实际运转情况一般""根据《普通高等学校学生管理规定》成立学生申诉处理委员会，但基本没有实质性运转""没有成立学生申诉处理委员会，由相关部门受理学生申诉""不清楚，也没听说过相关机构和制度"四个选项的有效百分比分别为 12.1%、2.6%、0.9%、11.9%，16.2%、9.0%、8.7%、29.5%，10.2%、2.3%、1.5%、

33.3%；反过来，对"学校是否成立并有效运行学生申诉处理委员会"的评判选择"严格根据《普通高等学校学生管理规定》成立学生申诉处理委员会，但实际运转情况一般""根据《普通高等学校学生管理规定》成立学生申诉处理委员会，但基本没有实质性运转""没有成立学生申诉处理委员会，由相关部门受理学生申诉""不清楚，也没听说过相关机构和制度"等选项的四个群体，对学校章程实施情况总体评价选择"基本满意""不满意""不清楚，不好评价"选项的有效百分比分别为45.6%、5.5%、27.5%，41.2%、12.9%、26.0%，27.3%、22.6%、31.9%，25.3%、5.7%、50.7%。

由此完全可以支持前述基于受访教职员工调查数据所形成的判断和结论：各类型高校在学生申诉处理委员会的设立及运行方面都不同程度地存在不足。高校在推进章程建设、保障章程实施过程中，同样需要规范设立学生申诉处理委员会并确保其有效运行、充分保障学生权益，以实现二者的积极共进和协调统一。

第六章　大学内部治理优化路径

调查问卷的基本主题是"'后大学章程时代'的大学治理问题",问题设计除受访者身份等基本信息外,主要围绕受访者对学校章程建设及大学内部治理状况评价等展开。受访人员对这些问题的回答本身就可以直接反映出"后大学章程时代"学校内部治理、改革的重点任务和主要内容,相关判断在前面各章也已做了简要总结。考虑到问卷设计可能出现遗漏,数据统计及分析可能出现偏差,问卷还专门设计了有关"后大学章程时代"大学内部治理优化路径选择方面的主观开放题(教职员工卷和学生卷各有一道,学生卷中还有一道正面调查的多项选择题)。对受访教职员工和学生的作答、选答情况进行分析,可以更好地把握"后大学章程时代"大学内部治理体系改革和优化的路径与重点。

一　加强大学章程建设,健全现代大学制度

教职员工卷针对大学内部治理改革与优化,要求受访教职员工以填空题形式回答:"您认为'后大学章程时代'还应从哪些方面加强章程建设、推进现代大学制度建设?"回答总体上涉及学校建设和发展的各个层面、各个环节,有的非常宏观,有的则非常微观而具体。一方面,这是因为受访人员对"'后大学章程时代'的大学治理问题"的认识和理解深度不一;另一方面,这也可以说明就受访人员具体感受而言,学校建设和发展过程中面临的大大小小的诸多问题需要被认真对待和有效解决。借助统计工具,我们对 6536 份教职员工卷中的该项主观题答案进行了词频统计(见图6-1)。

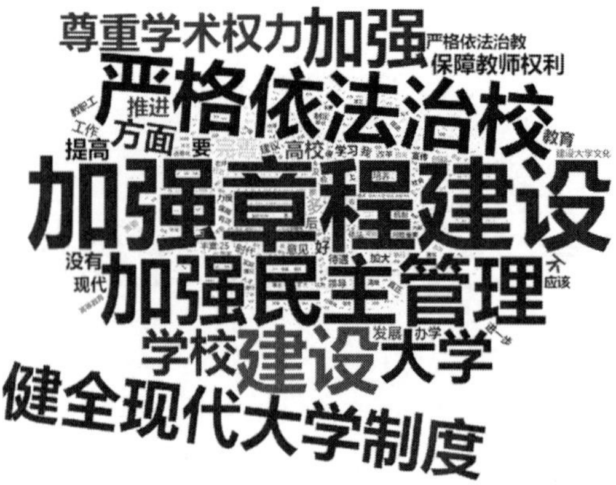

图 6 - 1　受访教职员工对"您认为'后大学章程时代'还应从哪些方面加强章程建设、推进现代大学制度建设?"的主观作答词云图

根据统计结果，排在前十位的高频词及其频率是：加强章程建设（3084）、严格依法治校（2409）、加强民主管理（2346）、建设（2276）、加强（1994）、健全现代大学制度（1922）、大学（1789）、学校（1543）、尊重学术权力（1293）、方面（1016）。排除一些与高等教育活动在内涵上不具有必然相关性的一些语词，即难以独立表达高等教育改革和发展相关主题内容的语词，与高等教育改革和发展特别是与大学内部治理体制机制改革主题直接相关的语词有"建设""加强""大学""学校""高校""提高""完善""推进""改革""创新""权利"等；与大学内部治理问题直接相关的高频词主要有"加强章程建设""严格依法治校""加强民主管理""健全现代大学制度""尊重学术权力""保障教师权利""建设大学文化""信息化""行政化""人才培养""党政""质量""现代化""代表大会"等。

梳理和概括受访教职员工关于大学内部治理改革与优化的意见建议，围绕加强大学章程建设、健全现代大学制度的主题，主要涉及下列内容，这也是受访教职员工集中反映的大学内部治理体制机制改革主要任务所在。

学校章程建设工作需要在程序规制及机制保障上得到全面加强。本轮章程制定工作是自上而下展开的，大部分高校完全是被动响应上级教育行政主管部门要求，对大学章程的内涵与宗旨普遍缺乏深刻认知，在组织与程序上不能全面动员广大师生，甚至只是由少数工作人员"照葫芦画瓢"，形式上走过场，远远没有真正做到严格依据程序至上、学术自由、以人为本等原则全面调动广大师生员工的积极性和创造性，结果是不仅各校章程"千篇一律"，而且不少学校师生不清楚也不关心学校是否已经制定实施大学章程，即使知道有章程也很少了解章程具体内容。尽管学校章程被核准并公开，但因为其在内容上多半具有纲领性、概括性特点而往往如同学校其他管理文件一般少有人"问津"，以至章程规定是一套，学校管理实践是另外一套。章程实施情况之所以如此，除了学校上下普遍缺乏章程认识、依法治校意识等原因，还在于章程的实施保障机制存在严重不足。因为没有规范而经常性的章程学习与教育制度，又缺乏完善细致的章程实施配套机制，所以章程只是"看上去很美丽"，鲜有人能想起来看看章程是如何规定、如何要求的。

政府主管部门在大学章程建设过程中应当充分保障高校的独立主体地位。在章程制定过程中，章程文本起草工作基本上都交给了高校，缺乏科学指导，政府主管部门表面上的充分放权实际上多半是"不太负责的放任"。而在章程核准过程中，来自各个政府部门的有关组成人员，更是普遍缺乏对大学章程要义与宗旨的深刻认知，多半是基于各自部门的立场突出自身权力，而不能将大学章程真正作为政府与高校之间的"行政契约"来对待，缺乏对高校及其师生员工主体地位的充分尊重。因而各高校在涉及办学自主权等方面的内容表达上只得简单照搬《中华人民共和国教育法》（以下简称《教育法》）、《中华人民共和国高等教育法》（以下简称《高等教育法》）中的相关条款，没有为了更好落实依法办学自主权而对相关法律条款做必要而可能的细化。而章程核准实施后，政府主管部门多半依旧按自身套路行使行政权力，通过大学章程这一"契约"突出高校独立主体地位的目标在很多情况下成为泡影。在政府部门对高校依旧管得过多过死的情况下，大学内部治理体制机制改革也相应受到不同程度的限制，特别是不少校领导常常以学校"无权"为由怠于改革创新、消极应对院系及教职员工的权利要求。

坚持和完善党委领导下的校长负责制、严格落实依法治校应当成为现代大学制度建设的重中之重。考虑到我国教育行政体制以及高等教育自身发展历程，在世界第一高等教育规模、质量提升以及内涵发展任务迫切等多重因素驱动之下，我国现代大学制度建设问题在当下更为突出。根据有关政策及法律法规，高校领导体制为坚持党委领导下的校长负责制，而根据《高等教育法》的规定，校长是大学的法定代表人并依法履行相应职权。实践中，校党委及其主要负责人、校行政班子特别是校长的职责职权难以明晰。在坚持党的领导这一前提下，往往是党委书记权力过于集中、校长积极性难以保障，特别是在部分党务工作者对教学科研及其管理缺乏专业理论指导及相应管理技能支持的情况下，学科建设的龙头地位、教学工作的中心地位、人才培养的核心任务等往往不同程度地落空，而党团工作与教学科研工作脱节（俗称"两张皮"现象）更为普遍。特别是在高等教育规模空前庞大、法治国家建设实践不断推进的情况下，依法治校无疑应当成为大学内部治理的基本路径。但是在高度集权、垂直领导的教育行政体制下，高校自身"行政化"色彩浓厚，各级管理干部权力本位意识普遍较强，习惯于通过行政手段进行决策管理，甚至在处理纪律问题乃至师生纠纷过程中，也习惯于通过政治手段、行政方式解决问题。在依法治校尚未成为常态的情况下，决策的科学性、管理的规范性无法得到保障，师生权益也难以得到充分尊重，教授治学、民主管理、社会参与也往往流于形式，最终必然影响人才质量的提高、学校综合实力的提升。

学术权力在学校教学科研活动中的地位和作用需要得到进一步尊重和发挥。学术自由是学术创新的前提和条件，而教授治学是学术自由的体现和保障。《国家中长期教育改革和发展规划纲要（2010—2020 年)》明确指出要"加强章程建设。各类高校应依法制定章程，依照章程规定管理学校。尊重学术自由，营造宽松的学术环境"。教育部也颁布实施了《高等学校学术委员会规程》（教育部令第 35 号），各高校基本也都建立了学术委员会等相关组织。然而，无论是学校章程还是学术委员会规程等制度，在实践中都不足以确保以教授为重要主体的学术权力得到充分尊重。在学校行政权力面前，多半高校学术权力仍处于弱势。即使学校高级职称教学科研人员数量充足，能够保证严格按照《高等学校学术委员会规程》规定的组成条件成立学术委员会，但可能因为校内管理制度不完善、不科学，不少教学科研人员不同程度地缺乏独立自治精神以及科学治学能力，加之学校在制度设计上给予学术委员会等学术组织机构的决策空间本身就有限，所以实践中不少高校学术权力在教学科研及其管理过程中的参与程度及效果非常有限。

以有效激发师生员工的主体性、积极性和创造性为旨归的学校内部民主管理体制机制需要改革优化。有效激发师生员工的主体性、积极性和创造性是确保高等教育职能发挥的必要条件，民主管理制度建设及其机制运转状态是衡量和判断一所大学现代大学制度建设水平的重要标志。高等教育是在高级中等教育基础上，通过具体实施人才培养、科学研究、社会服务、文化传承与创新、国际交流与合作等活动进行的兼具思想性、学术性和职业性的学科专业教育，旨在为学生全面、终身发展以及社会进步与繁荣提供服务。教师和学生是高等教育活动中两个最为重要的主体，学校能否充分调动广大师生员工的主体性、积极性和创造性，直接关系到能否真正遵循教育教学规律以及人才成长规律来办学。实践中党代会、职代会、工代会、学代会、团代会等民主制度建设更多流于形式，即使各种"会议"都能制度化，也往往是为了开会而开会，广大师生难以有效参与学校事务管理和决策。

社会参与学校管理与监督的体制机制需要进一步探索和创新。社会参与学校建设和发展的管理与监督，不仅是高等学校充分履行服务社会职能的要求，也是高等学校自身综合实力提升的重要条件。新时代的高等学校早已无法远离社会，以所谓"象牙塔"自居，而是渐渐走向社会舞台中央，不断地与社会进行信息与资源交换，在从社会汲取各种教育教学以及科学研究资源的同时，也不断向社会输入高素质专门人才、提供多种形式智力支持，成为社会创新发展的重要驱动力。《国家中长期教育改革和发展规划纲要（2010—2020年）》明确强调要"探索建立高等学校理事会或董事会，健全社会支持和监督学校发展的长效机制。探索高等学校与行业、企业密切合作共建的模式，推进高等学校与科研院所、社会团体的资源共享，形成协调合作的有效机制，提高服务经济建设和社会发展的能力"。教育部也专门颁行《普通高等学校理事会规程（试行）》（教育部令第37号），力促作为"高等学校实现科学决策、民主监督、社会参与的重要组织形式和制度平台"的理事会的建设。遗憾的是，实践中这一制度少有成功运转的，往往有名无实，甚至根本就没有组织成立。因此，不少高校与社会组织、机构之间的沟通合作往往是非制度化、非系统化的。

总体而言，面向全体受访教职员工就"后大学章程时代"如何改革和优化大学内部治理体系与结构问题进行意见征集时，就"您认为'后大学章程时代'如何加强章程建设、推进现代大学制度建设？"这一问题的主观作答情况来看，受访教职员工将关键词集中在"加强章程建设""严格依法治校""加强民主管理""健全现代大学制度""尊重学术权力"等内容上，具体来说，普遍希望进一步加强与学校章程相关的宣传与教育，全面提升广大师生员工章程意识，建立健全章程实施保障机制，在努力争取依法自主办学的基础上全面深化内部治理体制机制改革，健全和完善现代大学制度体系，重点解决"行政化"色彩浓厚的问题，充分尊重学术权力在教学科研及其管理中的地位和作用，切实保障师生员工参与学校民主管理与监督，充分保障师生权益，探索建立、改革创新社会参与学校建设和发展的管理与监督机制，更好地履行大学的基本职能。

二 有效加强民主管理，充分维护学生合法权益

学生卷针对大学内部治理改革与优化问题，要求受访学生以填空题形式回答："您认为学校为严格依法治校，有效加强民主管理，充分维护学生合法权益，还应当重点解决哪些问题？"从受访学生的回答情况看，回答总体上涉及学校建设和发展的各个层面、各个环节，有的非常宏观笼统，有的则非常微观而具体。对此同样可以从两方面进行解释：一方面，受访学生对"'后大学章程时代'的大学治理问题"的认识和理解深度不一；另一方面，就受访学生的具体感受而言，学校建设和发展过程中面临的大大小小的诸多问题需要被认真对待和有效解决。借助统计工具，我们对119647份学生卷中该项主观题答案进行了词频统计（见图6-2）。

图6-2 受访学生对"您认为学校为严格依法治校，有效
加强民主管理，充分维护学生合法权益，还应当
重点解决哪些问题"的主观作答词云图

根据统计结果，排在前三十位的高频词及其频率见表 6 - 1。

表 6 - 1　受访学生对"您认为学校为严格依法治校，有效加强民主
管理，充分维护学生合法权益，还应当重点解决哪些
问题？"的主观作答中排位前三十的高频词（短语）

单位：次

序号	词（短语）	频次	序号	词（短语）	频次
1	提高服务水平	77836	16	充分	11046
2	学校	49513	17	应该	11034
3	规范学生管理	38161	18	维护	10725
4	加强	30887	19	解决	10572
5	保障生活质量	26561	20	要	9174
6	加强师生沟通	25015	21	很	8977
7	没有	17084	22	制度	8634
8	公正对待学生	15193	23	参与	8632
9	多	14966	24	都	7932
10	好	14896	25	提高	7870
11	听取	14394	26	方面	7854
12	完善	13368	27	学习	7468
13	民主	12888	28	校园	7369
14	不	12628	29	了解	7351
15	我	11783	30	教育	7284

如果排除一些与学生参与学校民主管理、保障学生合法权益主题直接
关联的语词，比如"学校""加强""没有""多""好""完善""不"
"我""充分""应该"等，大学内部治理体制机制中涉及学生参与学校民
主管理、保障学生合法权益主题的高频词及短语主要有"提高服务水平"
"规范学生管理""保障生活质量""加强师生沟通""公正对待学生""听
取""民主""维护""解决""参与""公开""尊重学生权利""能力"
"法制教育"等。这些词（短语）所涉主题恰好也基本上都在项目组的预料
之中，为此在学生卷中针对"您认为'后大学章程时代'学校还应当从哪
些方面加强学生参与学校民主管理工作？"（多选题，必答）设置了三个选
项：进一步完善学校信息公开制度，充分尊重学生知情权；通过宣传教育，

有效增强和提高学生参与学校管理决策的意识和能力；建立和完善学生参与学校民主管理的制度与机制，积极主动听取学生意见建议。以这三个选项为考察点，学生的回答基本上能反映受访学生对学校有效加强民主管理、充分维护学生合法权益的具体意见和要求。

1. 进一步完善学校信息公开制度，充分尊重学生知情权

82.9%的受访学生主张"进一步完善学校信息公开制度，充分尊重学生知情权"（见图6-3）。从不同年级类型学生选择该选项的有效百分比情况看，本科生高于研究生，高年级研究生高于低年级研究生，大二及以上高年级学生高于大一新生（见图6-4）。分别对本科生和研究生的高低年

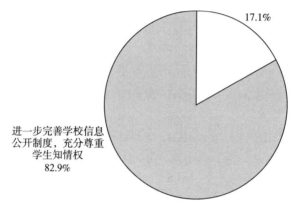

图6-3 受访学生中主张"进一步完善学校信息公开制度，充分尊重学生知情权"的人员占比

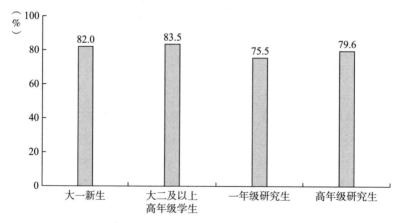

图6-4 不同年级类型受访学生中主张"进一步完善学校信息公开制度，充分尊重学生知情权"的人员占比

级进行比较，其有效百分比差异很小。总体而言，"进一步完善学校信息公开制度，充分尊重学生知情权"是不同年级类型受访学生的一项普遍性主张和要求，只是研究生的主张和要求意愿稍低于本科生。

受访学生中学生干部选择"进一步完善学校信息公开制度，充分尊重学生知情权"选项的有效百分比要稍高于非学生干部（见图6-5）。两者差距只有2.6个百分点，这也是学生干部相对于非学生干部在向学校主张充分尊重知情权问题上应有的合理差距，这说明"进一步完善学校信息公开制度，充分尊重学生知情权"是全体受访学生的一项普遍性要求和意愿。

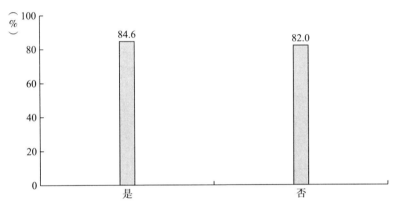

图6-5 受访学生是否担任学生干部主张"进一步完善学校信息公开制度，充分尊重学生知情权"的人员占比

不同类型学校受访学生选择"进一步完善学校信息公开制度，充分尊重学生知情权"选项的有效百分比有一定差距，从高到低依次是"双一流"建设高校及地方高水平大学建设立项高校、其他省属普通本科院校、部属院校、高职高专（见图6-6）。显然，不同类型学校之间差距不大，相对而言，高职高专和部属院校学生选择该选项的有效百分比稍低。这也可以进一步说明，"进一步完善学校信息公开制度，充分尊重学生知情权"是各个类型院校受访学生的一项普遍性主张和要求。

受访学生对学校是否已经制定实施大学章程的认知情况，与其对"进一步完善学校信息公开制度，充分尊重学生知情权"的意愿有一定的正相关性。明确认知学校已经制定实施大学章程的学生，该选项的有效百分比高于另外两个学生群体（见图6-7），而主张"进一步完善学校信息公开制

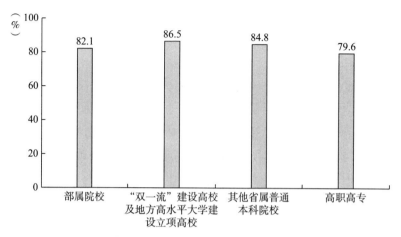

**图 6 - 6　不同类型学校受访学生中主张"进一步完善学校信息
公开制度，充分尊重学生知情权"的人员占比**

度，充分尊重学生知情权"的学生中，明确认知学校已经制定实施大学章
程的学生占比也高于另外两个学生群体（见图 6 - 8）。

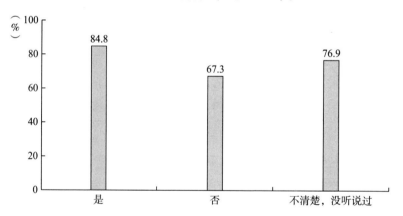

**图 6 - 7　对学校是否已经制定实施大学章程三种不同认知情况的
受访学生中主张"进一步完善学校信息公开制度，
充分尊重学生知情权"的人员占比**

　　从不同类型学校学生情况看，主张"进一步完善学校信息公开制度，
充分尊重学生知情权"与对学校是否已经制定实施大学章程的认知情况两
方面有效百分比分布状态与总体统计情况一致，不同类型学校之间只是存
在一定的差异，而这基本上与上述不同类型学校之间整体比较结果一致

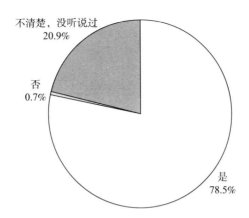

图 6 - 8　受访学生中主张"进一步完善学校信息公开
制度，充分尊重学生知情权"人员对学校
是否已经制定实施大学章程的认知情况

（见图 6 - 9 至图 6 - 16）。仅就其中明确认知学校已经制定实施大学章程的
学生选择"进一步完善学校信息公开制度，充分尊重学生知情权"选项的
有效百分比进行比较，从高到低依次是"双一流"建设高校及地方高水平
大学建设立项高校、其他省属普通本科院校、部属院校、高职高专，这与
上述不同类型学校整体比较结果排序一致。

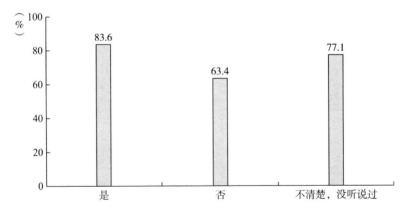

图 6 - 9　对学校是否已经制定实施大学章程三种不同认知情况的
部属院校受访学生中主张"进一步完善学校信息公开
制度，充分尊重学生知情权"的人员占比

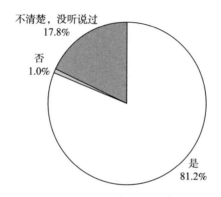

图6-10 部属院校受访学生中主张"进一步完善学校信息
公开制度，充分尊重学生知情权"人员对学校
是否已经制定实施大学章程的认知情况

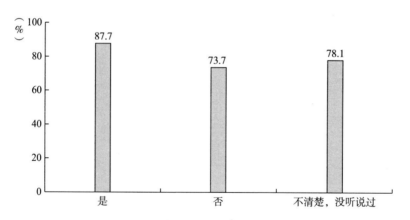

图6-11 对学校是否已经制定实施大学章程三种不同认知情况的
"双一流"建设高校及地方高水平大学建设立项高校
受访学生中主张"进一步完善学校信息公开制度，
充分尊重学生知情权"的人员占比

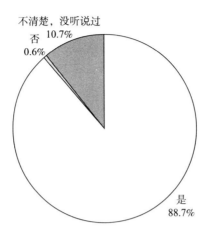

图 6 – 12　"双一流"建设高校及地方高水平大学建设立项
高校受访学生中主张"进一步完善学校信息公开
制度，充分尊重学生知情权"人员对学校是否
已经制定实施大学章程的认知情况

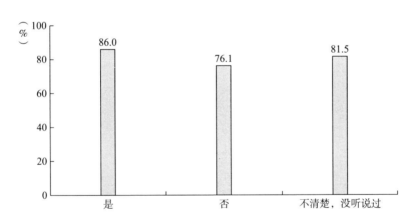

图 6 – 13　对学校是否已经制定实施大学章程三种不同认知情况的其他
省属普通本科院校受访学生中主张"进一步完善学校
信息公开制度，充分尊重学生知情权"的人员占比

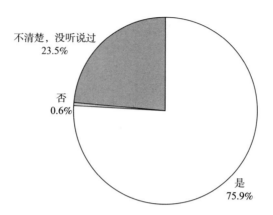

图 6-14 其他省属普通本科院校受访学生中主张"进一步完善学校信息公开制度，充分尊重学生知情权"人员对学校是否已经制定实施大学章程的认知情况

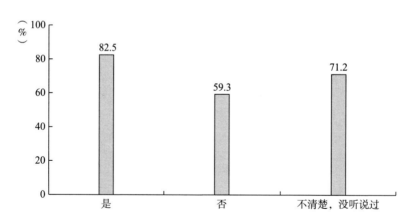

图 6-15 对学校是否已经制定实施大学章程三种不同认知情况的高职高专受访学生中主张"进一步完善学校信息公开制度，充分尊重学生知情权"的人员占比

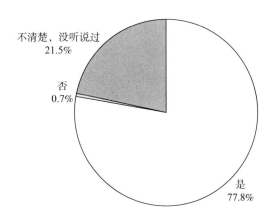

图 6 - 16　高职高专受访学生中主张"进一步完善学校信息
公开制度，充分尊重学生知情权"人员对学校
是否已经制定实施大学章程的认知情况

总之，"进一步完善学校信息公开制度，充分尊重学生知情权"是全体受访学生的一项普遍性主张和要求，其中明确认知学校已经制定实施大学章程的学生的意愿相对更加强烈。

全体受访学生对学校章程实施情况的总体评价，与其对"进一步完善学校信息公开制度，充分尊重学生知情权"的意愿正相关。一方面，对学校章程实施情况的满意度越高，对"进一步完善学校信息公开制度，充分尊重学生知情权"的意愿越强烈（见图 6 - 17）。如果排除对学校章程实施情况表示"不清楚，不好评价"的学生，其余人员有效百分比呈依次降低状态，而在对学校章程实施情况总体评价的五个选项中，难以确定"不清楚，不好评价"选项的位次，该学生群体选择"进一步完善学校信息公开制度，充分尊重学生知情权"选项的有效百分比也只是稍高于选择"基本满意"的学生群体。另一方面，选择"进一步完善学校信息公开制度，充分尊重学生知情权"选项的学生中，对学校章程实施情况的较高满意度（见图 6 - 18）也稍高于全体受访学生（全体受访学生的较高满意度为62.7%）。

从对学校是否已经制定实施大学章程不同认知情况的三个受访学生群体的"对学校章程实施情况的总体评价 * 进一步完善学校信息公开制度，充分尊重学生知情权"交叉统计数据看，仍然能够得出上述结论（见图 6 - 19 至图 6 - 24）。一方面，这三部分受访学生中，对学校章程实施情况总体

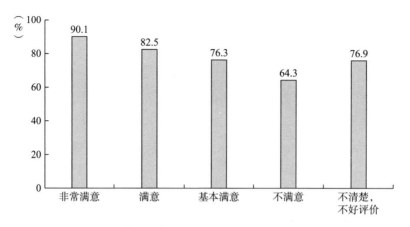

图 6-17 对学校章程实施情况总体评价持不同意见的受访学生中主张"进一步完善学校信息公开制度，充分尊重学生知情权"的人员占比

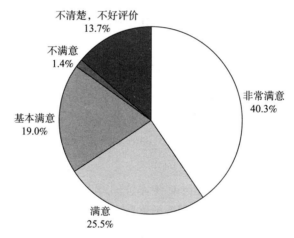

图 6-18 受访学生中主张"进一步完善学校信息公开制度，充分尊重学生知情权"人员对学校章程实施情况的总体评价

评价分别选择"非常满意""满意""基本满意""不满意"等选项的四个人员群体，选择"进一步完善学校信息公开制度，充分尊重学生知情权"选项的有效百分比均依次降低，而选择"不清楚，不好评价"的群体该选项的有效百分比基本上处于中等水平；另一方面，明确认知学校已经制定实施大学章程且主张"进一步完善学校信息公开制度，充分尊重学生知情权"的学生中，对学校章程实施情况的满意度明显高于另外两个学生群体的相关值，其中较高满意度的有效百分比明显高于另外两个学生群体以及主张"进一步完善学校信息公开制度，充分尊重学生知情权"的学生群体。总体上，受访学生对学校是否已经制定实施大学章程的认知情况、对学校章程实施情况的总体评价及对"进一步完善学校信息公开制度，充分尊重学生知情权"的意愿，三者之间存在正相关性。

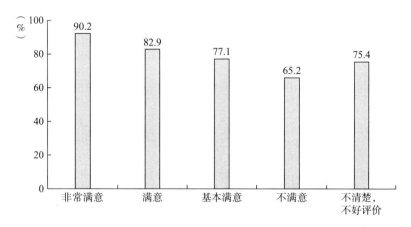

图 6 - 19　对学校是否已经制定实施大学章程表示明确认知并对学校章程
实施情况总体评价持不同意见的受访学生中主张"进一步完善
学校信息公开制度，充分尊重学生知情权"的人员占比

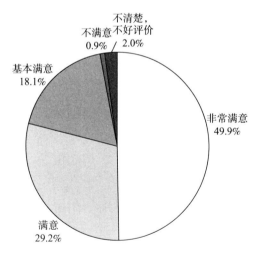

图 6 - 20　对学校是否已经制定实施大学章程表示明确认知并主张
"进一步完善学校信息公开制度，充分尊重学生知情权"
人员对学校章程实施情况的总体评价

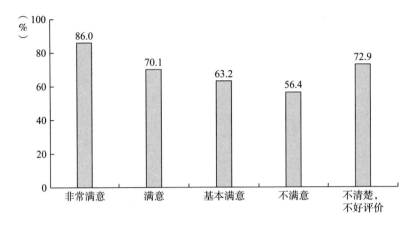

图6-21 对学校是否已经制定实施大学章程表示否定并对学校章程实施
情况总体评价持不同意见的受访学生中主张"进一步完善
学校信息公开制度，充分尊重学生知情权"的人员占比

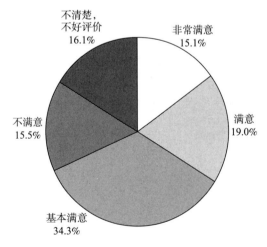

图6-22 对学校是否已经制定实施大学章程表示否定并主张
"进一步完善学校信息公开制度，充分尊重学生
知情权"人员对学校章程实施情况的总体评价

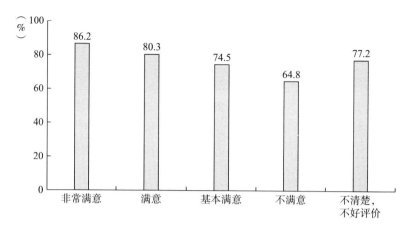

图 6-23 对学校是否已经制定实施大学章程表示"不清楚，没
听说过"并对学校章程实施情况总体评价持不同
意见的受访学生中主张"进一步完善学校信息
公开制度，充分尊重学生知情权"的人员占比

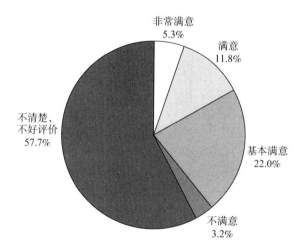

图 6-24 对学校是否已经制定实施大学章程表示"不清楚，
没听说过"并主张"进一步完善学校信息公开
制度，充分尊重学生知情权"人员对学校
章程实施情况的总体评价

2. 通过宣传教育，有效增强和提高学生参与学校管理决策的意识和能力

64.7%的受访学生主张"通过宣传教育，有效增强和提高学生参与学校管理决策的意识和能力"（见图 6-25）。从不同年级类型受访学生选择该

选项的有效百分比看，本科生和研究生之间、除高年级研究生外的各年级类型学生之间都比较均衡，高年级研究生该选项的有效百分比最低但也达到了 51.3%（见图 6 - 26）。

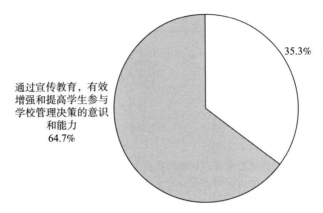

图 6 - 25　受访学生中主张"通过宣传教育，有效增强和提高学生参与学校管理决策的意识和能力"的人员占比

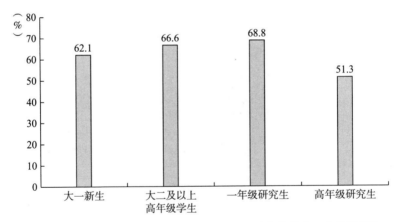

图 6 - 26　不同年级类型受访学生中主张"通过宣传教育，有效增强和提高学生参与学校管理决策的意识和能力"的人员占比

受访学生中学生干部选择"通过宣传教育，有效增强和提高学生参与学校管理决策的意识和能力"选项的有效百分比反而稍低于非学生干部（见图 6 - 27，差距只有 2.2 个百分点）。这也可以理解为，非学生干部因为相对学生干部参与学校管理决策机会更少，甚至很少了解学校相关决策，所以他们在某种意义上应该更加希望"通过宣传教育，有效增强和提高学生参与学校管理决策的意识和能力"。

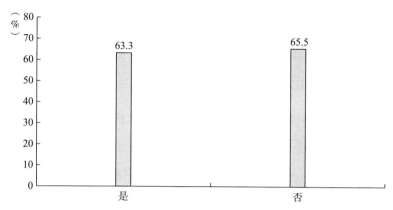

图 6 - 27 受访学生是否担任学生干部主张"通过宣传教育，有效增强和提高学生参与学校管理决策的意识和能力"的人员占比

不同类型学校受访学生选择"通过宣传教育，有效增强和提高学生参与学校管理决策的意识和能力"选项的有效百分比有一定差距，从高到低依次是"双一流"建设高校及地方高水平大学建设立项高校、其他省属普通本科院校、高职高专、部属院校。相对而言，部属院校和高职高专学生该选项的有效百分比相对稍低，但均接近60%（见图6 - 28）。

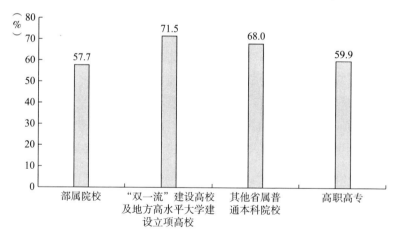

图 6 - 28 不同类型学校受访学生中主张"通过宣传教育，有效增强和提高学生参与学校管理决策的意识和能力"的人员占比

全体受访学生对学校是否已经制定实施大学章程的认知情况，与其"通过宣传教育，有效增强和提高学生参与学校管理决策的意识和能力"的意愿有一定的正相关性。明确认知学校已经制定实施大学章程的学生，选择该选项的有效百分比高于另外两个学生群体（见图6-29），而主张"通过宣传教育，有效增强和提高学生参与学校管理决策的意识和能力"的学生中，明确认知学校已经制定实施大学章程的学生占比高于总体占比（76.7%）（见图6-30）。

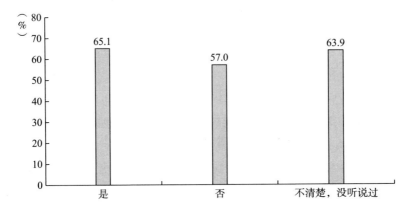

图6-29 对学校是否已经制定实施大学章程三种不同认知情况的受访学生中主张"通过宣传教育，有效增强和提高学生参与学校管理决策的意识和能力"的人员占比

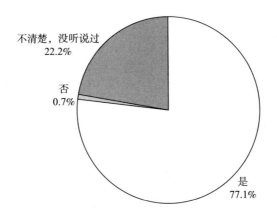

图6-30 受访学生中主张"通过宣传教育，有效增强和提高学生参与学校管理决策的意识和能力"人员对学校是否已经制定实施大学章程的认知情况

从不同类型学校学生情况看，两方面有效百分比分布状态与总体统计情况基本一致但部分院校有所出入。部属院校中对学校是否制定实施大学章程表示"不清楚，没听说过"的学生选择"通过宣传教育，有效增强和提高学生参与学校管理决策的意识和能力"选项的有效百分比高于另外两部分学生，但也只比明确认知学校已经制定实施大学章程学生选择该选项的有效百分比高了不到 2 个百分点，其余情况与上述全体受访学生统计情况一致（见图 6 - 31、图 6 - 32）。"双一流"建设高校及地方高水平大学建设立项高校的两方面百分比分布状态与前述全体受访学生统计情况完全一致，而且其学生该选项的有效百分比普遍较高（见图 6 - 33、图 6 - 34）。其他省属普通本科院校中对学校是否已经制定实施大学章程选择"是""否""不

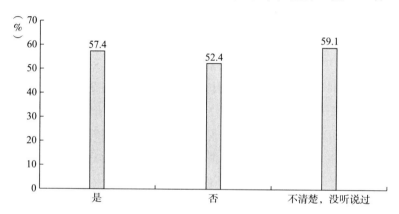

图 6 - 31　对学校是否已经制定实施大学章程三种不同认知情况的部属
院校受访学生中主张"通过宣传教育，有效增强和提高
学生参与学校管理决策的意识和能力"的人员占比

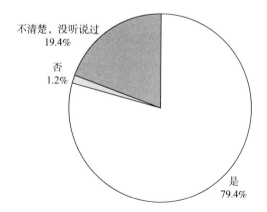

图 6 - 32　部属院校受访学生中主张"通过宣传教育，有效增强和
提高学生参与学校管理决策的意识和能力"的人员对
学校是否已经制定实施大学章程的认知情况

清楚，没听说过"的三个学生群体，选择"通过宣传教育，有效增强和提高学生参与学校管理决策的意识和能力"选项的有效百分比分别为 67.9%、69.1%、68.2%，非常接近，其中明确认知学校已经制定实施大学章程的学生该选项的有效百分比最低（距离最高值仅差了 1.2 个百分点），但是其主张"通过宣传教育，有效增强和提高学生参与学校管理决策的意识和能力"的学生中，明确认知学校已经制定实施大学章程学生占比（74.8%）反而稍低于总体占比（76.7%）（见图 6 - 35、图 6 - 36）。高职高专院校中主张"通过宣传教育，有效增强和提高学生参与学校管理决策的意识和能力"的学生中，明确认知学校已经制定实施大学章程的学生占比（74.5%）也稍低于总体占比（76.7%），其余情况与全体学生总体统计情况一致（见图 6 - 37、图 6 - 38）。所以，数据统计说明，受访学生对学校是否已经制定实施大学章程的认知情况，与其"通过宣传教育，有效增强和提高学生参与学校管理决策的意识和能力"的意愿只是有一定的正相关性，但并不典型，在某些局部条件下这种正相关性会消失。总体上，"通过宣传教育，有效增强和提高学生参与学校管理决策的意识和能力"是全体受访学生的一项普遍性主张和要求，其中对学校是否已经制定实施大学章程表示否定或者"不清楚，没听说过"的学生，这一意愿同样甚至相对更加强烈。

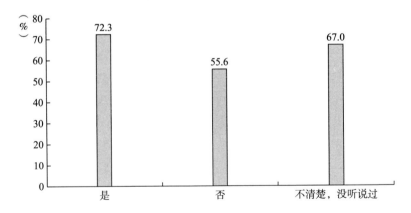

图 6 - 33　对学校是否已经制定实施大学章程三种不同认知情况的
"双一流"建设高校及地方高水平大学建设立项高校
受访学生中主张"通过宣传教育，有效增强和提高
学生参与学校管理决策的意识和能力"的人员占比

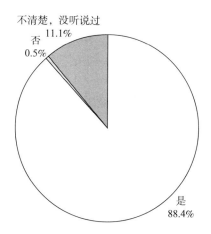

图 6 - 34　"双一流"建设高校及地方高水平大学建设立项高校受访
学生中主张"通过宣传教育，有效增强和提高学生参与
学校管理决策的意识和能力"的人员对学校
是否已经制定实施大学章程的认知情况

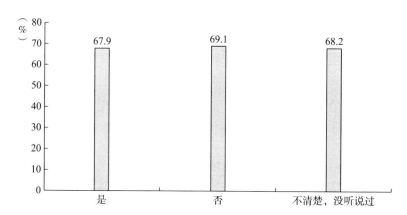

图 6 - 35　对学校是否已经制定实施大学章程三种不同认知情况的其他省属
普通本科院校受访学生中主张"通过宣传教育，有效增强和
提高学生参与学校管理决策的意识和能力"的人员占比

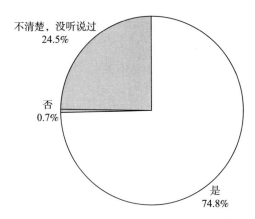

图 6-36 其他省属普通本科院校受访学生中主张"通过宣传教育，有效
增强和提高学生参与学校管理决策的意识和能力"的人员
对学校是否已经制定实施大学章程的认知情况

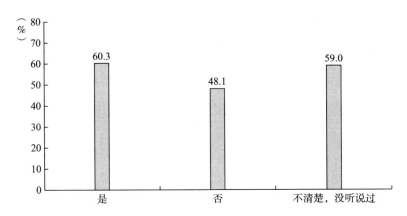

图 6-37 对学校是否已经制定实施大学章程三种不同认知情况的高职
高专受访学生中主张"通过宣传教育，有效增强和提高
学生参与学校管理决策的意识和能力"的人员占比

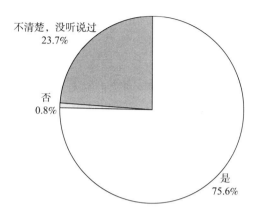

图 6 – 38　高职高专受访学生中主张"通过宣传教育，有效增强和
提高学生参与学校管理决策的意识和能力"的人员
对学校是否已经制定实施大学章程的认知情况

全体受访学生对学校章程实施情况的总体评价，与其"通过宣传教育，有效增强和提高学生参与学校管理决策的意识和能力"的意愿之间相关性很不明显。一方面，对学校章程实施情况总体评价分别选择"非常满意""满意""基本满意""不满意""不清楚，不好评价"等选项的五个学生群体，选择"通过宣传教育，有效增强和提高学生参与学校管理决策的意识和能力"选项的有效百分比，除对学校章程实施情况总体评价选择"不满意"的人员较低以外，其余人员非常接近（见图 6 – 39）。另一方面，主张"通过宣传教育，有效增强和提高学生参与学校管理决策的意识和能力"的学生，对学校章程实施情况的满意度低于全体受访学生，"非常满意""满意""基本满意""不满意""不清楚，不好评价"等选项的有效百分比分布状态（见图 6 – 40），相较于全体受访学生也较低（全体学生相应值分别为 37.1%、25.6%、20.6%、1.9%、14.8%）。

从对学校是否已经制定实施大学章程不同认知情况的三个受访学生群体的"对学校章程实施情况的总体评价＊通过宣传教育，有效增强和提高学生参与学校管理决策的意识和能力"交叉统计数据看，仍然能够进一步支持上述结论：受访学生对学校是否已经制定实施大学章程的认知情况、对学校章程实施情况总体评价及对"通过宣传教育，有效增强和提高学生参与学校管理决策的意识和能力"的意愿，三者之间相关性很不明显（见图 6 – 41 至图 6 – 46）。一方面，这三部分受访学生中，对学校章程实施情况总体评价分别选择"非常满意""满意""基本满意""不满意""不清楚,不好评价"等选项的五个群体,选择"通过宣传教育,有效增强和提高学生参与学校管理决策的意识和能力"选项的有效百分比,除对学校是否已经制定实施大学章程表示否定并对学校章程实施情况表示"非常满意"以及"不满意"的人员较低外,其余分布总体较为均衡,但其中对学校章程实施情况表示"不清楚,不好评价"的人员选择该选项的有效百分比均相对较高。明确认知学校已经制定实施大学章程且主张"通过宣传教育,有效增强和提高学生参与学校管理决策的意识和能力"的学生中,对学校章程实施情况的满意度稍高于全体受访学生相关值,而对学校是否已经制定实施大学章程分别表示否定和"不清楚,没听说过"且主张"通过宣传教育,有效增强和提高学生参与学校管理决策的意识和能力"的学生,对学校章程实施情况的较高满意度都明显较低。

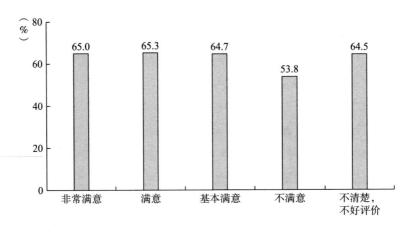

图 6 – 39　对学校章程实施情况总体评价持不同意见的受访学生中
主张"通过宣传教育,有效增强和提高学生参与
学校管理决策的意识和能力"的人员占比

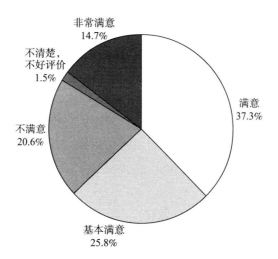

图 6 – 40 受访学生中主张"通过宣传教育，有效增强和
提高学生参与学校管理决策的意识和能力"的
人员对学校章程实施情况的总体评价

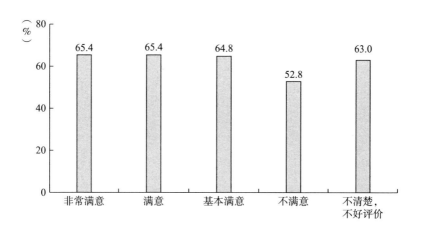

图 6 – 41 对学校是否已经制定实施大学章程表示明确认知并对
学校章程实施情况总体评价持不同意见的受访学生中
主张"通过宣传教育，有效增强和提高学生参与
学校管理决策的意识和能力"的人员占比

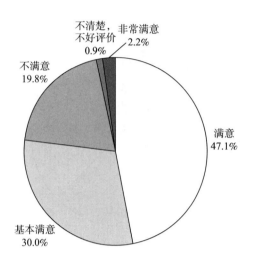

图 6 – 42　对学校是否已经制定实施大学章程表示明确认知
并主张"通过宣传教育，有效增强和提高学生
参与学校管理决策的意识和能力"的人员
对学校章程实施情况的总体评价

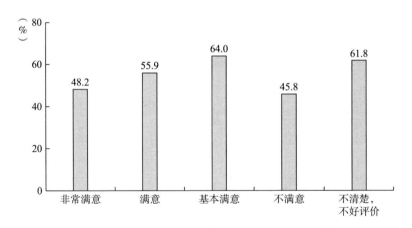

图 6 – 43　对学校是否已经制定实施大学章程表示否定并对学校
章程实施情况总体评价持不同意见的受访学生中主张
"通过宣传教育，有效增强和提高学生参与
学校管理决策的意识和能力"的人员占比

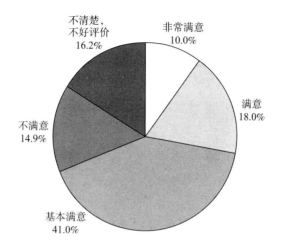

图 6 - 44　对学校是否已经制定实施大学章程表示否定并
主张"通过宣传教育，有效增强和提高学生
参与学校管理决策的意识和能力"的人员
对学校章程实施情况的总体评价

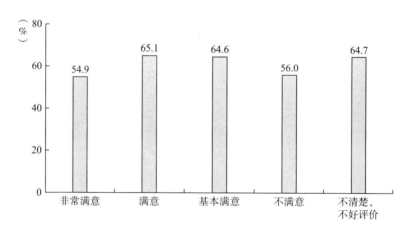

图 6 - 45　对学校是否已经制定实施大学章程表示"不清楚，没听说过"
并对学校章程实施情况总体评价持不同意见的受访学生
中主张"通过宣传教育，有效增强和提高学生
参与学校管理决策的意识和能力"的人员占比

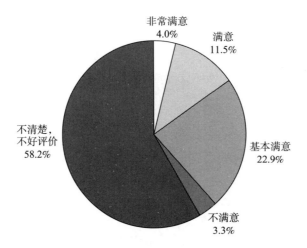

**图 6 – 46　对学校是否已经制定实施大学章程表示"不清楚，没听说过"
并主张"通过宣传教育，有效增强和提高学生参与学校管理
决策的意识和能力"的人员对学校章程实施情况的总体评价**

3. 建立和完善学生参与学校民主管理的制度与机制，积极主动听取学
生意见建议

57.4% 的受访学生主张"建立和完善学生参与学校民主管理的制度与
机制，积极主动听取学生意见建议"（见图 6 – 47）。从不同年级类型受访学
生该选项的有效百分比情况看，本科生高于研究生，本科生和研究生中的
高年级学生分别高于其低年级学生，但高低年级研究生之间的差距很小
（见图 6 – 48）。

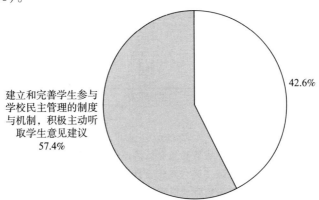

**图 6 – 47　受访学生中主张"建立和完善学生参与
学校民主管理的制度与机制，积极主动
听取学生意见建议"的人员占比**

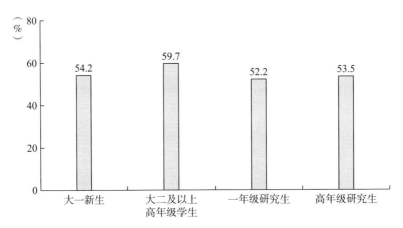

图 6-48 不同年级类型受访学生中主张"建立和完善学生
参与学校民主管理的制度与机制,积极主动
听取学生意见建议"的人员占比

受访学生选择"建立和完善学生参与学校民主管理的制度与机制,积极主动听取学生意见建议"选项的有效百分比(见图 6-49),非学生干部高出学生干部 4.7 个百分点。显然,非学生干部意愿相对更为强烈。

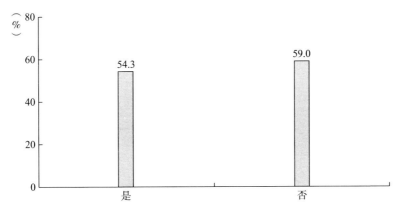

图 6-49 受访学生是否担任学生干部主张"建立和完善
学生参与学校民主管理的制度与机制,积极
主动听取学生意见建议"的人员占比

不同类型学校受访学生选择"建立和完善学生参与学校民主管理的制度与机制,积极主动听取学生意见建议"选项的有效百分比有一定差距,从高到低依次是"双一流"建设高校及地方高水平大学建设立项高校、其他省属普通本科院校、高职高专、部属院校(见图 6-50)。相对而言,高职高专和部属院校学生选择该选项的有效百分比较低。

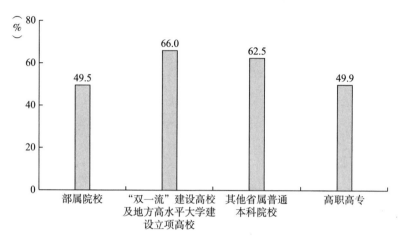

图 6 - 50　不同类型学校受访学生中主张"建立和完善学生
参与学校民主管理的制度与机制，积极主动
听取学生意见建议"的人员占比

受访学生对学校是否已经制定实施大学章程的认知情况与其"建立和完善学生参与学校民主管理的制度与机制，积极主动听取学生意见建议"的意愿之间的相关性不明显。对学校是否已经制定实施大学章程选择"是""否""不清楚，没听说过"的三个学生群体，选择该选项的有效百分比分别为55.9%、49.2%、62.8%（见图6 - 51），两者没有明显的相关性，而

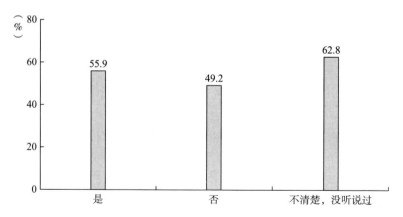

图 6 - 51　对学校是否已经制定实施大学章程三种不同认知情况的受访
学生中主张"建立和完善学生参与学校民主管理的制度与
机制，积极主动听取学生意见建议"的人员占比

主张"建立和完善学生参与学校民主管理的制度与机制，积极主动听取学生意见建议"的学生中，明确认知学校已经制定实施大学章程的学生占比（见图6-52）反而低于全体受访学生（76.7%）。

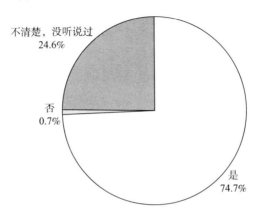

不清楚，没听说过
24.6%

否
0.7%

是
74.7%

图6-52　主张"建立和完善学生参与学校民主管理的制度与机制，积极主动听取学生意见建议"的人员对学校是否已经制定实施大学章程的认知情况

从不同类型学校学生情况看，两方面有效百分比分布状态与总体统计情况基本相似，都难以说明受访学生对学校是否已经制定实施大学章程的认知情况与其"建立和完善学生参与学校民主管理的制度与机制，积极主动听取学生意见建议"的意愿之间存在相关性（见图6-53至图6-60）。

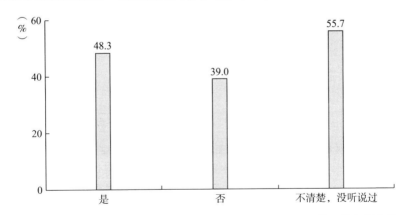

图6-53　对学校是否已经制定实施大学章程三种不同认知情况的部属院校受访学生中主张"建立和完善学生参与学校民主管理的制度与机制，积极主动听取学生意见建议"的人员占比

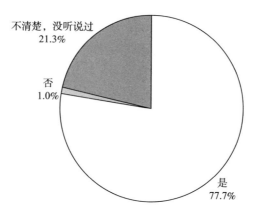

图 6 – 54　部属院校主张"建立和完善学生参与学校民主管理的
制度与机制，积极主动听取学生意见建议"的人员
对学校是否已经制定实施大学章程的认知情况

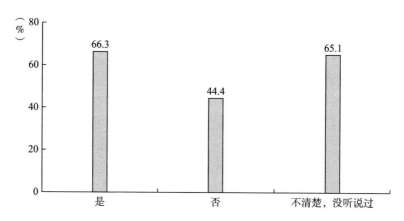

图 6 – 55　对学校是否已经制定实施大学章程三种不同认知情况的"双一流"
建设高校及地方高水平大学建设立项高校受访学生中主张
"建立和完善学生参与学校民主管理的制度与机制，积极
主动听取学生意见建议"的人员占比

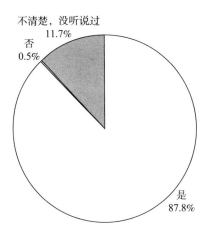

图 6 – 56 "双一流"建设高校及地方高水平大学建设立项高校
主张"建立和完善学生参与学校民主管理的制度与
机制，积极主动听取学生意见建议"的人员对
学校是否已经制定实施大学章程的认知情况

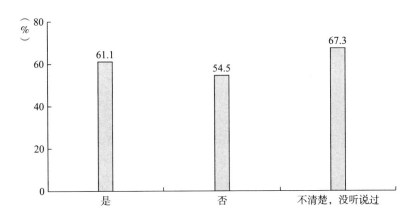

图 6 – 57 对学校是否已经制定实施大学章程三种不同认知情况的
其他省属普通本科院校受访学生中主张"建立和
完善学生参与学校民主管理的制度与机制，积极
主动听取学生意见建议"的人员占比

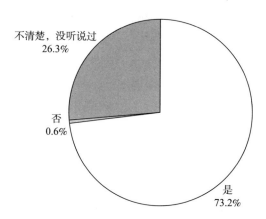

图 6 – 58　其他省属普通本科院校主张"建立和完善学生参与学校民主
管理的制度与机制，积极主动听取学生意见建议"的
人员对学校是否已经制定实施大学章程的认知情况

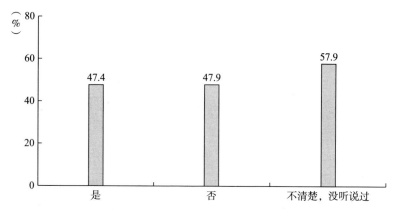

图 6 – 59　对学校是否已经制定实施大学章程三种不同认知情况的高职高专
受访学生中主张"建立和完善学生参与学校民主管理的
制度与机制，积极主动听取学生意见建议"的人员占比

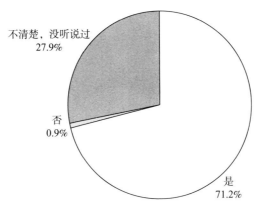

图6-60 高职高专主张"建立和完善学生参与学校民主管理的制度与机制，积极主动听取学生意见建议"的人员对学校是否已经制定实施大学章程的认知情况

全体受访学生对学校章程实施情况的总体评价，与其"建立和完善学生参与学校民主管理的制度与机制，积极主动听取学生意见建议"的意愿呈一定的负相关关系：对学校章程实施情况满意度越低，"建立和完善学生参与学校民主管理的制度与机制，积极主动听取学生意见建议"的意愿相对越强烈（见图6-61）；主张"建立和完善学生参与学校民主管理的制度与机制，积极主动听取学生意见建议"的学生对学校章程实施情况的满意度（见图6-62）也稍微低于全体学生相关值。

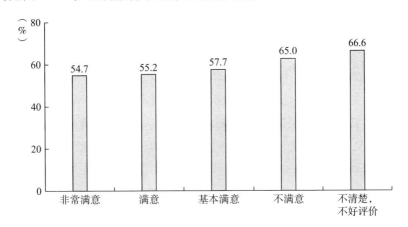

图6-61 对学校章程实施情况总体评价持不同意见的受访学生中主张"建立和完善学生参与学校民主管理的制度与机制，积极主动听取学生意见建议"的人员占比

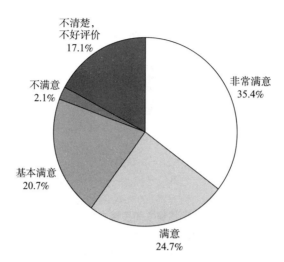

图 6 – 62　受访学生中主张"建立和完善学生参与学校民主管理的制度与机制，积极主动听取学生意见建议"的人员对学校章程实施情况的总体评价

　　就对学校是否已经制定实施大学章程不同认知情况的三个受访学生群体对学校章程实施情况的总体评价与其"建立和完善学生参与学校民主管理的制度与机制，积极主动听取学生意见建议"的意愿之间的相关性而言，交叉统计数据可以进一步支持上述结论：对学校章程实施情况满意度越低，"建立和完善学生参与学校民主管理的制度与机制，积极主动听取学生意见建议"的意愿相对越强烈；主张"建立和完善学生参与学校民主管理的制度与机制，积极主动听取学生意见建议"的学生中，只有明确认知学校已经制定实施大学章程的人员对学校章程实施情况的满意度稍高于全体学生平均值，而这主要是因为明确认知学校已经制定实施大学章程的受访学生对学校章程实施情况的满意度本身就高于另外两个学生群体（见图 6 – 63 至图 6 – 68）。所以从交叉统计数据看，受访学生对学校是否已经制定实施大学章程的认知情况、对学校章程实施情况的总体评价及"建立和完善学生参与学校民主管理的制度与机制，积极主动听取学生意见建议"的意愿，三者之间的关系主要表现为受访学生对学校章程实施情况的总体评价与"建立和完善学生参与学校民主管理的制度与机制，积极主动听取学生意见建议"的意愿负相关。

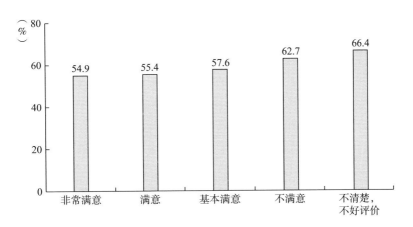

图 6 – 63　对学校是否已经制定实施大学章程表示明确认知并对
学校章程实施情况总体评价持不同意见的受访学生中
主张"建立和完善学生参与学校民主管理的制度与
机制，积极主动听取学生意见建议"的人员占比

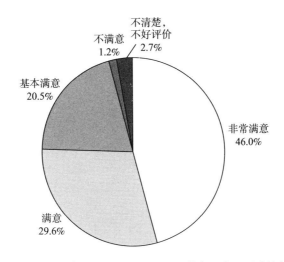

图 6 – 64　对学校是否已经制定实施大学章程表示明确认知并
主张"建立和完善学生参与学校民主管理的制度与
机制，积极主动听取学生意见建议"的人员
对学校章程实施情况的总体评价

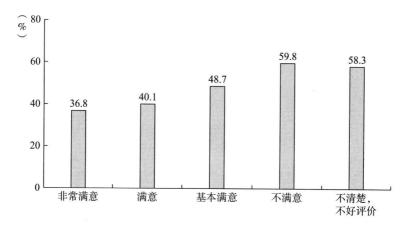

图 6 – 65　对学校是否已经制定实施大学章程表示否定并对学校
章程实施情况总体评价持不同意见的受访学生中主张
"建立和完善学生参与学校民主管理的制度与机制,
积极主动听取学生意见建议"的人员占比

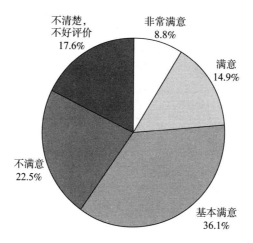

图 6 – 66　对学校是否已经制定实施大学章程表示否定并主张
"建立和完善学生参与学校民主管理的制度与
机制,积极主动听取学生意见建议"的人员
对学校章程实施情况的总体评价

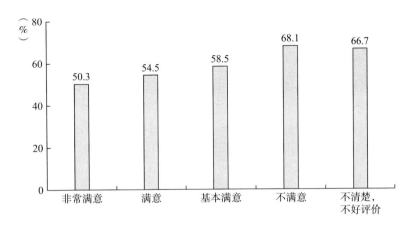

图 6 - 67 对学校是否已经制定实施大学章程表示"不清楚，没听说过"
并对学校章程实施情况总体评价持不同意见的受访学生
中主张"建立和完善学生参与学校民主管理的制度
与机制，积极主动听取学生意见建议"的人员占比

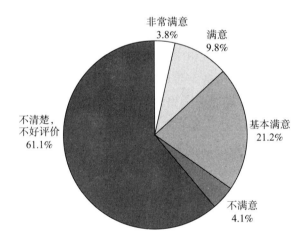

图 6 - 68 对学校是否已经制定实施大学章程表示"不清楚，没听
说过"并主张"建立和完善学生参与学校民主管理的
制度与机制，积极主动听取学生意见建议"的
人员对学校章程实施情况的总体评价

总体而言，"您认为'后大学章程时代'学校还应当从哪些方面加强学
生参与学校民主管理工作？"的三个选项，即"进一步完善学校信息公开制
度，充分尊重学生知情权""通过宣传教育，有效增强和提高学生参与学校
管理决策的意识和能力""建立和完善学生参与学校民主管理的制度与机

制，积极主动听取学生意见建议"，普遍受到受访学生的选择和肯定。虽然三个选项各自受到选择和肯定的程度不同，按全体受访学生选答情况统计，各自有效百分比分别是 82.9%、64.7%、57.4%，但是从各自在不同群体范围内的细分统计和比较意义来看，整体分布比较均衡，即各个类型学校的不同年级类型受访学生，无论学生干部还是非学生干部，除个别群体中相关有效百分比较高（如对学校章程实施情况表示"非常满意"的学生中，选择"进一步完善学校信息公开制度，充分尊重学生知情权"选项的有效百分比高达 90.1%）外，其余差距不太。而且，这三个选项与受访学生对学校是否已经制定实施大学章程的认知情况、对学校章程实施情况的总体评价的相关性特征各有不同：第一个选项"进一步完善学校信息公开制度，充分尊重学生知情权"与它们正相关；第二个选项"通过宣传教育，有效增强和提高学生参与学校管理决策的意识和能力"与它们的相关性不明显；第三个选项"建立和完善学生参与学校民主管理的制度与机制，积极主动听取学生意见建议"则与对学校章程实施情况的总体评价负相关。

由此说明，就"后大学章程时代"学校如何有效加强民主管理，充分维护学生合法权益而言，从受访学生的开放题主观作答以及客观题具体选答情况看，各个类型院校的各个年级类型受访人员都普遍表达了较为强烈的意愿，"进一步完善学校信息公开制度，充分尊重学生知情权""通过宣传教育，有效增强和提高学生参与学校管理决策的意识和能力""建立和完善学生参与学校民主管理的制度与机制，积极主动听取学生意见建议"这三项主张，受到五到八成受访学生的肯定和选择。对于第一项，明确认知学校已经制定实施大学章程并对学校章程实施情况满意度较高的受访学生意愿相对更强；对于第二项，对学校是否已经制定实施大学章程的认知情况、对学校章程实施情况总体评价基本不影响受访学生的选择；对于第三项，反而是对学校是否已经制定实施大学章程缺乏明确认知以及对学校章程实施情况总体评价较低的受访学生意愿相对更强。总体上，这三项意愿在所有受访学生中具有较强的普遍性，应当成为高校在"后大学章程时代"改革和优化内部治理体系和结构过程中切实加强民主管理、确保学生合法权益的重要举措和具体任务。

第七章　大学外部治理改革成效
及目标任务

　　以政府与高校之间的关系构建与协调为主体内容，包括社会与高校之间的关系构建与协调在内的大学外部治理，与以大学内部各权利（力）主体之间的关系构建与协调为主体的大学内部治理一起构成大学治理的两个方面。大学外部治理旨在从宏观上理顺政府与大学之间的关系，重点是厘清和落实普通高校作为法人实体所应享有的权利以及相应承担的责任。同时，与外部社会进行信息交换，也是大学作为子系统置身于社会大系统的生存和发展路径。更好地履行服务社会这一基本职能，并通过及时有效获取社会资源支持自我更好发展，科学构建并有效运转社会参与学校管理和监督机制，同样也是现代大学制度建设的重要内容。

　　对大学外部治理改革成效及目标任务的考察，主要从两个层面展开，一是分别从政府与高校之间的权利义务关系处理角度重点考察教育领域"放管服"改革成效，从高校与社会之间的关系处理角度重点考察以学校理事会为主要载体的社会参与机制构建与运行情况；二是分别就"政府部门还应进一步下放哪些权力""党委政府在推进管办评分离，切实履行监管职责方面还应加强和改进哪些工作"进行调查，力图具体了解、科学把握受访教职员工关于落实和保障高校依法自主办学权利方面的期待与要求，以及关于党委政府推进管办评分离，切实履行监管职责方面的意见和建议。本章所有问题均面向所有受访高校的全体教职员工进行考察和评测。

一　教育领域"放管服"改革落实情况评价

受访教职员工对《教育部等五部门关于深化高等教育领域简政放权放管结合优化服务改革的若干意见》及其贯彻落实情况整体上满意度较高，但其中较高满意度的有效百分比也只有 73.5%（见图 7 - 1）。同时，不同类型学校受访教职员工的满意度存在一定差异（见图 7 - 2）。尽管部属院校较高满意度高于"双一流"建设高校及地方高水平大学建设立项高校，但"双一流"建设高校及地方高水平大学建设立项高校的"非常满意"选项的有效百分比高于部属院校，所以两类院校受访教职员工对《教育部等五部门关于深化高等教育领域简政放权放管结合优化服务改革的若干意见》及其贯彻落实情况的满意度总体相当。其他省属普通本科院校的满意度相对最低："非常满意"选项的有效百分比为 34.9%，低于其他三类院校；"基本满意"及"不满意"两选项的有效百分比分别为 26.0%、5.0%，均高于其他三类院校。各类院校受访教职员工对《教育部等五部门关于深化高等教育领域简政放权放管结合优化服务改革的若干意见》及其贯彻落实情况的满意度之所以存在差异，主要原因可能是其在教育体制上的隶属关系不同，各自适用的经费预算等政策不同，工作中存在的突出困难与问题也有差异。

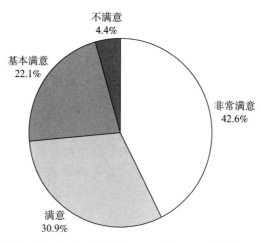

图 7 - 1　受访教职员工对《教育部等五部门关于深化高等教育领域简政放权放管结合优化服务改革的若干意见》及其贯彻落实情况的评价

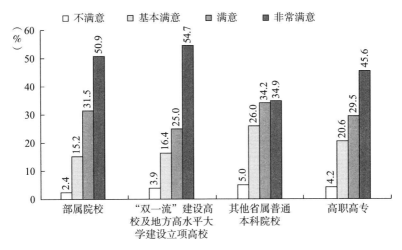

**图7－2　不同类型学校受访教职员工对《教育部等五部门关于深化
高等教育领域简政放权放管结合优化服务改革的
若干意见》及其贯彻落实情况的评价**

不同职务受访教职员工对《教育部等五部门关于深化高等教育领域简政放权放管结合优化服务改革的若干意见》及其贯彻落实情况的满意度同样存在一定差异（见图7－3）。总体上，满意度从高到低依次是校级领导干部、其他管理服务人员、中级职称及以下教学科研人员、中层管理干部、

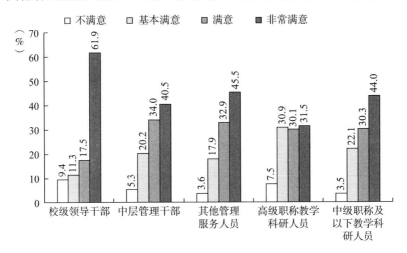

**图7－3　不同职务受访教职员工对《教育部等五部门关于深化高等
教育领域简政放权放管结合优化服务改革的若干
意见》及其贯彻落实情况的评价**

高级职称教学科研人员。各职务类型受访教职员工分别都有一定比例人员选择了"不满意"选项，其中校级领导干部选择该选项的有效百分比最高（9.4%），其次是高级职称教学科研人员（7.5%）。这一有效百分比分布状况表明，各职务类型受访教职员工虽然对《教育部等五部门关于深化高等教育领域简政放权放管结合优化服务改革的若干意见》及其贯彻落实情况均给予了不同程度的肯定性评判，但仍然普遍存在较高期待：除校级领导干部外，其余职务受访教职员工选择"非常满意"选项的有效百分比均在46.0%以下，而且"基本满意""不满意"选项的有效百分比普遍较高。

各类型学校不同职务受访教职员工对《教育部等五部门关于深化高等教育领域简政放权放管结合优化服务改革的若干意见》及其贯彻落实情况的评价，普遍存在满意度不高这一共性特点，同时各自满意度分布状态又有不同。

相对其他类型院校而言，部属院校受访人员满意度整体上较高，尤其是其校级领导干部"非常满意"选项的有效百分比高达87.0%，这可能缘于其因"国家队"身份而在诸多政策待遇上优于地方高校。但是，除校级领导干部外，各级行政管理服务人员中均有一定比例的人员持"不满意"态度，而教学科研人员中也分别有33.3%、21.3%的受访人员持"基本满意"态度（见图7-4）。

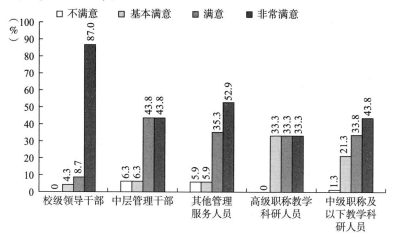

图7-4 部属院校不同职务受访教职员工对《教育部等五部门关于深化高等教育领域简政放权放管结合优化服务改革的若干意见》及其贯彻落实情况的评价

"双一流"建设高校及地方高水平大学建设立项高校受访人员整体上满意度较高，而且不同职务类型教职员工之间差距相对较小，这可能缘于这个类型院校近年来享受高等教育改革发展成果较多。需要注意的是，各个职务类型受访教职员工中也都有一定比例的人员选择了"不满意"选项，其中"不满意"选项的有效百分比较高的有高级职称教学科研人员、校级领导干部、中层管理干部，另外，中层管理干部及高级职称教学科研人员的"非常满意"选项的有效百分比都不高，而"基本满意"选项的有效百分比较高（见图 7 - 5）。

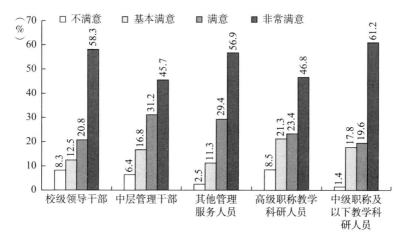

图 7 - 5　"双一流"建设高校及地方高水平大学建设立项高校不同职务受访
教职员工对《教育部等五部门关于深化高等教育领域简政放权
放管结合优化服务改革的若干意见》及其贯彻落实情况的评价

其他省属普通本科院校总体上属于受访人员满意度最低的类型，突出表现在"非常满意"选项的有效百分比普遍较低、"不满意"选项的有效百分比普遍较高（见图 7 - 6）。

高职高专不同职务类型受访教职员工整体满意度分布比较均衡，而且接近于总体统计水平。但是，各职务类型人员选择"不满意"选项的有效百分比也普遍较高（见图 7 - 7）。

全体受访教职员工对学校是否已经制定实施大学章程的认知情况与对《教育部等五部门关于深化高等教育领域简政放权放管结合优化服务改革的若干意见》及其贯彻落实情况评价正相关：明确认知学校已经制定实施大学章程的受访人员，对《教育部等五部门关于深化高等教育领域简政放权

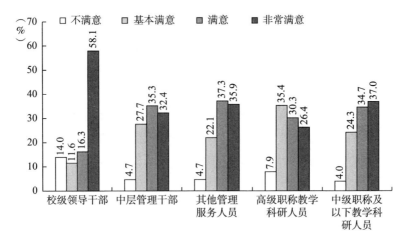

图 7-6　其他省属普通本科院校不同职务受访教职员工对《教育部等
五部门关于深化高等教育领域简政放权放管结合优化服务
改革的若干意见》及其贯彻落实情况的评价

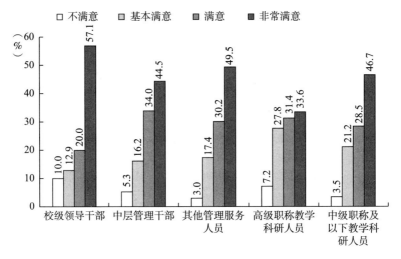

图 7-7　高职高专不同职务受访教职员工对《教育部等五部门关于
深化高等教育领域简政放权放管结合优化服务改革的
若干意见》及其贯彻落实情况的评价

放管结合优化服务改革的若干意见》及其贯彻落实情况的满意度明显高于
另外两个人员群体（见图 7-8）；受访人员对《教育部等五部门关于深化高
等教育领域简政放权放管结合优化服务改革的若干意见》及其贯彻落实情
况的满意度越高，明确认知学校已经制定实施大学章程人员的占比也相对
越高（见图 7-9）。

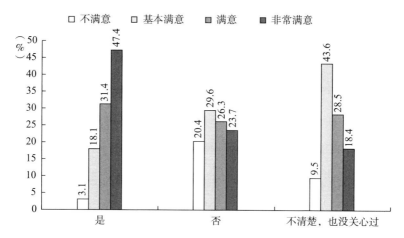

图 7 - 8　对学校是否已经制定实施大学章程三种不同认知情况的受访教职
员工对《教育部等五部门关于深化高等教育领域简政放权放管
结合优化服务改革的若干意见》及其贯彻落实情况的评价

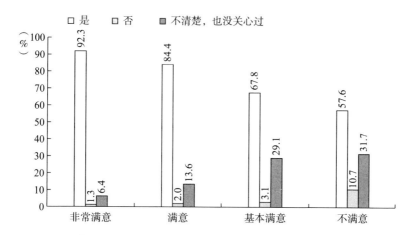

图 7 - 9　对《教育部等五部门关于深化高等教育领域简政放权放管结合优化
服务改革的若干意见》及其贯彻落实情况评价持不同意见的受访
教职员工对学校是否已经制定实施大学章程的认知情况

不同类型学校受访教职员工各自两方面的认可度及满意度分布状态与
上述总体统计情况非常相似（见图 7 - 10 至图 7 - 17）。各类型高校中明确
认知学校已经制定实施大学章程的受访人员，对《教育部等五部门关于深
化高等教育领域简政放权放管结合优化服务改革的若干意见》及其贯彻落
实情况的评价，"非常满意"与"满意"两选项的有效百分比之和均超过另
外两个群体，"不满意"选项的有效百分比均低于另外两个群体；各类型学

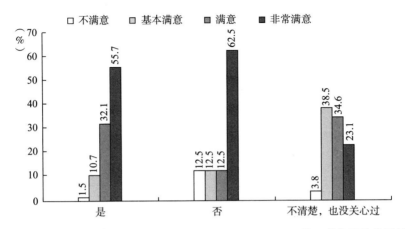

图 7-10 对学校是否已经制定实施大学章程三种不同认知情况的部属院校受访
教职员工对《教育部等五部门关于深化高等教育领域简政放权放管
结合优化服务改革的若干意见》及其贯彻落实情况的评价

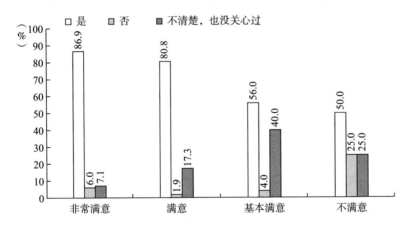

图 7-11 对《教育部等五部门关于深化高等教育领域简政放权放管结合优化
服务改革的若干意见》及其贯彻落实情况评价持不同意见的部属
院校受访教职员工对学校是否已经制定实施大学章程的认知情况

校受访人员对《教育部等五部门关于深化高等教育领域简政放权放管结合
优化服务改革的若干意见》及其贯彻落实情况的评价，分别选择"非常满
意""满意""基本满意""不满意"等选项的群体中，明确认知学校已经制
定实施大学章程人员占比均呈下降态势（个别数据例外），其中选择"非常满
意"选项的群体中明确认知学校已经制定实施大学章程人员有效百分比均最
高。仅就明确认知学校已经制定实施大学章程的人员对《教育部等五部门关
于深化高等教育领域简政放权放管结合优化服务改革的若干意见》及其贯彻

落实情况评价中选择"非常满意"选项的有效百分比进行比较，从高到低依次是"双一流"建设高校及地方高水平大学建设立项高校（57.0%）、部属院校（55.7%）、高职高专（52.4%）、其他省属普通本科院校（38.1%），这一顺序与前述不同类型学校整体比较结果一致。

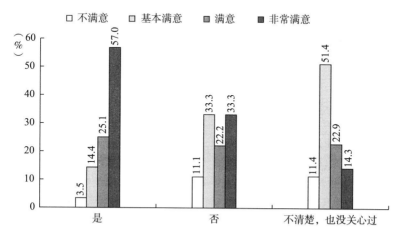

图7-12　对学校是否已经制定实施大学章程三种不同认知情况的"双一流"
建设高校及地方高水平大学建设立项高校受访教职员工对《教育部
等五部门关于深化高等教育领域简政放权放管结合优化服务
改革的若干意见》及其贯彻落实情况的评价

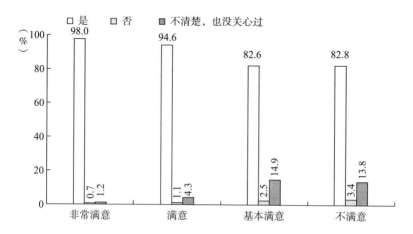

图7-13　对《教育部等五部门关于深化高等教育领域简政放权放管结合优化服务
改革的若干意见》及其贯彻落实情况评价持不同意见的"双一流"
建设高校及地方高水平大学建设立项高校受访教职员工对学校
是否已经制定实施大学章程的认知情况

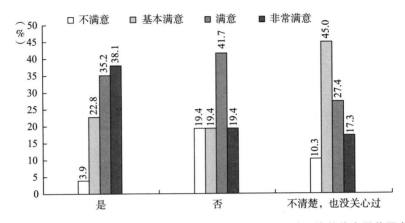

图 7 - 14 对学校是否已经制定实施大学章程三种不同认知情况的其他省属普通本科院校受访教职员工对《教育部等五部门关于深化高等教育领域简政放权放管结合优化服务改革的若干意见》及其贯彻落实情况的评价

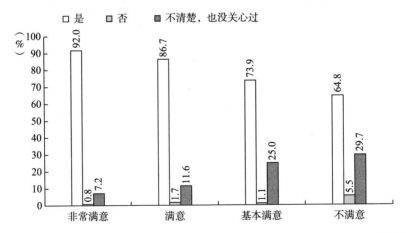

图 7 - 15 对《教育部等五部门关于深化高等教育领域简政放权放管结合优化服务改革的若干意见》及其贯彻落实情况评价持不同意见的其他省属普通本科院校受访教职工对学校是否已经制定实施大学章程的认知情况

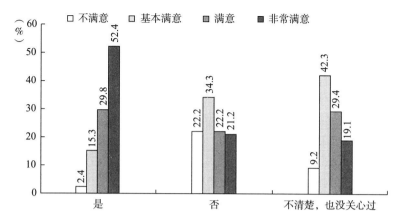

图 7 - 16　对学校是否已经制定实施大学章程三种不同认知情况的高职高专
受访教职员工对《教育部等五部门关于深化高等教育领域简政
放权放管结合优化服务改革的若干意见》及其贯彻落实情况评价

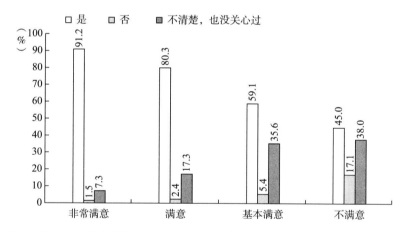

图 7 - 17　对《教育部等五部门关于深化高等教育领域简政放权放管结合优化
服务改革的若干意见》及其贯彻落实情况评价持不同意见的高职
高专受访教职员工对学校是否已经制定实施大学章程的认知情况

　　各职务类型受访教职员工对学校是否已经制定实施大学章程的认知情况均与对《教育部等五部门关于深化高等教育领域简政放权放管结合优化服务改革的若干意见》及其贯彻落实情况的评价正相关（见图 7 - 18 至图 7 - 27）。各职务类型受访教职员工中明确认知学校已经制定实施大学章程的受访人员，对《教育部等五部门关于深化高等教育领域简政放权放管结合优化服务改革的若干意见》及其贯彻落实情况的满意度显著高于另外两

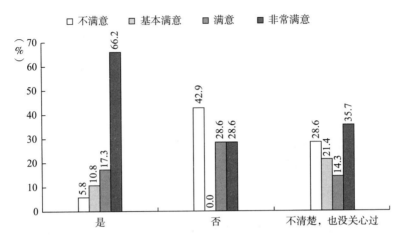

图7-18 对学校是否已经制定实施大学章程三种不同认知情况的校级领导
干部对《教育部等五部门关于深化高等教育领域简政放权放管
结合优化服务改革的若干意见》及其贯彻落实情况的评价

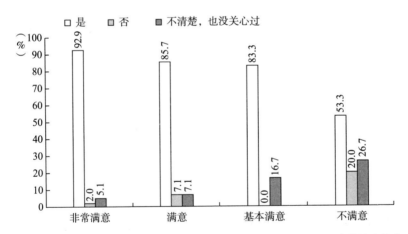

图7-19 对《教育部等五部门关于深化高等教育领域简政放权放管结合优化
服务改革的若干意见》及其贯彻落实情况评价持不同意见的校级
领导干部对学校是否已经制定实施大学章程的认知情况

个群体。对《教育部等五部门关于深化高等教育领域简政放权放管结合优
化服务改革的若干意见》及其贯彻落实情况的评价，各职务类型教职员工
分别选择"非常满意""满意""基本满意""不满意"等选项的群体中，
明确认知学校已经制定实施大学章程的人员占比均依次下降。仅就明确认
知学校已经制定实施大学章程人员对《教育部等五部门关于深化高等教育
领域简政放权放管结合优化服务改革的若干意见》及其贯彻落实情况评价中

选择"非常满意"选项的有效百分比进行比较,从高到低依次是校级领导干部(66.2%)、中级职称及以下教学科研人员(50.2%)、其他管理服务人员(50.0%)、中层管理干部(41.4%)、高级职称教学科研人员(36.5%),这一顺序与前述不同职务类型受访教职员工之间整体比较的结果基本一致(只是第二位和第三位颠倒)。

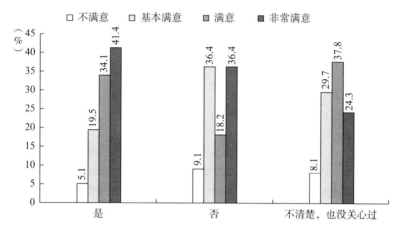

图 7 – 20　对学校是否已经制定实施大学章程三种不同认知情况的中层管理
干部对《教育部等五部门关于深化高等教育领域简政放权放管
结合优化服务改革的若干意见》及其贯彻落实情况的评价

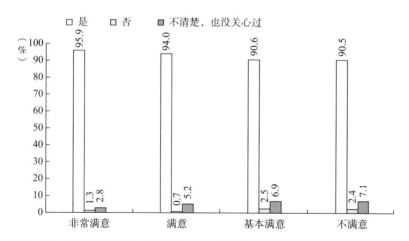

图 7 – 21　对《教育部等五部门关于深化高等教育领域简政放权放管结合优化
服务改革的若干意见》及其贯彻落实情况评价持不同意见的中层
管理干部对学校是否已经制定实施大学章程的认知情况

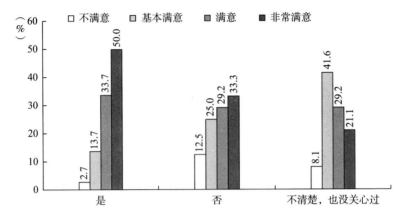

图 7 - 22　对学校是否已经制定实施大学章程三种不同认知情况的其他管理
服务人员对《教育部等五部门关于深化高等教育领域简政放权
放管结合优化服务改革的若干意见》及其贯彻落实情况的评价

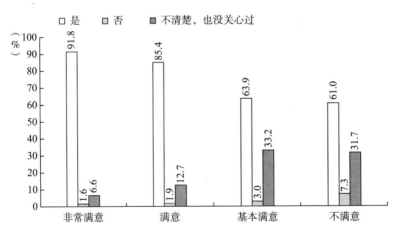

图 7 - 23　对《教育部等五部门关于深化高等教育领域简政放权放管结合优化
服务改革的若干意见》及其贯彻落实情况评价持不同意见的其他
管理服务人员对学校是否已经制定实施大学章程的认知情况

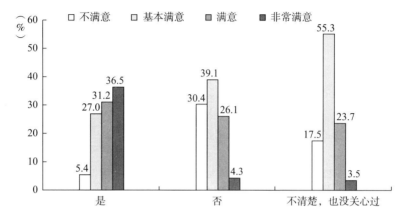

图 7 - 24　对学校是否已经制定实施大学章程三种不同认知情况的高级职称教学科研人员对《教育部等五部门关于深化高等教育领域简政放权放管结合优化服务改革的若干意见》及其贯彻落实情况的评价

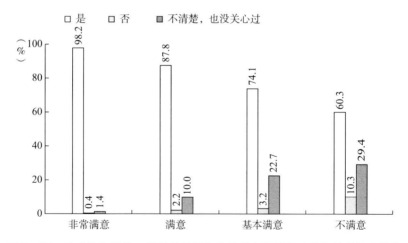

图 7 - 25　对《教育部等五部门关于深化高等教育领域简政放权放管结合优化服务改革的若干意见》及其贯彻落实情况评价持不同意见的高级职称教学科研人员对学校是否已经制定实施大学章程的认知情况

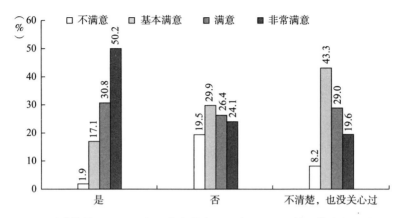

图 7 – 26　对学校是否已经制定实施大学章程三种不同认知情况的中级职称及以下教学科研人员对《教育部等五部门关于深化高等教育领域简政放权放管结合优化服务改革的若干意见》及其贯彻落实情况的评价

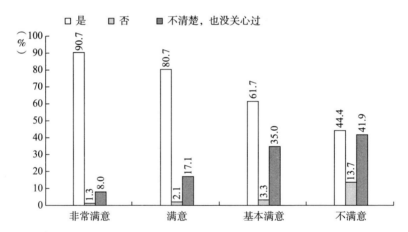

图 7 – 27　对《教育部等五部门关于深化高等教育领域简政放权放管结合优化服务改革的若干意见》及其贯彻落实情况评价持不同意见的中级职称及以下教学科研人员对学校是否已经制定实施大学章程的认知情况

　　全体受访教职员工对学校章程实施情况的总体评价与对《教育部等五部门关于深化高等教育领域简政放权放管结合优化服务改革的若干意见》及其贯彻落实情况的评价正相关：对学校章程实施情况的满意度越高，相应对《教育部等五部门关于深化高等教育领域简政放权放管结合优化服务改革的若干意见》及其贯彻落实情况的满意度也越高（见图 7 – 28），反之亦然（见图 7 – 29）。

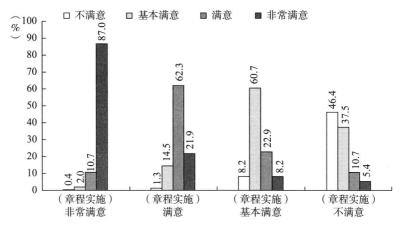

图 7 - 28　对学校章程实施情况总体评价持不同意见的受访教职员工对《教育部等五部门关于深化高等教育领域简政放权放管结合优化服务改革的若干意见》及其贯彻落实情况的评价

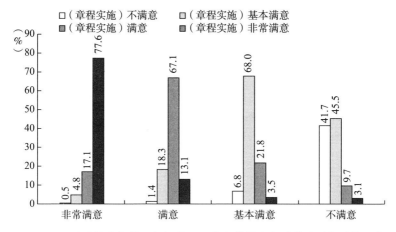

图 7 - 29　对《教育部等五部门关于深化高等教育领域简政放权放管结合优化服务改革的若干意见》及其贯彻落实情况评价持不同意见的受访教职员工对学校章程实施情况的总体评价

　　对学校是否已经制定实施大学章程不同认知情况的三个群体，各自两方面的满意度分布状态与总体统计情况基本一致：对学校章程实施情况总体评价分别选择"非常满意""满意""基本满意""不满意"等选项的四个群体对《教育部等五部门关于深化高等教育领域简政放权放管结合优化服务改革的若干意见》及其贯彻落实情况的评价中，"非常满意"与"满意"选项的有效百分比之和均依次降低；对《教育部等五部门关于深化高等教育领域简政放权放管结合优化服务改革的若干意见》及其贯彻落实情况的评价分别选择"非常满意""满意""基本满意""不满意"等选项的四个群体，对学校章程实施情况的总体评价选择"非常满意"与"满意"选项的有效百分比之和均依次降低，同时，明确认知学校已经制定实施大学章程的受访人员两方面的较高满意度在总体上均高于另外两个群体（见图7-30至7-35）。总体上，受访教职员工对学校是否已经制定实施大学章

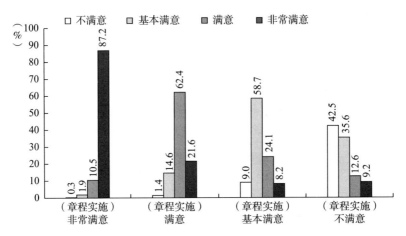

图7-30 对学校是否已经制定实施大学章程表示明确认知并对学校章程实施情况总体评价持不同意见的受访教职员工对《教育部等五部门关于深化高等教育领域简政放权放管结合优化服务改革的若干意见》及其贯彻落实情况的评价

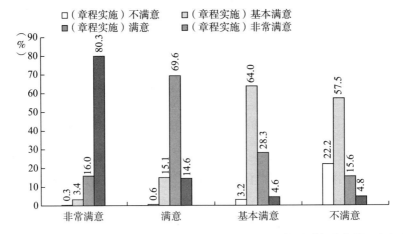

图7-31 对学校是否已经制定实施大学章程表示明确认知并对《教育部等五部门关于深化高等教育领域简政放权放管结合优化服务改革的若干意见》及其贯彻落实情况的评价持不同意见的受访教职员工对学校章程实施情况的总体评价

程的认知情况、对学校章程实施情况的总体评价及对《教育部等五部门关于深化高等教育领域简政放权放管结合优化服务改革的若干意见》及其贯彻落实情况的评价，三者呈正相关关系。

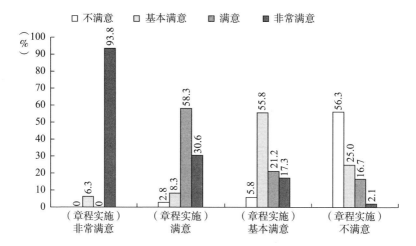

图 7 - 32　对学校是否已经制定实施大学章程表示否定并对学校章程实施
情况总体评价持不同意见的受访教职员工对《教育部等五部门
关于深化高等教育领域简政放权放管结合优化服务
改革的若干意见》及其贯彻落实情况的评价

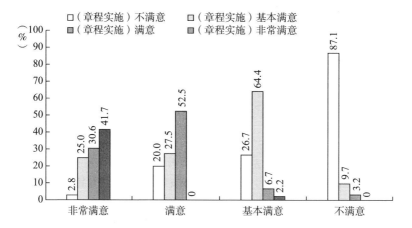

图 7 - 33　对学校是否已经制定实施大学章程表示否定并对《教育部等五部门
关于深化高等教育领域简政放权放管结合优化服务改革的若干
意见》及其贯彻落实情况的评价持不同意见的受访
教职员工对学校章程实施情况的总体评价

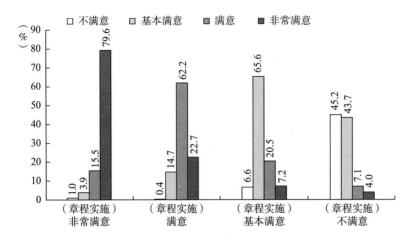

**图 7-34　对学校是否已经制定实施大学章程表示"不清楚，也没关心过"
并对学校章程实施情况总体评价持不同意见的受访教职员工对
《教育部等五部门关于深化高等教育领域简政放权放管结合
优化服务改革的若干意见》及其贯彻落实情况的评价**

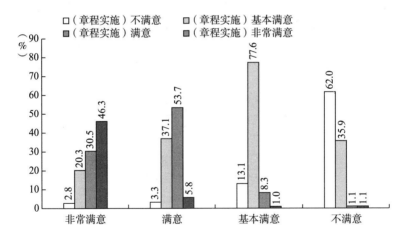

**图 7-35　对学校是否已经制定实施大学章程表示"不清楚，也没关心过"并对
《教育部等五部门关于深化高等教育领域简政放权放管结合优化服务
改革的若干意见》及其贯彻落实情况的评价持不同意见的
受访教职员工对学校章程实施情况的总体评价**

　　总体而言，《教育部等五部门关于深化高等教育领域简政放权放管结合
优化服务改革的若干意见》及其贯彻落实情况受到了受访教职员工的普遍
肯定，这也充分说明近年来有关高等教育的改革政策及措施普遍受到广大

高等教育工作者的认可和支持。但是，由于教育体制、受访人员身份等的不同，不同类型学校、不同职务教职员工的满意度有所差异，特别是其他省属普通本科院校受访教职员工、中层管理干部及高级职称教学科研人员，对《教育部等五部门关于深化高等教育领域简政放权放管结合优化服务改革的若干意见》及其贯彻落实情况的评价相对更多持消极甚或负面态度。受访教职员工对学校是否已经制定实施大学章程的认知情况、对学校章程实施情况的总体评价与对《教育部等五部门关于深化高等教育领域简政放权放管结合优化服务改革的若干意见》及其贯彻落实情况的评价，三者呈正相关关系。对学校是否已经制定实施大学章程缺乏明确认知并对学校章程实施情况满意度不高的受访人员中有较高比例的人员对《教育部等五部门关于深化高等教育领域简政放权放管结合优化服务改革的若干意见》及其贯彻落实情况评价持消极甚至负面态度；反之亦然。比如，对学校是否已经制定实施大学章程选择"否""不清楚，也没关心过"的两个群体，对《教育部等五部门关于深化高等教育领域简政放权放管结合优化服务改革的若干意见》及其贯彻落实情况的评价选择"基本满意""不满意"两选项的有效百分比分别为29.6%、20.4%，43.6%、9.5%；对《教育部等五部门关于深化高等教育领域简政放权放管结合优化服务改革的若干意见》及其贯彻落实情况评价选择"基本满意""不满意"选项的两个群体，对学校是否已经制定实施大学章程选择"否""不清楚，也没关心过"两选项的有效百分比分别为3.1%、29.1%，10.7%、31.7%。再比如，对学校章程实施情况总体评价选择"基本满意""不满意"的两个群体，对《教育部等五部门关于深化高等教育领域简政放权放管结合优化服务改革的若干意见》及其贯彻落实情况评价选择"基本满意""不满意"两选项的有效百分比分别为60.7%、8.2%，37.5%、46.4%；对《教育部等五部门关于深化高等教育领域简政放权放管结合优化服务改革的若干意见》及其贯彻落实情况评价选择"基本满意""不满意"选项的两个人员群体，对学校章程实施情况总体评价选择"基本满意""不满意"两选项的有效百分比分别为68.0%、6.8%，45.5%、41.7%。

由此说明，继续深化教育领域"放管服"改革，有效落实高等学校依法自主办学权利，仍是"后大学章程时代"高等教育体制机制改革、大学外部治理体制机制优化的基本主题。教育主管部门及高等学校在协力推进章程建设、保障章程实施过程中，不可忽视大学外部治理体制机制的改革与优化。

二　社会参与机制的构建与运行

（一）学校落实教育部《普通高等学校理事会规程（试行）》情况

受访教职员工对学校落实教育部《普通高等学校理事会规程（试行）》情况整体上满意度较高（见图7-36）。从不同类型学校受访教职员工的评价情况看，总体上满意度从高到低依次是部属院校、高职高专、"双一流"建设高校及地方高水平大学建设立项高校、其他省属普通本科院校（见图7-37）。需要注意的是，各个类型高校受访教职员工不仅对学校落实教育部《普通高等学校理事会规程（试行）》情况持较高满意度的有效百分比普遍较低，而且均有较高比例人员选择"不清楚，也没关心"。

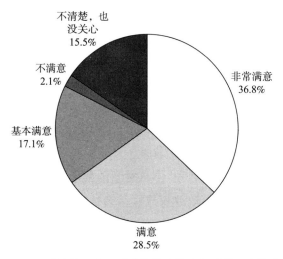

图7-36　受访教职员工对学校落实教育部《普通高等学校理事会规程（试行）》情况的评价

从不同职务受访教职员工对学校落实教育部《普通高等学校理事会规程（试行）》情况的评价看，总体上满意度从高到低依次是校级领导干部、其他管理服务人员、中级职称及以下教学科研人员、中层管理干部、高级职称教学科研人员（见图7-38）。同样需要注意的是，各个职务类型受访教职员工不仅对学校落实教育部《普通高等学校理事会规程（试行）》情况

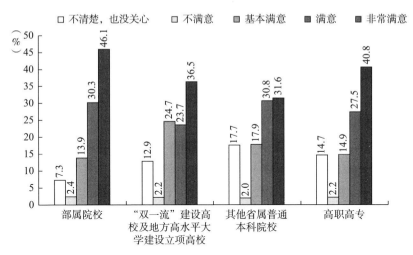

图 7 - 37　不同类型学校受访教职员工对学校落实教育部《普通
高等学校理事会规程（试行）》情况的评价

持较高满意度的有效百分比普遍较低，而且均有较高比例人员选择"不清
楚，也没关心"选项（高级职称教学科研人员该选项的有效百分比为
23.0%）。

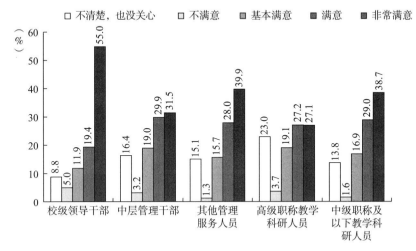

图 7 - 38　不同职务受访教职员工对学校落实教育部《普通高等
学校理事会规程（试行）》情况的评价

进而从不同类型学校不同职务受访教职员工对学校落实教育部《普通
高等学校理事会规程（试行）》情况的评价看，除部属院校外，其他三个类

型院校的不同职务受访教职员工的满意度分布状况与上述不同职务类型人员总体统计情况基本一致（个别顺序有细微差异），而部属院校中除校级领导干部满意度较高外，中层管理干部满意度也较高。各个类型院校中高级职称教学科研人员的满意度普遍较低（见图7-39至图7-42）。

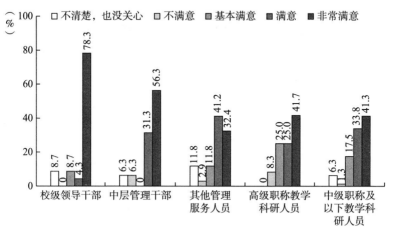

图7-39 部属院校不同职务受访教职员工对学校落实教育部《普通高等学校理事会规程（试行）》情况的评价

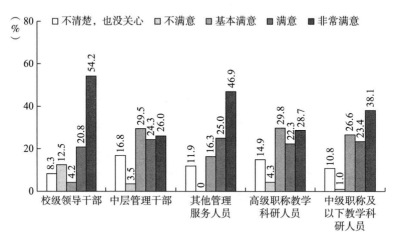

图7-40 "双一流"建设高校及地方高水平大学建设立项高校不同职务受访教职员工对学校落实教育部《普通高等学校理事会规程（试行）》情况的评价

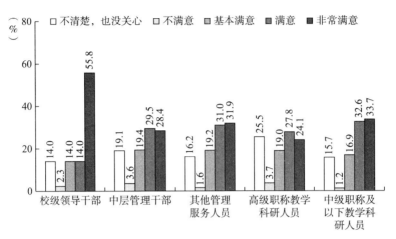

图 7 - 41　其他省属普通本科院校不同职务受访教职员工对学校落实教育部
《普通高等学校理事会规程（试行）》情况的评价

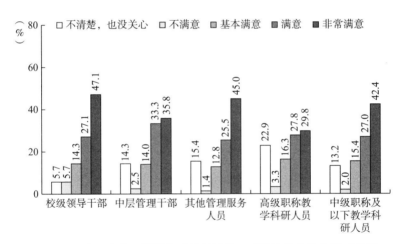

图 7 - 42　高职高专不同职务受访教职员工对学校落实教育部《普通
高等学校理事会规程（试行）》情况的评价

全体受访教职员工对学校是否已经制定实施大学章程的认知情况，与其对学校落实教育部《普通高等学校理事会规程（试行）》情况的评价正相关：明确认知学校已经制定实施大学章程的人员，对学校落实教育部《普通高等学校理事会规程（试行）》情况的满意度明显高于另外两个群体（见图 7 - 43）；对学校落实教育部《普通高等学校理事会规程（试行）》情况的满意度越高的群体，其中明确认知学校已经制定实施大学章程的人员占比也相对越高（见图 7 - 44）。一方面，明确认知学校已经制定实施大学章程的受访人员中，对学校落实教育部《普通高等学校理事会规程（试行）》情况的评价，选择"非常满意""满意"两选项的有效百分比均显著高于另外两个群体；而选择"不清楚，也没关心""不满意"两选项的有效百分比均显著低于另外两个群体。另一方面，对学校落实教育部《普通高等学校理事会规程（试行）》情况评价选择"非常满意""满意""基本满意""不清楚，也没关心""不满意"等选项的五个群体中，明确认知学校已经制定实施大学章程的人员占比依次下降。

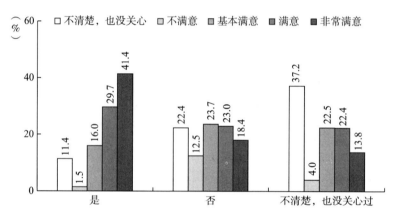

图 7 - 43　对学校是否已经制定实施大学章程三种不同认知情况的
受访教职员工对学校落实教育部《普通高等学校
理事会规程（试行）》情况的评价

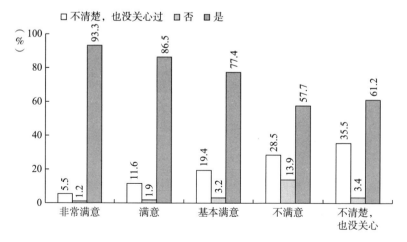

图 7 - 44　对学校落实教育部《普通高等学校理事会规程（试行）》
情况评价持不同意见的受访教职员工对学校
是否已经制定实施大学章程的认知情况

各类型学校受访人员两方面的满意度及认知度分布状态与上述总体统计情况一致：各类型学校明确认知学校已经制定实施大学章程的受访人员中，对学校落实教育部《普通高等学校理事会规程（试行）》情况评价选择"非常满意""满意"两选项的有效百分比，高于另外两个群体（个别数据例外）；各类型学校对学校落实教育部《普通高等学校理事会规程（试行）》情况评价分别选择"非常满意""满意""基本满意""不清楚，也没关心""不满意"等选项的五部分人员中，明确认知学校已经制定实施大学章程的人员占比总体上基本都依次下降（个别数据例外）（见图7－45至图7－52）。仅就明确认知学校已经制定实施大学章程的受访教职员工对学校落实教育部《普通高等学校理事会规程（试行）》情况评价选择"非常满意"选项的有效百分比进行比较，从高到低依次是部属院校、高职高专、"双一流"建设高校及地方高水平大学建设立项高校、其他省属普通本科院校。

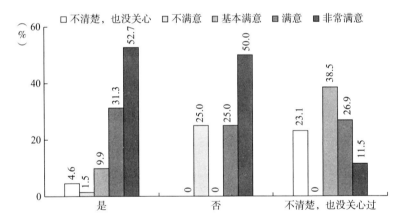

图7－45　对学校是否已经制定实施大学章程三种不同认知情况的
部属院校受访教职员工对学校落实教育部《普通高等
学校理事会规程（试行）》情况的评价

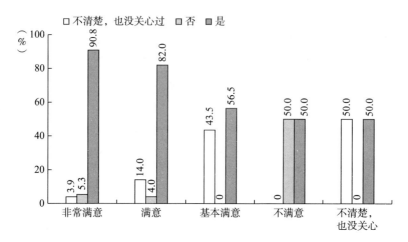

图 7 - 46 对学校落实教育部《普通高等学校理事会规程（试行）》
情况评价持不同意见的部属院校受访教职员工对学校
是否已经制定实施大学章程的认知情况

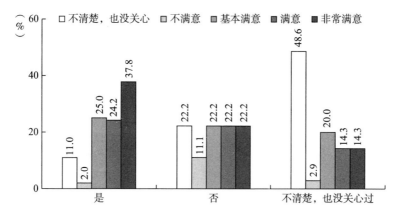

图 7 - 47 对学校是否已经制定实施大学章程三种不同认知情况的"双一流"
建设高校及地方高水平大学建设立项高校受访教职员工对学校
落实教育部《普通高等学校理事会规程（试行）》情况的评价

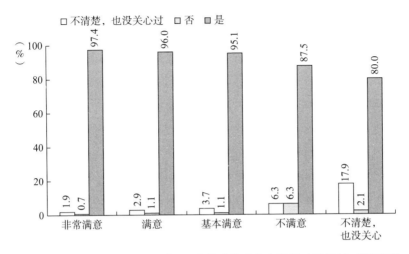

图 7 - 48　对学校落实教育部《普通高等学校理事会规程（试行）》情况评价
持不同意见的"双一流"建设高校及地方高水平大学建设立项
高校受访教职员工对学校是否已经制定实施大学章程的认知情况

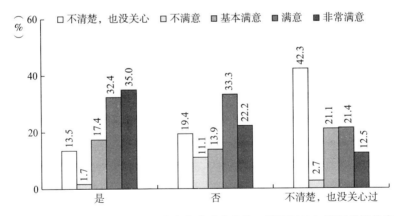

图 7 - 49　对学校是否已经制定实施大学章程的三种不同认知情况的其他省
属普通本科院校受访教职员工对学校落实教育部《普通高等
学校理事会规程（试行）》情况的评价

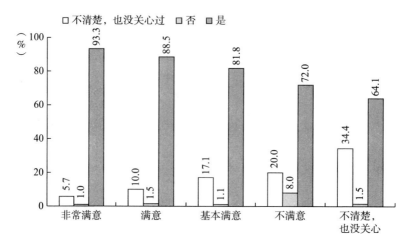

图7-50 对学校落实教育部《普通高等学校理事会规程（试行）》情况评价持不同意见的其他省属普通本科院校受访教职员工对学校是否已经制定实施大学章程的认知情况

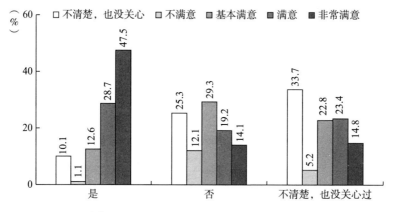

图7-51 对学校是否已经制定实施大学章程三种不同认知情况的高职高专受访教职员工对学校落实教育部《普通高等学校理事会规程（试行）》情况的评价

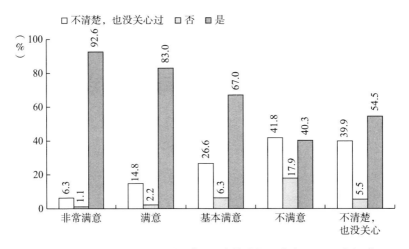

图 7 - 52 对学校落实教育部《普通高等学校理事会规程（试行）》情况评价持不同意见的高职高专受访教职员工对学校是否已经制定实施大学章程的认知情况

不同职务类型受访教职员工对学校是否已经制定实施大学章程的认知情况，均与其对学校落实教育部《普通高等学校理事会规程（试行）》情况的评价正相关（见图 7 - 53 至图 7 - 62）。各职务类型明确认知学校已经制定实施大学章程的受访人员中，对学校落实教育部《普通高等学校理事会规程（试行）》情况评价选择"非常满意"选项的有效百分比，及其与选择"满意"选项的有效百分比之和，均显著高于另外两个群体；对学校落实教育部《普通高等学校理事会规程（试行）》情况的评价，各职务类型受访教职员工分别选择"非常满意""满意""基本满意""不清楚，也没关心""不满意"等选项的五个群体中，明确认知学校已经制定实施大学章程的人员占比依次下降（个别数据例外）。仅就明确认知学校已经制定实施大学章程的受访教职员工对学校落实教育部《普通高等学校理事会规程（试行）》情况评价选择"非常满意"选项的有效百分比进行比较，从高到低依次是校级领导干部、中级职称及以下教学科研人员、其他管理服务人员、中层管理干部、高级职称教学科研人员，这一顺序与前述不同职务类型受访教职员工整体比较结果基本一致（只是第二位和第三位颠倒）。

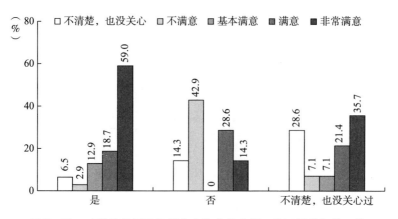

图7-53　对学校是否已经制定实施大学章程三种不同认知情况的
校级领导干部对学校落实教育部《普通高等学校理事会
规程（试行）》情况的评价

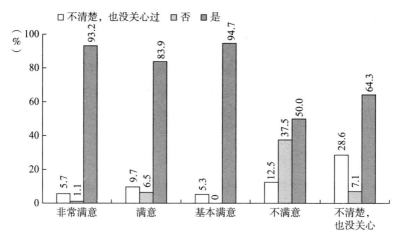

图7-54　对学校落实教育部《普通高等学校理事会规程（试行）》情况
评价持不同意见的校级领导干部对学校是否已经制定
实施大学章程的认知情况

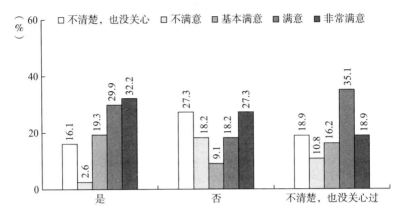

图 7 – 55　对学校是否已经制定实施大学章程三种不同认知情况的
中层管理干部对学校落实教育部《普通高等学校
理事会规程（试行）》情况的评价

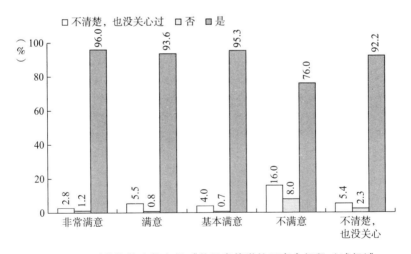

图 7 – 56　对学校落实教育部《普通高等学校理事会规程（试行）》
情况评价持不同意见的中层管理干部对学校是否已经
制定实施大学章程的认知情况

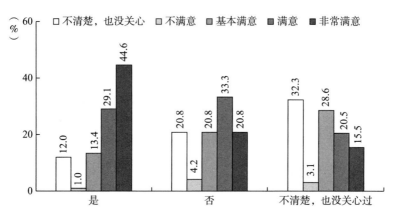

图 7 - 57 对学校是否已经制定实施大学章程三种不同认知情况的
其他管理服务人员对学校落实教育部《普通高等
学校理事会规程（试行）》情况的评价

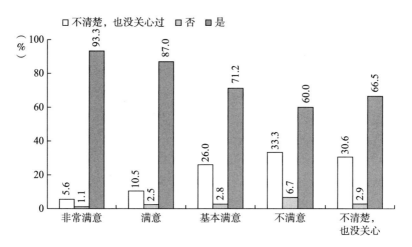

图 7 - 58 对学校落实教育部《普通高等学校理事会规程（试行）》
情况评价持不同意见的其他管理服务人员对学校
是否已经制定实施大学章程的认知情况

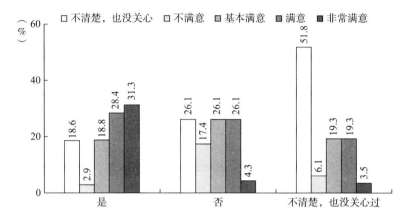

图7-59　对学校是否已经制定实施大学章程三种不同认知情况的
高级职称教学科研人员对学校落实教育部《普通
高等学校理事会规程（试行）》情况的评价

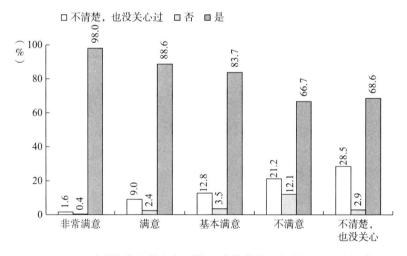

图7-60　对学校落实教育部《普通高等学校理事会规程（试行）》
情况评价持不同意见的高级职称教学科研人员对
学校是否已经制定实施大学章程的认知情况

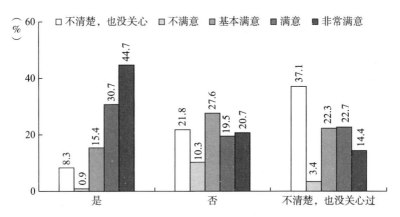

图7-61 对学校是否已经制定实施大学章程三种不同认知情况的
中级职称及以下教学科研人员对学校落实教育部《普通
高等学校理事会规程（试行）》情况的评价

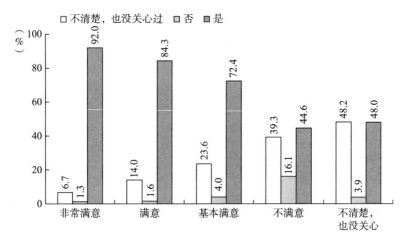

图7-62 对学校落实教育部《普通高等学校理事会规程（试行）》情况
评价持不同意见的中级职称及以下教学科研人员
对学校是否已经制定实施大学章程的认知情况

全体受访教职员工对学校章程实施情况的总体评价与其对学校落实教育部《普通高等学校理事会规程（试行）》情况的评价显著正相关：对学校章程实施情况满意度越高，对学校落实教育部《普通高等学校理事会规程（试行）》情况的满意度相应也越高（见图7-63），反之亦然（见图7-64）。一方面，对学校章程实施情况的总体评价分别选择"非常满意""满意""基本满意""不满意"等选项的四个群体，对学校落实教育部《普通高等学校理事会规程（试行）》情况评价选择"非常满意"选项的有效百分比及其与选择"满意"选项的有效百分比之和依次下降，其中对学校章程实施情况总体评价表示"非常满意"的人员中，对学校落实教育部《普通高等学校理事会规程（试行）》情况的评价选择"非常满意"选项的有效百分比最高，达80.2%；而"不满意"选项的有效百分比依次升高。另一方面，对学校落实教育部《普通高等学校理事会规程（试行）》情况的评价分别选择"非常满意""满意""基本满意""不清楚，也没关心""不满意"等选项的五个群体中，对学校章程实施情况总体评价选择"非常满意"和"满意"两选项的有效百分比之和总体呈下降态势。

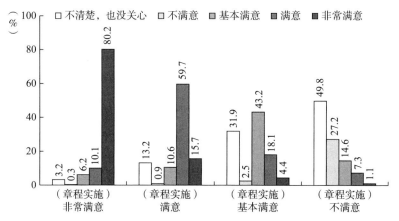

图7-63 对学校章程实施情况总体评价持不同意见的受访教职员工对学校落实教育部《普通高等学校理事会规程（试行）》情况的评价

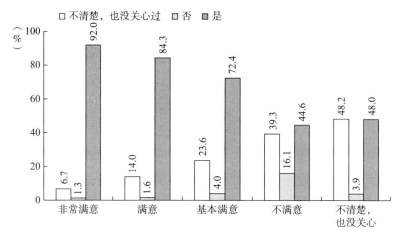

图7-64 对学校落实教育部《普通高等学校理事会规程（试行）》情况评价持不同意见的受访教职员工对学校章程实施情况的总体评价

对学校是否已经制定实施大学章程不同认知情况的三个群体各自两方面的满意度分布状态与上述总体统计情况一致：各个群体中对学校章程实施情况总体评价分别选择"非常满意""满意""基本满意""不满意"等选项的四部分人员，对学校落实教育部《普通高等学校理事会规程（试行）》情况评价选择"非常满意"选项的有效百分比及其与选择"满意"选项的有效百分比之和均依次下降，而选择"不满意"选项的有效百分比依次升高（个别数据例外）；三个群体中各自对学校落实教育部《普通高等学校理事会规程（试行）》情况的评价分别选择"非常满意""满意""基本满意""不清楚，也没关心""不满意"等选项的五部分人员，对学校章程实施情况的总体评价选择"非常满意"和"满意"两选项的有效百分比之和总体上呈下降态势，其中对学校落实教育部《普通高等学校理事会规程（试行）》情况的评价选择"非常满意""满意"的两部分受访人员中，对学校章程实施情况选择"非常满意""满意"两选项的有效百分比之和，分别是最高和次高（见图 7-65 至图 7-70）。另外，明确认知学校已经制定实施大学章程的受访教职员工，两方面的满意度均在总体上高于另外两个群体。总体上，受访教职员工对学校是否已经制定实施大学章程的认知情况、对学校章程实施情况的总体评价及对学校落实教育部《普通高等学校理事会规程（试行）》情况的评价，三者呈显著正相关关系。

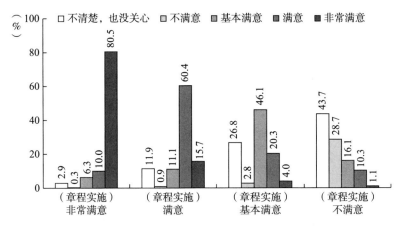

图 7-65 对学校是否已经制定实施大学章程表示明确认知并对学校章程
实施情况总体评价持不同意见的受访教职员工对学校落实
教育部《普通高等学校理事会规程（试行）》情况的评价

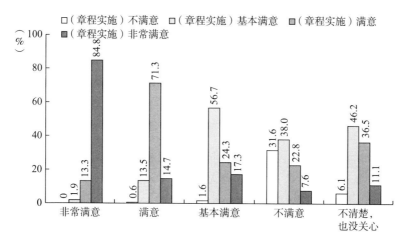

图7-66　对学校是否已经制定实施大学章程表示明确认知并对学校落实教育部《普通高等学校理事会规程（试行）》情况评价持不同意见的受访教职员工对学校章程实施情况的总体评价

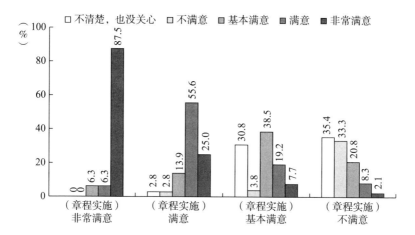

图7-67　对学校是否已经制定实施大学章程表示否定并对学校章程实施情况总体评价持不同意见的受访教职员工对学校落实教育部《普通高等学校理事会规程（试行）》情况的评价

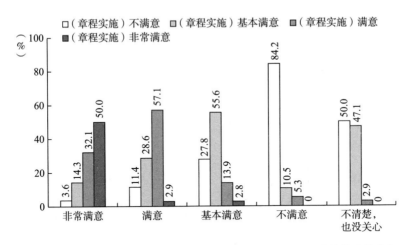

图7-68 对学校是否已经制定实施大学章程表示否定并对学校落实教育部
《普通高等学校理事会规程（试行）》情况评价持不同意见的
受访教职员工对学校章程实施情况的总体评价

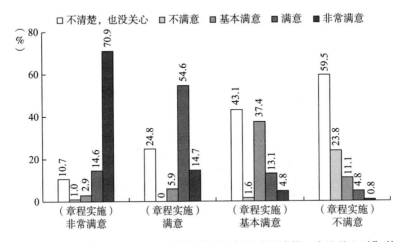

图7-69 对学校是否已经制定实施大学章程表示"不清楚，也没关心过"并对
学校章程实施情况总体评价持不同意见的受访教职员工对学校落实
教育部《普通高等学校理事会规程（试行）》情况的评价

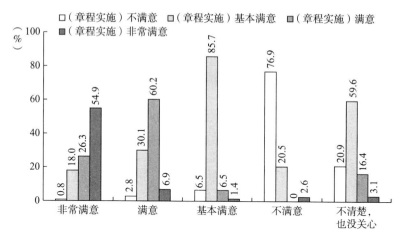

图7-70　对学校是否已经制定实施大学章程表示"不清楚，也没关心过"
并对学校落实教育部《普通高等学校理事会规程（试行）》情况
评价持不同意见的受访教职员工对学校章程实施情况的总体评价

　　总体而言，受访教职员工对学校落实教育部《普通高等学校理事会规程（试行）》情况的较高满意度仅为65.3%。分别从院校类型和职务类型比较角度看，较高满意度最高的是部属院校和校级领导干部，分别为76.4%、74.4%，即各自持"非常满意"和"满意"态度的受访人员占到3/4。受访教职员工对学校是否已经制定实施大学章程的认知情况、对学校章程实施情况的总体评价及对学校落实教育部《普通高等学校理事会规程（试行）》情况的评价，三者呈显著正相关关系。特别要注意体现这一正相关关系的较低认知度和认可度的有效百分比分布情况。比如，对学校是否已经制定实施大学章程选择"否""不清楚，也没关心过"的两个受访教职员工群体中，对学校落实教育部《普通高等学校理事会规程（试行）》情况评价选择"不满意""不清楚，也没关心"两选项的有效百分比分别为12.5%、22.4%，4.0%、37.2%；反过来，对学校落实教育部《普通高等学校理事会规程（试行）》情况评价选择"不满意""不清楚，也没关心"的两个受访人员群体中，对学校是否已经制定实施大学章程选择"否""不清楚，也没关心过"两选项的有效百分比分别为13.9%、28.5%，3.4%、35.5%。对学校章程实施情况总体评价选择"基本满意""不满意"的两个受访教职员工群体中，对学校落实教育部《普通高等学校理事会规程（试行）》情况选择"基本满意""不满意""不清楚，也没关心"三个选项的有效百分比分别为 43.2%、2.5%、31.9%，14.6%、27.2%、49.8%；反过来，对学校落实教育部《普通高等学校理事会规程（试行）》情况评价选择"基本满意""不满意""不清楚，也没关心"等选项的三个受访人员群体中，对学校章程实施情况总体评价选择"基本满意""不满意"两选项的有效百分比分别为 62.3%、3.4%，29.2%、51.8%，51.0%、12.8%。

显然，各个类型院校的不同职务类型受访教职员工对学校落实教育部《普通高等学校理事会规程（试行）》情况的满意度普遍不高，即总体上可以认为受访高校落实教育部《普通高等学校理事会规程（试行）》的情况难以令人满意。因此，学校在扎实推进章程建设、保障章程实施过程中，也要高度重视充分落实教育部《普通高等学校理事会规程（试行）》，科学利用学校理事会这一平台积极促进社会参与学校管理和监督。同时，还应注意努力实现这两方面工作的有机统一和协调共进。

（二）学校理事会设置及运行情况

从受访教职员工对学校理事会设置及运行情况的评判看，一半多的受访教职员工对学校理事会设置及运行情况给予肯定，1/4 的受访教职员工否定其设立或者对其运行不予认可，还有近 1/4 的受访教职员工对此表示"不清楚，也没关心"（见图 7-71）。

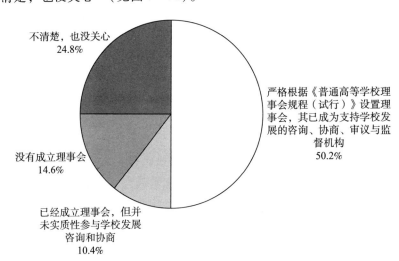

图 7-71 受访教职员工对学校理事会设置及运行情况的评价

从不同类型学校受访教职员工对学校理事会设置及运行情况的评判来看，选择"严格根据《普通高等学校理事会规程（试行)》设置理事会，其已成为支持学校发展的咨询、协商、审议与监督机构"选项的有效百分比从高到低依次是部属院校、高职高专、其他省属普通本科院校、"双一流"建设高校及地方高水平大学建设立项高校；各类型学校有15.2%~38.9%的受访人员对学校理事会设置及运行给予否定，17.0%~29.0%的受访人员对此表示"不清楚，也没关心"（见图7-72）。

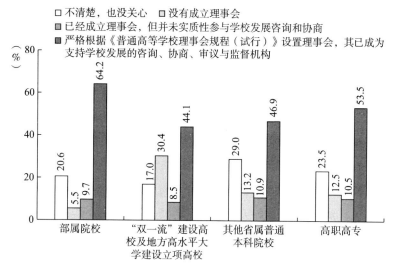

图7-72　不同类型学校受访教职员工对学校理事会设置及运行情况的评价

从不同职务受访教职员工的评判情况来看，选择"严格根据《普通高等学校理事会规程（试行)》设置理事会，其已成为支持学校发展的咨询、协商、审议与监督机构"选项的有效百分比从高到低依次是校级领导干部、其他管理服务人员、中级职称及以下教学科研人员、中层管理干部、高级职称教学科研人员；各职务类型受访教职员工分别有19.6%~47.1%的受访人员对学校理事会设置及运行给予否定，8.8%~33.3%的受访人员对此表示"不清楚，也没关心"（见图7-73）。中层管理干部进行否定性评判的占比为47.1%，而各职务类型受访教职员工中均有较高比例人员对此表示"不清楚，也没关心"，选择该选项的有效百分比最低的是校级领导干部，达到8.8%，最高的是高级职称教学科研人员，达到33.3%。

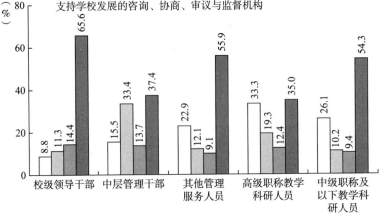

图 7 - 73 不同职务受访教职员工对学校理事会设置及运行情况的评价

从不同类型学校各职务类型受访教职员工对学校理事会设置及运行情况的评判来看，各类型学校在存在普遍性问题与不足的同时也各有其具体的突出问题。部属院校因校级领导干部受访人员过少，其统计结果只具有非常有限的参照意义，但其中同样有一定比例人员对学校理事会设置及运行情况表示否定或者"不清楚，也没关心"，而其他行政管理服务人员、教学科研人员中也都有较高比例人员对学校理事会的设置及运行情况予以否定，或者表示"不清楚，也没关心"，总体上只有一半多一点受访教职员工对学校理事会的设置及运行情况给予了肯定性评判（见图 7 - 74）。"双一流"建设高校及地方高水平大学建设立项高校各职务类型受访教职员工对学校理事会设置及运行情况认可度较低，其中甚至有一半多中层管理干部做出否定性评判，给予认可的中层管理干部占比只有 26.6% ，另外还有 13.3% 的中层管理干部表示"不清楚，也没关心"（见图 7 - 75）。其他省属普通本科院校各职务类型受访教职员工对学校理事会设置及运行情况的评判，与"双一流"建设高校及地方高水平大学建设立项高校比较接近，但各类职务受访人员选择"不清楚，也没关心"选项的有效百分比普遍较高，校级领导干部、中层管理干部、其他管理服务人员、高级职称教学科研人员、中级职称及以下教学科研人员选择该选项的有效百分比分别为

11.6%、18.3%、29.3%、36.8%、29.2%（见图7-76）。高职高专情况与其他省属普通本科院校类似（见图7-77）。

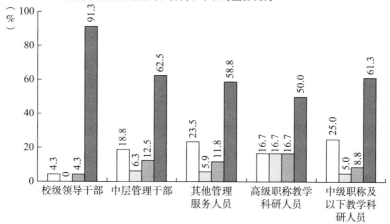

图7-74　部属院校不同职务受访教职员工对学校理事会
设置及运行情况的评价

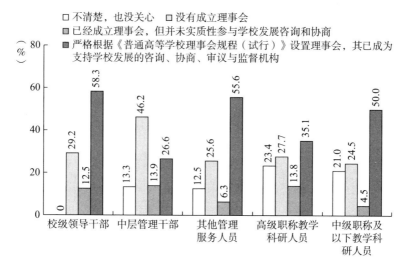

图7-75　"双一流"建设高校及地方高水平大学建设立项高校不同
职务受访教职员工对学校理事会设置及运行情况的评价

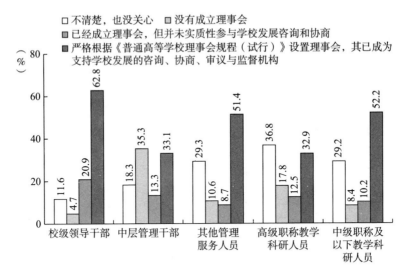

**图 7 - 76　其他省属普通本科院校不同职务受访教职员工
对学校理事会设置及运行情况的评价**

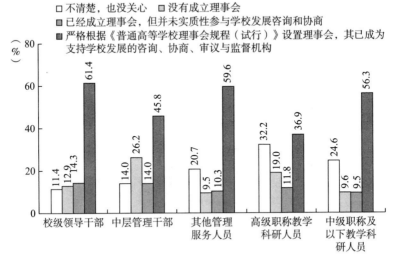

**图 7 - 77　高职高专不同职务受访教职员工对学校
理事会设置及运行情况的评价**

全体受访教职员工对学校是否已经制定实施大学章程的认知情况，与其对学校理事会设置及运行情况的评判正相关：明确认知学校已经制定实施大学章程的人员对学校理事会设置及运行情况的认可度明显高于另外两个群体（见图7-78），对学校理事会设置及运行情况的认可度越高的群体，其中明确认知学校已经制定实施大学章程的人员占比也相对越高（见图7-79）。明确认知学校已经制定实施大学章程的人员，选择"严格根据《普通高等学校理事会规程（试行）》设置理事会，其已成为支持学校发展的咨询、协商、审议与监督机构"选项的有效百分比为55.5%，显著超过另外两个群体的相关值；选择"不清楚，也没关心"选项的有效百分比为19.2%，低于另外两个群体的相关值。对学校理事会设置及运行情况分别选择"严格根据《普通高等学校理事会规程（试行）》设置理事会，其已成为支持学校发展的咨询、协商、审议与监督机构""已经成立理事会，但并未实质性参与学校发展咨询和协商""没有成立理事会""不清楚，也没关心"等选项的四个群体中，明确认知学校已经制定实施大学章程的人员占比依次降低。

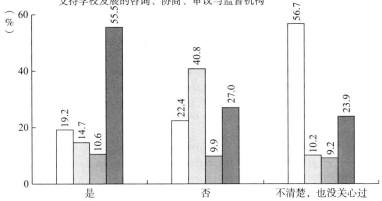

图7-78　对学校是否已经制定实施大学章程三种不同认知情况的
受访教职员工对学校理事会设置及运行情况的评价

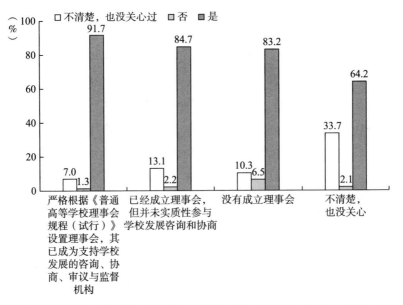

图 7-79　对学校理事会设置及运行情况评价持不同意见的受访教职
员工对学校是否已经制定实施大学章程的认知情况

各类型学校受访教职员工两方面的认可度及认知度分布状态，与上述
总体统计情况一致：各类型学校中明确认知学校已经制定实施大学章程的
人员对学校理事会设置及运行情况的认可度均高于另外两个群体，即选择
"严格根据《普通高等学校理事会规程（试行）》设置理事会，其已成为支
持学校发展的咨询、协商、审议与监督机构"选项的有效百分比均高于另
外两个群体的相关值；对学校理事会设置及运行情况分别选择"严格根据
《普通高等学校理事会规程（试行）》设置理事会，其已成为支持学校发展
的咨询、协商、审议与监督机构""已经成立理事会，但并未实质性参与学
校发展咨询和协商""没有成立理事会""不清楚，也没关心"等选项的四
部分人员中，明确认知学校已经制定实施大学章程的人员占比总体上呈下
降态势，其中选择"严格根据《普通高等学校理事会规程（试行）》设置理
事会，其已成为支持学校发展的咨询、协商、审议与监督机构"选项的人
员中明确认知学校已经制定实施大学章程的人员占比最高（个别数据例外）
（见图 7-80 至图 7-87）。仅就明确认知学校已经制定实施大学章程的人员
选择"严格根据《普通高等学校理事会规程（试行）》设置理事会，其已成
为支持学校发展的咨询、协商、审议与监督机构"选项的有效百分比进行

比较，从高到低依次是部属院校、高职高专、其他省属普通本科院校、"双一流"建设高校及地方高水平大学建设立项高校，这一排序与前述不同类型学校整体比较结果一致。

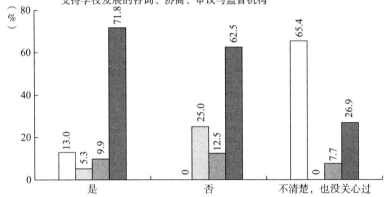

图7-80　对学校是否已经制定实施大学章程三种不同认知情况的部属
院校受访教职员工对学校理事会设置及运行情况的评价

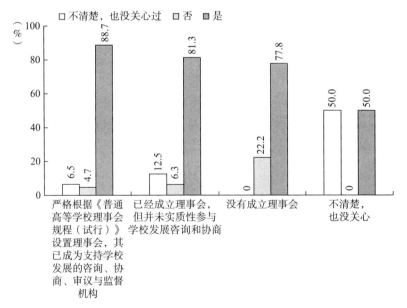

图7-81　对学校理事会设置及运行情况评价持不同意见的部属院校受访
教职员工对学校是否已经制定实施大学章程的认知情况

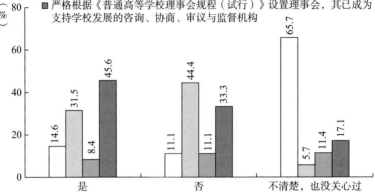

图7-82 对学校是否已经制定实施大学章程三种不同认知情况的
"双一流"建设高校及地方高水平大学建设立项高校
受访教职员工对学校理事会设置及运行情况的评价

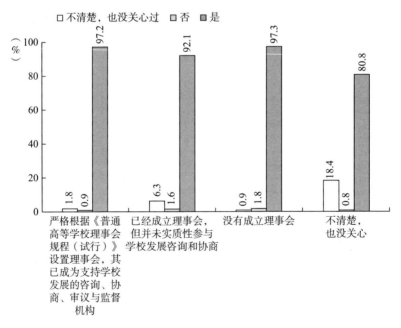

图7-83 对学校理事会设置及运行情况评价持不同意见的"双一流"
建设高校及地方高水平大学建设立项高校受访教职员工
对学校是否已经制定实施大学章程的认知情况

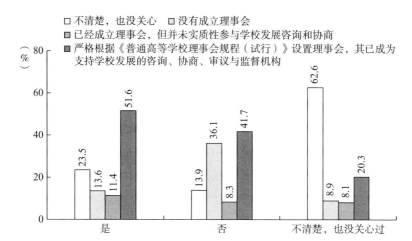

图7-84　对学校是否已经制定实施大学章程三种不同认知情况的其他省属
　　　　普通本科院校受访教职员工对学校理事会设置及运行情况的评价

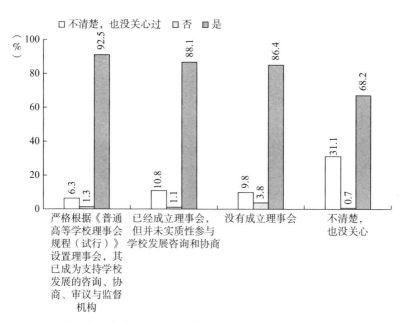

图7-85　对学校理事会设置及运行情况评价持不同意见的其他省属普通本科
　　　　院校受访教职员工对学校是否已经制定实施大学章程的认知情况

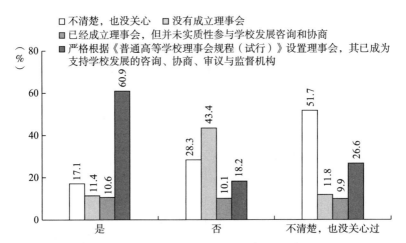

图7-86 对学校是否已经制定实施大学章程三种不同认知情况的高职高专受访教职员工对学校理事会设置及运行情况的评价

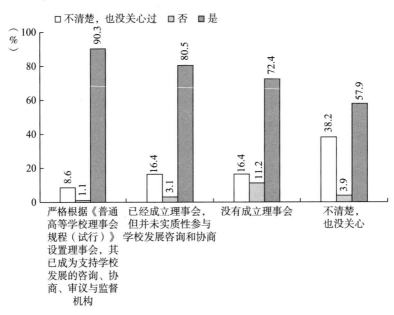

图7-87 对学校理事会设置及运行情况评价持不同意见的高职高专受访教职员工对学校是否已经制定实施大学章程的认知情况

各职务类型受访教职员工对学校是否已经制定实施大学章程的认知情况，与其对学校理事会设置及运行情况的评判正相关（见图7-88至图7-97）。明确认知学校已经制定实施大学章程的人员对学校理事会设置及运行情况的认可度均高于另外两个群体，即选择"严格根据《普通高等学校理事会规程（试行）》设置理事会，其已成为支持学校发展的咨询、协商、审议与监督机构"选项的有效百分比均高于另外两个群体相关值；对学校理事会设置及运行情况分别选择"严格根据《普通高等学校理事会规程（试行）》设置理事会，其已成为支持学校发展的咨询、协商、审议与监督机构""已经成立理事会，但并未实质性参与学校发展咨询和协商""没有成立理事会""不清楚，也没关心"等选项的四个群体中，明确认知学校已经制定实施大学章程的人员占比总体上呈下降态势，其中选择"严格根据《普通高等学校理事会规程（试行）》设置理事会，其已成为支持学校发展的咨询、协商、审议与监督机构"选项的人员中，明确认知学校已经制定实施大学章程的人员占比最高（个别数据例外）。中层管理干部因包括明确认知学校已经制定实施大学章程人员在内的所有受访人员对学校理事会设置及运行情况认可度很低，所以在其对学校理事会设置及运行情况分别选择四个选项的四部分人员中，明确认知学校已经制定实施大学章程人员占比没有呈现依次下降的正相关态势。仅就明确认知学校已经制定实施大学章程的人员选择"严格根据《普通高等学校理事会规程（试行）》设置理事会，其已成为支持学校发展的咨询、协商、审议与监督机构"选项的有效百分比进行比较，从高到低依次是校级领导干部、中级职称及以下教学科研人员、其他管理服务人员、高级职称教学科研人员、中层管理干部，这一顺序与前述不同职务类型受访教职员工整体比较结果不同。

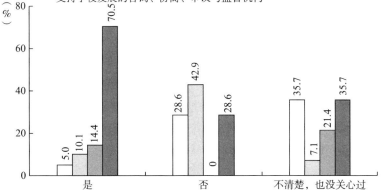

图 7 - 88　对学校是否已经制定实施大学章程三种不同认知情况的
校级领导干部对学校理事会设置及运行情况的评价

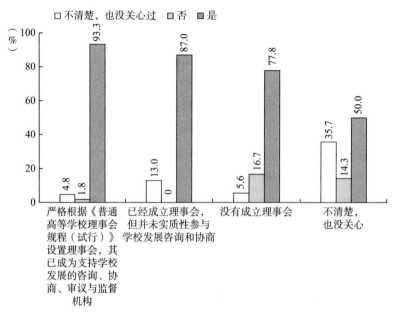

**图 7 - 89 对学校理事会设置及运行情况评价持不同意见的校级领导
干部对学校是否已经制定实施大学章程的认知情况**

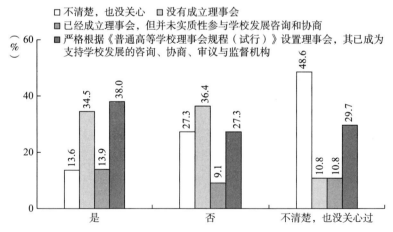

**图 7 - 90 对学校是否已经制定实施大学章程三种不同认知情况的
中层管理干部对学校理事会设置及运行情况的评价**

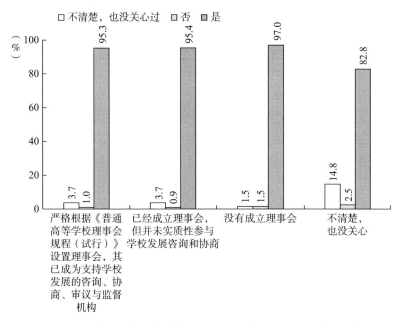

图 7-91　对学校理事会设置及运行情况评价持不同意见的中层管理
干部对学校是否已经制定实施大学章程的认知情况

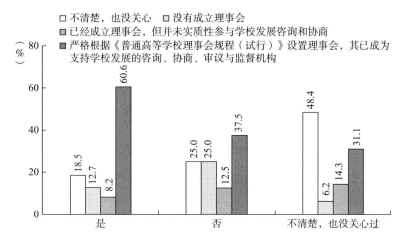

图 7-92　对学校是否已经制定实施大学章程三种不同认知情况的
其他管理服务人员对学校理事会设置及运行情况的评价

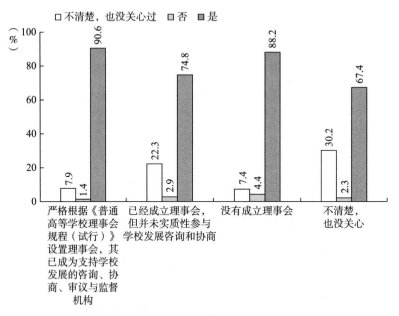

图 7-93　对学校理事会设置及运行情况评价持不同意见的其他管理服务人员对学校是否已经制定实施大学章程的认知情况

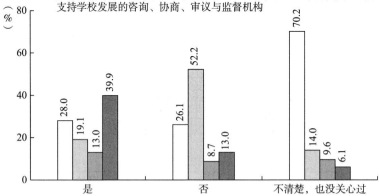

图 7-94　对学校是否已经制定实施大学章程三种不同认知情况的高级职称教学科研人员对学校理事会设置及运行情况的评价

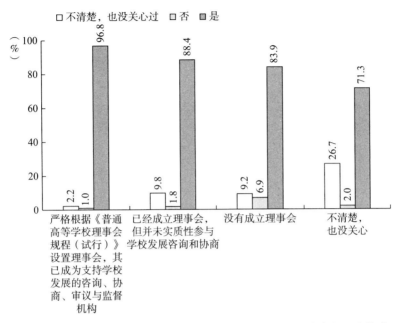

图 7 – 95 对学校理事会设置及运行情况评价持不同意见的高级职称教学科研人员对学校是否已经制定实施大学章程的认知情况

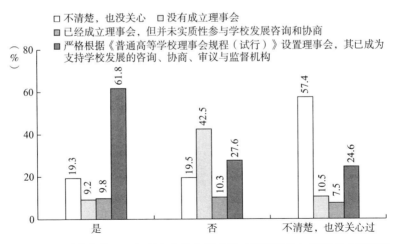

图 7 – 96 对学校是否已经制定实施大学章程三种不同认知情况的中级职称及以下教学科研人员对学校理事会设置及运行情况的评价

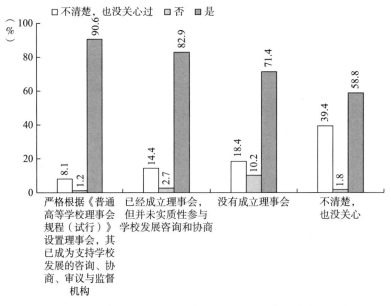

图 7 - 97 　对学校理事会设置及运行情况评价持不同意见的中级职称及以下
教学科研人员对学校是否已经制定实施大学章程的认知情况

全体受访教职员工对学校章程实施情况的总体评价与其对学校理事会
设置及运行情况的评判正相关：对学校章程实施情况满意度越高，对学
校理事会设置及运行情况的认可度也越高（见图 7 - 98）；反之亦然（见图
7 - 99）。一方面，对学校章程实施情况总体评价选择"非常满意""满意"
"基本满意""不满意"等选项的四个群体，对学校理事会设置及运行情况
选择"严格根据《普通高等学校理事会规程（试行）》设置理事会，其已成
为支持学校发展的咨询、协商、审议与监督机构"选项的有效百分比依次
降低，选择"没有成立理事会"选项的有效百分比依次升高，选择"不清
楚，也没关心"选项的有效百分比也依次升高，分别为 5.1%、25.4%、
49.5%、55.2%。另一方面，对学校理事会设置及运行情况的评判选择
"严格根据《普通高等学校理事会规程（试行）》设置理事会，其已成为支
持学校发展的咨询、协商、审议与监督机构""已经成立理事会，但并未实
质性参与学校发展咨询和协商""没有成立理事会""不清楚，也没关心"
等选项的四个群体中，对学校章程实施情况总体评价分别选择"非常满意"
"满意"两选项的有效百分比之和也依次降低。

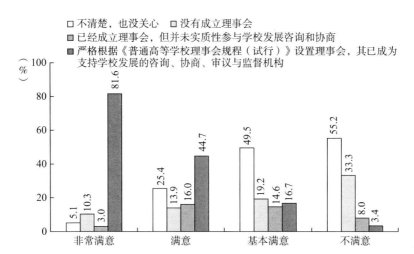

图 7 - 98　对学校章程实施情况总体评价持不同意见的受访
教职员工对学校理事会设置及运行情况的评价

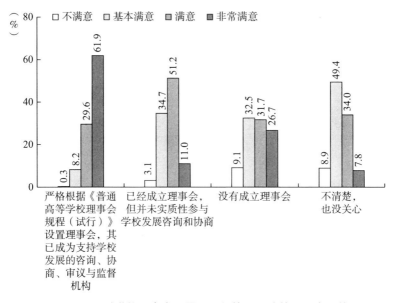

图 7 - 99　对学校理事会设置及运行情况评价持不同意见的
受访教职员工对学校章程实施情况的总体评价

　　对学校是否已经制定实施大学章程三种不同认知情况的受访教职员工群体各自两方面认可度及满意度分布状态与上述总体统计情况一致：对学校章程实施情况总体评价分别选择"非常满意""满意""基本满意""不满意"等选项的四部分人员对学校理事会设置及运行情况选择"严格根据《普通高等学校理事会规程（试行）》设置理事会，其已成为支持学校发展的咨询、协商、审议与监督机构"选项的有效百分比依次降低；对学校理事会设置及运行情况的评判选择"严格根据《普通高等学校理事会规程（试行）》设置理事会，其已成为支持学校发展的咨询、协商、审议与监督机构""已经成立理事会，但并未实质性参与学校发展咨询和协商""没有成立理事会""不清楚，也没关心"等选项的四部分人员，对学校章程实施情况总体评价选择"非常满意""满意"两选项的有效百分比之和总体上呈下降态势（见图7-100至图7-105）。虽然否定学校已经制定实施大学章程同时对学校章程实施情况总体评价选择"非常满意"的受访人员总量很少，其对学校理事会设置及运行情况的评价数据可参考性有限，但是我们还是可以得出判断：明确认知学校已经制定实施大学章程人员的满意度要高于另外两个群体。总体上，受访教职员工对学校是否已经制定实施大学章程的认知情况、对学校章程实施情况的总体评价及对学校理事会设置及运行情况的评判，三者呈正相关关系。

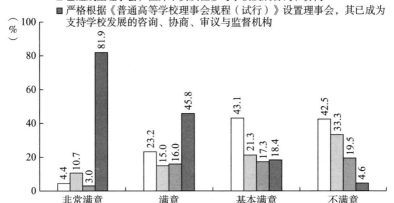

图7-100　对学校是否已经制定实施大学章程表示明确认知并

对学校章程实施情况总体评价持不同意见的受访

教职员工对学校理事会设置及运行情况的评价

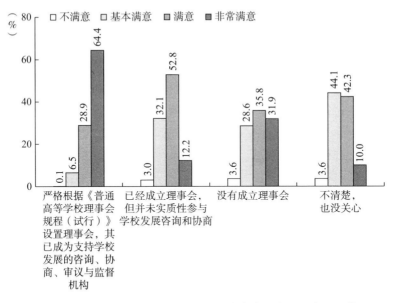

图 7 - 101　对学校是否已经制定实施大学章程表示明确认知并
对学校理事会设置及运行情况评价持不同意见的
受访教职员工对学校章程实施情况的总体评价

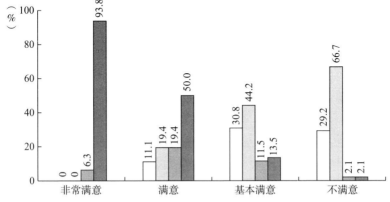

图 7 - 102　对学校是否已经制定实施大学章程表示否定并对学校
章程实施情况总体评价持不同意见的受访教职
员工对学校理事会设置及运行情况的评价

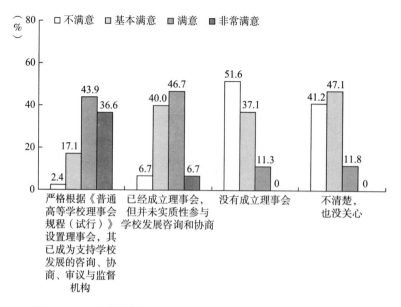

图7-103 对学校是否已经制定实施大学章程表示否定并对学校
理事会设置及运行情况评价持不同意见的受访
教职员工对学校章程实施情况的总体评价

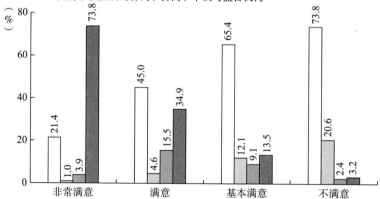

图7-104 对学校是否已经制定实施大学章程表示"不清楚，也没关心过"
并对学校章程实施情况总体评价持不同意见的受访教职
员工对学校理事会设置及运行情况的评价

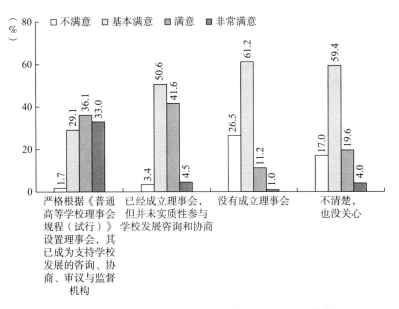

图 7 – 105　对学校是否已经制定实施大学章程表示"不清楚，也没
关心过"并对学校理事会设置及运行情况评价持不同
意见的受访教职员工对学校章程实施情况的总体评价

总体而言，对学校理事会设置及运行情况，受访教职员工中超过半数的人员予以肯定性评价，1/4 受访人员给予否定性评价，另外近 1/4 受访教职员工对此表示"不清楚，也没关心"。部属院校受访教职员工中予以肯定性评价的人员占比最高，但也只有 64.2%，"双一流"建设高校及地方高水平大学建设立项高校受访教职员工中持肯定性评价人员占比最低（44.1%）。校级领导干部中给予肯定性评价人员占比最高但也只有 65.6%，中层管理干部和高级职称教学科研人员中给予肯定性评价人员占比较低（分别为 37.4%、35.0%）。各类型学校不同职务受访人员中均有较高比例的人员给予否定性评价，或者表示"不清楚，也没关心"。

对学校是否已经制定实施大学章程认知度低或者对学校章程实施情况总体评价不高的受访人员，对学校理事会设置及运行情况的认可度也不高，反之亦然。对学校是否已经制定实施大学章程选择"否""不清楚，也没关心过"的两个受访人员群体，对学校理事会设置及运行情况选择"已经成立理事会，但并未实质性参与学校发展咨询和协商""没有成立理事会""不清楚，也没关心"三个选项的有效百分比分别为 9.9%、40.8%、22.4%，

9.2%、10.2%、56.7%；反过来，对学校理事会设置及运行情况选择"已经成立理事会，但并未实质性参与学校发展咨询和协商""没有成立理事会""不清楚，也没关心"等选项的三个群体，对学校是否已经制定实施大学章程选择"否""不清楚，也没关心过"两选项的有效百分比分别为2.2%、13.1%，6.5%、10.3%，2.1%、33.7%。对学校章程实施情况总体评价选择"基本满意""不满意"的两个群体，对学校理事会设置及运行情况选择"已经成立理事会，但并未实质性参与学校发展咨询和协商""没有成立理事会""不清楚，也没关心"三个选项的有效百分比分别为14.6%、19.2%、49.5%，8.0%、33.3%、55.2%；反过来，对学校理事会设置及运行情况选择"已经成立理事会，但并未实质性参与学校发展咨询和协商""没有成立理事会""不清楚，也没关心"等选项的三个群体，对学校章程实施情况总体评价选择"基本满意""不满意"两选项的有效百分比分别为34.7%、3.1%，32.5%、9.1%，49.4%、8.9%。

可见，各类型学校以及各职务类型受访教职员工对学校理事会设置及运行情况的认可度普遍较低，特别是"双一流"建设高校及地方高水平大学建设立项高校和中层管理干部表现尤为明显。各个类型院校受访教职员工也普遍存在较高比例的人员对此表示"不清楚，也没关心"。受访教职员工对学校是否已经制定实施大学章程的认知情况、对学校章程实施情况的总体评价及对学校理事会设置及运行情况的评判，三者呈正相关关系。这再一次有力支持前述判断和结论：受访高校落实教育部《普通高等学校理事会规程（试行）》情况难以令人满意。学校在扎实推进章程建设、保障章程实施过程中，也要高度重视充分落实教育部《普通高等学校理事会规程（试行）》，科学利用学校理事会这一平台积极促进社会参与学校管理和监督。同时，还要注意努力实现这两方面工作的有机统一和协调共进。

三　落实和保障高校依法自主办学权利的期待与要求

从落实和保障高校依法自主办学权利的角度，面向四个类型高校的各职务类型受访教职员工就"政府部门还应进一步下放哪些权力"进行调查，以此为基础进行分类汇总和交叉统计，作为我们对受访教职员工关于落实和保障高校依法自主办学权利的期待与要求方面的判断根据。

1. 全体受访教职员工对"政府部门还应进一步下放哪些权力"所选选项的有效百分比统计

全体受访教职员工对"政府部门还应进一步下放哪些权力"所选选项的有效百分比从高到低依次是"内部薪酬分配""经费使用管理""内部岗位设置""编制总额""招生计划""资产购置及项目工程招投标""资产处置"。总体上,"内部薪酬分配"和"经费使用管理"是受访教职员工对政府部门权力下放主张意愿最强的两个事项,其次是"内部岗位设置""编制总额""招生计划"等权力事项,意愿相对较低的是"资产购置及项目工程招投标""资产处置"等权力事项(见图7-106)。

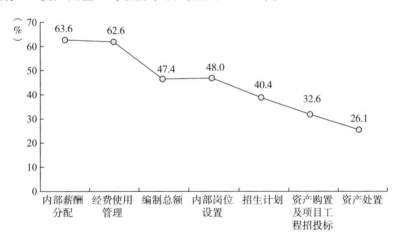

图7-106　全体受访教职员工对"政府部门还应进一步下放哪些权力"所选选项的有效百分比

2. 各类型学校受访教职员工对"政府部门还应进一步下放哪些权力"所选选项的有效百分比统计

"内部薪酬分配""经费使用管理""编制总额""内部岗位设置""招生计划""资产购置及项目工程招投标""资产处置"等权力事项,在不同类型学校受访教职员工的具体主张中各自排序有所不同。整体而言,"内部薪酬分配""经费使用管理"是各类型学校受访教职员工所选选项中有效百分比最高的两项权力要求;"内部岗位设置"与"编制总额"往往排在第三位或者第四位;排在后几位的基本都是"资产处置""资产购置及项目工程招投标""招生计划"(见图7-107)。

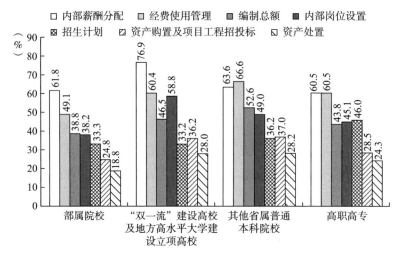

图 7 - 107　不同类型学校受访教职员工对"政府部门还应进一步下放哪些权力"所选选项的有效百分比（学校比较）

第一，从四个类型学校受访教职员工分别选择"内部薪酬分配""经费使用管理""编制总额""内部岗位设置""招生计划""资产购置及项目工程招投标""资产处置"等七个选项的有效百分比分布情况看，整体上从高到低依次是"双一流"建设高校及地方高水平大学建设立项高校（48.6%）、其他省属普通本科院校（47.6%）、高职高专（44.1%）、部属院校（37.8%）（按平均值比较）。部属院校基于自身教育体制优势比其他类型院校享有更多资源和条件，"双一流"建设高校及地方高水平大学建设立项高校在近几年的高等教育发展战略等政策支持下也获得了相对更多的条件和资源，所以这一权力下放要求意愿的强弱排序有其必然性。

第二，从"内部薪酬分配""经费使用管理""编制总额""内部岗位设置""招生计划""资产购置及项目工程招投标""资产处置"等七个权力事项分别被四个类型学校受访教职员工选择的有效百分比分布情况（见图 7 - 108）看，整体上从高到低依次是"内部薪酬分配"（65.7%）、"经费使用管理"（59.2%）、"内部岗位设置"（47.8%）、"编制总额"（45.4%）、"招生计划"（37.2%）、"资产购置及项目工程招投标"（31.6%）、"资产处置"（24.8%）（按平均值比较），这也有力说明受访教职员工对"内部薪酬分配""经费使用管理"两项权力下放意愿尤其强烈，其次是"内部岗位设置""编制总额"等方面权力事项。

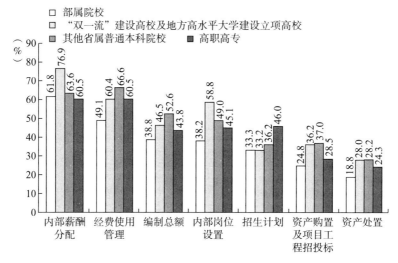

图 7 – 108 不同类型学校受访教职员工对"政府部门还应进一步下放哪些权力"所选选项的有效百分比（选项比较）

3. 各职务类型受访教职员工对"政府部门还应进一步下放哪些权力"所选选项的有效百分比统计

"内部薪酬分配""经费使用管理""编制总额""内部岗位设置""招生计划""资产购置及项目工程招投标""资产处置"等七项权力事项，在不同职务类型受访教职员工的具体主张中侧重点各有不同，而且不同职务类型受访教职员工对权力下放的要求意愿程度也有差异。

第一，从不同职务类型受访教职员工分别选择"内部薪酬分配""经费使用管理""编制总额""内部岗位设置""招生计划""资产购置及项目工程招投标""资产处置"等七个选项的有效百分比分布情况（见图 7 – 109）看，整体上从高到低依次是中层管理干部（53.6%）、高级职称教学科研人员（48.2%）、其他管理服务人员（46.0%）、中级职称及以下教学科研人员（43.7%）、校级领导干部（38.4%）（按平均值比较）。中层管理干部及高级职称教学科研人员对权力下放的意愿相对比较强烈。校级领导干部、中级职称及以下教学科研人员选择七项权力事项的有效百分比平均值之所以偏低，可能主要是因为校级领导干部受访人数总体偏少而且在不同院校中分布不均衡，中级职称及以下教学科研人员对相关权力的性质与内容等的理解和认识需要进一步提升。

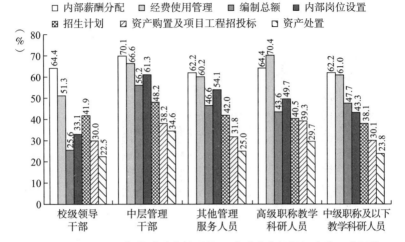

图 7 - 109 不同职务类型受访教职员工对"政府部门还应进一步下放哪些权力"所选选项的有效百分比（职务比较）

第二，从不同职务类型受访教职员工对"内部薪酬分配""经费使用管理""编制总额""内部岗位设置""招生计划""资产购置及项目工程招投标""资产处置"等七个权力事项进行选择的有效百分比分布情况（见图 7 - 110）看，整体上从高到低依次是"内部薪酬分配"（64.7%）、"经费使用管理"（61.9%）、"内部岗位设置"（48.3%）、"编制总额"（43.9%）、"招

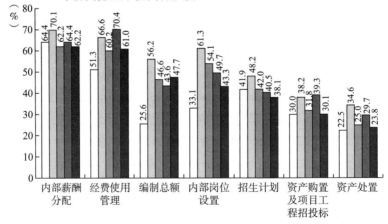

图 7 - 110 不同职务类型受访教职员工对"政府部门还应进一步下放哪些权力"所选选项的有效百分比（选项比较）

生计划"（42.1%）、"资产购置及项目工程招投标"（33.9%）、"资产处置"（27.1%）（按平均值比较），这一排序结果与上述不同类型学校受访教职员工相关值比较后的排序结果完全一致，这也进一步说明受访教职员工对"内部薪酬分配""经费使用管理"两项权力下放意愿最为强烈，其次是"内部岗位设置""编制总额"等方面权力事项。因为这七项权力事项对教职员工利益直接影响的强度各有不同，所以几乎与每位教职员工利益都直接相关的"内部薪酬分配""经费使用管理"排在前两位是情理之中的事情；而"资产处置""资产购置及项目工程招投标""招生计划"等权力事项尽管排位靠后，但从高等教育管理实践角度来说，积极推进这些内容的权力下放同等重要，之所以排位靠后主要还是因为不少受访教职员工对其感受和认识相对有限。

4. 各类型学校各职务类型受访教职员工对"政府部门还应进一步下放哪些权力"所选选项的有效百分比分项统计

（1）内部薪酬分配

无论是对不同类型学校受访教职员工进行统计和比较，还是对不同职务类型受访教职员工进行统计和比较，下放"内部薪酬分配"权力都是广大受访教职员工的一项普遍要求。

一方面，从不同类型学校受访教职员工分别选择"内部薪酬分配"选项的有效百分比分布情况看，整体上"双一流"建设高校及地方高水平大学建设立项高校受访教职员工对"内部薪酬分配"权力下放意愿最为强烈（该类高校受访教职员工选择该选项的有效百分比达76.9%，尤其是其中的中层管理干部选择该选项的有效百分比高达84.4%，其余职务受访人员选择该选项的有效百分比比较均衡），然后依次是其他省属普通本科院校、部属院校、高职高专（见图7－107、图7－111）。

另一方面，从不同职务类型受访教职员工选择"内部薪酬分配"选项的有效百分比分布情况看，整体上中层管理干部对"内部薪酬分配"权力下放的意愿最为强烈（中层管理干部选择该选项的有效百分比为70.1%），其次是校级领导干部、高级职称教学科研人员，最后是其他管理服务人员和中级职称及以下教学科研人员（见图7－109、图7－112）。就"内部薪酬分配"权力下放这一要求来说，总体上行政管理服务人员比教学科研人员意愿更加强烈。

（2）经费使用管理

无论是对不同类型学校受访教职员工进行统计和比较，还是对不同职

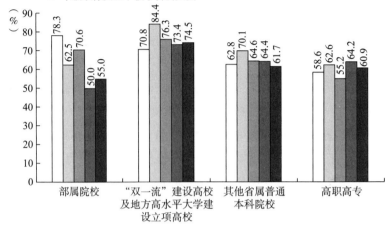

图 7 - 111　各类型学校不同职务类型受访教职员工对"政府部门还应进一步下放哪些权力"选择"内部薪酬分配"选项的有效百分比（学校比较）

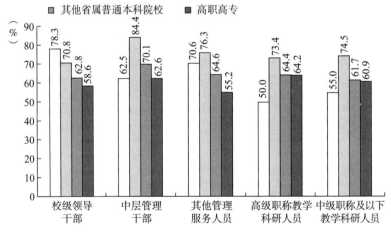

图 7 - 112　各类型学校不同职务类型受访教职员工对"政府部门还应进一步下放哪些权力"选择"内部薪酬分配"选项的有效百分比（职务比较）

务类型受访教职员工进行统计和比较，下放"经费使用管理"权力同样也都是广大受访教职员工的一项普遍要求。

一方面，从不同类型学校受访教职员工分别选择"经费使用管理"选项的有效百分比分布情况看，除部属院校受访教职员工对下放该项权力的意愿相对较低（该选项的有效百分比为49.1%）外，其余三个类型院校受访教职员工总体上对下放该项权力的意愿都较强。其他省属普通本科院校、高职高专、"双一流"建设高校及地方高水平大学建设立项高校受访教职员工选择该项权力要求选项的有效百分比分别为66.6%、60.5%、60.4%（见图7-107、图7-113）。

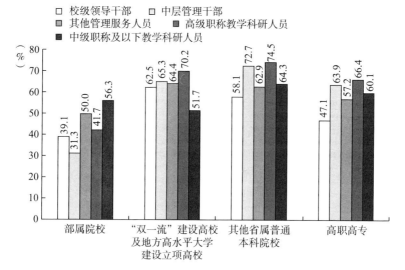

图7-113 各类型学校不同职务类型受访教职员工对"政府部门
还应进一步下放哪些权力"选择"经费使用管理"
选项的有效百分比（学校比较）

另一方面，从不同职务类型受访教职员工选择"经费使用管理"选项的有效百分比分布情况看，除校级领导干部对下放该项权力意愿相对较低外（校级领导干部选择该选项的有效百分比为51.3%，主要是部属院校和高职高专校级领导干部选择该选项的有效百分比较低从而拉低了总体值，而"双一流"建设高校及地方高水平大学建设立项高校校级领导干部对下放该项权力的意愿较强烈），其他职务类型受访教职员工的意愿都很强，其中高级职称教学科研人员选择该选项的有效百分比（70.4%）最高，而中层管理干部、其他管理服务人员、中级职称及以下教学科研人员之间比较均衡（均在60%~70%），其他省属普通本科院校的高级职称教学科研人员、中层管理干部选择该选项的有效百分比相对较高（分别为 74.5%、72.7%）（见图 7 – 109、图 7 – 114）。

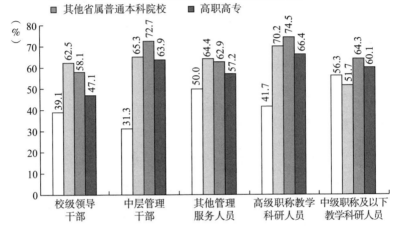

图 7 – 114　各类型学校不同职务类型受访教职员工对"政府部门还应进一步下放哪些权力"选择"经费使用管理"选项的有效百分比（职务比较）

（3）编制总额

无论是对不同类型学校受访教职员工进行统计和比较，还是对不同职务类型受访教职员工进行统计和比较，受访人员下放"编制总额"权力的意愿都相对较为普遍。

一方面，从不同类型学校受访教职员工选择"编制总额"选项的有效百分比分布情况看，部属院校受访教职员工对下放该项权力的意愿相对较低，其他省属普通本科院校受访教职员工意愿较强（两者受访教职员工选择该选项的有效百分比分别为 38.8%、52.6%），"双一流"建设高校及地方高水平大学建设立项高校、高职高专居中（两者受访教职员工选择该选项的有效百分比分别为 46.5%、43.8%）（见图 7 – 107、图 7 – 115）。

另一方面，从不同职务类型受访教职员工选择"编制总额"选项的有效百分比分布情况看，除校级领导干部对下放该项权力意愿相对较低外，其他职务类型受访教职员工之间比较均衡。各职务类型受访人员选择该选项的有效百分比从高到低依次是中层管理干部、中级职称及以下教学科研人员、其他管理服务人员、高级职称教学科研人员、校级领导干部。其中，

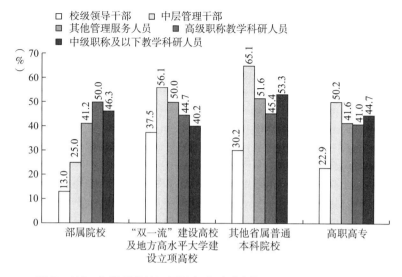

图 7 - 115　各类型学校不同职务类型受访教职员工对"政府部门
还应进一步下放哪些权力"选择"编制总额"
选项的有效百分比（学校比较）

其他省属普通本科院校、"双一流"建设高校及地方高水平大学建设立项高
校的中层管理干部对下放"编制总额"权力意愿相对最为强烈（该选项的有
效百分比分别为 65.1%、56.1%）（见图 7 - 109、图 7 - 116）。

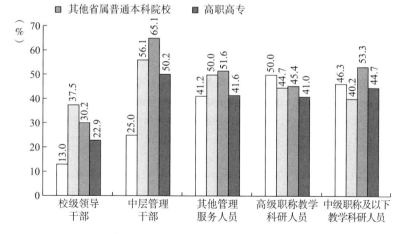

图 7 - 116　各类型学校不同职务类型受访教职员工对"政府部门
还应进一步下放哪些权力"选择"编制总额"
选项的有效百分比（职务比较）

（4）内部岗位设置

无论是对不同类型学校受访教职员工进行统计和比较，还是对不同职务类型受访教职员工进行统计和比较，受访人员对下放"内部岗位设置"权力意愿都相对比较普遍。

一方面，从不同类型学校受访教职员工选择"内部岗位设置"选项的有效百分比分布情况看，部属院校受访教职员工对下放该项权力的意愿相对较低，"双一流"建设高校及地方高水平大学建设立项高校受访教职员工意愿较强（两者受访教职员工选择该选项的有效百分比分别为38.2%、58.8%），其他省属普通本科院校、高职高专居中（两者受访教职员工选择该选项的有效百分比分别为49.0%、45.1%）（见图7-107、图7-117）。

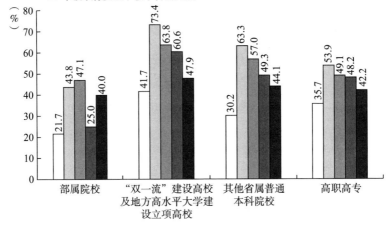

图7-117　各类型学校不同职务类型受访教职员工对"政府部门还应进一步下放哪些权力"选择"内部岗位设置"选项的有效百分比（学校比较）

另一方面，从不同职务类型受访教职员工选择"内部岗位设置"选项的有效百分比分布情况看，校级领导干部对下放该项权力的意愿相对较低，中层管理干部对下放该项权力的意愿相对较强。不同职务类型受访人员选择该选项的有效百分比从高到低依次是中层管理干部、其他管理服务人员、高级职称教学科研人员、中级职称及以下教学科研人员、校级领导干部。其中，"双一流"建设高校及地方高水平大学建设立项高校的中层管理干部对下放"内部岗位设置"权力的意愿相对最为强烈（该选项有效百分比为73.4%）（见图7-109、图7-118）。

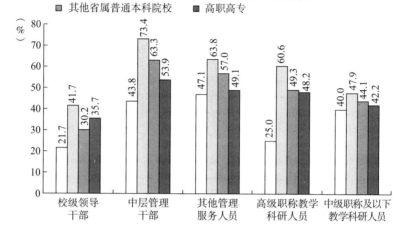

□ 部属院校
□ "双一流"建设高校及地方高水平大学建设立项高校
■ 其他省属普通本科院校　■ 高职高专

图7-118　各类型学校不同职务类型受访教职员工对"政府部门还应进一步下放哪些权力"选择"内部岗位设置"选项的有效百分比（职务比较）

（5）招生计划

无论是对不同类型学校受访教职员工进行统计和比较，还是对不同职务类型受访教职员工进行统计和比较，受访人员对下放"招生计划"权力的意愿都有一定普遍性。

一方面，从不同类型学校受访教职员工选择"招生计划"选项的有效百分比分布情况看，部属院校、"双一流"建设高校及地方高水平大学建设立项高校受访教职员工对下放该项权力的意愿相对较低（两者受访教职员工选择该选项的有效百分比分别为33.3%、33.2%），其他省属普通本科院校、高职高专受访教职员工对此意愿较强（两者受访教职员工该选项的有效百分比分别为36.2%、46.0%）（见图7-107、图7-119）。

另一方面，从不同职务类型受访教职员工选择"招生计划"选项的有效百分比分布情况看，中级职称及以下教学科研人员对下放该项权力的意愿相对较低，中层管理干部对下放该项权力的意愿相对较强。不同职务类型受访人员选择该选项的有效百分比从高到低依次是中层管理干部、其他管理服务人员、校级领导干部、高级职称教学科研人员、中级职称及以下教学科

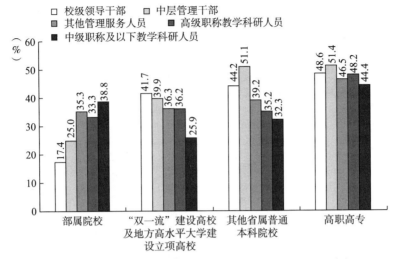

图 7 - 119　各类型学校不同职务类型受访教职员工对"政府部门
还应进一步下放哪些权力"选择"招生计划"
选项的有效百分比（学校比较）

研人员。其中，高职高专中层管理干部对下放"招生计划"权力的意愿相对

最为强烈（该选项的有效百分比为 51.4%）（见图 7 - 109、图 7 - 120）。

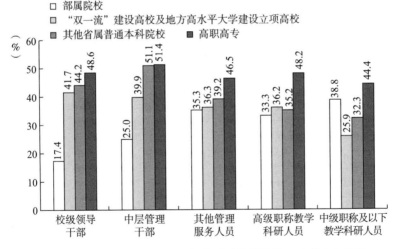

图 7 - 120　各类型学校不同职务类型受访教职员工对"政府部门
还应进一步下放哪些权力"选择"招生计划"
选项的有效百分比（职务比较）

（6）资产购置及项目工程招投标

无论是对不同类型学校受访教职员工进行统计和比较，还是对不同职

务类型受访教职员工进行统计和比较，受访人员对下放"资产购置及项目工程招投标"权力的意愿都有一定普遍性。

　　一方面，从不同类型学校受访教职员工选择"资产购置及项目工程招投标"选项的有效百分比分布情况看，部属院校、高职高专受访教职员工对下放该项权力的意愿较低（两者受访教职员工该选项的有效百分比分别为24.8%、28.5%），其他省属普通本科院校、"双一流"建设高校及地方高水平大学建设立项高校受访教职员工的意愿相对较强（两者受访教职员工选择该选项的有效百分比分别为37.0%、36.2%）（见图7-107、图7-121）。

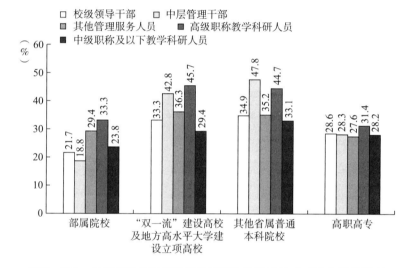

图7-121　各类型学校不同职务类型受访教职员工对"政府部门还应进一步下放哪些权力"选择"资产购置及项目工程招投标"选项的有效百分比（学校比较）

　　另一方面，从不同职务类型受访教职员工选择"资产购置及项目工程招投标"选项的有效百分比分布情况看，校级领导干部、中级职称及以下教学科研人员对下放该项权力的意愿相对较低，高级职称教学科研人员对下放该项权力的意愿相对较强。不同职务类型受访人员选择该选项的有效百分比从高到低依次是高级职称教学科研人员、中层管理干部、其他管理服务人员、中级职称及以下教学科研人员、校级领导干部。其中，其他省属普通本科院校中层管理干部对下放"资产购置及项目工程招投标"权力的意愿相对最为强烈（该选项的有效百分比为47.8%）（见图7-109、图7-122）。

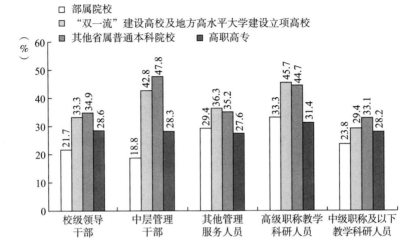

图 7-122　各类型学校不同职务类型受访教职员工对"政府部门还应进一步下放哪些权力"选择"资产购置及项目工程招投标"选项的有效百分比（职务比较）

（7）资产处置

无论是对不同类型学校受访教职员工进行统计和比较，还是对不同职务类型受访教职员工进行统计和比较，受访人员对下放"资产处置"权力的意愿也都有一定普遍性。

一方面，从不同类型学校受访教职员工选择"资产处置"选项的有效百分比分布情况看，部属院校受访教职员工对下放该项权力的要求意愿最低，其他省属普通本科院校、"双一流"建设高校及地方高水平大学建设立项高校受访教职员工的意愿相对较强，不同类型学校受访教职员工选择该选项的有效百分比从高到低依次是其他省属普通本科院校、"双一流"建设高校及地方高水平大学建设立项高校、高职高专、部属院校（见图 7-107、图 7-123）。

另一方面，从不同职务类型受访教职员工选择"资产处置"选项的有效百分比分布情况看，校级领导干部、中级职称及以下教学科研人员对下放该项权力的意愿相对较低，中层管理干部对下放该项权力的意愿相对较强。不同职务类型受访人员选择该选项的有效百分比从高到低依次是中层管理干部、高级职称教学科研人员、其他管理服务人员、中级职称及以下教学科研人员、校级领导干部。其中，其他省属普通本科院校中层管理干部对下放"资产处置"权力的意愿相对最为强烈（该选项的有效百分比为

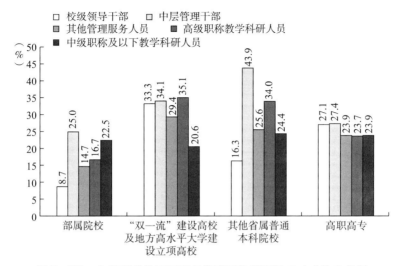

图7-123 各类型学校不同职务类型受访教职员工对"政府部门还应进一步下放哪些权力"选择"资产处置"选项的有效百分比（学校比较）

43.9%）（见图7-109、图7-124）。

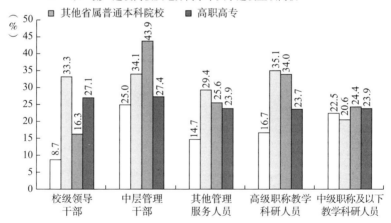

图7-124 各类型学校不同职务类型受访教职员工对"政府部门还应进一步下放哪些权力"选择"资产处置"选项的有效百分比（职务比较）

5.对学校是否已经制定实施大学章程不同认知情况的受访教职员工对"政府部门还应进一步下放哪些权力"所选选项的有效百分比统计

从对学校是否已经制定实施大学章程不同认知情况的三个教职员工群

体对"政府部门还应进一步下放哪些权力"所选选项的有效百分比统计情况看，受访教职员工对学校是否已经制定实施大学章程的认知度与其对"政府部门还应进一步下放哪些权力"所选选项的有效百分比，在总体上呈一定的正相关关系。

从"内部薪酬分配""经费使用管理""编制总额""内部岗位设置""招生计划""资产购置及项目工程招投标""资产处置"等七个权力事项在对学校是否已经制定实施大学章程不同认知情况的三个群体中各自的有效百分比分布情况看，在明确认知学校已经制定实施大学章程的受访教职员工中，其中五项（内部薪酬分配、经费使用管理、编制总额、内部岗位设置、资产购置及项目工程招投标）的有效百分比高于另外两个群体，但是有一项（资产购置及项目工程招投标）与其他两个群体相关值之差均在1个百分点以内。对每个权力事项的三个群体的有效百分比进行比较，总体上来看相差也有限（见图7-125）。

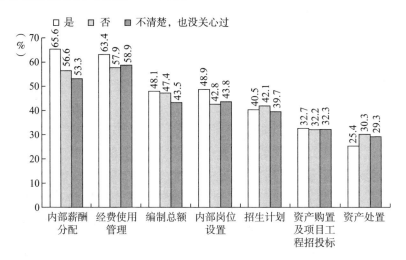

图7-125　对学校是否已经制定实施大学章程三种不同认知情况的受访
教职员工对"政府部门还应进一步下放哪些权力"所选
选项的有效百分比（选项比较）

从对学校是否已经制定实施大学章程不同认知情况的三个群体所选择的七个权力事项的有效百分比分布情况（见图7-126）看，尽管明确认知学校已经制定实施大学章程人员的七项有效百分比平均值高于另外两个群体，但是三者之间相差很小（分别为46.4%、44.2%、43.0%）。

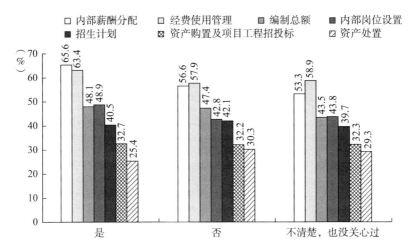

图7-126　对学校是否已经制定实施大学章程三种不同认知情况的受访教职员工对"政府部门还应进一步下放哪些权力"所选选项的有效百分比（不同认知情况人员比较）

6. 各类型学校对学校是否已经制定实施大学章程不同认知情况的受访教职员工对"政府部门还应进一步下放哪些权力"所选选项的有效百分比分项统计

从各类型学校对学校是否已经制定实施大学章程不同认知情况的受访教职员工就"政府部门还应进一步下放哪些权力"分别选择"内部薪酬分配""经费使用管理""编制总额""内部岗位设置""招生计划""资产购置及项目工程招投标""资产处置"等七个选项的有效百分比分项统计情况看，各类型学校对学校是否已经制定实施大学章程不同认知情况的三个群体，对这七个权力事项的主张和要求意愿强度表现出不同特征，很难概括出它们的共性，即从这七个权力事项于不同类型学校中对学校是否已经制定实施大学章程的三个不同认知群体而言，分项统计数据不足以说明两者之间具有正相关关系。

对于七个权力事项来说，无论是从对学校是否已经制定实施大学章程分别选择"是""否""不清楚，也没关心过"等选项的受访教职员工在各类型学校中的有效百分比分布状态来看，还是从不同类型学校受访教职员工在对学校是否已经制定实施大学章程三个不同认知情况群体中的有效百分比分布情况来看，或者从两方面的有效百分比平均值（包括同一类学校中三个群体有效百分比平均值、各类型学校中同一认知情况受访人员有效百分比平均值）来看，除部属院校三个群体人员有效百分比及其平均值基本都是相对最低外，其余数据没有共性特征，特别是各类型学校明确认知学校已经制定实施大学章程受访教职员工的七个选项的有效百分比及其平均值，并不都高于另外两个群体相关值，而是互有高低，而且多半情况下彼此差距不大（见图 7 – 127 至图 7 – 140）。

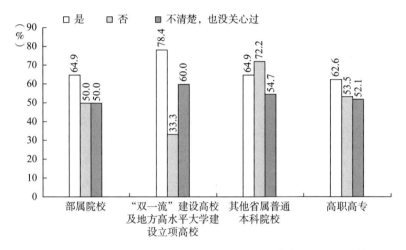

图 7 – 127 各类型学校对学校是否已经制定实施大学章程不同认知情况的
受访教职员工对"政府部门还应进一步下放哪些权力"
选择"内部薪酬分配"选项的有效百分比（学校比较）

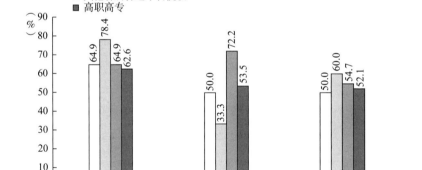

图 7 – 128 各类型学校对学校是否已经制定实施大学章程不同认知情况的
受访教职员工对"政府部门还应进一步下放哪些权力"选择
"内部薪酬分配"选项的有效百分比（不同认知情况人员比较）

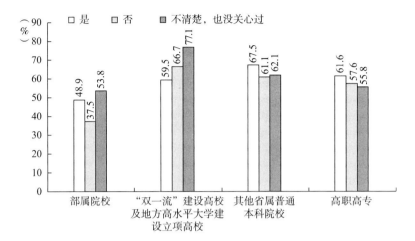

图 7 - 129 各类型学校对学校是否已经制定实施大学章程不同认知情况的
受访教职员工对"政府部门还应进一步下放哪些权力"
选择"经费使用管理"选项的有效百分比（学校比较）

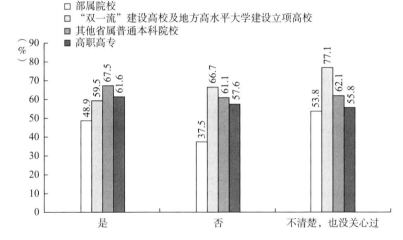

图 7 - 130 各类型学校对学校是否已经制定实施大学章程不同认知情况的
受访教职员工对"政府部门还应进一步下放哪些权力"选择
"经费使用管理"选项的有效百分比（不同认知情况人员比较）

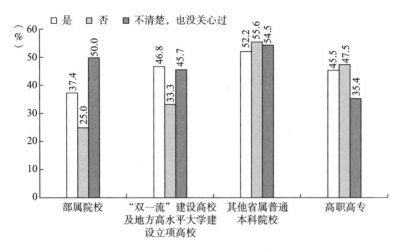

图 7 - 131 各类型学校对学校是否已经制定实施大学章程不同认知情况的
受访教职员工对"政府部门还应进一步下放哪些权力"
选择"编制总额"选项的有效百分比（学校比较）

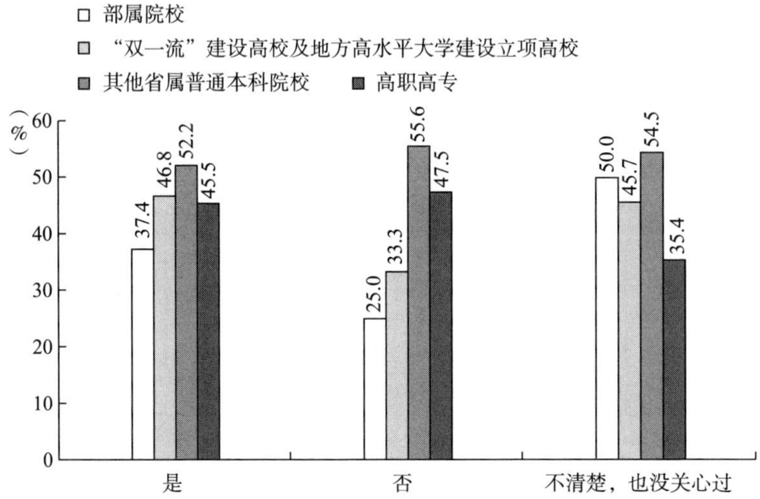

图 7 - 132 各类学院校对学校是否已经制定实施大学章程不同认知情况的
受访教职员工对"政府部门还应进一步下放哪些权力"选择
"编制总额"选项的有效百分比（不同认知情况人员比较）

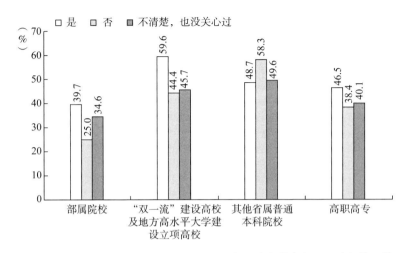

图7-133　各类型学校对学校是否已经制定实施大学章程不同认知情况的
受访教职员工对"政府部门还应进一步下放哪些权力"选择
"内部岗位设置"选项的有效百分比（学校比较）

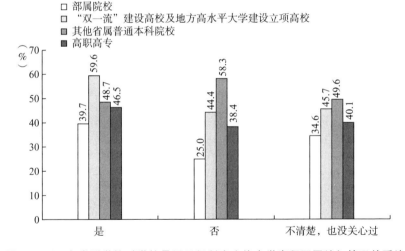

图7-134　各类型学校对学校是否已经制定实施大学章程不同认知情况的受访
教职员工对"政府部门还应进一步下放哪些权力"选择"内部
岗位设置"选项的有效百分比（不同认知情况人员比较）

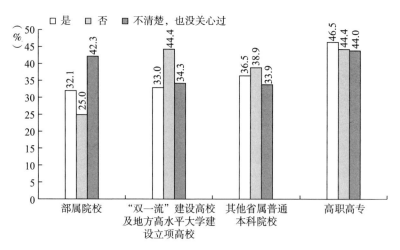

图7-135 各类型学校对学校是否已经制定实施大学章程不同认知情况的
受访教职员工对"政府部门还应进一步下放哪些权力"
选择"招生计划"选项的有效百分比（学校比较）

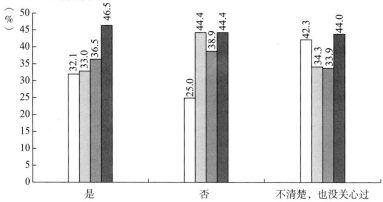

图7-136 各类型学校对学校是否已经制定实施大学章程不同认知情况的
受访教职员工对"政府部门还应进一步下放哪些权力"选择
"招生计划"选项的有效百分比（不同认知情况人员比较）

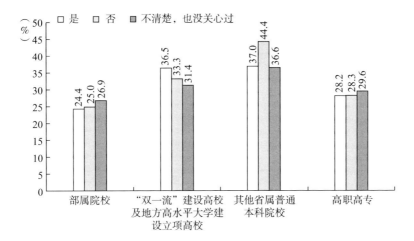

图 7 - 137　各类型学校对学校是否已经制定实施大学章程不同认知情况的受访
教职员工对"政府部门还应进一步下放哪些权力"选择"资产
购置及项目工程招投标"选项的有效百分比（学校比较）

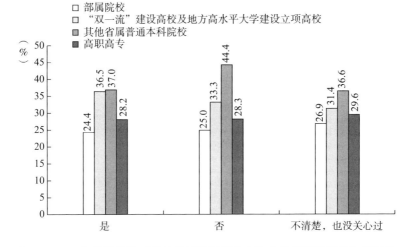

图 7 - 138　各类型学校对学校是否已经制定实施大学章程不同认知情况的
受访教职员工对"政府部门还应进一步下放哪些权力"
选择"资产购置及项目工程招投标"选项的有效
百分比（不同认知情况人员比较）

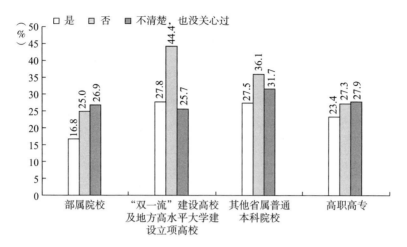

图7-139　各类型学校对学校是否已经制定实施大学章程不同认知情况的
　　　　　受访教职员工对"政府部门还应进一步下放哪些权力"
　　　　　选择"资产处置"选项的有效百分比（学校比较）

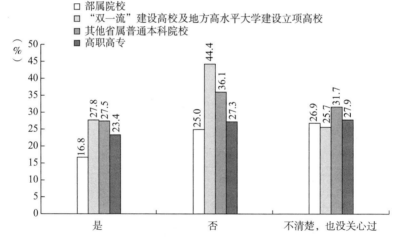

图7-140　各类型学校对学校是否已经制定实施大学章程不同认知情况的
　　　　　受访教职员工对"政府部门还应进一步下放哪些权力"选择
　　　　　"资产处置"选项的有效百分比（不同认知情况人员比较）

7. 对学校是否已经制定实施大学章程不同认知情况的各职务类型受访
教职员工对"政府部门还应进一步下放哪些权力"所选选项的有效百分比
分项统计

从对学校是否已经制定实施大学章程不同认知情况的各职务类型受访

教职员工就"政府部门还应进一步下放哪些权力"分别选择"内部薪酬分配""经费使用管理""编制总额""内部岗位设置""招生计划""资产购置及项目工程招投标""资产处置"等七个选项的有效百分比分项统计情况看，对学校是否已经制定实施大学章程不同认知情况的不同职务类型受访人员，对这七个权力事项的主张和要求意愿强度表现出不同特征，也同样很难概括其共性，即这七个权力事项于不同职务类型并对学校是否已经制定实施大学章程认知不同的受访教职员工而言，分项统计数据不足以说明两者之间具有正相关关系。

对于七个权力事项来说，无论是从对学校是否已经制定实施大学章程分别选择"是""否""不清楚，也没关心过"等选项的受访教职员工在不同职务类型中的有效百分比分布状态来看，还是从不同职务类型受访教职员工在对学校是否已经制定实施大学章程三个不同认知情况群体中的选项有效百分比分布情况来看，或者从两方面的有效百分比平均值（包括同一职务中三个不同认知情况群体的有效百分比平均值、各职务类型中同一认知情况受访人员的有效百分比平均值）来看，都没有典型的共性特征。各职务类型中明确认知学校已经制定实施大学章程的受访教职员工，其七个选项的有效百分比及平均值并不都高于另外两个群体，而是互有高低，而且多半情况下差异也不大（见图 7 – 141 至图 7 – 154）。

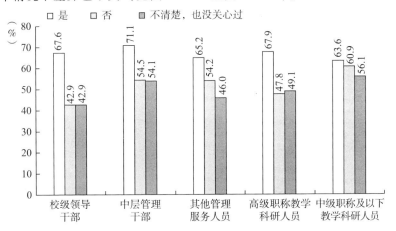

图 7 – 141　对学校是否已经制定实施大学章程不同认知情况的各职务类型
受访教职员工对"政府部门还应进一步下放哪些权力"
选择"内部薪酬分配"选项的有效百分比（职务比较）

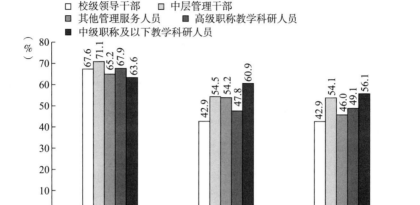

图 7 - 142　对学校是否已经制定实施大学章程不同认知情况的各职务类型受访
教职员工对"政府部门还应进一步下放哪些权力"选择"内部
薪酬分配"选项的有效百分比（不同认知情况人员比较）

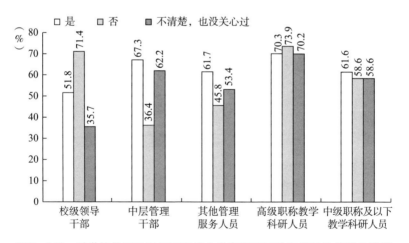

图 7 - 143　对学校是否已经制定实施大学章程不同认知情况的各职务类型
受访教职员工对"政府部门还应进一步下放哪些权力"
选择"经费使用管理"选项的有效百分比（职务比较）

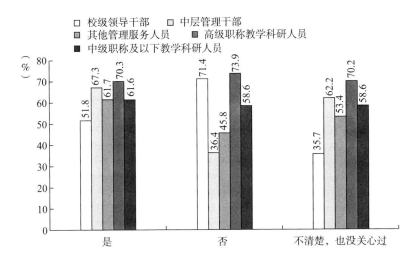

图7-144　对学校是否已经制定实施大学章程不同认知情况的各职务类型
　　　　　受访教职员工对"政府部门还应进一步下放哪些权力"选择
　　　　　"经费使用管理"选项的有效百分比（不同认知情况人员比较）

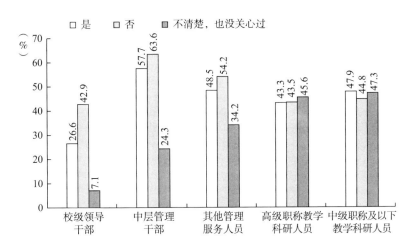

图7-145　对学校是否已经制定实施大学章程不同认知情况的各职务类型
　　　　　受访教职员工对"政府部门还应进一步下放哪些权力"
　　　　　选择"编制总额"选项的有效百分比（职务比较）

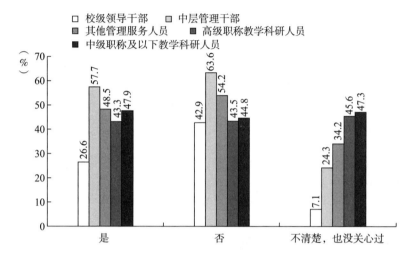

图7-146 对学校是否已经制定实施大学章程不同认知情况的各职务类型
受访教职员工对"政府部门还应进一步下放哪些权力"选择
"编制总额"选项的有效百分比（不同认知情况人员比较）

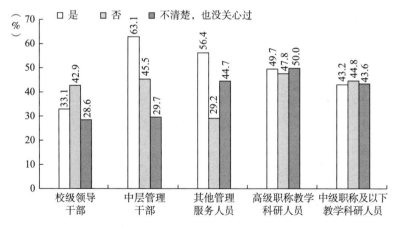

图7-147 对学校是否已经制定实施大学章程不同认知情况的各职务类型
受访教职员工对"政府部门还应进一步下放哪些权力"
选择"内部岗位设置"选项的有效百分比（职务比较）

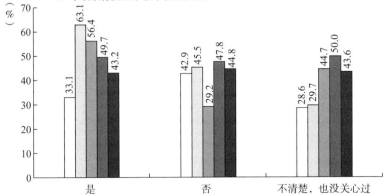

图 7 - 148 对学校是否已经制定实施大学章程不同认知情况的各职务类型
受访教职员工对"政府部门还应进一步下放哪些权力"选择
"内部岗位设置"选项的有效百分比（不同认知情况人员比较）

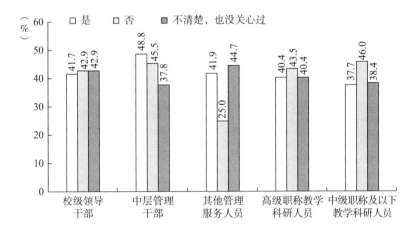

图 7 - 149 对学校是否已经制定实施大学章程不同认知情况的各职务类型
受访教职员工对"政府部门还应进一步下放哪些权力"
选择"招生计划"选项的有效百分比（职务比较）

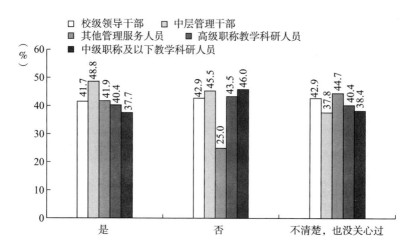

图 7 - 150　对学校是否已经制定实施大学章程不同认知情况的各职务类型
　　　　　　受访教职员工对"政府部门还应进一步下放哪些权力"选择
　　　　　　"招生计划"选项的有效百分比（不同认知情况人员比较）

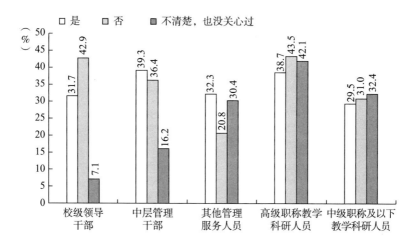

图 7 - 151　对学校是否已经制定实施大学章程不同认知情况的各职务类型
　　　　　　受访教职员工对"政府部门还应进一步下放哪些权力"选择
　　　　　　"资产购置及项目工程招投标"选项的有效百分比（职务比较）

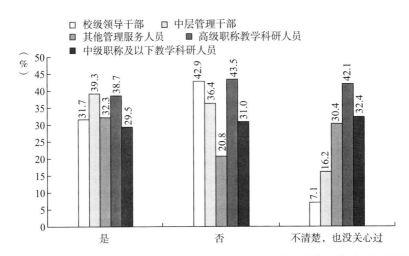

图 7-152　对学校是否已经制定实施大学章程不同认知情况的各职务类型受访教职
　　　　　员工对"政府部门还应进一步下放哪些权力"选择"资产购置及
　　　　　项目工程招投标"选项的有效百分比（不同认知情况人员比较）

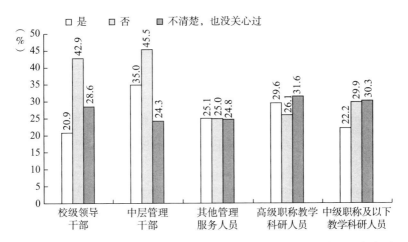

图 7-153　对学校是否已经制定实施大学章程不同认知情况的各职务类型
　　　　　受访教职员工对"政府部门还应进一步下放哪些权力"
　　　　　选择"资产处置"选项的有效百分比（职务比较）

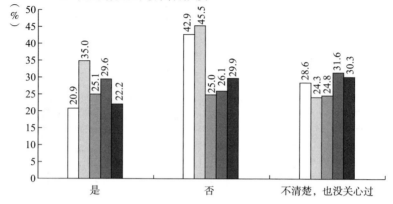

图 7 - 154 对学校是否已经制定实施大学章程不同认知情况的各职务类型
受访教职员工对"政府部门还应进一步下放哪些权力"选择
"资产处置"选项的有效百分比（不同认知情况人员比较）

8. 对学校章程实施情况总体评价持不同意见的受访教职员工对"政府部门还应进一步下放哪些权力"所选选项的有效百分比统计

从对学校章程实施情况总体评价选择"非常满意""满意""基本满意""不满意"等选项的四个受访教职员工群体就"政府部门还应进一步下放哪些权力"分别选择"内部薪酬分配""经费使用管理""编制总额""内部岗位设置""招生计划""资产购置及项目工程招投标""资产处置"等七个选项的有效百分比统计情况看，受访教职员工对学校章程实施情况的总体评价，与其就"政府部门还应进一步下放哪些权力"中的"内部薪酬分配""经费使用管理""编制总额""内部岗位设置""招生计划""资产购置及项目工程招投标""资产处置"等七个权力事项的主张和要求意愿没有明显的相关性。

无论是从七个权力事项在四个人员群体中各自的有效百分比分布情况（见图 7 - 155）看，还是从四个人员群体的七个权力事项选项的有效百分比分布情况（见图 7 - 156）看，都没有一定的分布规律。具体表现在，对学校章程实施情况总体评价选择"非常满意""满意""基本满意""不满意"等选项的四个群体，就"政府部门还应进一步下放哪些权力"分别选择"内部薪酬分配""经费使用管理""编制总额""内部岗位设置""招生计划""资产购置及项目工程招投标""资产处置"等七个选项的有效百分比从高到低排序各有不同，而且似乎没有明显的规律性特征；而其选项的有效百分比平均值从高到低为"不满意"（48.1%）、"满意"（46.9%）、"基本满意"（46.2%）、"非常满意"（44.4%），可见对学校章程实施情况总体评价为"非常满意"群体的选项有效百分比平均值反倒最低，评价为"不满意"群体的选项有效百分比平均值反倒最高，评价为"满意"和"基本满意"两群体的选项有效百分比平均值差异很小。

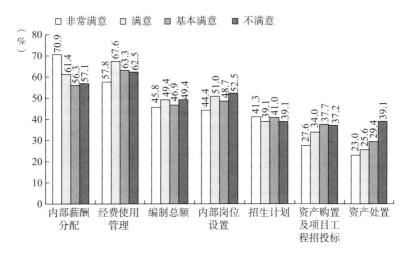

图 7－155　对学校章程实施情况总体评价持不同意见的受访
教职员工对"政府部门还应进一步下放哪些
权力"所选选项的有效百分比（选项比较）

需要注意的是，统计数据尽管在总体上不能说明受访教职员工对学校章程实施情况的总体评价与其就"政府部门还应进一步下放哪些权力"所选择的七个权力事项选项的有效百分比（直接体现其权力主张和要求意愿高低）之间存在正相关或者负相关关系，但是，对学校章程实施情况总体评价选择"不满意"的人员就"政府部门还应进一步下放哪些权力"所选择的部分权力事项的有效百分比高于另外三个人员群体，而且该群体所选择的七个选项的有效百分比平均值最高，这也说明对学校章程实施情况持"不满意"态度的受访人员对"政府部门还应进一步下放哪些权力"的七个权力事项的主张和要求意愿总体上最为强烈。

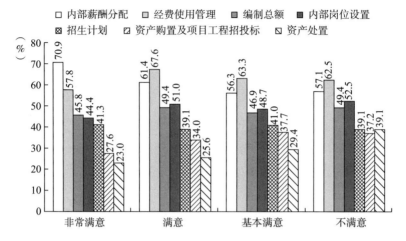

图7-156 对学校章程实施情况总体评价持不同意见的受访教职员工
对"政府部门还应进一步下放哪些权力"所选选项的
有效百分比（持不同意见人员比较）

9. 对学校是否已经制定实施大学章程不同认知情况并对学校章程实施情况总体评价持不同意见的受访教职员工对"政府部门还应进一步下放哪些权力"所选选项的有效百分比统计

"学校是否已经制定实施大学章程""对学校章程实施情况的总体评价""政府部门还应进一步下放哪些权力"三者交叉统计数据表明，受访教职员工对学校是否已经制定实施大学章程的认知情况、对学校章程实施情况的总体评价，与其就"政府部门还应进一步下放哪些权力"中七个权力事项主张和要求意愿之间没有特别明显的相关性。对学校章程实施情况持"不满意"态度的受访人员，对"政府部门还应进一步下放哪些权力"七个权力事项的主张和要求意愿总体上最为强烈（明确认知学校已经制定实施大学章程的受访人员除外）（见图7-157至图7-162）。对学校是否已经制定实施大学章程分别选择"否"和"不清楚，也没关心过"的两个群体中，对学校章程实施情况表示"不满意"的人员，就"政府部门还应进一步下放哪些权力"七个权力事项的选项有效百分比平均值均最高。

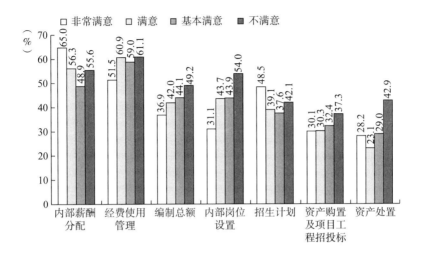

图 7 - 157 "不清楚，也没关心过"学校是否已经制定实施大学章程并对学校
章程实施情况总体评价持不同意见的受访教职员工对"政府
部门还应进一步下放哪些权力"所选选项的有效百分比
（选项比较）

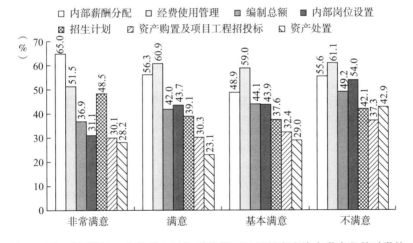

图 7 - 158 "不清楚，也没关心过"学校是否已经制定实施大学章程并对学校
章程实施情况总体评价持不同意见的受访教职员工对"政府
部门还应进一步下放哪些权力"所选选项的有效百分比
（持不同意见人员比较）

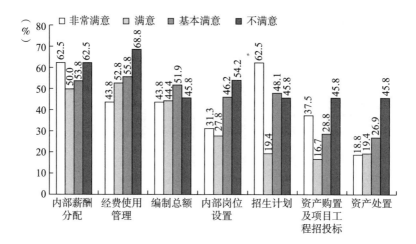

图 7 – 159　否认学校已经制定实施大学章程并对学校章程实施情况
总体评价持不同意见的受访教职员工对"政府部门
还应进一步下放哪些权力"所选选项的有效百分比
（选项比较）

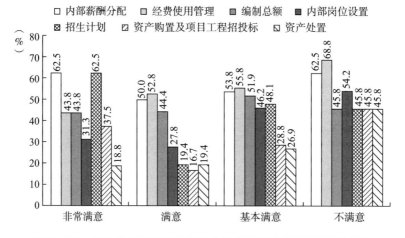

图 7 – 160　否认学校已经制定实施大学章程并对学校章程实施情况
总体评价持不同意见的受访教职员工对"政府部门
还应进一步下放哪些权力"所选选项的有效百分比
（持不同意见人员比较）

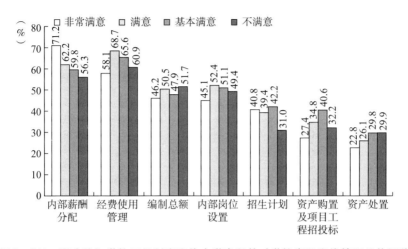

图 7 - 161 明确认知学校已经制定实施大学章程并对学校章程实施情况总体评价
持不同意见的受访教职员工对"政府部门还应进一步下放哪些
权力"所选选项的有效百分比（选项比较）

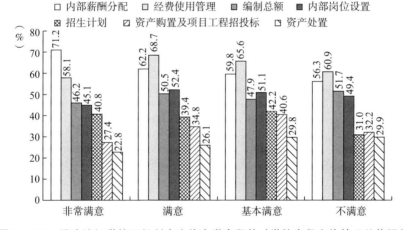

图 7 - 162 明确认知学校已经制定实施大学章程并对学校章程实施情况总体评价
持不同意见的受访教职员工对"政府部门还应进一步下放哪些
权力"所选选项的有效百分比（持不同意见人员比较）

　　总体而言，受访教职员工对"政府部门还应进一步下放哪些权力"的
七个权力事项均有选择，其中选择"内部薪酬分配""经费使用管理"两项
的人员占比均超六成，选择"内部岗位设置""编制总额""招生计划"三
个选项的人员占比均超四成，选择"资产购置及项目工程招投标""资产处
置"两个选项的人员占比较低，只有两到三成。

分别从不同类型学校及不同职务类型受访教职员工所选七个权力事项的有效百分比来看，"内部薪酬分配"选项的有效百分比普遍较高，四个类型院校受访人员分别为61.8%、76.9%、63.6%、60.5%，五个职务类型受访人员分别为64.4%、70.1%、62.2%、64.4%、62.2%；"经费使用管理"选项的有效百分比次之，除部属院校外的其他三个类型院校分别为60.4%、66.6%、60.5%，除校级领导干部外的其他四个职务类型人员分别为66.6%、60.2%、70.4%、61.0%。另外中层管理干部的"内部岗位设置"选项的有效百分比（61.3%）也比较高。这充分说明"内部薪酬分配""经费使用管理"是受访教职员工期待最为普遍、最为强烈的权力事项。

分别按七个选项的有效百分比平均值进行比较，部属院校较低（37.8%），"双一流"建设高校及地方高水平大学建设立项高校较高（48.6%），其他省属普通本科院校（47.6%）、高职高专（44.1%）介于两者之间；校级领导干部较低（38.4%），中层管理干部较高（53.6%），高级职称教学科研人员（48.8%）、其他管理服务人员（46.0%）、中级职称及以下教学科研人员（43.7%）介于两者之间。不同类型学校之间、不同职务类型受访教职员工之间，七个权力事项选项的有效百分比平均值整体上比较均衡。总体上，"双一流"建设高校及地方高水平大学建设立项高校、其他省属普通本科院校对下放权力的意愿，以及中层管理干部、高级职称教学科研人员、其他管理服务人员对下放权力的意愿相对更为强烈。

从各类型学校不同职务类型受访教职员工所选择的七个权力事项有效百分比分别比较的意义上看，每个事项在不同类型学院校的不同职务受访教职员工中被主张意愿的强烈程度各有不同。从比较意义上来说，"内部薪酬分配""经费使用管理""编制总额""内部岗位设置""招生计划""资产购置及项目工程招投标""资产处置"七个权力事项，分别最受"双一流"建设高校及地方高水平大学建设立项高校的中层管理干部（84.4%）、其他省属普通本科院校的高级职称教学科研人员（74.5%）、其他省属普通本科院校的中层管理干部（65.1%）、"双一流"建设高校及地方高水平大学建设立项高校的中层管理干部（73.4%）、高职高专的中层管理干部（51.4%）、其他省属普通本科院校的中层管理干部（47.8%）、其他省属普通本科院校的中层管理干部（43.9%）期待。

尽管从对学校是否已经制定实施大学章程不同认知情况的三个教职员

工群体对"政府部门还应进一步下放哪些权力"所选选项的有效百分比统计情况看，受访教职员工对学校是否已经制定实施大学章程的认知度与其对"政府部门还应进一步下放哪些权力"所选选项的有效百分比之间，在总体上呈现一定的正相关关系特点（明确认知学校已经制定实施大学章程的受访人员，对其中五个权力事项的主张和意愿强度高于另外两个群体），但是，从各类型学校对学校是否已经制定实施大学章程不同认知情况的教职员工就"政府部门还应进一步下放哪些权力"分别选择"内部薪酬分配""经费使用管理""编制总额""内部岗位设置""招生计划""资产购置及项目工程招投标""资产处置"等七个选项的有效百分比分项统计情况看，各类型学校受访教职员工对学校是否已经制定实施大学章程的认知情况，与其对这七个权力事项的主张和要求意愿强度之间基本上没有一致的相关性。由此说明，各类型学校不同职务类型受访教职员工对这七个权力事项的主张和要求意愿强度与其对学校是否已经制定实施大学章程的认知情况之间没有明确的普遍相关性。

无论是对学校章程实施情况总体评价分别选择"非常满意""满意""基本满意""不满意"的四个群体各自所选择的七个权力事项的有效百分比进行分别比较，还是在此基础上进一步对对学校是否已经制定实施大学章程不同认知情况的三个人员群体分别就各项有效百分比进行比较，均能得出以下判断和结论：受访教职员工对这七个权力事项的选择和支持，与其对学校章程实施情况的总体评价整体上没有明确的普遍相关性。但相对而言，对学校章程实施情况持"不满意"态度的受访人员，就"政府部门还应进一步下放哪些权力"七个权力事项的主张和要求意愿总体上最为强烈；对学校是否已经制定实施大学章程分别选择"否"和"不清楚，也没关心过"的两个群体中，对学校章程实施情况表示"不满意"的人员对"政府部门还应进一步下放哪些权力"所选择的七个权力事项的有效百分比平均值最高。对此，原因之一可能是这些受访人员认为高校依法自主办学权利保障不充分进而对学校章程实施情况总体评价较低。

事实上，"内部薪酬分配""经费使用管理""编制总额""内部岗位设置""招生计划""资产购置及项目工程招投标""资产处置"等权力事项多半都应当是高校依法享有的，所以也应当是大学章程所支持和保护的，当然也是政府主管部门应当尊重、高校应当积极追求的。上述统计数据表明，受访教职员工对七个权力事项的主张和要求意愿强度，与其对学校章程实施情况的总体评价整体上没有明确的普遍相关性，这只能解释为受访教职员工在实际上普遍缺乏对《教育法》、《高等教育法》以及大学章程相关内容和知识的具体认知和深刻理解，这也从侧面进一步说明全面加强章程建设、充分保障章程实施的重要性和必要性。

四　推进管办评分离，切实履行监管职责方面的意见和建议

从落实和保障高校依法自主办学权利的角度，对四个类型高校的各职务类型受访教职员工就"党委政府在推进管办评分离，切实履行监管职责方面还应加强和改进哪些工作"进行调查，以此为基础进行分类汇总和交叉统计的结果作为我们对受访教职员工关于推进管办评分离，切实履行监管职责方面的意见和建议的判断根据。

1. 受访教职员工对"党委政府在推进管办评分离，切实履行监管职责方面还应加强和改进哪些工作"所选选项的有效百分比统计

受访教职员工对"党委政府在推进管办评分离，切实履行监管职责方面还应加强和改进哪些工作"所选选项的有效百分比从高到低依次是"改革和完善学校领导干部选拔与任用机制""完善高校预算拨款制度，优化高等教育拨款结构，加大基本支出保障力度""改进和精简各级各类工作考评与检查""统筹开发和统一共享教学科研及管理资源与技术，有效促进高等教育信息化建设""培育和支持真正独立的专业化第三方评估"（见图7 - 163），整体上这五项改革举措基本都是受访教职员工普遍主张的建议事项（选择相关选项的人员占比，有三项超过六成，最高的接近七成，最低的也超过四成）。

2. 各类型学校受访教职员工对"党委政府在推进管办评分离，切实履行监管职责方面还应加强和改进哪些工作"所选选项的有效百分比统计

"改革和完善学校领导干部选拔与任用机制""完善高校预算拨款制度，优化高等教育拨款结构，加大基本支出保障力度""改进和精简各级各类工作考评与检查""培育和支持真正独立的专业化第三方评估""统筹开发和统一共享教学科研及管理资源与技术，有效促进高等教育信息化建设"等

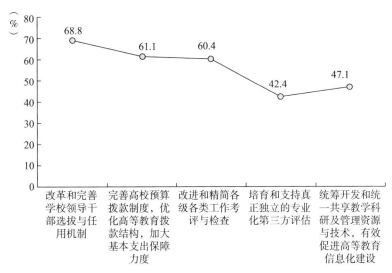

图 7 – 163　受访教职员工对"党委政府在推进管办评分离，切实履行监管
职责方面还应加强和改进哪些工作"所选选项的有效百分比

五个改革建议事项，在不同类型学校受访教职员工的具体意见和建议中排
序有所不同。整体而言，"改革和完善学校领导干部选拔与任用机制""完
善高校预算拨款制度，优化高等教育拨款结构，加大基本支出保障力度"
"改进和精简各级各类工作考评与检查"是各类型学校受访教职员工所选择
的有效百分比较高的三个事项。

一方面，从各类型学校受访教职员工分别选择五个改革建议事项的有效
百分比分布情况（见图 7 – 164）看，按平均值进行比较，整体上从高到低依
次是"双一流"建设高校及地方高水平大学建设立项高校（66.1%）、其他省
属普通本科院校（57.5%）、高职高专（52.9%）、部属院校（47.1%）。

另一方面，从五个改革建议事项分别在四个类型学校被其受访教职员
工选择的有效百分比分布情况看，整体上从高到低依次是"改革和完善学
校领导干部选拔与任用机制"（69.2%）、"完善高校预算拨款制度，优化高
等教育拨款结构，加大基本支出保障力度"（60.8%）、"改进和精简各级各
类工作考评与检查"（59.3%）、"统筹开发和统一共享教学科研及管理资源
与技术，有效促进高等教育信息化建设"（46.9%）、"培育和支持真正独立
的专业化第三方评估"（43.3%）（按平均值进行比较）。这一排序与全体受
访教职员工对"党委政府在推进管办评分离，切实履行监管职责方面还应

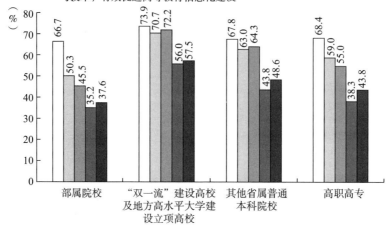

□ 改革和完善学校领导干部选拔与任用机制
▨ 完善高校预算拨款制度，优化高等教育拨款结构，加大基本支出保障力度
▨ 改进和精简各级各类工作考评与检查
▧ 培育和支持真正独立的专业化第三方评估
■ 统筹开发和统一共享教学科研及管理资源与技术，有效促进高等教育信息化建设

图 7-164 不同类型学校受访教职员工对"党委政府在推进管办评分离，切实履行监管职责方面还应加强和改进哪些工作"所选选项的有效百分比（学校比较）

加强和改进哪些工作"所选五个选项的有效百分比从高到低的排序结果一致。特别是"双一流"建设高校及地方高水平大学建设立项高校受访教职员工选择"改革和完善学校领导干部选拔与任用机制""改进和精简各级各类工作考评与检查""完善高校预算拨款制度，优化高等教育拨款结构，加大基本支出保障力度"选项的有效百分比相对较高，分别为73.9%、72.2%、70.7%（见图 7-165）。

3. 各职务类型受访教职员工对"党委政府在推进管办评分离，切实履行监管职责方面还应加强和改进哪些工作"所选选项的有效百分比统计

"改革和完善学校领导干部选拔与任用机制""完善高校预算拨款制度，优化高等教育拨款结构，加大基本支出保障力度""改进和精简各级各类工作考评与检查""培育和支持真正独立的专业化第三方评估""统筹开发和统一共享教学科研及管理资源与技术，有效促进高等教育信息化建设"改革建议事项，在不同职务类型受访教职员工的具体意见中的侧重程度各有不同，而且不同职务类型受访教职员工各自改革主张的意愿强弱程度也有

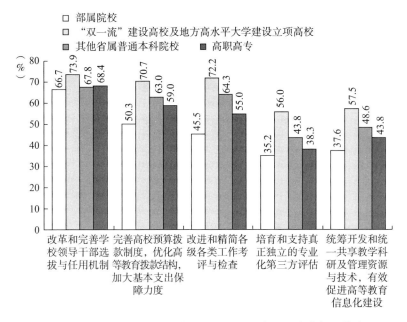

图 7 - 165　不同类型学校受访教职员工对"党委政府在推进管办评
分离，切实履行监管职责方面还应加强和改进哪些
工作"所选选项的有效百分比（选项比较）

差异。"改革和完善学校领导干部选拔与任用机制""完善高校预算拨款制
度，优化高等教育拨款结构，加大基本支出保障力度""改进和精简各级各
类工作考评与检查"是各职务类型受访教职员工所选五个选项中有效百分
比较高的三个改革建议事项。

一方面，从各职务类型受访教职员工分别选择五个改革建议事项的有
效百分比分布情况（见图 7 - 166）看，按平均值进行比较，整体上从高到
低依次是中层管理干部（63.2%）、高级职称教学科研人员（60.0%）、其
他管理服务人员（55.2%）、中级职称及以下教学科研人员（54.4%）、校
级领导干部（42.9%）。总体上，中层管理干部及高级职称教学科研人员对
相关意见和建议的主张意愿相对比较强烈。特别是校级领导干部、中层管
理干部及高级职称教学科研人员选择"改革和完善学校领导干部选拔与任
用机制"选项的有效百分比，以及中层管理干部、高级职称教学科研人员
选择"改进和精简各级各类工作考评与检查"选项的有效百分比相对较高，
即他们对这两方面意见和建议的主张意愿尤其强烈。

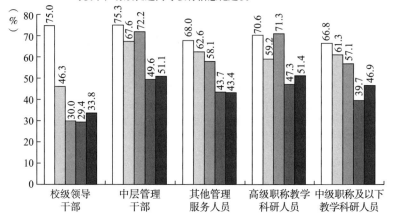

□ 改革和完善学校领导干部选拔与任用机制
□ 完善高校预算拨款制度，优化高等教育拨款
  结构，加大基本支出保障力度
■ 改进和精简各级各类工作考评与检查
■ 培育和支持真正独立的专业化第三方评估
■ 统筹开发和统一共享教学科研及管理资源
  与技术，有效促进高等教育信息化建设

图 7-166　不同职务类型受访教职员工对"党委政府在推进管办评
分离，切实履行监管职责方面还应加强和改进哪些
工作"所选选项的有效百分比（职务比较）

　　另一方面，从五个改革建议事项分别被五个职务类型受访教职员工选择的有效百分比分布情况（见图 7-167）看，整体上从高到低依次是"改革和完善学校领导干部选拔与任用机制"（71.1%）、"完善高校预算拨款制度，优化高等教育拨款结构，加大基本支出保障力度"（59.4%）、"改进和精简各级各类工作考评与检查"（57.7%）、"统筹开发和统一共享教学科研及管理资源与技术，有效促进高等教育信息化建设"（45.3%）、"培育和支持真正独立的专业化第三方评估"（41.9%）。这一排序结果与上述不同类型学校受访教职员工相关值比较后排序结果完全一致，也进一步说明受访教职员工对"改革和完善学校领导干部选拔与任用机制""完善高校预算拨款制度，优化高等教育拨款结构，加大基本支出保障力度""改进和精简各级各类工作考评与检查"等三个改革事项的主张意愿更为强烈。

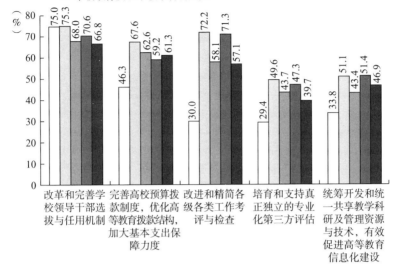

图 7 - 167　不同职务类型受访教职员工对"党委政府在推进管办评分离，切实履行监管职责方面还应加强和改进哪些工作"所选选项的有效百分比（选项比较）

4. 各类型学校不同职务类型受访教职员工对"党委政府在推进管办评分离，切实履行监管职责方面还应加强和改进哪些工作"所选选项的有效百分比分项统计

无论是对不同类型学校受访教职员工进行统计和比较，还是对不同职务类型受访教职员工进行统计和比较，"改革和完善学校领导干部选拔与任用机制"都是广大受访教职员工意愿较为强烈的一项意见和建议。

一方面，从不同类型学校受访教职员工分别选择"改革和完善学校领导干部选拔与任用机制"选项的有效百分比分布情况看，整体上"双一流"建设高校及地方高水平大学建设立项高校受访教职员工的主张意愿最为强烈（受访人员选择该选项的有效百分比达73.9%），其余类型学校则比较均衡（受访人员选择该选项的有效百分比分别为66.7%、67.8%、68.4%）（见图7-164、图7-168）。

另一方面，从不同职务类型受访教职员工选择"改革和完善学校领导干部选拔与任用机制"选项的有效百分比分布情况看，整体上中层管理干

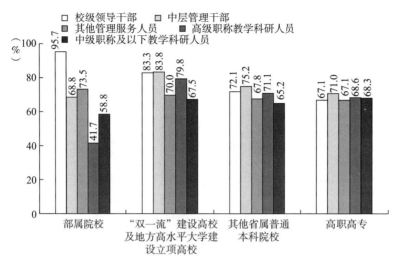

图 7 - 168　各类型学校不同职务类型受访教职员工选择"改革和完善学校
领导干部选拔与任用机制"选项的有效百分比（学校比较）

部对该项意见建议的主张意愿最为强烈（中层管理干部选择该选项的有效
百分比达 75.3%），其次是校级领导干部、高级职称教学科研人员，他们选
择该选项的有效百分比分别为 75.0%、70.6%（见图 7 - 166）。总体上，行
政管理服务人员相对教学科研人员对"改革和完善学校领导干部选拔与任
用机制"这一意见建议的主张意愿更加强烈。另外，选择"改革和完善学
校领导干部选拔与任用机制"选项的有效百分比在 70.0% 以上的有部属院
校的校级领导干部（95.7%）、其他管理服务人员（73.5%），"双一流"建
设高校及地方高水平大学建设立项高校的中层管理干部（83.8%）、校级领
导干部（83.3%）、高级职称教学科研人员（79.8%），其他省属普通本科
院校的中层管理干部（75.2%）、校级领导干部（72.1%）、高级职称教学
科研人员（71.1%），高职高专的中层管理干部（71.0%）（见图 7 - 169），
足见受访教职员工对此项改革建议的意愿强烈程度。

　　无论是对不同类型学校受访教职员工进行统计和比较，还是对不同职
务类型受访教职员工进行统计和比较，"完善高校预算拨款制度，优化高等
教育拨款结构，加大基本支出保障力度"也都是广大受访教职员工一项普
遍性的意愿较为强烈的意见和建议。

　　一方面，从不同类型学校受访教职员工分别选择"完善高校预算拨款
制度，优化高等教育拨款结构，加大基本支出保障力度"选项的有效百分

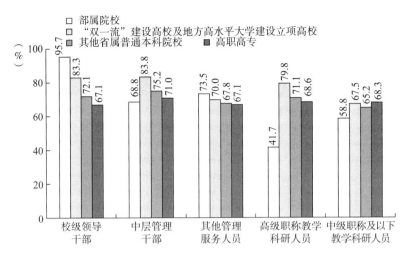

图7-169 各类型学校不同职务类型受访教职员工选择"改革和完善学校领导干部选拔与任用机制"选项的有效百分比（职务比较）

比分布情况看，整体上从高到低依次是"双一流"建设高校及地方高水平大学建设立项高校、其他省属普通本科院校、高职高专、部属院校（见图7-164、图7-170）。

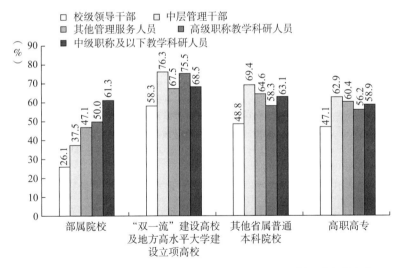

图7-170 各类型学校不同职务类型受访教职员工选择"完善高校预算拨款制度，优化高等教育拨款结构，加大基本支出保障力度"选项的有效百分比（学校比较）

另一方面，从不同职务类型受访教职员工选择"完善高校预算拨款制度，优化高等教育拨款结构，加大基本支出保障力度"选项的有效百分比分布情况看，整体而言，除校级领导干部外，其余职务类型受访人员对该项意见的意愿强烈程度总体上比较均衡。各职务类型受访教职员工选择该选项的有效百分比从高到低依次是中层管理干部（67.6%）、其他管理服务人员（62.6%）、中级职称及以下教学科研人员（61.3%）、高级职称教学科研人员（59.2%）、校级领导干部（46.3%）（见图 7 - 166）。"双一流"建设高校及地方高水平大学建设立项高校的中层管理干部、高级职称教学科研人员对该项意见建议的主张意愿最为强烈，其选项的有效百分比分别为 76.3%、75.5%（见图 7 - 171）。

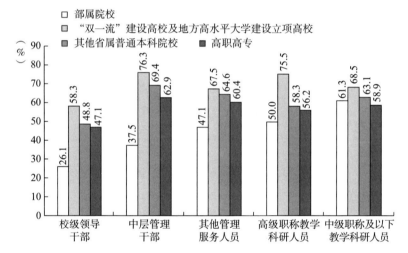

图 7 - 171　各类型学校不同职务类型受访教职员工选择"完善高校预算拨款制度，优化高等教育拨款结构，加大基本支出保障力度"选项的有效百分比（职务比较）

无论是对不同类型学校受访教职员工进行统计和比较，还是对不同职务类型受访教职员工进行统计和比较，"改进和精简各级各类工作考评与检查"仍然是广大受访教职员工一项普遍性的意愿较为强烈的意见和建议。

一方面，从不同类型学校受访教职员工分别选择"改进和精简各级各类工作考评与检查"选项的有效百分比分布情况看，仍然是"双一流"建设高校及地方高水平大学建设立项高校受访教职员工的意愿最为强烈、部属院校意愿最弱。各类型学校受访教职员工选择该选项的有效百分比从高到低依次是"双一流"建设高校及地方高水平大学建设立项高校（72.2%）、其他省属普通本科院校（64.3%）、高职高专（55.0%）、部属院校（45.5%）（见图 7 - 164、图 7 - 172）。

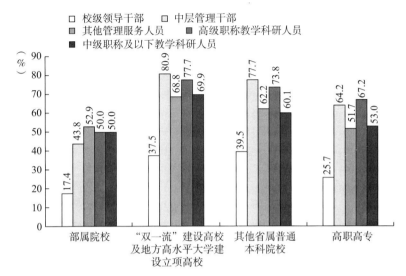

图 7 - 172　各类型学校不同职务类型受访教职员工选择"改进和精简各级各类工作考评与检查"选项的有效百分比（学校比较）

另一方面，从不同职务类型受访教职员工选择"改进和精简各级各类工作考评与检查"选项的有效百分比分布情况看，整体而言，除校级领导干部外其余职务类型受访人员对该项意见建议的意愿强度总体上比较均衡。各职务类型受访教职员工选择该选项的有效百分比从高到低依次是中层管理干部（72.2%）、高级职称教学科研人员（71.3%）、其他管理服务人员（58.1%）、中级职称及以下教学科研人员（57.1%）、校级领导干部（30.0%）。可见，校级领导干部对此项意见建议的意愿较弱，其余职务类型受访人员总体意愿较为强烈。其中，"双一流"建设高校及地方高水平大学建设立项高校的中层管理干部、高级职称教学科研人员，以及其他省属普通本科院校的中层管理干部、高级职称教学科研人员对该项意见建议的意愿明显较为强烈，该选项的有效百分比分别为 80.9%、77.7%，77.7%、73.8%（见图 7 - 166、图 7 - 173）。

无论是对不同类型学校受访教职员工进行统计和比较，还是对不同职务类型受访教职员工进行统计和比较，受访教职员工对"培育和支持真正独立的专业化第三方评估"这项意见建议的意愿都不如对前几项那么强烈，

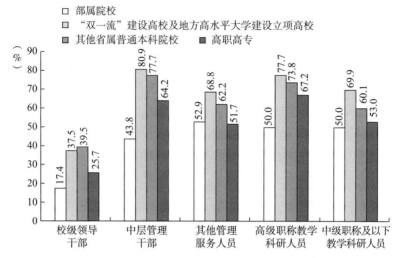

图 7 – 173　各类型学校不同职务类型受访教职员工选择"改进和精简各级各类工作考评与检查"选项的有效百分比（职务比较）

但在广大受访教职员工中仍然有一定的普遍性。

一方面，从不同类型学校受访教职员工分别选择"培育和支持真正独立的专业化第三方评估"选项的有效百分比分布情况看，依然是"双一流"建设高校及地方高水平大学建设立项高校受访教职员工的意愿相对最为强烈、部属院校受访教职员工意愿最弱。各类型学校受访教职员工选择该选项的有效百分比从高到低依次是"双一流"建设高校及地方高水平大学建设立项高校（56.0%）、其他省属普通本科院校（43.8%）、高职高专（38.3%）、部属院校（35.2%）（见图 7 – 164、图 7 – 174）。

另一方面，从不同职务类型受访教职员工选择"培育和支持真正独立的专业化第三方评估"选项的有效百分比分布情况看，整体而言，中层管理干部对该项意见的主张意愿相对最为强烈，校级领导干部对该项意见的主张意愿最弱，其余职务类型受访人员总体上比较均衡。各职务类型受访教职员工选择该选项的有效百分比从高到低依次是中层管理干部（49.6%）、高级职称教学科研人员（47.3%）、其他管理服务人员（43.7%）、中级职称及以下教学科研人员（39.7%）、校级领导干部（29.4%）。其中，"双一流"建设高校及地方高水平大学建设立项高校的高级职称教学科研人员对该项意见建议的主张意愿最为强烈，该选项的有效百分比为67.0%（见图 7 – 166、图 7 – 175）。

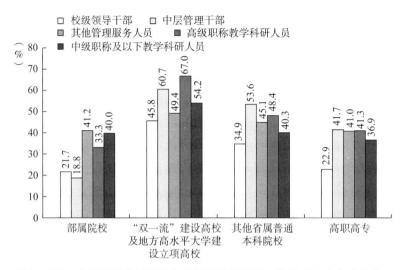

图 7-174　各类型学校不同职务类型受访教职员工选择"培育和支持真正独立的专业化第三方评估"选项的有效百分比（学校比较）

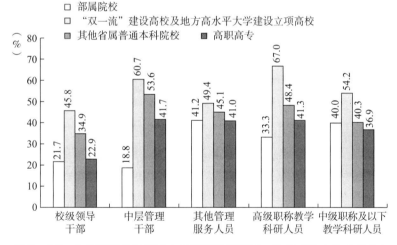

图 7-175　各类型学校不同职务类型受访教职员工选择"培育和支持真正独立的专业化第三方评估"选项的有效百分比（职务比较）

不同类型学校受访教职员工之间以及不同职务类型受访教职员工之间的统计和比较都表明，"统筹开发和统一共享教学科研及管理资源与技术，有效促进高等教育信息化建设"这项改革建议在广大受访教职员工中仍然有一定的普遍性。

一方面，从不同类型学校受访教职员工分别选择"统筹开发和统一共享教学科研及管理资源与技术，有效促进高等教育信息化建设"选项的有效百分比分布情况看，"双一流"建设高校及地方高水平大学建设立项高校受访教职员工的意愿相对最为强烈，部属院校受访教职员工对该项建议的主张意愿最弱。各类型学校受访教职员工选择该选项的有效百分比从高到低依次是"双一流"建设高校及地方高水平大学建设立项高校（57.5%）、其他省属普通本科院校（48.6%）、高职高专（43.8%）、部属院校（37.6%）（见图 7-164、图 7-176）。

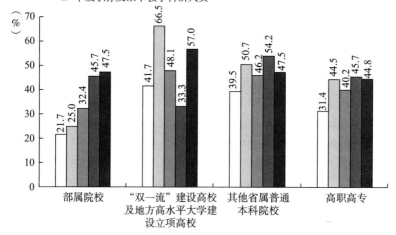

图 7-176　各类型学校不同职务类型受访教职员工选择"统筹开发和统一共享教学科研及管理资源与技术，有效促进高等教育信息化建设"选项的有效百分比（学校比较）

另一方面，从不同职务类型受访教职员工选择"统筹开发和统一共享教学科研及管理资源与技术，有效促进高等教育信息化建设"选项的有效百分比分布情况看，整体而言，高级职称教学科研人员、中层管理干部对该项意愿相对最强，校级领导干部对该项建议主张意愿最弱，其余总体上比较均衡。各职务类型受访教职员工选择该选项的有效百分比从高到低依次是高级职称教学科研人员（51.4%）、中层管理干部（51.1%）、中级职称及以下教学科研人员（46.9%）、其他管理服务人员（43.4%）、校级领导干部（33.8%）。其中，"双一流"建设高校及地方高水平大学建设立项高校的中层管理干部对该项意见建议的主张意愿最为强烈，该选项有效百分比为 66.5%（见图 7 - 166、图 7 - 177）。

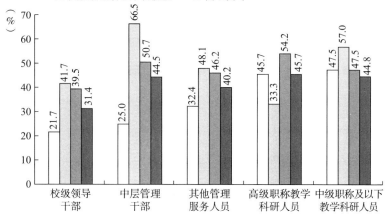

图 7 - 177　各类型学校不同职务类型受访教职员工选择"统筹开发和统一共享教学科研及管理资源与技术，有效促进高等教育信息化建设"选项的有效百分比（职务比较）

5. 对学校是否已经制定实施大学章程不同认知情况的受访教职员工对"党委政府在推进管办评分离，切实履行监管职责方面还应加强和改进哪些工作"所选选项的有效百分比统计

从对学校是否已经制定实施大学章程不同认知情况的三个教职员工群体对"党委政府在推进管办评分离，切实履行监管职责方面还应加强和改进哪些工作"所选选项的有效百分比统计情况看，受访教职员工对学校是否已经制定实施大学章程的认知度，与其对"党委政府在推进管办评分离，切实履行监管职责方面还应加强和改进哪些工作"所选选项的有效百分比以及由此反映的对不同意见建议的主张意愿强度之间，在总体上具有一定的正相关性，但不明显。

从对学校是否已经制定实施大学章程不同认知情况的三个群体所选择的五个改革建议事项的有效百分比的平均值角度看，明确认知学校已经制定实施大学章程人员的五个选项的有效百分比平均值高于另外两个群体，但差异不是太大（见图 7 - 178）。

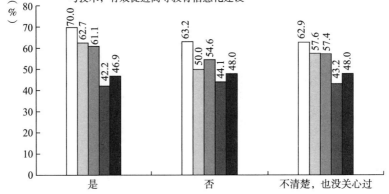

图 7 – 178　对学校是否已经制定实施大学章程不同认知情况的受访教职员工对"党委政府在推进管办评分离，切实履行监管职责方面还应加强和改进哪些工作"所选选项的有效百分比（不同认知情况人员比较）

　　从五个改革建议事项在三个不同认知情况群体中的有效百分比分布情况看，在"党委政府在推进管办评分离，切实履行监管职责方面还应加强和改进哪些工作"的五个意见建议事项中，明确认知学校已经制定实施大学章程的受访教职员工，选择"改革和完善学校领导干部选拔与任用机制""完善高校预算拨款制度，优化高等教育拨款结构，加大基本支出保障力度""改进和精简各级各类工作考评与检查"三个选项的有效百分比高于另外两个群体，选择"培育和支持真正独立的专业化第三方评估""统筹开发和统一共享教学科研及管理资源与技术，有效促进高等教育信息化建设"两选项的有效百分比与其他群体相关值之差都在 2 个百分点以内（图 7 – 179）。

　　6. 各类型学校对学校是否已经制定实施大学章程不同认知情况的受访教职员工对"党委政府在推进管办评分离，切实履行监管职责方面还应加强和改进哪些工作"所选选项的有效百分比分项统计

　　从各类型学校对学校是否已经制定实施大学章程不同认知情况的教职员工就"党委政府在推进管办评分离，切实履行监管职责方面还应加强和

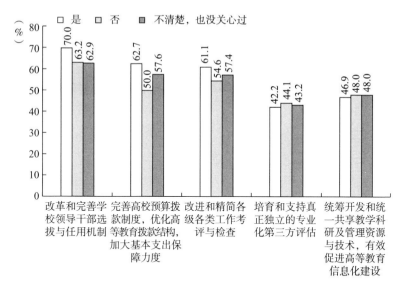

图 7－179　对学校是否已经制定实施大学章程不同认知情况的受访教职员工对
"党委政府在推进管办评分离，切实履行监管职责方面还应加强和
改进哪些工作"所选选项有效百分比（选项比较）

改进哪些工作"分别选择"改革和完善学校领导干部选拔与任用机制""完
善高校预算拨款制度，优化高等教育拨款结构，加大基本支出保障力度"
"改进和精简各级各类工作考评与检查""培育和支持真正独立的专业化第
三方评估""统筹开发和统一共享教学科研及管理资源与技术，有效促进高
等教育信息化建设"等五个选项的有效百分比分项统计情况看，各类型学
校对学校是否已经制定实施大学章程不同认知情况的三个受访教职员工群
体对这五个改革建议事项的主张和要求意愿分别表现出不同特征，很难概
括它们的共性，即这五个改革建议事项于不同类型学校对学校是否已经制
定实施大学章程的三个不同认知群体而言，其分项统计数据不足以说明两
者之间具有正相关关系。

　　对于五个改革建议事项来说，无论是从对学校是否已经制定实施大学
章程分别选择"是""否""不清楚，也没关心过"等选项的受访教职员工
在各类型学校中的有效百分比分布状态来看，还是从不同类型学校受访教
职员工在对学校是否已经制定实施大学章程三个不同认知情况群体中的有
效百分比分布情况看，或者从两方面的有效百分比平均值（包括同一类学
校中三个群体有效百分比平均值、各类型学校中同一认知情况受访人员有

效百分比平均值）来看，总体上都难有共性特征。各类型学校明确认知学校已经制定实施大学章程教职员工选择"改革和完善学校领导干部选拔与任用机制""完善高校预算拨款制度，优化高等教育拨款结构，加大基本支出保障力度"两个事项的大部分选项有效百分比及其平均值，高于另外两个群体（见图7-180至7-189）。当然，这并不足以证明各类型学校受访教职员工对学校是否已经制定实施大学章程的认知情况与其对这五个意见建议事项的主张和要求意愿强度负相关。我们只能由此进一步证明之前基于对学校是否已经制定实施大学章程不同认知情况的三个教职员工群体对"党委政府在推进管办评分离，切实履行监管职责方面还应加强和改进哪些工作"所选选项的有效百分比统计情况所得出的判断：受访教职员工对学校是否已经制定实施大学章程的认知度，与其对"党委政府在推进管办评分离，切实履行监管职责方面还应加强和改进哪些工作"选项的有效百分比以及由此反映的对不同意见建议的主张意愿强度之间，在总体上具有一定的正相关性，但很不明显。

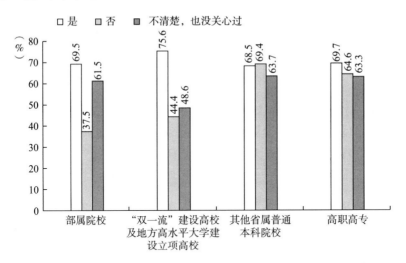

图7-180　各类型学校对学校是否已经制定实施大学章程不同认知情况的
受访教职员工选择"改革和完善学校领导干部选拔与
任用机制"选项的有效百分比（学校比较）

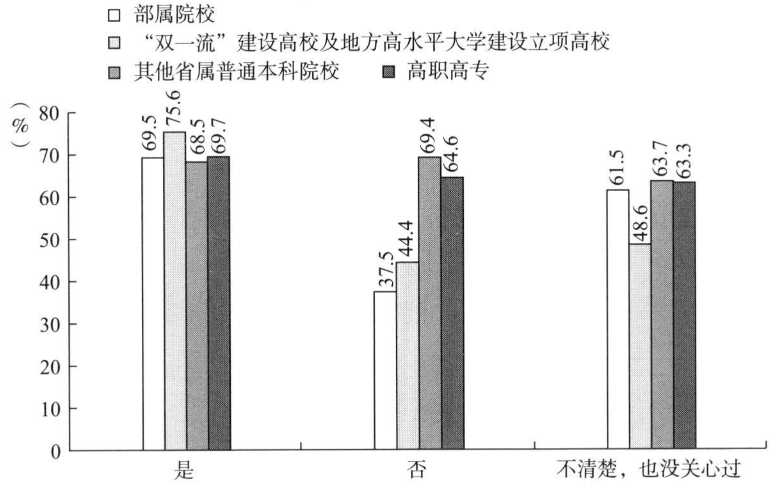

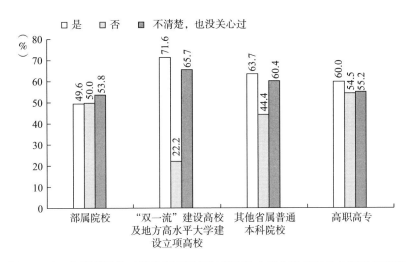

图 7 - 181　各类型学校对学校是否已经制定实施大学章程不同认知情况的
受访教职员工选择"改革和完善学校领导干部选拔与任用
机制"选项的有效百分比（不同认知情况人员比较）

图 7 - 182　各类型学校对学校是否已经制定实施大学章程不同认知情况的受访
教职员工选择"完善高校预算拨款制度，优化高等教育拨款结构，
加大基本支出保障力度"选项的有效百分比（学校比较）

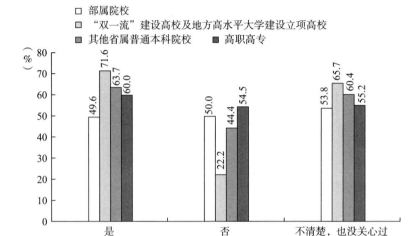

图 7 – 183　各类型学校对学校是否已经制定实施大学章程不同认知
情况的受访教职员工选择"完善高校预算拨款制度，
优化高等教育拨款结构，加大基本支出保障力度"
选项的有效百分比（不同认知情况人员比较）

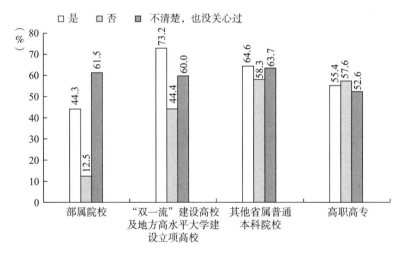

图 7 – 184　各类型学校对学校是否已经制定实施大学章程不同认知
情况的受访教职员工选择"改进和精简各级各类工作
考评与检查"选项的有效百分比（学校比较）

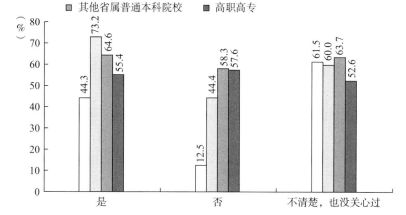

图 7 - 185　各类型学校对学校是否已经制定实施大学章程不同认知情况的
受访教职员工选择"改进和精简各级各类工作考评与
检查"选项的有效百分比（不同认知情况人员比较）

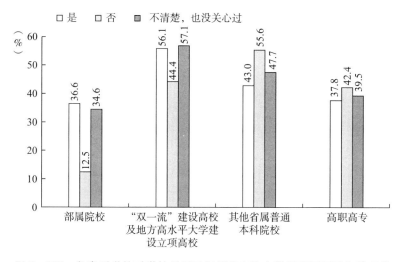

图 7 - 186　各类型学校对学校是否已经制定实施大学章程不同认知情况的
受访教职员工选择"培育和支持真正独立的专业化第三
方评估"选项的有效百分比（学校比较）

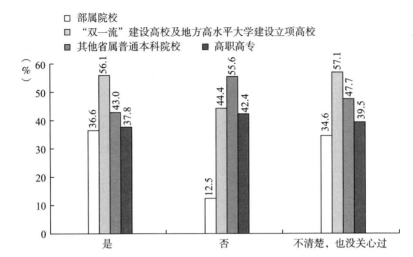

图7-187 各类型学校对学校是否已经制定实施大学章程不同认知情况的
受访教职员工选择"培育和支持真正独立的专业化第三方
评估"选项的有效百分比（不同认知情况人员比较）

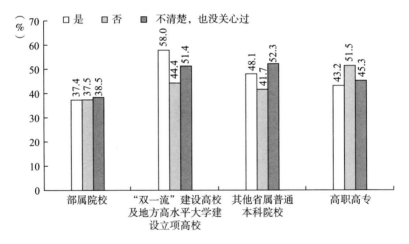

图7-188 各类型学校对学校是否已经制定实施大学章程不同认知情况的
受访教职员工选择"统筹开发和统一共享教学科研及
管理资源与技术，有效促进高等教育信息化建设"
选项的有效百分比（学校比较）

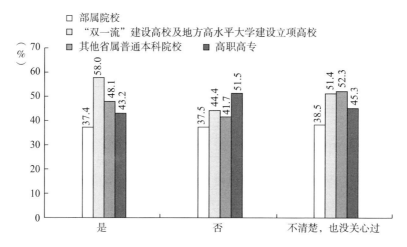

图7－189　各类型学校对学校是否已经制定实施大学章程不同认知情况的
受访教职员工选择"统筹开发和统一共享教学科研及
管理资源与技术，有效促进高等教育信息化建设"
选项的有效百分比（不同认知情况人员比较）

7. 对学校是否已经制定实施大学章程不同认知情况的各职务类型受访
教职员工对"党委政府在推进管办评分离，切实履行监管职责方面还应加
强和改进哪些工作"所选选项的有效百分比分项统计

从对学校是否已经制定实施大学章程不同认知情况的各职务类型受访
教职员工就"党委政府在推进管办评分离，切实履行监管职责方面还应加
强和改进哪些工作"分别选择五个改革建议事项的有效百分比分项统计情
况看，对学校是否已经制定实施大学章程不同认知情况的不同职务类型受
访人员对这五个意见建议事项的主张和要求意愿强度表现出不同特征，但
总体上看，即从这五个意见建议事项于不同职务类型并对学校是否已经制
定实施大学章程认知情况不同的受访教职员工而言，分项统计数据可以进
一步说明：受访教职员工对学校是否已经制定实施大学章程的认知度，与
其对"党委政府在推进管办评分离，切实履行监管职责方面还应加强和改
进哪些工作"所选选项的有效百分比以及由此反映的对不同意见建议的主
张意愿强度之间，总体上不具有明显的相关性。

对于五个改革建议事项来说，无论是从对学校是否已经制定实施大学
章程分别选择"是""否""不清楚，也没关心过"等选项的受访教职员工
在不同职务类型中的有效百分比分布状态来看，还是从不同职务类型受访

教职员工在对学校是否已经制定实施大学章程三个不同认知情况群体的有效百分比分布情况，或者从两方面的有效百分比平均值（包括同一职务中三个不同认知情况群体的有效百分比平均值、各职务类型中同一认知情况受访人员的有效百分比平均值）来看，都没有典型的共性特征（见图7－190至图7－199）。

具体而言，对学校是否已经制定实施大学章程选择"是""否""不清楚，也没关心过"等选项的受访教职员工分别选择"改革和完善学校领导干部选拔与任用机制""完善高校预算拨款制度，优化高等教育拨款结构，加大基本支出保障力度""改进和精简各级各类工作考评与检查"三个事项的有效百分比中，明确认知学校已经制定实施大学章程人员有效百分比多数高于另外两个群体相关值，明确认知学校已经制定实施大学章程的各职务类型受访人员在这三个事项上的有效百分比平均值也均高于另外两个群体。但是，"培育和支持真正独立的专业化第三方评估""统筹开发和统一共享教学科研及管理资源与技术，有效促进高等教育信息化建设"这两个事项的情况则不然，也即其中明确认知学校已经制定实施大学章程人员多半有效百分比低于另外两个群体相关值。另外，多个事项的三个群体人员有效百分比之间差距不大、互有高低。由此进一步说明，很多情况下受访人员对学校是否已经制定实施大学章程的认知情况与其对有关意见建议的强烈程度之间并不具有典型相关性。

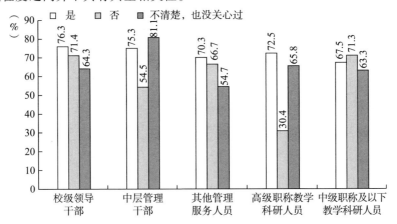

图7－190　对学校是否已经制定实施大学章程不同认知情况的各职务类型
受访教职员工选择"改革和完善学校领导干部选拔与任用
机制"选项的有效百分比（职务比较）

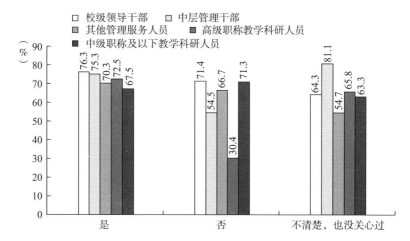

图 7 - 191　对学校是否已经制定实施大学章程不同认知情况的各职务类型
　　　　　　受访教职员工选择"改革和完善学校领导干部选拔与任用
　　　　　　机制"选项的有效百分比（不同认知情况人员比较）

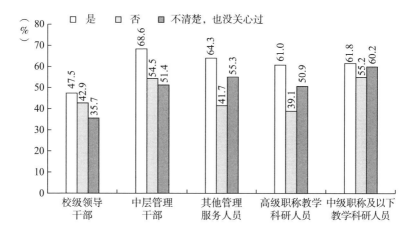

图 7 - 192　对学校是否已经制定实施大学章程不同认知情况的各职务
　　　　　　类型受访教职员工选择"完善高校预算拨款制度，优化
　　　　　　高等教育拨款结构，加大基本支出保障力度"选项的
　　　　　　有效百分比（职务比较）

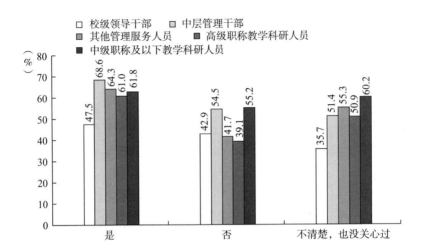

图 7 – 193　对学校是否已经制定实施大学章程不同认知情况的各职务
类型受访教职员工选择"完善高校预算拨款制度，优化
高等教育拨款结构，加大基本支出保障力度"选项的
有效百分比（不同认知情况人员比较）

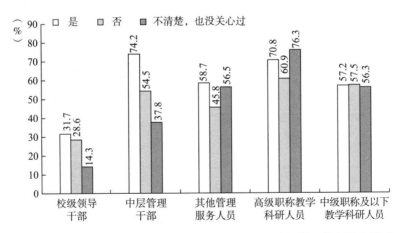

图 7 – 194　对学校是否已经制定实施大学章程不同认知情况的各职务类型
受访教职员工选择"改进和精简各级各类工作考评与检查"
选项的有效百分比（职务比较）

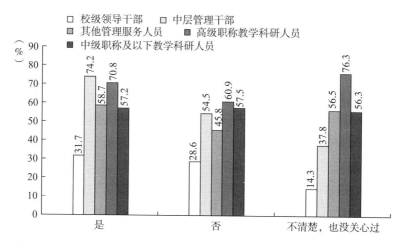

图 7-195　对学校是否已经制定实施大学章程不同认知情况的各职务类型
受访教职员工选择"改进和精简各级各类工作考评与检查"
选项的有效百分比（不同认知情况人员比较）

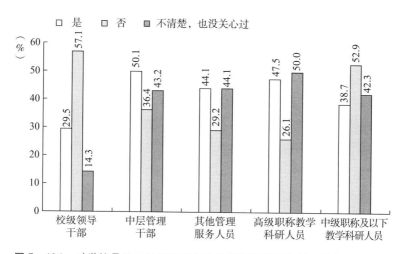

图 7-196　对学校是否已经制定实施大学章程不同认知情况的各职务类型
受访教职员工选择"培育和支持真正独立的专业化第三方
评估"选项的有效百分比（职务比较）

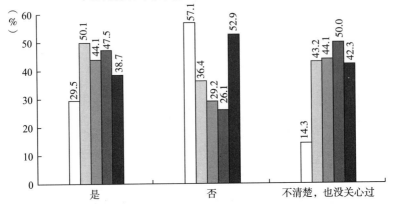

图7-197 对学校是否已经制定实施大学章程不同认知情况的各职务类型受访教职员工选择"培育和支持真正独立的专业化第三方评估"选项的有效百分比（不同认知情况人员比较）

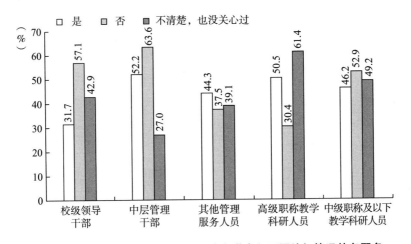

图7-198 对学校是否已经制定实施大学章程不同认知情况的各职务类型受访教职员工选择"统筹开发和统一共享教学科研及管理资源与技术，有效促进高等教育信息化建设"选项的有效百分比（职务比较）

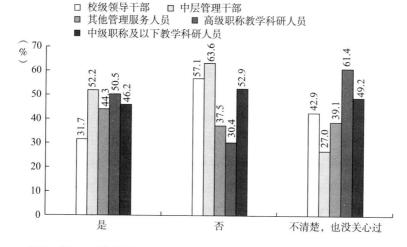

图 7 – 199 对学校是否已经制定实施大学章程不同认知情况的各职务
类型受访教职员工选择"统筹开发和统一共享教学科研及
管理资源与技术，有效促进高等教育信息化建设"选项的
有效百分比（不同认知情况人员比较）

8. 对学校章程实施情况总体评价持不同意见的受访教职员工对"党委政府在推进管办评分离，切实履行监管职责方面还应加强和改进哪些工作"所选选项的有效百分比统计

从对学校章程实施情况总体评价选择"非常满意""满意""基本满意""不满意"等选项的四个受访教职员工群体就"党委政府在推进管办评分离，切实履行监管职责方面还应加强和改进哪些工作"分别选择五个改革建议事项的有效百分比统计情况看，受访教职员工对学校章程实施情况的总体评价，与其就"政府部门还应进一步下放哪些权力"中五个改革建议事项的主张和要求意愿之间没有明显的相关性。

对学校章程实施情况总体评价选择"非常满意""满意""基本满意""不满意"等选项的四个群体，就"党委政府在推进管办评分离，切实履行监管职责方面还应加强和改进哪些工作"分别选择五个改革建议事项的有效百分比从高到低排序各有不同，而且也没有特别明显的规律性特征（见图 7 – 200）。四个群体分别选择这五个改革建议事项的有效百分比平均值从高到低为"不满意"（59.2%）、"基本满意"（56.9%）、"满意"（56.7%）、"非常满意"（54.6%），可见对学校章程实施情况总体评价为"非常满意"

群体的五个改革建议事项的有效百分比平均值反倒最低，但与评价为"满意"和"基本满意"两个群体的有效百分比平均值非常接近，而评价为"不满意"群体的有效百分比平均值反倒最高。

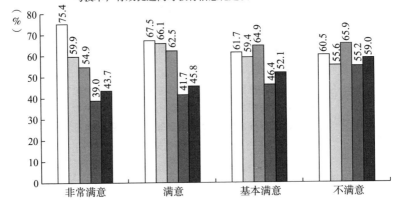

图 7 - 200 对学校章程实施情况总体评价持不同意见的受访教职员工对"党委政府在推进管办评分离，切实履行监管职责方面还应加强和改进哪些工作"所选选项的有效百分比（持不同意见人员比较）

从五个改革建议事项在对学校章程实施情况总体评价选择"非常满意""满意""基本满意""不满意"等选项的四个群体中的有效百分比分布情况看，并没有一致的共性特征。只是其中后三个改革建议事项的选项有效百分比，随着对学校章程实施情况满意度的升高反而渐次降低（见图 7 - 201）。

需要注意的是，尽管统计数据在总体上不能说明受访教职员工对学校章程实施情况的总体评价与其就"党委政府在推进管办评分离，切实履行监管职责方面还应加强和改进哪些工作"中五个改革建议事项的选项有效百分比（直接体现其意见建议之强烈程度）之间存在正相关或者负相关关系，但是，对学校章程实施情况总体评价选择"不满意"的人员，就"党委政府在推进管办评分离，切实履行监管职责方面还应加强和改进哪些工作"所选择的五个改革建议事项中有三个事项的有效百分比高于另外三个

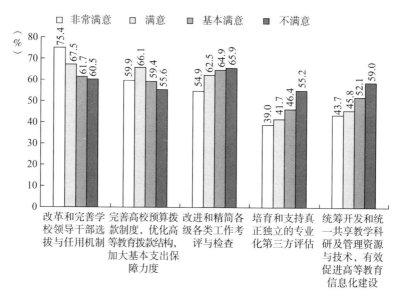

图 7 – 201　对学校章程实施情况总体评价持不同意见的受访教职员工对"党委
政府在推进管办评分离，切实履行监管职责方面还应加强和改进
哪些工作"所选选项的有效百分比（选项比较）

人员群体，而且其五个选项的有效百分比平均值最高，这也说明对学校章程实施情况持"不满意"态度的受访人员，对"党委政府在推进管办评分离，切实履行监管职责方面还应加强和改进哪些工作"五个改革建议事项的主张和要求意愿总体上最为强烈。

9. 对学校是否已经制定实施大学章程不同认知情况并对学校章程实施情况总体评价持不同意见的受访教职员工对"党委政府在推进管办评分离，切实履行监管职责方面还应加强和改进哪些工作"所选选项的有效百分比统计

"学校是否已经制定实施大学章程""对学校章程实施情况的总体评价""党委政府在推进管办评分离，切实履行监管职责方面还应加强和改进哪些工作"三者交叉统计数据表明，受访教职员工对学校是否已经制定实施大学章程的认知情况、对学校章程实施情况的总体评价，与其就"党委政府在推进管办评分离，切实履行监管职责方面还应加强和改进哪些工作"中五个改革建议事项的主张和要求意愿之间，没有特别明显的相关性（见图 7 – 202 至图 7 – 207）。只是需要注意的是，对学校章程实施情况持"不满意"态度的受访人员，对"党委政府在推进管办评分离，切实履行监管职

责方面还应加强和改进哪些工作"五个改革建议事项的主张和要求意愿总体上最为强烈（明确认知学校已经制定实施大学章程的受访人员除外）。对学校是否已经制定实施大学章程分别选择"否"和"不清楚，也没关心过"的两个群体中对学校章程实施情况表示"不满意"的人员，就"党委政府在推进管办评分离，切实履行监管职责方面还应加强和改进哪些工作"所选择的五个意见建议事项的有效百分比平均值均相对更高，这也进一步说明，对学校是否已经制定实施大学章程表示否定或者"不清楚，也没关心过"且对学校章程实施情况表示不满意的受访教职员工，对"党委政府在推进管办评分离，切实履行监管职责方面还应加强和改进哪些工作"的五个改革建议事项持相对更加强烈的支持态度。

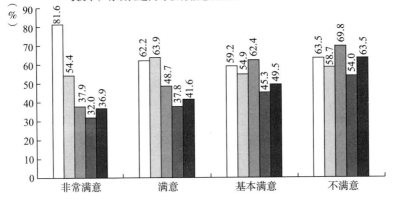

图 7－202　"不清楚，也没关心过"学校是否已经制定实施大学章程并对学校章程实施情况总体评价持不同意见的受访教职员工对"党委政府在推进管办评分离，切实履行监管职责方面还应加强和改进哪些工作"所选选项的有效百分比（持不同意见人员比较）

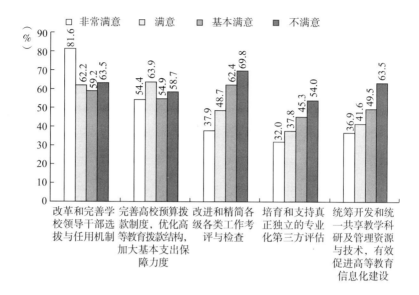

图 7 - 203　"不清楚，也没关心过"学校是否已经制定实施大学章程并对学校
章程实施情况总体评价持不同意见的受访教职员工对"党委
政府在推进管办评分离，切实履行监管职责方面还应加强和
改进哪些工作"所选选项的有效百分比（选项比较）

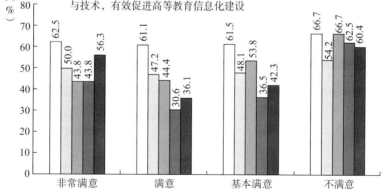

图 7 - 204　否认学校已经制定实施大学章程并对学校章程实施情况总体评价
持不同意见的受访教职员工对"党委政府在推进管办评
分离，切实履行监管职责方面还应加强和改进哪些工作"
所选选项的有效百分比（持不同意见人员比较）

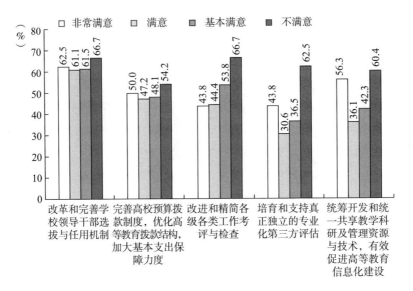

图 7 - 205　否认学校已经制定实施大学章程并对学校章程实施情况总体评价
持不同意见的受访教职员工对"党委政府在推进管办评
分离，切实履行监管职责方面还应加强和改进哪些工作"
所选选项的有效百分比（选项比较）

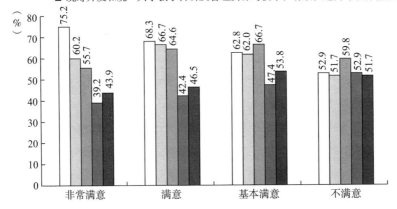

图 7 - 206　明确认知学校已经制定实施大学章程并对学校章程实施情况总体
评价持不同意见的受访教职员工对"党委政府在推进管办评
分离，切实履行监管职责方面还应加强和改进哪些工作"
所选选项的有效百分比（持不同意见人员比较）

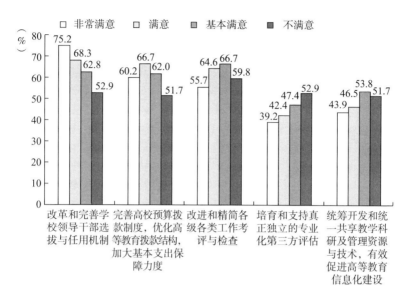

图 7 - 207　明确认知学校已经制定实施大学章程并对学校章程实施情况总体
　　　　　评价持不同意见的受访教职员工对"党委政府在推进管办评
　　　　　分离，切实履行监管职责方面还应加强和改进哪些工作"
　　　　　所选选项的有效百分比（选项比较）

　　总体而言，对"党委政府在推进管办评分离，切实履行监管职责方面还应加强和改进哪些工作"的改革建议事项，受访教职员工的主张和要求意愿还是普遍比较强烈的。有效百分比最高的选项是"改革和完善学校领导干部选拔与任用机制"（68.8%），最低的是"培育和支持真正独立的专业化第三方评估"（42.4%），而"完善高校预算拨款制度，优化高等教育拨款结构，加大基本支出保障力度"（61.1%）、"改进和精简各级各类工作考评与检查"（60.4%）、"统筹开发和统一共享教学科研及管理资源与技术，有效促进高等教育信息化建设"（47.1%）居于两者之间，可见分别选择这五个选项的受访人员，1项接近七成、2项占六成、1项接近五成，1项占四成。

　　分别从不同类型学校及不同职务类型受访教职员工所选五个改革建议事项的有效百分比来看，如果按照有效百分比在 60.0% 以上的分布情况进行比较，"改革和完善学校领导干部选拔与任用机制"是呼声最高的改革主张（各类型学校、各职务类型受访人员中该选项的有效百分比均在 66.7% ~ 75.3%），其次是"完善高校预算拨款制度，优化高等教育拨款结构，加大基本支出保障力度""改进和精简各级各类工作考评与检查"。

分别按五个选项的有效百分比平均值进行比较,"双一流"建设高校及地方高水平大学建设立项高校最高(66.1%),部属院校相对最低(47.1%),其他省属普通本科院校(57.5%)、高职高专(52.9%)居于两者之间;中层管理干部相对最高(63.2%),校级领导干部相对最低(42.9%),高级职称教学科研人员(60.0%)、其他管理服务人员(55.2%)、中级职称及以下教学科研人员(54.4%)居于两者之间。可见"双一流"建设高校及地方高水平大学建设立项高校、中层管理干部及高级职称教学科研人员对这五个改革建议事项的主张意愿相对更为强烈。

分别按选择五个选项的四个类型学校受访教职员工的有效百分比平均值和五个职务类型受访教职员工所选五个选项的有效百分比的平均值进行比较,排序与全体受访教职员工中五个选项有效百分比的排序一致。可见,这五个选项在不同类型学校受访教职员工、五个职务类型受访教职员工那里各自优先级排序相同,整体上是对"改革和完善学校领导干部选拔与任用机制""完善高校预算拨款制度,优化高等教育拨款结构,加大基本支出保障力度""改进和精简各级各类工作考评与检查"的改革主张和要求意愿最为普遍、最为强烈,同时"统筹开发和统一共享教学科研及管理资源与技术,有效促进高等教育信息化建设""培育和支持真正独立的专业化第三方评估"也是具有普遍性的改革主张。

分别从各类型学校不同职务类型受访教职员工所选五个改革建议事项的有效百分比比较来看,每个事项在不同类型学校的不同职务类型受访教职员工中被主张的意愿强烈程度各有不同。从比较意义上来说,"改革和完善学校领导干部选拔与任用机制""完善高校预算拨款制度,优化高等教育拨款结构,加大基本支出保障力度""改进和精简各级各类工作考评与检查""培育和支持真正独立的专业化第三方评估""统筹开发和统一共享教学科研及管理资源与技术,有效促进高等教育信息化建设"五个改革建议事项,分别最受部属院校的校级领导干部(95.7%)、"双一流"建设高校及地方高水平大学建设立项高校的中层管理干部(76.3%)、"双一流"建设高校及地方高水平大学建设立项高校的中层管理干部(80.9%)、"双一流"建设高校及地方高水平大学建设立项高校的高级职称教学科研人员

（67.0％）、"双一流"建设高校及地方高水平大学建设立项高校的中层管理干部（66.5％）支持。

无论是对全体受访教职员工对学校章程实施情况总体评价选择"非常满意""满意""基本满意""不满意"的四个群体各自所选这五个改革事项的有效百分比进行分别比较，还是在此基础上进一步对对学校是否已经制定实施大学章程不同认知情况的三个人员群体所选五个改革建议事项的有效百分比进行比较，均能说明以下判断和结论：受访教职员工对这五个改革事项的选择和支持，与其对学校是否已经制定实施大学章程认知情况、对学校章程实施情况总体评价整体上没有明确的普遍相关性。但相对而言，对学校章程实施情况持"不满意"态度的受访人员，对"党委政府在推进管办评分离，切实履行监管职责方面还应加强和改进哪些工作"的五个改革建议的主张和要求意愿总体上最为强烈；对学校是否已经制定实施大学章程分别选择"否"和"不清楚，也没关心过"的两个群体中，对学校章程实施情况表示"不满意"的人员，对"党委政府在推进管办评分离，切实履行监管职责方面还应加强和改进哪些工作"所选五个改革建议事项的有效百分比平均值均相对更高。这也进一步说明，对学校是否已经制定实施大学章程表示否定或者"不清楚，也没关心过"且对学校章程实施情况表示不满意的受访教职员工，对"党委政府在推进管办评分离，切实履行监管职责方面还应加强和改进哪些工作"的五个改革事项持相对更加强烈的支持态度。同样地，原因之一可能是这些受访人员认为相关改革尚不到位，高校依法自主办学权利保障不充分，进而对学校章程实施情况总体评价较低。

一如前述相关分析，事实上，"改革和完善学校领导干部选拔与任用机制""完善高校预算拨款制度，优化高等教育拨款结构，加大基本支出保障力度""改进和精简各级各类工作考评与检查""统筹开发和统一共享教学科研及管理资源与技术，有效促进高等教育信息化建设""培育和支持真正独立的专业化第三方评估"五个改革建议事项，或者属于《教育法》《高等教育法》等法律以及相关政策法规确认的高校办学自主权，或者属于当前高等教育改革发展新形势下党委政府推进管办评分离，切实履行监管责任，进而更加充分保障高校依法自主办学权的相关事项。而上述统计数据表明，受访教职员工对五个改革建议事项的意愿与其对学校是否已经制定实施大学章程的认知情况、对学校章程实施情况的总体评价整体上没有明确的普遍相关性，这恐怕也只能解释为受访教职员工在实际上普遍缺乏对《教育法》、《高等教育法》以及大学章程相关内容和知识的具体认知，缺乏对当前高等教育改革和发展新形势的深刻理解，这同样也从另一个方面进一步说明了全面加强章程建设、充分保障章程实施的重要性和必要性。

结　语

大学治理的院校研究是一项政策性、理论性、实践性和技术性要求都非常高的复杂性工作。尽管本次调查借助互联网平台，面向全省所有普通本科院校展开，而且有效问卷总量比较庞大，但是仍然存在在某些细分统计意义上样本不足的问题，而且限于问卷调查方式本身的缺陷，没能辅以当面访谈等其他形式，所以可能还存在一些技术性不足。但基于大学内部治理、大学外部治理两个方面的具体分析，以及各自的现状评测和改革预期调查，我们还是能够从整体上对 A 省以大学章程建设为主体和基础的现代大学制度建设状况形成一些概括性判断，并以此为基础，结合对受访教职员工和受访学生对未来的改革和发展预期的调查，一并就"后大学章程时代"的大学治理体系建设与能力提升进行总结并形成一些具体意见和建议。

一　关于大学治理状况的几个判断

（一）部分师生员工对学校章程建设及相关政策缺乏必要认知

在事实上各高校均已制定实施大学章程的情况下，仍有接近两成的受访教职员工、近1/4的受访学生对此表示否定或者不清楚也不关心，在某些特定群体中这一人员占比更高。这说明在我们的章程建设过程中，不仅存在章程制定过程中广大师生参与不够充分的问题，而且也有在章程被核准实施后，面向师生员工的相关宣传教育不足的问题。明确认知学校已经制定实施大学章程人员对学校章程实施情况的满意度，显著高于否定或者不清楚也不关心学校是否已经制定章程的两个群体。部分对学校章程实施情况总体评价选择"非常满意"的受访人员，对学校是否已经制定实施大学章程表示否定或者不清楚也不关心，部分对学校是否已经制定实施大学章程表示否定或者不清楚也不关心的受访人员，也对学校章程实施情况表示"非常满意""满意""基本满意"，甚至有较高比例的高级职称教学科研人员对《高等学校学术委员会规程》的落实、学校学术委员会的组成是否符合相关要求等表示不清楚也不关心。这些不了解或不关心学校是否已经制定实施大学章程的受访人员，无论他们是否满意学校章程实施情况，都需要增强和提高对大学章程对于学校现代大学制度建设、学校治理结构与机制优化等积极作用的理解与认知。同时，学校也要非常注意与这些人员之间的沟通和交流，特别要注意充分听取他们对学校章程建设等方面的意见和建议。

（二）学校章程实施效果有待增强，组织保障不够有力

就受访教职员工对学校章程实施情况的总体评价来看，整体满意度较高（有效百分比为 96.0%），但其中较高满意度有限（有效百分比为 71.3%），而且不同类型学校、不同职务类型受访人员群体满意度差异较大且普遍不高。受访人员因其自身角色与地位的不同，评价态度和评价标准甚至价值取向各有不同。行政管理服务人员满意度高于教学科研人员，而高级职称教学科研人员的满意度最低，比如部属院校的行政管理服务人员与高级职称教学科研人员的满意度形成强烈反差，这集中反映了行政权力与学术权力之间普遍存在的特殊"张力"。就受访学生对学校章程实施情况的总体评价来看，各类型高校、各年级学生中均有较高比例的受访人员持消极甚至负面态度，本科生和研究生中的高年级学生满意度低于低年级学生。为此，我们不能单纯从受访人员对学校章程实施情况的满意度的有效百分比来对章程实施效果进行评判，而应当多层次、多角度审视和分析学校章程实施效果。另外，各类型学校章程建设责任部门主要是"学校办公室"或者"学校发展规划处"等相关部门（其中高职高专更多是学校办公室，其他类型院校这两个部门的占比可能相差不大），即一般没有专门的组织机构来处理复杂的章程建设工作。在章程建设工作普遍依附于相关综合职能处室而没有专门机构具体负责的情况下，学校需要进一步健全章程建设工作组织与机构，特别是要注意明晰职责、协调职权、强化责任。

（三）党委领导下的校长负责制需要进一步严格规范

对学校坚持党委领导下的校长负责制落实及效果的评价，有两成受访人员持"基本满意"或者"不满意"态度。其他省属普通本科院校受访人员、高级职称教学科研人员的满意度相对较低，而其他省属普通本科院校是地方高校的主力军，高级职称教学科研人员是学术权力的主要代表，他们对学校坚持党委领导下的校长负责制落实及效果的评价更具评测和考察意义。同时，受访教职员工对学校是否已经制定实施大学章程的认知情况、对学校章程实施情况的总体评价及对学校坚持党委领导下的校长负责制落实及效果的评价正相关，对学校是否已经制定实施大学章程缺乏认知且对学校章程实施情况满意度较低的人员，对学校坚持党委领导下的校长负责制落实及效果的满意度更低。所以，受访高校在坚持党委领导下的校长负责制的落实方面还需要进一步严格规范，在全面加强大学章程建设、着力保障章程实施的同时，更要严格规范落实党委领导下的校长负责制，努力实现这两方面工作的相互促进、相互支持。

（四）依法治校进程仍显滞后并影响到章程建设及其效果的提升

受访教职员工和学生对学校落实依法治校情况持"非常满意"态度的人员占比分别为 42.2%、41.1%。其他省属普通本科院校、高级职称教学科研人员满意度相对最低。行政管理服务人员满意度高于教学科研人员。无论是从全体受访教职员工、学生整体统计意义上看，还是分别从不同类型学校、不同职务类型受访教职员工，不同类型学校、不同年级类型、是否担任学生干部等方面的细分统计意义上看，所有类型高校所有职务类型受访教职员工，以及各类型学校的各年级类型学生中，都普遍存在一定比例的受访人员对学校落实依法治校情况持"基本满意"甚或"不满意"态度。而且这一占比在某些特定群体中相对较高。另外，受访教职员工和学生对学校是否已经制定实施大学章程的认知情况、对学校章程实施情况的总体评价及对学校落实依法治校情况的评价正相关，在对学校落实依法治校情况评价持消极甚至负面态度的人员中，对学校章程实施情况总体评价持消极甚至负面态度的人员占比也较高。所以，全面落实依法治校是摆在所有受访高校面前的一项重要任务，应该将其与全面加强章程建设、推进章程实施工作协调推进。

（五）《高等学校学术委员会规程》的贯彻落实存在不足

对学校落实教育部《高等学校学术委员会规程》情况的评价，各类型学校各种职务类型受访人员中均有一定比例的人员分别表示"基本满意"和"不满意"；行政管理服务人员满意度高于教学科研人员；其他省属普通本科院校受访教职员工、高级职称教学科研人员的满意度最低，有些特定群体的否定性评价占比相对较高；部分对学校落实教育部《高等学校学术委员会规程》情况评价比较消极甚至负面的受访人员，对学校章程实施情况总体评价也相应非常消极甚至负面。从受访教职员工的评判情况来看，大约有三到四成高校的学术委员会的组成与《高等学校学术委员会规程》相关要求不完全相符，其中可能包括"双一流"建设高校及地方高水平大学建设立项高校乃至部属院校。部分其他省属普通本科院校、高职高专之所以如此可能缘于自身师资队伍等条件不足，也有部分院校可能缘于重视不够。全体受访教职员工中对"学校学术委员会人员组成是否符合教育部《高等学校学术委员会规程》相关要求"，选择"不清楚，也没关心"选项的有效百分比为12.8%，而且这一现象存在于各种类型高校的不同职务类型受访教职员工中，其中教学科研人员的占比高于行政管理服务人员，高级职称教学科研人员该选项的有效百分比最高（16.6%）。

（六）学校学术委员会在教学科研及其管理中的决策和咨询作用需要得到进一步发挥

受访教职员工对学校学术委员会运转情况选择"严格根据《高等学校学术委员会规程》行使相关学术权力，对学校行政权力起到良好的制衡与监督作用"选项的占比过半（行政管理服务人员的积极性评判有效百分比高于教学科研人员，高级职称教学科研人员积极性评判有效百分比相对最低），而且选择"更多只是行使一些形式上的程序性权利，很难制衡和监督行政权力""只是一个摆设，完全被行政工具化"两选项的有效百分比分别为8.0%、2.8%（高级职称教学科研人员选择这两个选项的有效百分比分别为15.5%、5.1%），选择"不清楚，也没关心"的人员占比为9.9%（其中包括部分校级领导干部，而且教学科研人员中占比在1/10左右）。事实上，消极乃至负面评判存在于各个类型院校的各个职务类型受访教职员工之中，某些特定群体中这些选项的有效百分比甚至更高。受访教职员工对学校学术委员运转如果持消极甚至负面评判态度，他们对学校章程实施情况总体评价也极有可能持消极乃至负面态度，反之亦然。所以，各个类型受访高校中均有可能不同程度地存在学术委员会运转情况令人不满意之处；面向广大教职员工进行包括学术委员会职责、地位和作用等在内的有关现代大学制度知识与理论的教育与培训也都非常有必要；全面有效施行教育部《高等学校学术委员会规程》等政策法规，既是有效推进章程建设、加强章程实施保障的内在要求，也是全面提升广大教职员工对学校章程实施情况满意度的有效措施。

（七）　需要更加严格规范地有效施行《学校教职工代表大会规定》

受访教职员工对学校落实《学校教职工代表大会规定》情况总体上满意度较高，行政管理服务人员的满意度高于教学科研人员，其他省属普通本科院校受访教职员工、高级职称教学科研人员满意度相对最低。一成以上受访人员表示不满意或者"不清楚，也没关心"，而且这一现象存在于各个类型院校的各类职务受访人员之中，某些特定群体中此现象更加明显。一方面，否定学校已经制定实施大学章程的受访人员中，对学校落实《学校教职工代表大会规定》情况表示"不满意""不清楚，也没关心"的有效百分比分别为25.7%、9.2%，对学校是否已经制定实施大学章程表示"不清楚，也没关心过"的人员中，这两项有效百分比分别为13.0%、22.5%。另一方面，对学校落实《学校教职工代表大会规定》情况评判持消极甚或负面态度的受访人员中，对学校章程实施情况总体评价持消极或者负面态度的人员占比也比较高。比如，对学校落实《学校教职工代表大会规定》情况评价选择"基本满意""不满意""不清楚，也没关心"等选项的三个受访人员群体，对学校章程实施情况总体评价选择"基本满意"选项的有效百分比分别为63.5%、50.1%、59.5%，选择"不满意"选项的有效百分比分别为3.2%、35.4%、15.9%。可见，各受访高校在有效落实《学校教职工代表大会规定》等工作方面还不同程度地存在不足，由此影响到受访人员对学校章程实施等工作的评价。而各类型高校不同职务类型受访教职员工中，均有较高比例的人员对关系自身民主权利的制度与工作持漠然态度，这既是学校相关工作不到位的表现，也是部分教职员工相关知识与素养欠缺的表现。

（八）学校教职工代表大会、工会的民主管理监督职能的发挥不尽如人意

大约三成受访教职员工认为学校教职工代表大会制度实际上已经流于形式，还有不到一成受访教职员工认为学校教职工代表大会并未实际开展工作。各职务类型受访人员的认可度普遍不高（校级领导干部最高，有效百分比为70.6%），行政管理服务人员认可度高于教学科研人员。其他省属普通本科院校受访教职员工（有效百分比为54.9%）、高级职称教学科研人员（有效百分比为47.6%）认可度相对最低。受访教职员工对学校是否已经制定实施大学章程的认知情况、对学校章程实施情况的总体评价、对学校教职工代表大会运作情况的评判显著正相关。明确认知学校已经制定实施大学章程的受访人员中，有34.5%的受访教职员工对学校教职工代表大会运作情况不予认可，而其他两个群体中对此不予认可的人员基本上都还要多一倍。对学校章程实施情况满意度较低的人员，对学校教职工代表大会运作情况满意度也相对较低，反之亦然。就受访教职员工对学校工会履行民主管理职责情况的评价而言，24.2%的受访人员表示基本认可，19.6%的受访人员不予肯定。其他省属普通本科院校受访教职员工、高级职称教学科研人员认可度相对最低。而且各个受访群体中均有较高比例的人员选择"与其他行政部门没有区别，基本都是贯彻落实学校决策和要求""已经沦为单纯的教职工文体娱乐活动组织机构和职工福利工作机构"两选项。对学校章程实施情况满意度较低的人员，对学校工会运作情况的认可度相应也较低，反之亦然。

（九）学生参与学校民主管理机制运转不够有效

对学生参与学校管理情况，尽管超过半数的受访教职员工予以充分肯定，但普遍持较高认可度的主要是校级领导干部以及其他管理服务人员，普遍持较低认可度的主要是中层管理干部以及高级职称教学科研人员，而且持基本肯定态度人员超过三成，持否定态度的达到1/6，持消极和否定态度人员占比在某些群体中更高，比如对学校章程实施情况表示"不满意"人员中，对此也持否认态度的占比达七成；受访学生总体评判情况与受访教职员工有相似性，但学生的满意度更低。针对学生参与学生干部工作过程中的机会与程序是否公平公正，受访教职员工中超过1/4的人员予以否定或者表示不清楚也不关心，受访学生予以明确否定的占比则高达22.1%（四倍于受访教职员工）。针对学生意见建议传递渠道是否畅通问题，受访

教职员工中也有两成人员表示否定或者不清楚也不关心，而受访学生的认可度更低。另外，受访教职员工和学生中的某些特定群体对学生民主参与学校管理的机制与效果等评判，有更高比例的人员持消极甚或负面态度，而且与其对学校章程建设情况认知、对学校章程实施效果评价显著正相关，也即这部分受访师生往往对学校章程建设情况认知及实施效果评价持消极甚或负面态度，反过来也是如此。

（十）校内权利救济机制及其运转难以有效保障师生权益

对学校教师校内申诉机构设置及制度建设，有 54.0% 的受访教职员工从机构与制度两方面表示充分认可，但"双一流"建设高校及地方高水平大学建设立项高校、其他省属普通本科院校受访人员，以及高级职称教学科研人员表示充分认可的人员占比较低。另外，15.6% 的受访人员仅从组织机构上予以认可，13.7% 的受访人员对组织机构及制度建设均不认可但肯定相关机制的存在，16.7% 的受访人员则表示"不清楚，没听说过相关机构和制度"，而且各个类型受访院校、不同职务类型受访教职员工均有不同比例人员分别持此态度，某些特定群体相关选项的有效百分比还非常高。同时，对学校教师校内申诉机构设置及制度建设评判持消极乃至负面态度的人员，相应更多地对学校章程建设认知及章程实施评价持消极乃至负面态度，反之亦然。所以，学校章程建设及实施保障与教师权利救济工作之间没有能够普遍性地实现良性互动。

对"学校是否成立并有效运行学生申诉处理委员会"，61.0% 的受访教职员工给予充分认可，13.4% 的受访教职员工给予基本认可，5.8% 的受访教职员工只是给予有限认可，也有 6.4% 的受访教职员工表示不予认可，还有 13.4% 的受访教职员工表示"不清楚，也没听说过相关机构和制度"。其他省属普通本科院校受访教职员工、高级职称教学科研人员认可度相对最低。从认可度较高的行政管理服务人员的评判情况看，也有一到两成受访人员对此不予认可，而高级职称教学科研人员、中级职称及以下教学科研人员选择"不清楚，也没听说过相关机构和制度"选项的有效百分比分别为 23.9%、14.3%。受访学生中，也有部分人员持非常消极乃至否定性态度，还有近一成人员表示"不清楚，也没听说过相关机构和制度"，而且各类型学校、各个年级类型受访学生中均有不同比例受访学生持消极乃至否定性态度。另外，在受访教职员工和受访学生中也都存在一个典型正相关现象：对学生权利救济机制评判持消极乃至负面态度的人员，相应更多地对学校章程建设认知以及章程实施情况总体评价持消极乃至负面态度，反之亦然。

（十一）高等教育领域"放管服"改革仍需进一步全面深化

《教育部等五部门关于深化高等教育领域简政放权放管结合优化服务改革的若干意见》及其贯彻落实情况受到了受访教职员工的普遍肯定，但是由于教育体制、受访人员身份等的不同，不同类型学校、不同职务教职员工的满意度有所差异，特别是其他省属普通本科院校受访人员、中层管理干部、高级职称教学科研人员对《教育部等五部门关于深化高等教育领域简政放权放管结合优化服务改革的若干意见》及其贯彻落实情况的评价相对更多持消极甚或负面态度。特别是部分对学校已经制定实施大学章程缺乏认知，或者对学校章程实施情况满意度较低的受访教职员工，同时也对《教育部等五部门关于深化高等教育领域简政放权放管结合优化服务改革的若干意见》及其贯彻落实情况的评价持消极甚至负面态度；反之亦然。所以，政府教育主管部门及高等学校在协力推进章程建设、保障章程实施过程中，不可忽视大学外部治理体制机制的改革优化。

（十二）社会参与学校管理与监督机制亟待进一步探索创新

对学校落实教育部《普通高等学校理事会规程（试行）》情况的评价，受访教职员工的较高满意度仅为 65.3%，即使其中较高满意度相对最高的部属院校受访人员、校级领导干部，较高满意度占比也都只有 75.0% 左右。对学校理事会设置及运行情况的评判，受访教职员工中也只有 50.2% 的人员予以肯定性评价，其中中层管理干部和高级职称教学科研人员中持肯定性评价人员占比相对较低（分别为 37.4%、35.0%）。分别有 25.0%、24.8% 的受访人员给予否定性评价或者表示"不清楚，也没关心"，而且这一现象普遍存在于各类型学校、各职务类型受访人员之中，某些特定群体中消极性乃至否定性评价占比更高。另外，部分对学校章程建设认知不足或者对学校章程实施情况满意度较低的受访人员，对学校落实教育部《普通高等学校理事会规程（试行）》情况、学校理事会设置及运行情况的满意度也都普遍较低，反之亦然。

二　关于"后大学章程时代"大学
治理改革的意见和建议

（一）加强大学章程建设，健全现代大学制度，优化内部治理结构

大学章程不仅是高校的管理者和举办者之间的"契约"，也是调整和处理大学内部各个主体之间权利义务关系的校内基本制度，是全面深化教育领域综合改革，加快实现依法治教、依法治校的重要路径和有力保障。现代大学制度既是传承高等教育历史文化、优秀传统的文明结晶，也是适应经济社会发展新形势、反映高等教育改革发展新要求的先进制度。《依法治教实施纲要（2016—2020 年）》指出，"依法治校是依法治教的重要内容，也是推进法治社会建设，构建多层次、多形式法治创建活动的重要组成部分"，并强调大力推进学校依章程自主办学，在全面完成高等学校章程制定与核准工作基础上，健全章程核准后的执行和监督评价机制建设，督促学校以章程为统领，完善内部治理结构和规章制度，到 2020 年，全面实现学校依据章程自主办学。"积极推进现代学校制度建设。按照法治原则和法律规范，加快建设依法办学、自主管理、民主监督、社会参与的现代学校制度，构建政府、学校、社会之间的新型关系。在高等学校深入落实《坚持和完善党委领导下的校长负责制的实施意见》《高等学校学术委员会规程》《学校教职工代表大会规定》《普通高等学校理事会规程（试行）》等文件、规章，推动党委会、校长办公会议事规则的完善，推动学术委员会、教职工代表大会以及理事会等制度的完善落实。"《依法治教实施纲要（2016—2020 年）》还强调，要完善师生权益保护机制。"鼓励依托教职工代表大会、学生代表大会制度，健全完善学校的学生申诉、教师申诉制度，设立师生权益保护、争议调解委员会、仲裁委员会等机构，吸纳师生代表，公平、公正调处纠纷、化解矛盾。"《教育部关于进一步加强高等学校法治工作的意见》（教政法〔2020〕8 号）进一步强调，要"深化对高等学校法治工作重要性的认识"，指出："中国特色社会主义进入新时代，高等教育到了更加注重内涵发展的新阶段。随着高等教育改革的不断深入，学校办学自主权进一步落实，内部治理法治化、制度化、规范化的要求更为凸显，广大师生对民主、法治、公平、正义的诉求日益增长，参与学校治理和保障自

身权益的愿望更加强烈。学校要以习近平新时代中国特色社会主义思想为指导，深入学习贯彻习近平总书记全面依法治国新理念新思想新战略和关于教育的重要论述，深刻认识新形势新变化提出的新任务新要求，切实把依法治理作为学校治理的基本理念和基本方式，融入、贯穿学校工作全过程和各方面。学校要健全领导机制、加大工作力度，以法治思维和法治方式引领、推动、保障学校改革与发展，努力在法治中国建设中发挥引领示范作用。"

在我国高等教育改革发展进入全新阶段，"一校一章程"目标早已实现，现代大学制度建设也早已从国家重要政策逐步成为高等教育改革发展实践的"后大学章程时代"，我们应当按照既定的目标和方向，在全面总结反思已有的高等教育改革发展经验基础上，进一步加强大学章程建设，"遵循高等教育规律和法律保留原则，积极主动利用章程修订完善推进制度创新，做到重大改革于法有据、于章程有据。加强统筹规划，提高制度供给水平和制度建设质量，推动形成以章程为核心，规范统一、分类科学、层次清晰、运行高效的学校规章制度体系"（《教育部关于进一步加强高等学校法治工作的意见》〈教政法〔2020〕8号〉）。重点是在加快国家教育立法进程，尽快完成相关法律法规的"立改废"，全面实现教育领域依法行政基础上，引导和支持高校基于先进理念、科学程序进一步修改和完善章程制度，改革优化章程实施保障机制，加强章程宣传与教育，增强和提高章程意识，充分行使依法自主办学权利，全面深化内部治理体制机制改革，健全和完善现代大学制度体系，着重解决"行政化"色彩浓厚问题，充分尊重学术权力在教学科研及其管理中的地位和作用，切实保障师生员工参与学校民主管理与监督，充分保障师生权益，探索建立、改革创新社会参与学校建设和发展的管理与监督机制，更好地履行大学基本职能。

遵循教育教学规律、人才成长规律，不仅是高等教育教学自身的基本规律要求，也是培养拔尖创新人才、充分履行大学基本职能的基本要求。"在大学教学系统中，大学生作为其中的主体要素，应该努力成为自主发展、自我建构的主体，在教学过程中充当积极参与者和推动者的角色，作为具有独立性、探究性的学习者在教学活动中发挥作用。根据大学生的这种角色定位，在与教师的教学交往中，大学生的角色行为主要表现为自主学习、合作求知和参与研究。"① 教学活动应该"以学生为中心",把学生的"自我实现"当作教学的根本要求,所有的教学活动应服从学生"自我实现"的需要且围绕它进行。在国外很多大学中,学生参与学校事务管理不仅被视为一种传统,还成为世界高等教育创新发展的重要趋向。② 当前的高等教育实践中,不少教学科研人员以及教育教学管理服务人员仍需进一步更新理念、改变观念,重点是要增强对学生主体地位的理解和认识,切切实实做到"坚持以学生为中心",并在教育教学管理实践中充分尊重作为利益相关者的学生的意见和要求。"您认为'后大学章程时代'学校还应当从哪些方面加强学生参与学校民主管理工作?"的三个选项,即"进一步完善学校信息公开制度,充分尊重学生知情权""通过宣传教育,有效增强和提高学生参与学校管理决策的意识和能力""建立和完善学生参与学校民主管理的制度与机制,积极主动听取学生意见建议",普遍受到受访学生的选择和肯定,当然这也应该成为高校内部治理体制机制改革过程中有效加强民主管理、充分维护学生权益的基本任务和重要路径。

(二) 全面深化教育领域综合改革,不断优化大学外部治理体制机制,切实保障高校依法自主办学权利

在当前国家治理体系和治理能力现代化的改革目标指引下,政府应当从全能政府向有限政府、责任政府转变,调整设定自身职权。就高等教育而言,最重要的是处理好政府与市场、政府与高校、政府与社会、政府内部之间的关系,核心内容是切实保障大学依法自主办学。高等教育是在高级中等教育基础上,通过具体实施人才培养、科学研究、社会服务、文化传承与创新、国际交流与合作等活动所进行的兼具思想性、学术性和职业性的学科专业教育活动。高等教育核心任务是培养人才,但绝不限于传播已有知识,还要探索和创造新知识。"高等教育具有适应社会与超越社会的双重性质,适应性是其存在的合法性基础,超越性是其本体价值的体现。两者失衡于高等教育系统本身有限的反应能力与超负荷的外部环境需求,但实质上体现了对高等教育本质不同认识的冲突。我们应从历史性与发展性的角度把握两者关系,合理平衡高等教育的外部需求与内部反应能力,

---

① 黄平:《大学教学中学生的角色定位》,《湖北大学学报》(哲学社会科学版) 2008 年第 5 期。

② 骆聘三、金太军:《大学治理新常态下的学生参与创新》,《湖北社会科学》2017 第 6 期。

探索和提升理论的包容性，将历史、逻辑与实践相结合，实现高等教育适应社会与超越社会的和谐共进。"① "高等教育活动虽然具有多重目标，但育人是其核心目标，而科学追求是其基本前提和实施手段，政治追求是一种理想预期和最终结果，经济追求是一种外溢性价值，文化追求则是其存在的本体，也是高等教育的本质。"②

现阶段，我们在把握高等教育的本质及属性时应当特别注意把握其中一项基本内涵：高等教育是大学等高等教育主体通过科学研究、文化传承与创新、国际交流与合作，组织和实施教学，服务学生全面、终身发展以及社会进步与繁荣的高级社会活动。因此，高等教育作为一种高级社会活动，必然有其自身固有的、特殊的内在属性和品质。著名教育家雅斯贝尔斯强调："大学是研究和传授科学的殿堂，是教育新人成长的世界，是个体之间富有生命的交往，是学术勃发的世界。每一任务借助参与其他任务，而变得更有意义和更加清晰。"③ 高等教育活动不可以只用一个模式、一种方式、一样方法，说到底主要是教育者（主要是教师）和受教育者（学生）之间的复杂"交往"活动，而这又必须以科学研究为支撑、以文化传承创新为基础、以国际交流与合作为条件、以服务社会为动力、以实现受教育者的全面成长和协调发展为目标。为了让高校充分履行自身基本职能，必须充分尊重高校早已从法律上获得的"独立法人"地位，适应经济社会发展新形势，有效落实并不断扩大高等学校依法享有的一系列自主办学权利。落实大学办学自主权的核心要义在于有效保证大学法人地位的落实，彻底改变其事实上隶属于政府部门的地位和性质，使之成为真正面向社会依法独立自主办学的实体。

就现阶段的高等教育领域综合改革而言，"放管服"改革仍然是基本主题。从本次调查看，受访教职员工对"政府部门还应进一步下放哪些权力"的七个权力事项均有选择，其中"内部薪酬分配""经费使用管理"两项选择人员占比均超六成，"内部岗位设置""编制总额""招生计划"三个选项选择人员占比为四到五成，"资产购置及项目工程招投标""资产处置"

---

① 张俊超、陈琼英：《论高等教育对社会的适应与超越》，《中国高教研究》2015 年第 12 期。
② 王洪才：《论高等教育的本质属性及其使命》，《高等教育研究》2014 年第 6 期。
③ 〔德〕雅斯贝尔斯：《什么是教育》，邹进译，生活·读书·新知三联书店，1991，第 150 页。

两个选项选择人员占比较低，均只有两到三成。与这些权力事项相关的改革目标任务，理应得到尽快推进和具体落实。"教育部门要会同有关部门，深入落实《教育部等五部门关于深化高等教育领域简政放权放管结合优化服务改革的若干意见》，切实转变职能，减少行政干预，为学校松绑减负、简除烦苛，尊重保障学校独立法人地位和办学自主权。要坚决撤销面向学校实施的形式主义的督查检查考核事项，清理面向学校的各类评估评价评比表彰和创建活动，实施清单管理，清单之外的一律不得实施。要改进对学校的管理和评价方式，减少对学校办学的干扰，切实树立服务意识，为学校依法治校营造良好环境。"（《教育部关于进一步加强高等学校法治工作的意见》〈教政法〔2020〕8号〉）

（三）改革创新党委政府对高等教育的管理方式和管理机制，加快实现高等教育治理体系和治理能力现代化

基于我国现行教育管理体制的根本属性，高等学校依法自主办学权利能否充分实现，在很大程度上取决于党委政府如何监督和管理高校。党委政府对高等教育管理方式和管理机制的改革优化，也就在实践上、逻辑上成为坚持社会主义办学方向、贯彻落实党和国家教育方针、全面激发高校创新发展活力、尽快实现从高等教育大国到高等教育强国转变的关键所在。2017年9月，中共中央办公厅、国务院办公厅印发《关于深化教育体制机制改革的意见》，提出到2020年"政府依法宏观管理、学校依法自主办学、社会有序参与、各方合力推进的格局更加完善"的改革目标要求。《依法治教实施纲要（2016—2020年）》也强调，要按照职能科学、权责法定、执法严明、公开公正、廉洁高效、守法诚信的要求，遵循管办评分离的总体思路，加快形成法治化的教育行政管理体制，健全法律规范的实施与监督机制。实际上，这一目标的充分实现可能还存在某些环节、某些方面工作不到位的问题和不足。

对"党委政府在推进管办评分离，切实履行监管职责方面还应加强和改进哪些工作"，受访教职员工主张和要求意愿普遍比较强烈。有效百分比最高的选项是"改革和完善学校领导干部选拔与任用机制"（68.8%），最低的是"培育和支持真正独立的专业化第三方评估"（42.4%），而"完善高校预算拨款制度，优化高等教育拨款结构，加大基本支出保障力度"（61.6%）、"改进和精简各级各类工作考评与检查"（60.4%）、"统筹开发和统一共享教学科研及管理资源与技术，有效促进高等教育信息化建设"（47.1%）居于两者之间。实际上，某些特定群体中选择和支持这些选项的人员占比更高。而"改革和完善学校领导干部选拔与任用机制"等五个改革建议事项，或者属于《教育法》《高等教育法》等法律以及相关政策法规确认的高校办学自主权，或者属于当前高等教育改革发展新形势下党委政府推进管办评分离，切实履行监管责任，进而更加充分保障高校依法自主办学权的相关事项。因此，这些事项无疑仍然是当前及未来一段时间内高等教育体制改革的重点任务。

图书在版编目（CIP）数据

大学章程与高校治理：基于 A 省普通高校章程建设情况调查／石旭斋著. —— 北京：社会科学文献出版社，2022.2

ISBN 978 - 7 - 5201 - 9656 - 7

Ⅰ.①大…　Ⅱ.①石…　Ⅲ.①高等学校 - 章程 - 研究 - 中国　Ⅳ.①G649.2

中国版本图书馆 CIP 数据核字（2022）第 018752 号

大学章程与高校治理

——基于 A 省普通高校章程建设情况调查

著　　者／石旭斋

出 版 人／王利民
责任编辑／吕霞云
文稿编辑／程丽霞
责任印制／王京美

出　　版／社会科学文献出版社
　　　　　地址：北京市北三环中路甲 29 号院华龙大厦　邮编：100029
　　　　　网址：www. ssap. com. cn
发　　行／社会科学文献出版社（010）59367028
印　　装／三河市龙林印务有限公司

规　　格／开　本：787mm × 1092mm　1/16
　　　　　印　张：35.5　字　数：582 千字
版　　次／2022 年 2 月第 1 版　2022 年 2 月第 1 次印刷
书　　号／ISBN 978 - 7 - 5201 - 9656 - 7
定　　价／228.00 元

读者服务电话：4008918866